신학자, 법률가, 의학자 16인이 본
동성애 진단과 대응 전략

신학자, 법률가, 의학자 16인이 본
동성애 진단과 대응 전략

발행일   2023년 7월 19일

지은이   김영한, 김진두, 왕대일, 최정훈, 소기천, 이승구, 황선우, 신현우, 정일권, 곽혜원, 안창호,
          조배숙, 조영길, 정소영, 민성길, 김지연
펴낸이   손형국
펴낸곳   (주)북랩
편집인   선일영   편집   정두철, 윤용민, 배진용, 김다빈, 김부경
디자인   이현수, 김민하, 김영주, 안유경   제작   박기성, 구성우, 변성주, 배상진
마케팅   김회란, 박진관
출판등록   2004. 12. 1(제2012-000051호)
주소   서울특별시 금천구 가산디지털 1로 168, 우림라이온스밸리 B동 B113~114호, C동 B101호
홈페이지   www.book.co.kr
전화번호   (02)2026-5777   팩스   (02)3159-9637

ISBN   979-11-6836-990-0 03230 (종이책)   979-11-6836-991-7 05230 (전자책)

(주)북랩 성공출판의 파트너

북랩 홈페이지와 패밀리 사이트에서 다양한 출판 솔루션을 만나 보세요!

홈페이지 book.co.kr   • **블로그** blog.naver.com/essaybook   • **출판문의** book@book.co.kr

작가 연락처 문의 ▸ ask.book.co.kr

작가 연락처는 개인정보이므로 북랩에서 알려드릴 수 없습니다.

동성애와 성전환에 대한 교계의 비판적 고찰

신학자, 법률가, 의학자 16인이 본 동성애 진단과 대응 전략

김영한
김진두
왕대일
최정훈
소기천
이승구
황선우
신현우
정일권
곽혜원
안창호
조배숙
조영길
정소영
민성길
김지연
지음

'감리회거룩성회복협의회' 편찬

 북랩

추천사

이후정 목사
감리교신학대학교 총장

주님의 위대하신 이름을 찬양하면서, 그리스도의 은혜와 평강을 기원합니다.

금번 〈감리회거룩성회복협의회(감거협)〉에서 그동안 이끌어 온 세미나 중에 학술 가치가 있는 글들을 모아 책으로 출판하게 된 것을 진심으로 기쁘게 여깁니다. 편집자로서 감거협 사무총장의 귀중한 사명을 잘 감당해 온 신실한 제자 민돈원 목사님의 값진 노고와 헌신을 기억하며 하나님의 크신 축복과 상급이 함께하실 줄 믿고 진심으로 축하드립니다.

하나님의 교회는 무엇보다도 하나님의 거룩성을 본받는 데 그 일차적인 성격을 가지고 있습니다. 초대 교회 때부터 주님의 교회는 이 세상의 대적과 공격, 마귀의 무자비한 간계와 핍박을 이기며 주님의 보혈의 능력을 선포해 온 것입니다. 그러한 고난과 시련 속에서 순교와 인내를 보여 준 교회야말로 참되고 거룩한 교회입니다. 동시에 그러한 교회를 구성하는 성도의 본질도 일차적으로 그 심령과 삶에 있어서의 거룩함에 놓여 있는 것입니다.

하지만 이 시대 오늘의 교회들이 성경에 계시된 하나님의 말씀의 절대적 권위와 기준을 중시하기보다 잘못된 상대주의와 포스트모더니즘 등의 사조에 휩싸여 도덕성을 포기하고 진리를 선포하는 데 두려워하거나 주저하고 있는 것은 아닌지, 또한 하나님의 심판과 경책을 두려워하는 것보다 사람들의 소리와 이 세대의 기류에 타협, 편승하면서 눈치를 보는 교회가 되어 가고 있지는 않은지 돌아보아야 할 때입니다.

이 세상의 길은 하나님의 길이 아니며, 그리스도께서 십자가에서 희생하시고 죽으신 구원의 길이 아닙니다. 성령의 빛과 진리, 은혜와 축복 역시 이 세상의 길에서 찾아볼 수 없습니다. 그러므로 성도들로 구성된 참된 거룩한 교회는 담대히 영적 전쟁에 뛰어들어 이 시대의 통치하는 권세들, 잘못된 사상들과 철학들을 거부하고 대적하여 승리하는 사명을 등한시하지 말아야 할 것입니다. 오직 그리스도를 아는 지식의 고귀함을 토대로 삼는 바른 신학과 교리가 오늘 한국 교회와 목회자, 성도들의 삶에 회복되고 새롭게 세워져야 하는 이유가 여기 있습니다.

18세기 감리교회의 창시자요 위대한 영적 부흥 운동, 회개와 갱신 사역의 아버지였던 요한 웨슬리 목사님은 무엇보다도 바른 성경적인 교리와 바른 성령 체험을 중시하고 강조하였습니다. 그에게 거짓된 교리를 뿌리 뽑고 물리치는 것은 신약 시대의 사도들의 사역에서도 볼 수 있듯이 교회를 거룩하고 온전하게 지키며 성도들을 〈성경적인 구원의 길〉로 이끄는 일에서 필수적인 것이었습니다. 웨슬리의 말대로 세상은 이 구원의 길을 미친 것으로 여기며 온갖 술수와 마귀의 간계를 동원하여 하나님의 교회를 훼손하고 불쌍한 죄의 노예 된 인류를 멸망으로 이끌려고 광분하고 있습니다. 잘못된 문화와 가치관들을 포장하여 인문주의니 공평주의니 하면서 하나님의 거룩한 말씀을 무너뜨리려 하는 것입니다.

이에 참 웨슬리안인 감거협에서 그동안 감당해 온 사역과 교화의 심혈을 기울인 노력들을 하나님께서 축복해 주시길 기원합니다. 이 책에 포함된 각계의 귀중한 논문들을 읽게 될 독자들은 그 세미나에 참여하지 못하였더라도 거기서 선포된 복음의 증거들을 접하는 놀라운 은혜에 이르게 될 줄 믿습니다. 그 결과로 이 시대의 잘못된 사조들을 대적하여 하나님의 교회를 성결하게 변화시키는 사역을 위해 기도하게 되고 희생의 대가에 동참하게 되길 바랍니다. 부르심에 순종하여 따르는 것은 고난과 희생의 대가를 치르는 것을 포함합니다. 우리는 제자가 되어 자기 십자가를 지고 주님을 따르는 거룩한 사역에 함께하는 특권과 책임을 피하는 일이 없이, 믿음의 기도와 투쟁을 통해 하나님의 나라의 종들의 산 공동체가 되어야 할 것입니다.

추천사

김영한 교수

기독교학술원장, 샬롬나비 운동 상임 대표,
숭실대기독교학대학원 설립 원장

지난 세기 초 실패한 정통 마르크시즘의 보완으로 고안된 문화 마르크시즘, 그리고 지난 세기 후반기 일어난 프랑스의 6.8혁명이 선언한 성 혁명의 여파가 오늘날 21세기 초부터 퀴어 퍼레이드와 동성애 차별금지법 제정 운동으로 한국 사회에까지 밀려 들어오고 있다.

이에 감리회거룩성회복협의회에서 지난 3년간 28차의 세미나를 통해서 결실한 국내 유수한 신학자와 목회자, 의사, 사회 운동가, 전문가가 발표한 강연들을 편집한 본서의 출판을 축하드린다. 여기에는 감리교, 장로교, 침례교 등 개신교 지도자들이 동성애, 동성혼, 차별금지법 제정 반대를 위한 목소리를 하나로 결집하였다. 이 저서는 한국 개신교의 사회적 성화를 위한 결집력을 드러내는 데 중요한 의미를 지닌다. 민돈원 사무총장의 열정과 행정력의 소산이기도 하다.

이 저서의 출판 보급을 통해서 18세기 영국의 영성 지도자 웨슬리가 강조한 사회적 성결 사상을 오늘날 계승하는 감리회거룩성회복협의회의 발전과 사회적 성결 운동의 결실을 기대한다.

소기천 교수

장로회신학대학교 성서신학

감리회거룩성회복협의회는 세상 학문에 노출되고 이념에 편승하여 성경에서 말하는 진리를 왜곡하는 목회자들과 평신도를 깨울 뿐만 아니라, 신학자 중에서 서구에서 배운 대로 강단에서 가르치는 일이 일상화되어 있는 상황에서 하나님의 말씀에 근거하여 교회를 회복하고 세상을 살리는 신학을 새롭게 제안하고 대안을 제시하는 아주 귀한 단체다.

지난 3년간 코로나로 위축된 한국 교회를 다시 살려 내고 교회를 위한 신학을 회복하기 위한 목적으로 지금까지 총 28차에 걸쳐 진행된 세미나 자료를 학술적 가치가 있는 책으로 엮어 세상에 내놓은 것을 높이 치하한다. 이런 저력은 지난 130여 년 동안 감리교단이 순교자를 배출하면서 1907년 평양 장대현 교회의 영적 부흥과 사경회를 촉발한 감리교 로버트 하디 선교사의 성령 사역 이후에 영적 대각성 운동의 선두에 서서 한국 교회를 견인한 것은 너무나도 위대한 한국 교회의 유산이 있었기 때문이다.

일제 강점기와 6.25 전쟁의 비극 속에서도 교회를 굳건하게 지켜 온 이런 불굴의 신앙 유산은 지난 3년의 모진 연단 속에서 민돈원 목사님을 비롯한 실행 위원 목사님들의 한결같은 자비량 헌신과 복음에 근거한 거룩한 교회를 세우고자 하는 열정으로 계승 발전되었다고 본다. 무엇보다 동성애 옹호와 차별금지법 제정의 핑계로 국회에서 이름만 바꾸고 반복적으로 발의되는 상황을 교계에 알리고 성도들에게 경각심을 불러일으키는 세미나와 기도회는 한국 교회가 처한 상황에서 매우 시의적절한 활동이었다. 이를 위해 감리교단의 각 연회 감독들과 목회자들을 초청하여 매회 뜨거운 통성 기도의 대열에 동참하고 성령의 강력한 역사를 다시 한번 체험하게 한 것은 전적으로 하나님의 은혜다.

이런 무렵에 감리회거룩성회복협의회의 뜨거운 기도가 미국 애즈버리 신학교로 이어져서 2023년 초에 영적 대각성 기도회가 시작되었는데, 다시 한국 교회에 성령의 바람이 불어오기를 기대한다. 향후 동성애에 대한 진단과 치료책까지 제시하고 있는 이 책이 한국 교회를 영적으로 재무장하는 계기가 되기를 바라면서 목회자와 신학생은 물론, 성령의 은사를 사모하여 한국 교회가 던지는 영적인 메시지를 통하여 무기력한 삶에 활력을 불어넣고자 하는 평신도에게 일독을 권한다.

감리회거룩성회복협의회에서
지난 3년간 세미나를 통해 학술 가치가 있는 신학자들의 옥고를 출판하면서

1. 감리회거룩성회복협의회 태동 배경

기독교대한감리회 교리와 장정 서문에는 "성경에 기초를 둔 신앙 고백과 기독교의 역사와 전통, 그리고 존 웨슬리의 유산을 계승한다고 제시해 놓았다. 특별히 "신앙과 신학에 있어 성경은 최우선적이다."라고 명백히 밝히고 있다.

이와 같은 성경과 신학적인 명확한 근거를 가지고 동성애가 성경에서 죄라고 규정하고 있음에도 불구하고 교계 논란이 되는 것을 보면서 거룩성 회복과 복음을 사수하기 위해 전국에서 이에 뜻을 같이한 약 20여 명의 감거협 자문 위원 및 실행 위원 모임을 갖게 되었다. 이들을 중심으로 약 3년 전인 2020년 7월 31일 감리회 본부 교회에서 감리회거룩성회복협의회(이하 감거협)가 창립되었다.

그로부터 지금까지 28차에 이르기까지 꾸준히 기도회와 세미나를 지속해 오던 중 제3주년을 맞아 가장 권위 있는 전문가들의 강의 원고를 토대로 편집하게 되었다. 이번 책을 출간하게 된 감거협으로서는 매우 뜻깊은 경사가 아닐 수 없다. 무엇보다 이 책을 펴내게 된 가장 중요한 이유는 한국 교회 안에 하나님을 모독하는 포스트모던의 세속주의 물결이 침투하여 예수 그리스도의 진리의 복음을 흔들어 한국 사회에 혼란과 분열을 야기시키고 있는 동성애의 위험성을 바로 잡기 위함에 있다. 아울러 이들을 방치할 때 하나님과 단절시켜 다음 세대가 없는 다른 세대로 기울어질 것은 불 보듯 뻔했다.

왜냐하면 가정과 교회를 파괴하려는 프랑스 68혁명과 문화 마르크시즘의 끔찍한 사상을 배태하고 있기 때문이요, 이런 전철을 밟지 않도록 하기 위하여 감거협은 지난 3년 전 기도회로 시작했다. 그리고 일회성이 아닌 꾸준히 회차가 거듭됨에 따라 이 방면에 전문학자들을 모셔 신학적인 근거를 마련하는 게 무엇보다 절실했다.

2. 1~28회 세미나 강사: 국내 유수한 신학자 및 전문가 초빙

이에 28차를 진행해 오는 동안 이 방면에 국내 저명한 전문적인 신학자들과 법학자들을 모셔 동성애가 반성경적이고 반교회적이며 더욱이 가정을 파괴하고 나라마저 위태롭게 한다는 사실을 규명하기 위한 신학적 법학적 근거를 제시하고 토대를 마련했다는 데서 큰 의의를 찾을 수 있다. 감리회거룩성회복협의회에서 모신 신학자들 및 법조계, 의학계, 정계, 사회시민단체 등 각 방면 전문가만도 약 50여 명에 이른다.

무엇보다 놀라운 사실은 이 책이 출간되기까지는 해산의 수고로 낳은 책이라고 하는 표현이 가장 적절할 것 같다. 왜냐하면 지난 2020년부터 약 3년간 고통스러운 시간을 보내야 했던 코로나 상황 속에서도 별다른 영향을 받지 않고 감거협은 기도회와 세미나를 거의 매달 각 분야 전문 강사들을 모시고 줄기차게 진행하였기 때문이다. 그런 가운데 이런 소중한 글을 발굴할 수 있게 된 것이다. 실로 하나님이 하신 일이라고 고백하지 않을 수 없다.

3. 책 출판 배경과 전망

따라서 이 책을 출판할 경우 예상되는 애독자 전망은 매우 밝다. 우선 동성애에 대한 전 이해가 부족하여 그 심각성을 알지 못한 교계를 향한 깨우침이 될 것이다. 나아가 방송 매체의 왜곡된 보도 내지는 성소수자들의 약자 프레임에 속아 편향된 사고를 가진 집단 지성의 지적 사고 전환에도 크게 도움이 되리라 기대된다.

이렇게 말할 수 있는 이유는 무엇보다도 대학의 유수한 전문 신학자들이 강의한 원문을 그대로 실은 자료이므로 학문적인 가치가 매우 높기 때문이다. 특히 신학교에서 이 방면의 학위 논문을 쓰려고 하는 분들에게는 더 말할 나위가 없이 매우 소중한 참고 자료가 될 것으로 사료된다.

뿐만 아니라 이 책이 출판되면 함께 연대 모임에 참여하고 있는 예장 통합 측과 기장 측 교단 신학자들과 목회자들에게도 교단을 초월하여 다수의 학자들을 접하게 됨으로써 이 방면에 좀 더 깊은 관심을 갖게 될 것으로 본다. 나아가 아직도 이 문제에 대해 정치적 공방을 하고 있는 여야 현역 국회 의원들이 적어도 나라와 민족을 위해 그리고 진정 건강한 가정을 세우기 위해 지적 학습을 제공하는 소중한 자료가 될 것이라는 기대 또한 크다.

원고 편집 및 정리 **민돈원** 목사
현) 감리회거룩성회복협의회 사무총장
기감, 기장, 예장통합 차별금지법 반대 목회자 연대 공동 대표
강화문산교회 담임

감리회거룩성회복협의회(감거협) 조직표

후 원: 352-0899-2455-73 (농협, 예금주: 최항재)

고 문: **김진호** (전 감독회장)

자문 위원: **원성웅** 목사 (옥토교회, 서울연회 전 감독)

박용호 목사 (호남특별연회 전 감독)

황용희 목사 (우성교회 원로)

사무총장: **민돈원** 목사 (강화문산교회, 중부)

서 기: **최항재** 목사 (세종교회, 남부)

실행 위원: **권혁중** 목사(로뎀교회, 서울), **나철진** 목사(생명문교회, 서울), **채한수** 목사(홍천교회, 중부), **송달호** 목사(은혜로교회, 남부), **여봉호** 목사(임실반석교회, 호남), **이명재** 목사(대은교회, 삼남), **이선목** 목사(숭의교회, 중부), **조기영** 목사(하늘예찬교회, 중앙), **조성종** 목사(상계경신교회, 서울), **최상윤** 목사(예광교회, 서울남), **한철희** 목사(서천제일교회, 충청), **황건구** 목사(대소교회, 충북)　　※ ( )안은 각 연회별

감거협 1차 기도회 기념 사진

감거협 21차 기도회 후 길원평 교수 국회 앞 지지 방문

감거협 25차 기도회 단체 사진

감거협 21차 포스터

23차 기도회 및 세미나 참석자

28차 기도회 및 세미나 기념 사진 (2023.4.24.)

차
례

❖ 글 싣는 순서는 이 책이 동성애 문제를 다루고 있으므로 이에 맞는 주제 강연 내용을 시작으로 성경에 근거한 성서 배경사, 신·구약 학자 글을 앞부분에 실었습니다. 그리고 조직신학자, 법률가, 의학자 순입니다.

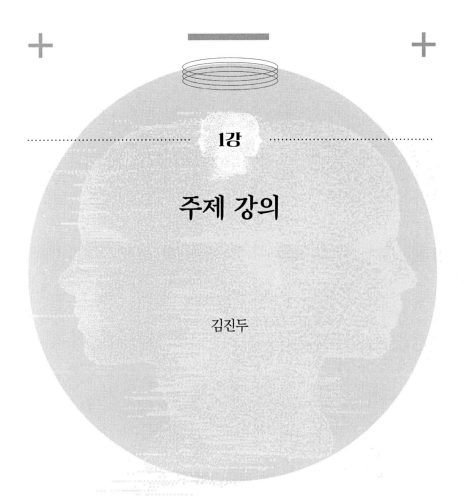

1강

주제 강의

김진두

성경: 창세기 18:20, 32
제목: 소돔을 위해 기도하는 아브라함
설교: 김진두 목사(감신대 석좌교수)
일시: 2021년 12월 6일
장소: 강화문산교회

-서언: - 감거협의 감리회 거룩성 회복 운동에 감사--- 이것은 웨슬리안 성결 운동이다-

-성화 운동이다- HOLINESS OF HEART AND LIFE-

-HLOINESS, 성결 ; 성화---이것은 웨슬리 신학과 교리와 영성의 본질이다-

-이것은 동시에 웨슬리안 메토디스트 선교의 본질이요 영원한 중심이며 선교의 선명한 방향이며 목표다-

-이런 일은 감리회 본부가 나서서 해야 할 일이다---

-웨슬리는- 매년 감리교 설교자 총회에서- 〈감리교의 목적은- 먼저 교회를 갱신하고- 민족을 성화하여- 성서적 성결을 온 세상에 전파하기 위함이다〉라고 선언하고- 〈하나님은 이 세상에 거룩한 민족들을 세우기 위하여- 감리교인들을 불러일으키셨다〉 라고 감리교 (메토디즘)의 사명을 분명히 밝혔다-

-감리교 역사를 돌아보면-

-영국- 18세기 초기 감리교 부흥 운동은 복음 전도 운동이면서 동시에 성결 운동이었다-

-성결은 초기 감리교 신앙의 중심- 전도의 내용이요 선교의 목표였다-

-초기 감리교는 성경적 성결(SCRIPTURAL HOLINESS)을 전파하고 성결 운동을 일으켰기 때문에 - 영국 사회를 성화하고 민족을 구원할 수 있었다-

-1988년 웨슬리 회심 250주년에- 영국은 정부와 초교파 연합으로- 기념 행사를 일주일 가졌다- 여기서 웨슬리의 메토디스트 부흥 운동은 성결의 전파로 사회를 성화하고 민족을 구원하였다고 감리교의 역사적인 공헌을 감사하고 기념하였다-

-미국 감리교- 1939년 (미국에서 북. 남 감리교 통합) 영국에서와 동일하게 성결은 신앙의 본질과 선교의 목표로 아메리카를 복음화하고 생활화하는 데 가장 강한 동력이었다-

-그러나 미국에서 감리교회가 신학적으로 자유주의로 기울어지고- 웨슬리안 경건주의와 복음주의가 쇠퇴하면서 - 성결 신앙이 약화되고 - 감리교회는 웨슬리안 정통(WESLEYAN ORTHODOXY)에서 멀어져 갔다-

-그런 과정에서 미국에서- 감리교회는 성경과 정통의 교리보다는-

철학과 심리학과 사회학과 교육학을 더욱 중시하는 방향으로 나아 갔다-

-보스톤대학을 중심으로 일어난- 아메리칸 자유주의는 전 세계로 영향을 미치며 감리교 신앙을 성경 중심에서 점점 멀어지게 만들었 으며- 신학교의 신학 교육은 신학에서 철학과 인문학에로 전이하는 성향을 뚜렷하게 나타내고 성경적 복음과 경건은 쇠약해졌다-

-그 결과 감리교회는- 급속하게 세속화의 길로 나아갔다- 세속화는 성경적 기독교의 가치를 양보하고 세속적인 가치를 선호하는 모양 이다-

-그 결과 오늘날에 외서는 동성애주의, 그 정당성, 결혼까지 주장하 고 그것을 교회 안에 끌어들이려고 시도하기까지 한다-

-이것은 교회의 하나님의 창조의 질서와 권위에 대항하는 반역적 죄 악이다-

-교회는 이러한 동성애를 비롯한 죄악이 교회 안에 들어오지 않도 록 막지 못한다면
-교회는 텅 빌 것이며- 소돔 고모라처럼 하나님의 심판을 당하여 멸 망으로 떨어지고 말 것이다-

-근대 역사에서- 성경적인 신앙에 도전하고 교회의 전통적인 신앙 을 무너뜨린 3대 적이 있다고 말해 왔다- 즉 찰스 다윈의 진화론,

지그문트 프로이드의 심층 심리학, 칼 마르크스의 무신론적 유물주의 사상을 일컫는다-

-20세기는 바로 이러한 반기독교 사상에 타협하는 자유주의 신학 만연한 시대였다- 온갖 반기독교적이고 불신앙적인 다양한 신학 사상이 등장하여 신학교에 정착하고 교회를 공격하였다-

-이러한 신학적 급변은- 루돌프 불트만의 비신화화와 하비 콕스의 세속화와 본회퍼의 비종교적 기독교와 존 로빈슨의 성경의 하나님을 부정하는 '신에게 솔직히'를 낳아 유럽과 아메리카에서 전통적인 기독교 신앙이 기초부터 흔들렸다-

-이와 같은 신학적 전이는- 소위 말해서 유럽과 아메리카에서 기독교 후기시대(POST CHRISTIAN ERA) 현상이 가속적으로 진행되었다-

-그 결과 유럽과 미국에서- 소위 MAIN LINE PROTESTANT 교회들은 사도 신경과 십계명과 주기도의 신앙을 버렸으며-

-영국 감리교인수는 1932년 100만 명에서 현재 20만 명으로
- 미국 감리교인수 1939년 1,000만 명이 오늘날 200만 명으로 감소하였다-

-그런데 바로 우리가 살고 있는 오늘날에- 기독교회는 또다시 큰 충격에 휩싸이고 교회의 기초가 흔들리는 위기를 맞고 있다-

-그것은 바로- 동성애 주의의 공격이요 위협이다-

-2020년 미국 감리교회는 총회에서 동성애 주의에 대한 찬반 논쟁
으로 이미 남북으로 분열된 상태다-

-2021년 여름에 영국 감리교회는 동성애 주의 찬성 법안을 7:3으로
통과시켰다-

-미국은 19세기 후반에- 흑인 노예 찬반 논쟁으로 북감리교회와 남
감리교회로 분열된 것과 거의 동일한 양상으로 오늘날 동성애 주
의로 북·남감리교회로 분열하고 있다

-이제 영국감리교회는 감리교인들마저도 감리교회를 떠나고 교회는
문을 닫을 형편에 이르렀다-

-우리는 한국에서 결코 이러한 불신앙적이고 이교적인 비극이 일어
나지 않도록 성경적 신앙과 복음적 신앙을 지켜야 한다-

-그런데 성경 창세기 18장에서 아브라함은 동성애의 죄악이 만연되
어 하나님의 불의 심판에 직면한 소돔 고모라 도성을 위해 기도하
였다. 아브라함은 아주 간절히 기도- 하나님이 10명만 있어도 심판
을 거두시겠다는 약속을 받아 내기까지 절박하게 매달려 기도하였
다-

-우리는 아브라함이 죄악의 두 도성의 백성을 위해 끝까지 기도하는

것을 배워야 한다-

-우리가 배울 것은- 거룩함을 버린 백성이 구원받도록 기도하는 것
이다-
-아브라함은- 그가 그들을 위해서 하나님께 호소하고 기도하는 태
도를 보면 - 분명히 그는 그들을 불쌍히 여기고 자비심을 품었다-

-그리고 아브라함은 그들에게 가서- 그 죄악에서 떠나라고 전도하
고- 멸망에서 구원받도록 모든 방법을 다 찾으려고 끝까지 노력하
였다-
-아브라함은 그들을 미워하거나 혐오하거나 외면하지 않았다- 그들
이 멸망하거나 저주받지 않도록- 기도, 전도하였다-

-아브라함의 이러한 신앙의- 포용적 복음주의 또는 복음적 포용주
의라고 말할 수 있다-

-우리는 전도자(SOUL- WINNER)다- 모든 사람의 영혼을 구원하는
것이 교회의 MISSION 사명이다-

-우리는 그들을 위한 복음적 포용의 심정- 뜨거운 포용적인 복음주
의 신앙의 가지고 그들의 변화와 구원을 위해 아브라함처럼 기도하
고 전도해야 한다-
-복음 전도자의 심정으로 그들을 포용하고 실천적인 복음주의 신앙
으로 다가가야 한다-

-그래도 아브라함은 조카 롯과 그의 가족, 조카 사위들까지 구해 냈다-

-성경 창세기 19장 29절에 보면- 〈하나님이 그 지역의 성들을 멸하실 때에 곧 롯이 거주하는 성을 엎으실 때에 아브라함을 생각하사 롯을 그 엎으시는 중에서 내보내셨더라〉

-제가 영국에서 유학할 때에 아주 친하게 지내던 신학생이- 나중에 동성애자임을 알게 되었다- 신학교위원회에서 투표로 퇴학되었다- 그는 교회에 충성하고 성품이 아주 착하였다-
-우리는 그를 위해서 기도 모임을 갖고- 그를 만나고- 그를 위로하고 모든 방법을 다해서 도왔다- 그는 나중에 목회를 그만두고- 평신도로 살면서 다른 직업을 갖고 성실하게 사는 모습을 보았다-

-신학생들과 교회들은 그를 통해서 동성애자들 전도 활동을 하였다-

-교회는 거룩함(성결; HOLINESS)을 잃어버리면 타락하고 부패한다- 교회도 그렇게 되면 하나님으로부터 버림을 받고 벌을 받는다- 동시에 세상으로부터 버림을 받고 사람들은 교회를 버리고 떠난다-

-오늘 우리는 창세기에서 아브라함이 소돔 고모라의 죄악에 빠진 백성을 긍휼히 여기고 구원하려고 기도하고 전도하는 아브라함의 신앙을 배우자-
-아브라함의 포용적 복음주의- 복음적 포용주의 실천하자-

-웨슬리의 뜨거운 기도와 복음 전도의 열심을 가지고- 하나님을 따난 죄인들을 구원하고- 거룩함을 잃어버린 교회를 일깨우고- 우리의 교회들이 거룩함을 되찾게 해 주고-

-성경적 성결을 이 민족에게- 온 인류에게 전파하자! -아멘-

동성애 문제에 대한
성경적 입장[1]

이승구 교수

Ph. D., St. Andrews University, U.K.,

합동신학원대학교/조직신학

1) 이 글은 이승구 교수의 저서인 〈광장의 신학〉 (수원: 합신대학원출판부, 2010), 57-81에 발표
되었음을 밝히며. 이를 다시 게재할 수 있도록 허락하신 저자와 출판사에 감사드린다.

오늘날에 동성애 문제가 사회적 문제로 드러나고 비밀리에 동성애 관계에 있던 분들이 자신이 동성애자임을 선언하는 일[coming out]이 자주 나타나면서 많은 사람들은 이 문제에 대해 과연 어떻게 생각해야 하는지를 묻고 있다. 또한 동성애자들을 옹호하는 신학적 논의들이 나타나기도 한다. 그중 일부는 소위 퀴어 신학이라는 이름을 제시되고 있다. 이 글에서는 이런 퀴어 신학의 선구자들의 논의를 검토하면서 정통적 기독교에서는 동성애 문제를 어떻게 생각하는지를 드러내고자 한다.

먼저 동성애 문제는 오늘날에 나타난 새로운 문제가 아니라는 사실에 대한 지적으로부터 시작하는 것이 좋을 것이다. 인간들의 타락한 이후로 인간들이 행하는 여러 가지 일 가운데 동성애도 계속해서 역사 속에 있어 왔다. 이스라엘이 그들 가운데 살던 가나안 족속들 사이에서는 동성애의 관습을 포함한 온갖 성적인 무질서가 성행했으며,[2] 가나안 종교 의식 가운데서는 남성 성전 창기(male cult prostitute)와의 성적인 관계가 포함되어 있어서 가나안 사회와 그들과 더불어 살

---

2) Cf. 전승사적 입장의 구약학자 폰 라트도 이 점을 지적한다. Cf. Gerhard von Rad, *Genesis A Commentary*, trans. John Bowden. Revised Edition (London: SCM Press, 1972), 217.

던 유대인들 가운데서도 상당 기간 많은 남성 성전 창기가 있었던 것으로 여겨진다.[3] 또한 고대 희랍과 로마 사회에서 동성애는 매우 일반적으로 행해지는 행위였다. 심지어 플라톤의 글에서도 동성애가 매우 자연스러운 것으로 나타나고 있으며 『향연』(Symposium)에서는 동성애가 사람을 성숙시키며 상승시키는 사랑인 "에로스"의 좋은 양태로 제시되고 있을 정도다. 헬라 문화에서 특히 나이 어린이와 나이 많은 동성 간의 관계(pederasty, παιδοφθορία)는 특히 젊은이의 교육의 완성을 위해 고귀하고 중요한 요소로 받아들여지고 있었다.[4] 역사적으로 타락한 인간들 사이에서 동성애가 있지 않은 적은 없었다고 말할 수 있는 정도다.

이렇게 온 세상에 퍼져 있고, 역사 속에 만연해 있기에 동성애는 당연한 것으로 여겨질 수 있는 것일까? 이런 입장을 강조하는 퀴어 신학의 선구자들의 논의를 살펴보고, 이에 대해서 정통파 기독교는 과연 어떤 입장을 가지는 것인지를 논의해 보기로 하자.

1. 퀴어 신학의 선구자들의 논의의 예

퀴어 신학의 선구자들은 창세기 소돔과 고모라 사건이 언급된 구절들을 주석하면서 이 구절은 동성애를 문제 삼는 구절이 아니라고 오

---

3) 특히 신명기 23:17, 열왕기상 14:22 등을 언급하면서 이 문제를 지적하는 R. K. Harrison, *Leviticus*, Tyndale Old Testament Commentary(Leicester, England and Downers Grove, Ill.: IVP, 1980), 192를 보라.

4) 이에 대해서 Henry Wansbrough, *Genesis,* Doubleday Bible Commentary (New York: Doubleday, 1998), 38을 보라.

히려 자신들의 도성(都城)으로 찾아온 사람들을 잘 받아들이지 않고, 그들에 대해서 배타적으로 굴며, 그들에게 텃세를 부리고 그들에게 해를 가하려 한 것이 소돔과 고모라가 멸망한 원인이 되는 죄악이라고 논의하려고 한다. 이런 논의의 고전적이고도 영향력 있는 예로 우리는 셜윈 베일리(D. Sherwin Bailey)의 『동성애와 서구 기독교 전통』을 들 수 있다[5] 베일리는 이 책에서 창세기 19:5과 사사기 19:22의 "안다"는 뜻의 동사 "야다"(יָדַע)가 성적(性的) 함의를 가지고 있다는 것을 부인한다.

이 논제를 세우기 위해서 그는 (1) 구약 성경에서 "알다"라는 뜻의 "야다"(יָדַע)라는 동사가 가장 기본적인 의미로 사용된 900여 회에 비교해서 성적(性的) 함의를 지니고 사용된 예가 단지 15번뿐이라는 통계와 (2) 성교가 개인적으로 친숙한 앎에로 나아가기 위해서는 "단순한 육체적 성적 경험 그 자체만이 아니라, 성적인 차이에 대한 의식과 보완 의식이 있어야만 한다"는[6] 심리적 이유, 그리고 (3) 롯과 사사기 19장의 주인이 모두 그 땅의 우거자들(gērîm)이었는데 "롯이 그 신임성을 점검해 보지도 않은 낯선 두 사람을 자기 집에 들임으로 우거자(gēr)의 권리 이상을 행사한 것이므로" 사회적 물의를 일으킨 것이라는 추론을 제시하고 있다.[7]

물론 오늘날은 이보다 더한 논의들이 퀴어 신학의 이름으로 제시되기도 한다.

이런 입장에 대해서 우리는 어떻게 반응해야 할 것인가?

---

5) D. Sherwin Bailey, *Homosexuality and the Western Christian Tradition* (London: Longmans, 1955). 비슷한 견해로 J. J. McNeill, *The Church and the Homosexual* (Kansas City: Sheed, Andres and McMeel, 1976), 42-50.

6) Bailey, *Homosexuality and the Western Christian Tradition*, 3.

7) Bailey, *Homosexuality and the Western Christian Tradition*, 4.

2. 기독교적 사유의 원칙: 계시 의존 사색

정통파 그리스도인들은 모든 것을 성경에 근거해서 생각하는 사람들이다. 우리가 진정한 그리스도인이라면, 우리는 성경 계시에 의존해서 사색[啓示依存思索]하는 이들이다. 그러므로 사랑에 대해서도 우리는 성경에 근거해서 생각해야 할 것이다. 그런 의미에서 사랑 문제에 대해서도 우리 그리스도인들은 사랑에 대해서도 근원적으로는 하나님께서 말씀하신 것에 따라서 생각해야만 한다. 하나님의 창조하심이 근본적으로 사랑의 행위였고, 사랑의 창조인 것이다. 그리고 하나님께서 우리를 사랑하심으로 우리가 사랑을 알게 되었다. 따라서 사랑이 무엇인지에 대한 대답도 궁극적으로는 하나님에게서 찾아야 한다. 하나님께서 자신의 어떠하심을 보여 준 것이 사랑의 근원적 기준이 된다. 그러므로 참사랑은 무원칙적이지 않고, 분명한 원칙에 근거한 것이다. 그래서 바울은 "사랑엔 거짓이 없나니 악을 미워하고 선에 속하라"고 선언한다(롬 12:9). 이는 사랑 일반에 대해서 하는 말이지만, 남녀 간의 사랑에도 적용되는 말이다. 모든 면에서 그러하니, 남자와 여자 사이의 사랑에 대해서도 하나님께서 내신 원칙에 따르는 것이 진정한 사랑의 표현이다. 그러므로 우리는 연애와 혼인, 그리고 성(性) 문제나 모든 친밀한 인간관계와 관련된 사랑에 있어서도 하나님께서 내신 어떤 원리가 있는지를 성경으로부터 찾아보려고 해야 한다. 이를 무시하고, 오히려 변화하는 이 세상의 문화에 따라, 또는 세상의 동향에 따라서, 또는 대다수의 사람들이 생각하는 바에 따라서 사랑에 대한 우리의 생각을 정리하려고 하는 일은 옳지 않은 일이다.

1) 사랑에 대한 구약 성경의 원리

하나님께서 사람을 창조하신 원리에 의하면, 남자와 여자가 사랑하는 것은 매우 정상적인 것이다. 하나님께서는 처음부터 사람을 남자와 여자로 만드실 계획을 가지시고, 먼저 남자를 만드신 후에(창 2:7), 사람의 독처(獨處)하는 것이 좋지 않으니 자신이 그를 위하여 돕는 배필[즉, 그에게 상응하는 돕는 자]을[8] 지으시리라고 말씀하시고(창 2:18), 남자로 하여금 자신이 혼자이며 누군가의 도움을 필요로 한다는 심리적 필요를 느끼게 하신 뒤에(창 2:19-20), 여자를 만드셔서 그 둘이 한 몸을 이루고 살게 하셨다(창 2:24). 여기에 인간들 사이의 사랑과 혼인의 시작이 있다. 사랑은 모든 면에서의 하나 됨을 위한 가장 기본적인 정서다. 영적, 정신적, 인격적, 신체적 하나 됨에서 사랑이 나타난다. 그러므로 인간의 혼인 관계 안에서 이루어지도록 하나님께서 의도하신 진정한 하나 됨을 위해서는 사랑이 필수적으로 있어야만 한다.

그런데 그 사랑은 결국 하나님을 중간 언어로 하는 사랑이다.[9] 두 사람이 사랑하면 할수록 하나님을 더욱 사랑하게 되며, 하나님을 사랑하면 할수록 사랑하는 이를 더욱 사랑하게 될 때에야 그것이 하나님께서 진정으로 의도하신 사랑이라고 할 수 있다. 그렇지 않고 사랑하는 사람에 대한 사랑이 하나님에 대한 사랑과 대립될 때 그것은 참된 사랑이 아니다. 그리고 참된 사랑은 결국 상대편을 세워 주는(up-building) 것이어야 한다. 결국은 상대를 파괴하고 무너뜨리는 결과를

---

8) 이 어귀에 대한 논의로 이승구, 『인간 복제, 그 위험한 도전』(서울: 예영, 2003, 개정판, 2006), 제 1장을 보라.

9) Cf. S. Kierkegaard, *The Works of Love* (Princeton: Princeton University Press, 1993)의 여러 곳을 보라.

가져다주는 것은 참사랑이 아니다. 또한 인류의 역사와 문화를 하나님께서 의도하신 대로 잘 세워 가는 것만이 진정한 사랑이다.

  (1) 이런 창조의 원칙에 따라 생각해 볼 때 성경이 이성애와 동성애에 대해서 어떤 태도를 나타내고 있는지는 아주 분명해진다. 결국 하나님을 사랑하는 것과 대립되지 않는 사랑은 하나님께서 내신 창조의 원리에 따라 사랑하며, 하나님께서 선언하신 말씀의 원리에 따라 사랑하는 것이다. 이와 같이 하나님께서는 처음부터 남자와 여자를 창조하시고, 그 둘이 한 몸이 되어 자녀를 생산하고, 그 결과로 많아져서[繁盛], 땅에 충만하고, 그리하여 온 땅에 흩어진 사람들이 하나님의 뜻대로 온 세상을 잘 다스릴 것을 원하셨다. 그러므로 창조의 원리에 따르면 이 세상에 창조된 사람은 창조하신 하나님의 의도에 따라서 온 세상을 하나님의 뜻대로 다스려야 하는데, 그런 다스림의 한 부분으로 혼인하여 그의 형상을 닮은 자녀들을 낳고, 그들에게 하나님의 뜻을 가르치고 교육하여 함께 온 세상을 하나님의 뜻대로 다스리는 일을 하도록 하신 것이다. 이 일에는 혼인과 혼인 관계, 가정 제도와 가정 교육을 포함은 폭넓은 교육이 함의되어져 있다. 여기 함의된 혼인 관계는 남자와 여자의 관계, 즉 이성애적 관계고, 그것도 일부일처의 관계다. 그러므로 하나님의 창조의 원리에 의하면 남자는 여자와 혼인하도록 하신 것이고, 그런 이성애적 관계를 하나님이 창설하신 것이라고 할 수 있다. 창조의 빛에서는 동성애의 여지가 있지 않은 것이다.

(2) 그리고 소돔 사람들이 남자의 모습을 하고 **나타난** 천사들과 "상관하리라"고 말하면서[10] 그들을 내어놓을 것을 요구하는 것으로 그들의 죄악상의 한 단면을 소개하고 있는 창세기 19:5, 7, 9을 생각해 보아야 한다. 영어 성경 새국제역(*New International Version*)에서는 아주 명확히 그 의미를 성적인 의미로 규정하여 다음과 같이 번역하였다: "Bring them out to us so that we can have sex with them." 전통적인 해석은 모두 이런 의미로 보면서 이런 것이 소돔과 고모라의 죄악상을 잘 나타내는 것으로 해석한다. 심지어 성경 비평적 입장의 해석자들 중에서도 소돔 백성들이 요구한 것은 이 방문자들과 동성애적 관계를 가지려는 것이었다고 해석하는 분들이 많이 있다.[11] 이런 것을 볼 때, 이 부분은 동성애를 정당화하지 않는다는 것을 분명히 말할

---

10) 이것이 소돔 고모라 사람들이 낯선 이들과 동성애적으로 강간하려는 것이었다는 해석과 그런 입장으로 다음을 보라: Derek Kidner, *Genesis*, Tyndale Old Testament Commentaries (Leicester, England and Downers Grove, Ill.: : IVP, 1967), 134; R. L. Alden, "Sodom," in The *Zondervan Pictorial Encyclopedia of the Bible*, vol. 5, ed., Merrill C. Tenney (Grand Rapids: Zondervan, 1976), 466; D. A. Blaiklock, "Sodomite," in *The Zondervan Pictorial Encyclopedia of the Bible*, vol. 5, 468; Gordon Wenham, *Genesis 16-50*. Word Biblical Commentary (Dallas: Word Books, 1994), 55; Victor Hamilton, "Genesis," in *Evangelical Commentary on the Bible*, ed., Walter A. Elwell (Grand Rapids: Baker, 1989), 23; Victor P. Hamilton, *The Book of Genesis* (Grand Rapids: Eerdmans, 1995), 33-35; Bill T. Arnold, *Encountering the Book of Genesis* (Grand Rapids: Baker, 1998), 103: "When the men of Sodom threaten to *rape the two visitors.... the homosexual attackers* would not be interested in his daughters"(강조점은 필자의 것임); Henry Wansbrough, *Genesis, Doubleday Bible Commentary* (New York: Doubleday, 1998), 38; 그리고 Ralph Earle, "1, 2 Timothy," in *The Expositor's Bible Commentary*, vol. 11 (Grand Rapids: Zondervan, 1978), 352.

11) 그 대표적인 예로 글라스고우 대학교의 구약 교수였던 Robert Davidson, *Genesis 12-50, The Cambridge Bible Commentary on the New English Bible* (Cambridge: Cambridge University Press, 1979), 72: "The men of the city ... gather round Lot's house demanding that his guests be made available for *homosexual relationships.*"(역시 강조점은 필자의 것임). 그리고 Cutherbert A. Simpson, "Exegesis of Genesis," in *The Interpreter's Bible*, vol. 1 (Nashville: Abingdon Press, 1952), 627 을 보라. 명확히는 아니나 이를 시사하는 von Rad, 217도 보라. 그런가 하면 헤르만 궁켈은 아주 명백히 이를 옛 전설(the old legend)이라고 말하면서 이 전설 속에서 "그 남자들[천사들]은 그들의 신체적 아름다움이 소돔사람들의 악한 정욕을 자극할 정도로 꽃피는 젊은이들로 묘사되고 있다"고 말하고 있다(Hermann Gunkel, Genesis [1901], trans. Mark E. Biddle [Macon, Georgia: Mercer University Press, 1997], 207).

수 있다. 물론 동성애가 소돔과 고모라의 유일한 죄였다고 할 수는 없다. 그들은 여러 의미에서 다중적인 죄인이었다. 그러나 동성애도 그들의 죄의 한 부분이었다는 것을 부인할 수는 없다.

위에서 우리는 퀴어 신학의 선구자의 한 사람이라고 할 수 있는 설원 베일리의 견해를 언급하였다. 그러나 "야다" 동사의 의 사용된 경우들에 대한 통계만으로는 어떤 단어의 의미를 확립하기 어렵기에 어떤 단어의 의미는 항상 그 맥락에서 찾아져야 하는데, 창세기 19장이나 사사기 19장 모두에서 손님을 "알려는" 요구에 대해서 모두 다른 사람을 "아는" 것으로 대치하는 제안이 주어지고 있는데, 그 두 경우 모두 이 제안의 "안다"는 말은 모두 성적(性的)인 의미를 지니고 있다 (창 19:8; 삿 19:25). 따라서 소돔 사람들이 요구한 것도 역시 같은 성적(性的)인 관계를 의미했다고 보는 것이 문맥상 자연스러운 해석이다.[12] 소돔 사람들이 찾아온 손님들을 더 깊이 알고 그들과 교제하기 원하는데 롯이 그것을 막으면서 그 대신에 "남자를 알지 못하는" 두 딸을 내어놓으려고 했다는 것은 있을 수 없는 일이기 때문이다. 그러므로 여기서 문제가 되는 "앎"은 그저 인식적이고 사교적인 앎이 아니라, 성적(性的)인 의미의 앎인 것이다.

둘째로 소돔과 고모라 사람들이나 기브아 사람들이 참으로 그 손님들을 인격적으로 알려고 하지도 않고 있는데도 역시 "안다"라는 말이 쓰였으므로 이를 그저 인격적으로 친숙히 안다는 의미로 해석하기는 어렵다. 또한 문맥상 롯에 대해서 그의 지위를 문제 삼은 것은 그가 손님들을 집에 들여서가 아니라, 그들을 내어주기를 거부하면서 "내 형제들아 이런 악을 행치 말라"(창 19:7)고 하며 "이 사람들은 내 집에

---

12) 이 점을 잘 지적하는 Kidner, 137을 보라. 또한 창세기 19장의 맥락에서 이 점을 잘 드러내는 Wenham, *Genesis 16-50*, 55; Hamilton, *Genesis*, 34도 보라.

들어온 왔은즉 이 사람들에게는 아무 짓도 하지 말라"(창 19:8)고 설득하는 것에 대한 반감에서 나온 것임이 분명하다. 다음 같은 소돔 사람들의 말은 이런 해석의 타당성을 분명히 해준다: "너는 물러나라.", "이놈이 들어와서 우거하면서 우리의 법관이 되려 하는 도다. 이제 우리가 그들보다 너를 더 해하리라"(창 19:9). 그러므로 창세기 19장의 맥락에서 소돔 거민들이 동성애적 관계를 시사하였다는 것을 배제시킬 수는 없어 보인다.

그뿐만 아니라 신약 성경 유다서 7절에서는 소돔과 고모라는 "다른 색을 따라가다가 영원한 불의 형벌을 받음으로 거울이 되었느니라"고 소돔과 고모라의 죄가 동성애적인 죄였다는 것을 분명히 하고 있다.[13]

더구나 그와 같이 다른 견해를 주장하는 이들조차도 소돔과 고모라가 손님 대접에 소홀히 한 것만이 죄라는 명확한 논증을 세우지는 못한다. 동성애적 해석을 통속적인 해석이라고 하면서 이를 애써 피해 보려고 매우 쓰는 Walter Brueggemann조차도 "성적인 무질서(sexual disorder)가 일반적인 무질서(general disorder)의 한 측면일 수도 있을 것이다."고 인정한다.[14] 그는 성적인 죄도 "집단 강간(gang rape)"만이 문제될 것임을 강조하려고 한다.[15] 그러나 많은 해석자들은 이와 같이 이 구절을 동성애와 연관시켜 보지 않으려는 주해의 문제를 많이

---

13) 이에 대해서 베일리는 이는 후대의 입장을 반영하는 것이라고 설명한다. 그러나 이는 결국 성경에 나타난 것을 하나님의 말씀으로 받아들이지 않음을 드러내 주는 것이다.

14) Walter Brueggemann, *Genesis. Interpretation: A Bible Commentary for Teaching and Preaching* (Atlanta: John Knox Press, 1982), 164. 그러나 그럴지라도 "이와 같이 제시된 문제는 동성애에 대한 현대의 논의에 적절하지 않다"고 브루게만은 주장한다. 그러나 그렇게 단언할 뿐 더 명확히 이것이 동성애적인 문제를 배제한다는 적극적 논의를 내어놓지 않고, 단지 이 구절이 현대의 동성애 논의에 적절하지 않다고 단언하기만 하는 것이다.

15) Brueggemann, *Genesis.* 164. 이런 해석에 대한 자세한 논박으로 Hamilton, *Genesis*, 34f.를 보라.

지적하고 있다.[16] 그러므로 우리는 이 구절에 대한 해석에서 동성애를 전혀 문제로 여기지 않는 주해를 옳은 주해라고 하기 어렵다고 본다. 그러므로 이런 모든 논의를 친숙히 알고 그에 대해 반증 논의를 하는 웬함이 결론적으로 분명히 말하고 있는 바와 같이 "여기서 '야다'(ידע)는 성적으로 깊은 관계라는 뜻으로 사용되었음이 분명하고 이는 모든 중요한 주석가들에 의해서 인정되고 있다."[17]

(3) 그리고 구약적 하나님의 백성인 이스라엘 백성들에게는 아주 명백하게 "너는 여자와 교합함같이 남자와 교합하지 말라, 이는 가증함이니라"(레 18:22)고 강하게 말한다. "가증하다(תועבה)"는 것은 근본적으로 하나님께서 몹시 싫어하시는 것을 언급할 때 사용하는 말이다.[18] 따라서 이런 자들을 반드시 죽이라고 명하고 있다(레 20:13). 그렇게 강하게 공적인 사형(the death penalty)을 명할 정도도 구약의 언약 백성들에게는 하나님께서 아주 분명한 삶의 원리를 제시해 주신 것이다.[19] 이스라엘 주변의 나라에는 동성애가 만연하고 있어도 하나님의 언약 백성인 이스라엘 백성들은 그렇게 해서는 안 되며, 그런 행위를 하는 이스라엘 백성들은 반드시 사형에 처하게 해야 한다고 말하실

16) 이런 논박의 대표적인 예로 Kidner, *Genesis*, 136f.; Wenham, *Genesis 16-50*, 55; Hamilton, *Genesis*, 33-35 등을 보라.
17) Wenham, *Genesis 16-50*, 55.
18) 거의 모든 이들이 그렇게 말하지만, 그 대표적인 예로 John E. Hartley, *Leviticus*. Word Biblical Commentary (Dallas, Texas: Word Books, 1992), 297; 그리고 Gordon J. Wenham, *The Book of Leviticus* (Grand Rapids: Eerdmans, 1979), 259를 보라.
19) 후에 우리에게 대한 적용에서 드러날 것이지만, 그 때문에 정통파 기독교에서 오늘날 동성애자들을 죽여야 한다고 주장하는 것은 아니다. 이것은 기본적으로 언약 백성에게 명하시는 것이다. 따라서 구약의 언약 백성들은 반드시 이 원리대로 살아야만 했고, 신약의 언약 백성인 그리스도인들도 이 원칙에 부합한, 즉 이 원칙을 주신 하나님의 의도와 정신이 나타나는 삶을 살아야 하므로 교회 공동체 안에서는 동성애에 대해서 엄한 치리적 원칙을 천명해야 한다. 언약 관계 밖에 사람들에게는 일반 은총하에서 사람들이 보다 순리에 따른 관계를 가지도록 하는 일을 권하고 확대시켜 나가며, 그에 반하는 일을 피하도록 해 나가야 하는 것이다.

정도로 이스라엘에게 구별된 삶을 요구하시는 것이다. 이 구절들에게 동성애가 아주 분명히 금지되었다는 것은 아주 분명한 규정이어서 그 누구도 이를 부인할 수 없을 정도이다. 가장 비평적인 입장을 견지하는 마틴 노트조차도 레위기 18:22도 19-23절에 이르는 "허용될 수 없고 부자연스러운 성적인 관계들"을 언급하는 중에 나오는 것으로 인정한다.[20] 이를 거부하고 동성애가 허용될 수 있다고 생각하는 일은 "성경의 권위와 그 가르침을 완전히 저버릴 때에만 가능하다"는 래어드 해리스의 말은[21] 그 누구도 부인하기 어려울 것이다.

(4) 더 나아가서 심지어는 "여자는 남자의 의복을 입지 말 것이요, 남자는 여자의 의복을 입지 말 것이라. 이같이 하는 자는 네 하나님 여호와께 가증한 자니라"(신 22:5)고까지 말한다. 이 표현에 대해서는 그것이 가질 수 있는 다양한 의미도 생각해 볼 수 있다. 신명기 22:5 에서 "남자의 옷"이라고 번역된 말은 직역하면 "남자의 것들(man's things)"로서 단지 남자의 옷만이 아니라 남성에게 속하는 것들을 지칭하는 것이다. 장식물이나 무기나 일반적으로 남자와 연관되는 것들을 걸치지 말라는 것이다. 그런데 후반에 있는 "여자의 옷"에서는 분명히 여자의 옷으로 지칭하고 있다. 그러므로 전체적 의미로는 남자가 여자의 옷을, 그리고 여자가 남자의 옷을 입지 말라는 일반적 해석이 옳다고 할 수 있다.

이를 금한 이유는 (1) 그런 행위가 동성애의 어떤 형태와 연관되기

---

20)   Martin North, *Leviticus. A Commentary (1962)*, trans. J. E. Anderson. Revised Translation (London: SCM Press, 1977), 136.

21)   R. Laird Harris, "Leviticus," in *The Expositor's Bible Commentary*, ed. Frank E. Gaebelein, vol. 2 (Grand Rapids: Zondervan, 1990), 601.

쉽고, (2) 고대 사회에서는 그렇게 상대편 성의 옷을 입는 행위가 특정한 신들의 제의와 연관되었을 가능성이 있기 때문이다.[22] 어떤 이들은 두 번째 가능성을 좀 더 의미 있게 생각해 보려고 한다. 그럴 경우에는 이 금령의 근본적인 이유는 이교의 예배 풍속을 본받지 말라는 것이 된다. 그래서 게르하르트 폰 라트는 "여기서는 그저 옳게 보이는 것(what is seemly)의 준수, 또는 자연에 의해 규정된 것에 대한 순종 이상의 문제가 연관되어 있는 것으로 보인다"고 하면서, "(여호와께 가증하다)는 아주 강한 논의가 사용된 이유는 이것이 어떤 제의적 범과(cultic offence)임을 시사해 준다"고 말한다.[23] 또한 우리가 앞서 말한 두 가지 이유를 다 제시하는 알렌은 두 번째 이유와 관련해서 이렇게 말한다: "어떤 종교들에서는 제사장들이 여성의 옷 비슷하게 입거나 아주 여성의 옷을 입고 제의를 집례 하는 것이 관례였다……. 이것은 대개 그 숭배의 대상이 되는 신이 여성인 경우에 발생했다."[24]

그러나 이를 증거 할 수 있는 외적인 증거들은 사실 대부분이 상당히 후대인 희랍 로마 시대에 근동에서 행하던 예들인 경우가 많고,[25] 또한 앗시리아의 경우들로 언급되는 예들도 문제가 되는 것이 그저 옷을 바꾸어 입는 것인지 아니면 그것이 동성애에 대한 것인지가 논란이 될 수 있기 때문에[26] 제의적 이유만을 옷 바꾸어 입지 말라고

---

22) P. C. Craigie, *The Book of Deuteronomy*, NICOT (Grand Rapids: Eerdmans, 1976), 288.

23) Gerhard van Rad, *Deuteronomy. A Commentary* (London: SCM Press, 1966), 141.

24) C. Allen, *A Textbook of Psychosexual Disorders (1962)*, 243, cited in Craigie, "Introduction and Exegesis," in *The Book of Deuteronomy*, 288.

25) 그런 경우의 예들을 많이 언급하고 있는 S. R. Driver, *Deuteronomy*, ICC (Edinburgh: T. & T. Clark, 1902), 250을 보라. 또한 이 예들이 훨씬 후기의 예들이라는 지적으로 G. Ernest Wright, "Introduction and Exegesis," in *The Book of Deuteronomy*, The Interpreter's Bible, vol. 2 (Nashville: Abingdon Press, 1953), 464; 그리고 Craigie, *The Book of Deuteronomy*, 288을 보라.

26) 이 점을 지적하는 Craigie, *The Book of Deuteronomy*, 288, n. 6. 그는 앗시리아 시대의 예를 W. G. Lambert, *Babylonian Wisdom Literature* (1960), 226, 230에 제시되어 있다고 한다.

한 금령의 이유로 제시하기는 어려워 보인다.

또한 어떤 이유에서 이건 이는 "여호와 보시기에 가증한 것"이라고 정죄되고 있다. 그러므로 이런 금령에는 적어도 창조 때에 주어진 성 정체성을 모호하게 하려는 그 어떤 시도도 하지 못하게 하려는 의도도 있는 것이라고 보아야 한다.[27]

아주 더 명확히 이 금령은 종교적 이유와 같은 이유 때문이 아니라 "남자와 여자로 창조하신 것에 의해 수립된 그 '성의 구별'이라는 거룩성을 수립하고 주장하는 것"이라고 하는 카일과 델리취는 따라서 "이 구별을 침해하고 제거해 버리려는 모든 시도는 부자연스럽고, 따라서 하나님 보시기에 가증한 것"이라고 말한다.[28] G. E. Wright도 "모든 부자연스러운 것에 대한 이스라엘 백성의 혐오에서 이 금령이 기원한 것으로 볼 수 있는 가능성이 높다"고 한다. "비록 그 배후에 무엇이 있는지를 우리가 확실히 말하기는 어렵지만 말이다."[29] 더 나아가서 얼 칼란드(Earl S. Kalland)는 이 금령에는 "동성애를 포함한 불법적인 성적 관행이 포함되었을 가능성이 아주 높다"고 한다.[30]

(5) 그리고 가나안 족속들과 이스라엘 중의 동성애적 행위를[남색, 男色] 비난하면서 말하는 것을 볼 때, 구약 성경이 동성애적 행위와 이를 유도할 수 있는 모든 것을 다 정죄하고 있다는 것은 아주 분명하다.

---

27) 이 점을 포함해서 언급하는 Earl S. Kalland, "Deuteronomy," in *The Expositor's Bible Commentary*, vol. 3 (Grand Rapids: Zondervan, 1992), 135.

28) C. F. Keil and F. Delitzsch, *Commentary on the Old Testament*, vol. III, trans. James Martin (Grand Rapids: Eerdmans, 1976), 410f.

29) Wright, "Introduction and Exegesis," in *The Book of Deuteronomy*, 464.

30) Kalland, "Deuteronomy", 135.

예를 들어서, 르호보암은 솔로몬이 암몬 여인 '나아마'를 취하여 얻은 자녀로 르호보암이 즉위한 후에 이전에 가나안 백성들이 행하던 가증한 일이 유다 땅에 성행하게 되었다. 즉, (1) 우상을 세워 섬기는 일이("산 위에와 모든 푸른 나무 아래 산당과 우상과 아세라 목상을 세웠음이라") 많았고, (2) 그 땅에 남색하는 자가 있게 된 것이다(왕상 14:21-24). 이때 "남색 하는 자(קָדֵשׁ)"라는 말은 제의적 창기들(the cult prostitutes)을 지칭하는 표현이라고들 본다. 이는 집합적인 것으로 남성 제의적 창기들과 여성 제의적 창기를 모두 포함하는 것으로 여겨진다.[31] 이들은 풍성한 열매 맺음을 위한 종교적 제의를 행하는 일의 일부분으로 제의적 성행위를 제공하던 자들로 이전 가나안 종교 안에서 중요한 역할을 하는 이들이었다.[32] 이방 종교적인 행위가 정죄된 것이지만 여기서 동성애적 관계도 함께 정죄되었다고 보아야 한다. 이교적 배경과 이교적 함의 없이 남색 하는 것은 인정될 수 있었다고 하는 것은 매우 이상한 해석이 될 것이다. 로스너는 세속적 창기(secular prostitute, זוֹנָה)와 이교 제의적 창기(the cult prostitute, קָדֵשׁ)를 구별하고, 전자 즉 세속적 창기는 개인의 도덕적 실패를 지적하는 맥락에서 정죄되었으며, 후자 즉 제의적 창기는 하나님께 신실하지 못함과 관련해 정죄되었으나, 그 둘 모두가 하나님의 백성이 거룩한 신실함에로 부름 받았음에 반(反)하는 것이라는 것을 잘 지적한다.[33] 그러므로 일반적인 남색, 즉 동성애도 역시 하나님의 언약 백성에서 있을 수 없는 것으로 나타나

---

31) 이런 해석으로 Simon J. DeVries, *1 Kings,* Word Biblical Commentary (Waco, Texas: Word Books, 1985), 185를 보라. 이에 비해서 Gerald Van Groningen ("1-2 Kings," in Evangelical Commentary on the Bible, 245)은 제의적 정황에서 활동하는 남성 창기(male prostitutes)를 생각한다.

32) Cf. John Gray, *I & II Kings. A Commentary, third,* fully revised edition (London: SCM Press, 1977), 343: "Those persons were ministers of rites of imitative magic designed to promote fertility in nature."

33) Brian S. Rosner, *Paul, Scripture and Ethics: A Study of I Cor. 5-7* (Leiden: Brill, 1994), 126-28.

고 있다고 할 수 있다.

　그 이후로 유대와 이스라엘 왕들 가운데 이런 자들을 없애는 자들은 하나님께서 원하시는 길로 나아가는 이들로 언급된다. 예를 들어서, 아사에 대해서는 그가 그 아버지 아비얌과는 달리 "그 조상 다윗 같이 여호와 보시기에 정직히 행하였다"고(왕상 15:11) 하면서, (1) 남색 하는 자들을[34] 그 땅에서 쫓아내고(12절), (2) 그 열조의 지은 모든 우상을 없이 하고(12절), (3) 또 그 모친(실질적으로는 할머니) 마아가가 아세라의 가증한 우상을 만들었으므로 태후의 위를 폐하고, 그 우상을 찍어서 기드론 시냇가에서 불살랐다고 묘사한다(13절). 아사의 아들 여호사밧에 대해서도 그가 "그 부친 아사의 모든 길로 행하여 돌이켜 떠나지 아니하고 여호와 보시기에 정직히 행하였다(왕상 22:43)"고 하면서, 그의 사역으로 남아 있던 남색 하는 자를 그 땅에서 쫓아낸 것을 언급하고 있다(46절).

　또한 요시아 때에는 성전에서 발견된 율법에 따라 개혁하는 중에 "여호와의 전 가운데 미동의 집을 헐었다"고 말한다(왕하 23:7). 여기서 "미동의 집"이라고 우리말로 번역된 이곳은(בית הקדשים), 영왕기상의 번역을 따라 하자면 남색 하는 자들의 집이라고도 번역할 수 있는데, 이곳은 성전 안에서 제의적 창기 활동을 위해 확보된 곳으로 이해된다.[35] 요시아 개혁 이전에 이런 미동의 집이 성전 안에 있었다는 것은 당시 종교가 얼마나 가나안 종교와 깊숙이 연관되어 갔는가를 잘 보

---

34)　Gerald Van Groningen ("1-2 Kings," in *Evangelical Commentary on the Bible*, 245)은 제의적 정황에서 활동하는 남성 창기(male prostitutes)를 생각하고 있는 데 비해서 John Gray는 이 남성 복수가 남성 제의적 창기와 여성 제의적 창기를 모두 포함해서 하는 말이라고 한다(*I & II Kings. A Commentary*, third, fully revised edition [London: SCM Press, 1977], 349). DeVries도 이 남성 복수가 양성 모두를 포함하는(common gender) 공동 복수를 의미한다고 말한다(*1 Kings*, 190).

35)　T. R. Hobbs, *2 Kings*, Word Biblical Commentary (Waco: Word Books, 1985), 333.

여 주는 것이라고 여겨진다. 시대의 대세에 밀려가 심지어 종교까지도 시대의 대세와 합류해 버리는 것이 심각한 문제로 나타난 것이다. 그 것을 요시아가 율법에 따라 종교 개혁을 하면서 타파시킨 것이다. 따라서 이스라엘이 하나님의 뜻을 따르는 때에는 남색 하는 일이 있을 수 없었고, 이스라엘이 하나님의 뜻을 따르지 않을 때에는 그 땅에 남색 하는 일이 성했음을 알 수 있다.

그러므로 구약 시대의 언약 백성이던 이스라엘 백성들은 그 주변에서 동성애가 성행하는 상황 가운데 있으면서도 그에 따라가지 말고 그들과는 구별된 삶의 원리를 가지고 살도록 명령을 받은 것이다. 그들에게 동성애는 잘 모르는 어떤 이상한 것이 아니고 주변에서 자주 목도 하는 일이었고, 바로 그런 것을 엄격히 피하라고 구약 성경은 언약 백성에게 명령하고 있는 것이다.

2) 동성애에 대한 신약의 가르침

신약에서도 분명히 동성애적 행위는 자연적인 방식을 벗어난 부자연스러운 것이라고 천명한다(롬 1:26). 이 문맥에서 "순리대로 쓸 것"이라는 말은 성(sexual relation)의 자연적 기능(the natural use), 즉 "창조자의 의도에 따른 기능"을 뜻하는 말이다.[36] 이는 자연이나 본성이라는 말에 하나님의 창조적 의도(God's creative intent)와 창조 질서(God's cre-

---

36) 명확히 이점을 지적하는 논의로 C. E. B. Cranfield, *The Epistle to the Romans,* vol. 1, ICC, New Edition (Edinburgh: T. & T. Clark, 1975), 125를 보라. 그는 고린도전서 11:14의 본성이라는 말도 "하나님께서 우리를 만드신 방식"이라는 말로 이해하며 이와 연관시킨다(125f.)

ated order)가 함의되어 있다고 생각하는 것이다.[37] 따라서 "순리대로 쓸 것을 역리로 쓰며"라는 말은 자연적인 기능을 "자연에 역행하는(π αρὰ φύσιν : that which is against nature)" 기능, 즉 "창조자의 의도에 반하는 기능"으로 바꾸어 사용하는 것을 지칭하는 말이다. 그러므로 창조자의 의도에 따른 자연적인 관계는 남자와 여자의 관계성을 말하는 것이고, 자연에 역행하는 관계는 여자가 여자와 더불어 관계하는 것을 뜻하는 것이고, 따라서 곧 이어서 또 다른 자연에 역행하는 관계인 남자와 남자와의 관계성에 대한 언급이 따라 나오게 된다. 그러므로 26절과 27절은 동성애적 관계를 비판적으로 언급하는 것이다.[38] 즉, 동성애적 관계를 부자연스럽고(unnatural) 왜곡된(perversion) 것으로 보는 것이다. 이를 염두에 두면서 바레트는 이 부분을 아예 다음과 같이 번역하기도 한다:

예를 들자면, 그들 중 여인들은 자연스러운 성관계(the natural kind of intercourse)를 부자연스러운 것으로 바꾸었다. 마찬가지로 남자들도 여성 파트너와의 자연스러운 성관계를 버리고서 서로를 향한 정욕으로 가득 차

---

37) Douglas Moo, *The Epistle to the Romans*, NICNT, New Edition (Grand Rapids: Eerdmans, 1996), 115. 칼빈도 "the whole order of nature"라는 말을 하며 하나님을 버린 죄인인 인간들이 이를 다 전복시켰다고 표현한다 (John Calvin, *The Epistle of Paul to the Romans and Thessalonians*, Calvin's New Testament Commentaries, trans. Ross Mackenzie, vol. 8 [Edinburgh: Oliver and Boyd, 1960; reprinted, Grand Rapids: Eerdmans, 1974] 36).

38) 거의 모든 주석가들이 이렇게 설명한다. 대표적인 예로 다음을 보라: John Knox, "Romans," in *The Interpreter's Bible*, vol. 9 (Nashville: Abingdon Press, 1954), 400f.; John Murray, *The Epistle to the Romans*, vol. 1, NICNT (Grand Rapids: Eerdmans, 1959), 47f.; Matthew Black, *Romans*, The New Century Bible Commentary, 2nd edition (Grand Rapids: Eerdmans, 1973), 42; C. K. Barrett, *A Commentary on the Epistle to the Romans* (New York: Harper & Row, 1957; reprinted, Peabody, MA: Hendrickson, 1987), 39; Cranfield, *The Epistle to the Romans*, vol. 1, 125f.; Everett F. Harrison, "Romans," in *The Expositor's Bible Commentary*, vol. 10 (Grand Rapids: Zondervan, 1976), 25; 그리고 James D. G. Dunn, *Romans 1-8*, Word Biblical Commentary (Dallas, Texas: Word Books, 1988), 64를 보라.

게 되었다. 그래서 남자가 남자로 더불어 음탕하고 추잡한 일을 하고, 그들 자신의 어리석음(오류)에 상당하는 벌을 그들 스스로가 받게 되었다.[39]

26절에서 여성 간의 동성애적 관계를 먼저 언급한 것은 후에 남성 간의 동성애의 아주 심각한 문제점을 잘 지적하기 위한 것이라고 관찰하기도 한다.[40] 이 모든 동성애적 관계는 부끄러운 일이고, 창조주의 의도를 벗어난 것이라고 선언된다(롬 1:25f.). 이로부터 바울이 동성애적 활동을 하나님의 창조 질서에 대한 침범(a violation of God's creation order)으로 묘사한다는 것이 분명해진다.[41] 그러므로 이 맥락에서는 "동성애가 잘못된 열정의 대표적인 예(a prime example)로 언급되고 있는" 것이다.[42]

"남자가 남자로 더불어 부끄러운 일을(τὴν ἀσχημοσύνην) 행한다(롬 1:27)"고 했을 때, 이는 여자와의 자연스러운 관계(natural relations with women)를 버리고 남성 간의 동성애 하는 것을 비판적으로 언급하는 것이다.[43] 그러므로 이 문맥 전체는 결과적으로 남성 간의 동성애뿐만 아니라. 여성 간의 동성애를 포함한 모든 동성애적 관계와 실

---

39) Barrett, *Romans,* 39.

40) 이를 지적하는 Murray, *The Epistle to the Romans,* 47; 그리고 Dunn, *Romans 1-8,* 64를 보라.

41) Cf. Moo, *The Epistle to the Romans,* 115.

42) Robert H. Mounce, *Romans.* The New American Commentary (n. p.: Broadman & Holman Publishers, 1995), 35.

43) "shameful thing"이라고 설명하는 Murray, *The Epistle to the Romans,* 48을 보고, 이를 생각하면서 "부끄러운 일을 부끄러운 줄도 모르고(shamelessness) 행한다"로 번역하는 것이 더 낫다고 하는 크랜필드, 126도 참조하라.

천을 포함하여[44] 비판하고 있는 것이다. 또한 이런 일을 행하는 자는 사형에 해당하다고 하나님이 친히 정하셨다고 하는 말(롬 1:32)에는 동성애적 관계도 포함되어 있다고 보아야 한다.

또한 바울은 이 세상의 현저한 악들을 열거하는 중에 동성애적 행위를 포함시켜 언급하고 있다(고전 6:9f.; 딤전 1:9f.). "탐색하는 자"라는 번역된 "말라코스(μαλακός)"라는 단어는 일반적으로는 "남자답지 않음(unmanly)"이라는 뜻으로 사용되는 말이나, 더 구체적으로는 "의식적으로 여성의 스타일이나 방식을 모방하는 젊은이"라는 뜻이라고 한다.[45] 그러면서 이와 같은 것은 쾌락을 위해서든지 돈을 벌기 위해서든지 "수동적인 동성애적 관계(passive homosexual activity)"에로 빠져들어 가기 쉽게 된다고 한다.[46] 그러므로 이 문맥에서 "말라코스"는 "남성 동성 관계에서 수동적인 편의 파트너"란 뜻으로 이해하는 것이 일

---

44) 이 점에 대한 지적으로 Dunn, *Romans 1-8*, 65를 보라. 또한 R. Scroggs, *The New Testament and Homosexuality: Contextual Background for Comtemporary Debate* (Philadelphia: Fortress, 1983), 115를 보라.
그러나 스크로그스는 (1) 바울이 이렇게 동성애에 대해서 비판적으로 생각하는 것은 자신의 헬라주의적 유대교적 모델에 따른 것이며 그 자신의 이런 편견에 따라 동성애적 관계가 자연적인 것에 반하는 것이라고 말하는 것이라고 한다는 것(114f.)과 (2) 흔히 동성애적인 것으로 언급되며 비판받는 것은 특히 젊은이와의 성관계만을 뜻하는 것이며, 결국 아동과의 관계만이 비판되었다고 본다는 점(85-97), 그리고 (3) 고린도전서 6:9에서는 동성애적 매춘만을 정죄하는 것이라는 입장을 나타낸다(101-109)는 점에 주의해야 한다. 그와 비슷하게 바울이 말하는 바는 본성(nature) 등에 대한 가정에 있어서와 동성 관계는 씨를 말린다는 원시적 가정에서 1세기 희랍-로마 사회의의 가장 결정적인 영향을 받고 있다고 논의하는 퍼니쉬의 논의도 참조하라(V. P. Furnish, "The Bible and Homosexuality: Reading the Texts in Context", in J. S. Siker, ed., *Homosexuality in the Church: Both Sides of the Debate* [Louisville: Westminster-Knox, 1994], 18-37, esp., 26-28).
45) Scroggs, *The New Testament and Homosexuality*, 106: "the youth who consciously imitated feminine styles and ways."
46) Scroggs, *The New Testament and Homosexuality*, 106.

반적인 이해다.[47]

또한 "남색 하는 자"라고 번역된 '아르세노코이테스(ἀρσενοκοῖτης)' 라는 말은 "남성"(명사로는 ἄρσην, 형용적으로는 ἀρσενικός)과 "함께 자 는, 또는 성적인 관계를 맺는(κοίτης)"이라는 뜻이라는 데에 모든 이들 의 의견이 일치한다.[48] 근자에는 바울의 이 용어가 레위기 18:22, 20:13에 나오는 '미쉬카브 자쿠르(mishkav zakur)', 즉 "남자와 함께 눕 는"이라는 말을 번역한 것이고, 이것은 랍비들의 글에서 동성애를 지 칭하는 데 사용되던 말이라는 것을 논증하는 일도 있다.[49]

그렇게 보면 이 두 단어는 모두 남성 동성애자들 중 수동적 역할을 하는 편과 능동적 역할을 하는 편에 대한 지칭이라고 생각하는 것이

---

47) C. K. Barrett, *A Commentary on the First Epistle to the Corinthians* (London: Black, 1978; 2nd edition, 1971), 140; Anthony C. Thiselton, *The First Epistle to the Corinthians*, NIGTC (Carlisle: The Paternoster Press and Grand Rapids: Eerdmans, 2000), 449. 그런데 다른 데서는 강하게 반 동성애적 입장을 드러내는 가논은 고린도전서 6:9의 말라코이가 여성적인 행동을 뜻하기 보다 는 비도덕적 성적인 성교를(immoral sexual intercourse) 지칭하니, 이는 모이코이와 아르세노코 이타이 사이에 위치해 있기 때문이라는 견해를 제시한다(R. A. J. Gagnon, *The Bible and Homosexual Practice. Texts and Hermeneutics* (Nashville: Abingdon, 2001), 308-12).

48) William D. Mounce, *Pastoral Epistles*, Word Biblical Commentary 46 (Nashville, Thomas Nelson Publishers, 2000), 38f.; Thiselton, *The First Epistle to the Corinthians*, 448. 티슬톤은 BAGD, 109-10과 Liddell, Scott and Jones, *A Greek-English Lexicon*, 223-24에 나온 정보도 언급한다. 또 한 다음도 보라: D. Sherwin Bailey, *Homosexuality and the Western Christian Tradition* (London: Longmans, 1955); Ralph Earle, "1, 2 Timothy," in *The Expositor's Bible Commentary*, 352: "male homosexuals"; Donald Guthrie, *The Pastoral Epistles*, Tyndale New Testament Commentaries, Revised Edition (Leicester: IVP and Grand Rapids: Eerdmans, 1990), 72. 또한 켈리도 이 "ἄρσε νοκοῖταις"라는 말을 단순히 "homosexuals"로 옮기고, 그 앞에 나오는 "포르노이스(πόρνοις)" 와 함께 "모든 형태의 성적인 죄악을 다 포함하는 것(embracing sexual vice in all its forms)"으로 해석한다(J. N. D. Kelly, *A Commentary on the Pastoral Epistles* [NY: Harper & Row, 1960, reprint. Peabody, MA: Hendrickson Publishers, 1987], 50).

49) Cf. Scroggs, *The New Testament and Homosexuality*, 106ff; J. R. Wright, "Boswell on Homosexuality: A Case Undemonstrated," *Anglican Theological Review* 66 (1984): 79-94; D. F. Wright, "Homosexuals or Prostitutes? The Meaning of arsenokoitēs (1 Cor. 6:9; 1 Tim. 1:10)," *Vigiliae Christianae* 38 (1984): 125-53; "Translating arsenokoitai (1 Cor. 6:9; 1 Tim. 1:10)," *Vigiliae Christianae* 41 (1987): 396-98.

자연스럽다.[50)]

이런 견해에 전적으로 동의하지 않는 스크로그즈(Scroggs)도 '아르세노코이테스(ἀρσενοκοίτης)'라는 말 자체는 레위기 18:22(과 레 20:13)에 나타나는 바와 같은 "남성과 함께 눕는 자"라는 것은 인정한다.[51)] 그러나 그는 이것이 남성과 관계하는 여성 창기를 지칭할 수도 있으므로 모호성의 요소가 있다고 논의한다.[52)] 그러면서 그는 이것이 동성애적 관계 전반에 대한 것이 아니라 필로 같은 이도 비판적으로 말했던 아동과의 성관계만을 지칭하는 것이고, 바울이 비판적으로 말한 것도 바로 이런 관계에 대해서뿐이라고 한다.[53)] 또한 보스웰은 바울이 동성애적 행위들과 남성 창기와의 관계와 구별하고 있다고 주장하면서 바울은 일반적 동성애적 관계에 대해서는 별로 문제 제기를 하지 않았다고 하고,[54)] 동성애적 매춘만을 잘못된 것으로 지적했다고 주장한다.[55)]

그러나 이와 같은 주해는 바울의 글에 대한 자연스러운 주해라고

---

50) 이런 입장을 잘 표현하는 것으로 Hans Conzelmann, *1 Corinthians* (1969), Hermeneia, trans. James W. Leitch (Philadelphia: Fortress Press, 1975), 106; F. F. Bruce, *1 and 2 Corinthians*, NCBC (London: Oliphants, 1971), 61; Barrett, *First Corinthians*, 140; G. D. Fee, *The First Epistle to the Corinthians* (Grand Rapids: Eerdmans, 1987), pp. 243-44; Thomas F. Lea & Hayne P. Griffin, Jr., *1, 2 Timothy, and Titus*, The New American Commentary 34 (Nashville, Tennessee: Broadman Press, 1992), 71, n. 11; S. J. Kistemaker, *1 Corinthians* (Grand Rapids: Baker, 1993), 188; Thiselton, *The First Epistle to the Corinthians*, 449f. 를 보라.
티슬톤은 다음 같은 저자들도 같은 입장을 표한다고 말한다: D. F. Wright, J. B. de Young, D. E. Malick, P. Zaas, R. B. Hays, K. E. Bailey, C. Senft, C. Wolff, R. F. Collins (이상에 대한 문헌 정보는 Thiselton, *The First Epistle to the Corinthians*, 450, n. 153을 보라).

51) Scroggs, *The New Testament and Homosexuality*, 85-88 그리고 106-108.

52) Scroggs, *The New Testament and Homosexuality*, 107, n. 10. 그러나 그도 70인경에 이 말이 사용된 것과 랍비적 논의에서는 "남자와 함께 눕는다"는 이 용어는 "남성 동성애를 묘사하기 위해 가장 많이 사용되었다"고 인정하기도 한다(107f.).

53) Scroggs, *The New Testament and Homosexuality*, 85-97.

54) J. Boswell, *Christianity, Social Tolerance and Homosexuality* (Chicago: University of Chicago Press, 1980), 111-14.

55) Boswell, *Christianity, Social Tolerance and Homosexuality*, 특히 107, 341-44.

보기 어렵다는 것이 많은 학자들의 견해다.[56] 물론 아동과의 동성애적 관계(Scroggs)나 동성애적 매춘(Boswell)도 문제지만 그것들만이 문제가 된다면, 바울이 여기서 이렇게 구체적으로 다른 단어를 사용하면서 이 논의를 길게 할 이유가 없기 때문이다. 라이트는 증거는 보스웰의 결론을 지지하지 않는다고 하면서, 바울의 논의는 레위기 18:22과 20:13에 나타나는 구약의 금지에 근거하고 있으며, 그 의미는 희랍 문화에서 일반적이었던 10대 남성과 성적인 관계를 하는 남성을 포함하여 동성애자 모두를 의미하는 것으로 이해될 수 있다고 잘 논의한다.[57] 우리가 위에서 살펴본 모든 점을 생각하면 가장 자연스러운 이해는 여기서 바울이 온갖 종류의 동성애적 관계를 비판적으로 보고 있다고 해야 한다. 동성애를 포함한 다른 죄들을 행하는 자들은 "하나님 나라를 유업으로 받지 못하리라(고전 6:10)"는 말을 매우 심각하게 들어야 할 것이다.

그러므로 신약 성경도 전반적으로 동성애를 죄악으로 간주하시며, 가증한 것으로 여기서서 아주 분명하게 비난하시는 것이다.

3) 동성애에 대한 성경의 가르침 결론

그러므로 "구약은 일관성 있게 동성애적 관계를 가정한 것으로 정

56) 그 대표적인 예로 Thiselton, *The First Epistle to the Corinthians*, 450과 거기 언급된 다른 학자들의 견해를 참조하라. 특히 D. F. Wright, "Homosexuals or Prostitutes? The Meaning of $\alpha\rho\sigma\epsilon\nu o$ $\kappa o\hat{\iota}\tau\alpha\iota$ (I Cor. 6:9; I Tim. 1:10)", *Vigiliae Christianae* 38 (1984): 125-53; 그리고 J. B. de Young, "The Source and NT Meaning of $\alpha\rho\sigma\epsilon\nu o\kappa o\hat{\iota}\tau\alpha\iota$ with Implications for Christian Ethics and Ministry", *Master's Seminary Journal* 3 (1992): 191-215를 보라.

57) Wright, "Homosexuals or Prostitutes? The Meaning of $\alpha\rho\sigma\epsilon\nu o\kappa o\hat{\iota}\tau\alpha\iota$ (I Cor. 6:9; I Tim. 1:10)", 125-53. 또한 Mounce, *Pastoral Epistles*, 39도 보라.

죄하고 그에 대한 형벌은 사형이었다"고 말하는 해리슨의 주장은[58] 매우 정확하며 정당한 것이라고 결론 내릴 수 있을 것이다. 우리는 신약에 대해서도 같은 말을 할 수 있다. 그러므로 성경은 일관성 있게 동성애를 옳지 않은 것으로 천명하는 것이다.[59]

물론 성경에 의하면 동성애만이 죄악인 것은 아니고, '정상적인 혼인 관계 밖에서의 모든 성관계'가 다 죄악인 것으로 정죄되었다. 바로 이런 이유에서 "이스라엘 여자 중에 창기가 있지 못할 것이요 이스라엘 남자 중에 미동이 있지 못할지니라(신 23:17)"는 말씀이 주어져 있는 것이다. 여기서 미동(male cultic prostitute)은 일반적 창기(female prostitute)와 같이 문제시되고 있는 것이다. 더 나아가, 이는 다른 하나님 앞에서의 다른 죄와도 같이 심각하고 무시무시한 죄인 것이다. 개신교에서는 성경에서 금하고 있는 모든 죄를 다 무시무시한 죄로 여긴다. 그러므로 우리는 동성애만을 정죄하고, 그런 이들이 특별히 더 잘못된 것으로 생각해서는 안 된다. 우리는 오히려 동성애의 죄도 다른 모든 성적인 죄와 같이 심각한 죄고, 하나님에게서 정죄 받을 죄라고 말해야 한다. 다시 말하지만, 동성애자들도 다른 죄인들과 같은 죄인들이지, 그들이 더 심각한 죄인들이라고 생각할 수는 없다. 성경에 의하면, 모든 죄는 그 어떤 형태를 진 것이든지 하나님 앞에서 다 심각한 것이기 때문이다.

그러므로 우리는 동성애를 비롯해서 모든 잘못된 사랑의 표현이 창조주 하나님의 의도에 반하는 것이므로 잘못된 것이라는 의식을 가지

---

58) Harrison, "Romans", 192. 같은 지적으로 Dunn, *Romans 1-8,* 65도 보라.

59) 같은 말을 하는 다음 주석가들의 말도 참조하라: Gordon Wenham, *Leviticus,* 259: "Homosexuality is condemned throughout Scripture (Gen. 19; Lev. 20:13; Judge 19:22ff.; Rom. 1:27; I Cor. 6:9)"; Ralph Earle, "1, 2 Timothy", 352; 그리고 Mounce, *Pastoral Epistles,* 39.

고, 하나님의 뜻에 따라서 바른 사랑을 하도록 해야 할 것이다. 하나님께서 우리에게 주신 가장 고귀한 선물들 중 하나가 바로 서로 사랑하는 것이다. 그러나 가장 고귀한 것들은 타락하면 가장 추악한 것이 된다. 최선의 것이 타락하면 최악의 것이 되는 것이다.[60] 사탄과 뱀을 생각해 보라. 사탄은 하나님이 지으신 천사가 타락한 존재가 아닌가? 또한 뱀은 여호와께서 지으신 들짐승 가운데 가장 똑똑했다고 하지 않았는가? 그런 것이기에 사탄이 가장 잘 이용한 것이다. 또한 인간의 이성을 생각해 보라. 고귀한 기능을 담당하게끔 창조된 이성이 오용될 때 사람들로 하여금 하나님께 반역하도록 하고 하나님을 부인하게 하지 않는가 말이다. 이처럼 하나님께서 가장 고귀하게 창조해 주신 것일수록 타락하면 더 흉악하게 되기 쉽다. 그러므로 우리는 우리에게 주어진 가장 고귀한 능력의 하나인 사랑하는 일도 하나님의 의도와 하나님께서 내신 원리에 따라 행사하도록 해야 할 것이다.

다시 말하지만, 구약과 신약은 모두 동성애를 모르던 시대에 문화적으로 뒤처진 상태여서 동성애를 금한 것이 아니라 주변 세계에서는 동성애가 성행하며, 이스라엘조차도 정신 차리지 않으면 그와 같은 죄악 속에 있는 자신들을 발견할 때가 많은 바로 그런 정황 가운데서 하나님의 의도로 동성애와 다른 모든 죄를 버리고 멀리하라는 명령을 받은 것이다. 그러므로 동성애가 만연하는 우리 시대에도 동일한 성경적 원리가 천명되어야 할 것이다. 동성애가 만연되던 시대에 쓰인 구약과 신약은 동성애를 아주 엄격히 금하고 있는데, 오늘날 성경을 읽는 우리들은 동성애를 인정한다면 그 얼마나 이상한 일인가?

---

60) 이는 일반적 원리처럼 진술되는 것이다. 근자에 이를 잘 표현한 것으로 캠브리쥐 대학교의 David F. Ford, *Theology* (Oxford: Oxford University Press, 1999), 강혜원, 노치준 옮김, 『신학이란 무엇인가?』(서울: 동문선, 2003), 12를 보라.

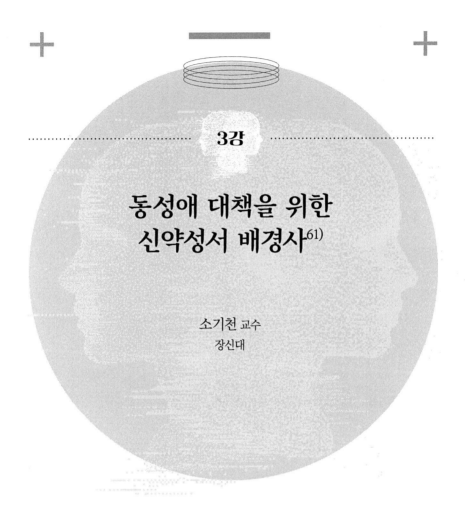

3강

동성애 대책을 위한
신약성서 배경사[61]

소기천 교수

장신대

61)   이 글은 소기천, 『예수 말씀에서 예수 학교로』(서울: 통독원, 2023)의 내용을 발표하기 위해 편
     집한 것이다. 원래 이 글은 "초기 기독교의 배경 연구: 동성애 문제 중심으로," 『목회와 신학』
     390호(2021년 12월)에 실린 것으로 샬롬나비를 위해 수정·보완한 것이다.

1. 서론

  흔히 기독교와 유대교와 이슬람교를 유일신교라고 생각하지만, 기독교는 유일신교인 다른 종교와 달리 삼위일체의 살아 계신 하나님을 믿는다. 성부와 성자와 성령의 삼위일체 교리를 확립한 기독교는 신약 성서가 기록될 당시부터 그리스-로마 신화의 세계를 알고 있을 뿐만 아니라, 다신론적인 세계관과 동성애의 문화의 토양인 심포지엄 곧 인간의 향연을 거부하면서 대안문화로 예수의 식탁 교제를 통한 하나님의 나라를 새롭게 보여 주고 있으며, 이 장에서는 직접 언급하지 않은 바울도 직접 이방 신전에 가득한 동성애를 지적하면서 예수의 복음을 통하여 변화된 삶을 제안하였다.

  신약 성경의 무대인 지중해는 초기 기독교 연구에 아주 중요하다. 신약 성경이 기록된 1세기는 지중해를 로마가 지배하고 있었지만, 그리스 문화가 계속해서 영향력을 행사하던 시기였다. '모든 길은 로마로 통한다'라는 모토로 지중해에 '로마의 평화(*Pax Romana*)'가 실현되었지만, 군사와 법에서는 라틴어가 주로 사용되었고 일상 언어와 경제의 차원에서는 헬라어가 통용되었다. 이 시대를 학자들은 그레코-로만 사회로 통칭한다.

신약 성경에는 그레코-로만 배경뿐만 아니라, 이스라엘의 역사와 종교가 중요한 자리를 차지하고 있기에 구약 성경과 유대교와의 관련성 속에서 초기 기독교의 배경을 연구하는 일은 너무나도 필수적이다. 예수 시대에 로마가 유대인을 지배하였지만, 그리스 문화의 영향력이 컸다. 기독교의 기원과 영향력을 이해하는데, 헬레니즘과 유대주의[62]는 필수적이다.

신약 성경의 배경을 연구하기에는 그 범위가 너무나도 방대하여, 이장은 동성애 문제를 중심으로[63] 그레코-로만 사회를 지배하던 헬레니즘과 유대인의 의식 세계를 지배하던 유대주의에 초점을 두고, 구약과 신약을 연결하는 마지막 예언자인 세례 요한을 거쳐서 예수의 가르침을 간단하게 살펴보고자 한다.

---

[62] 독일에서 1973년에 출판된 Martin Hengel의 Judentum und Hellenismus는 1973년에 Judaism and Hellenism으로 번역되어 신약학 분야에 널리 알려지게 되었다. 헬라주의라는 말을 처음으로 사용한 학자는 1831년에 드로이센(J. G. Droysen)의 박사학위 논문에서 사도행전 6:1의 '헬라파'란 단어로 비롯되었다. 헬라어 헬레니스모스가 처음으로 등장하는 코이네 헬라어로 번역된 마카비 2서 4장 13절로 마카비 형제들이 헬라어로 유대인을 지칭하는 유다이스모스란 단어에 반대되는 개념으로 사용한 것이다.

[63] 지중해 세계에 널리 퍼진 동성애 문제를 본격적으로 다룬 책으로는 독일어권에 P. H. Schrijvers, Eine medizinische Erklärung der männlichen Homosexualität aus der Antike(Amsterdam: Grüner Verlag, 1985)와 영어권에 Peter Brown, The Body and Society: Men, Women, and Sexual Reunification in Early Christianity(New York: Comumbia University Press, 1988)이다. 이보다 앞서서 불어권에서 "Une virginité sans hymen: le corps féminin en Gréce ancienne," Annales É. S. C. (1984) 39: 1119-1139가 있다. 그 외에도 Jennifer Ingleheart가 편집한 Ancient Rome and the Construction of Modern Homosexual Identities (Oxford: Oxford University Press, 2010; Craig A. Williams, Roman Homosexuality, Second Edition (Oxford: Oxford University Press, 2010); 케빈 드영 《성경이 동성애에 답하다》, 조계광 옮김(지평서원 2015)과 레위기의 토에바에 대해서 종교적 관점인 다니엘 A. 헬미니악, 《성서가 말하는 동성애 - 신이 허락하고 인간이 금지한 사랑》, 김강일 옮김(해울, 2003)은 문화적 배경에서 접근하기도 한다(참고, Jacob Milgrom, Leviticus 17-22 (Bantam, 2000) 등이 있다.

2. 헬라주의(Hellenism)

인간은 동성애의 욕망과 쾌락으로 인한 판단 착오로 인간에게 불행을 불러온다. 아리스토텔레스는 시학(페리 포이에티케스)에서 하마르티아를 판단 착오로 이해하여 인간이 불행을 맞는 것이라고 했다. 아리스토텔레스는 시학에서 하마르티아라는 단어를 최초로 사용하여 오이디푸스에게 적용한다. 신약성서에서 하마르티아는 '죄'를 뜻하는 단어이지만, 원래 헬라어에서는 '판단 착오'나 '시행착오' 혹은 '과오'나 '과실'을 의미한다.

아리스토텔레스가 쓴 인류 최초의 문예비평인 시학은 므네메시스인 모방과 카타르시스인 감정을 통하여 그리스 신화를 평가한다. 동성애는 선천적인 것이 아니라, 에로스가 보여 주는 것처럼 후천적 모방이고, 오이푸디스가 보여 주는 것처럼 감정이다. 아리스토텔레스는 오이디푸스가 아비를 죽이고 어미와 결혼하는 비극 문학의 핵심을 모방과 감정을 통하여 인간이 동성애와 성적인 욕망 그리고 판단 착오로 맞이한 비극을 보여 준다. 이렇게 탐욕과 성적인 욕망에 속아서 시험에서 벗어나지 못하고 굴복하는 것이 인간이다. 오이디푸스의 비극은 시험에서 벗어나지 못하고 부모도 알아보지 못하는 판단 착오를 보여 준다. 아리스토텔레스는 시학 제13장에서 무려 오이디푸스를 두 차례나 언급하면서 '행복을 비극으로' 바꾼 인간의 무책임한 모방과 감정을 비판한다.

오이디푸스 콤플렉스는 욕망과 탐욕을 앞세워 가정을 무너뜨리고 자신마저도 파멸로 치닫는 인생의 허무함을 보여 준다. 오이디푸스 콤플렉스가 아들이 어머니에게 갖는 사랑과 아버지에 대한 애증이라면, 반대로 엘렉트라 콤플렉스는 딸이 아버지에게 사랑을 품고 어머니를 애증의 상대로 여기는 현상을 가리킨다. 이와는 달리, 의붓어머니가 의붓아들에게 애증을 느끼는 상태를 가리키는 용어로 파이드라 콤플렉스도 있다. 문제는 이런 다양한 종류의 근친상간이 동성애의 문화에 깊이 뿌리를 두고 있다는 사실이다.[64]

동성애는 다분히 타락한 인간의 쾌락을 모방하는 것임에도 불구하고, 괴상한(queer) 광란 축제를 미화하여 모든 일에 충동적일 수밖에 없는 청소년이 무분별하게 따라 하도록 모방 심리를 자극하고 있다. 동성애에 노출된 청소년은 모방 심리에 영향을 받아서 후천적인 동성애의 쾌락에 빠질 공산이 크다. 성적 감정은 치명적이라 청소년 시절에 싹튼 오이디푸스 콤플렉스를 이기지 못하면, 인간은 환경에 영향을 받아서 성적 본능과 시험을 이기지 못하고 타락하게 된다. 오이디푸스가 판단 착오로 동성애의 죄를 저지른 것이다.

플라톤이 전하는 '대화록'에 '향연' 편은 사랑의 신인 에로스에 대해서 소크라테스의 가르침을 전해 준다. 창조 때에 카오스가 생겨난 이후에 대지의 신인 가이아와 사랑의 신인 에로스가 태어났다. 소크라테스는 에로스를 오래된 신으로 추앙한다. 그리스 신화에서 에로스는 사람에게 동성애 사랑이라는 화살을 쏘아서 성인 남성이 미소년을 사랑하게 유혹한다. 에라스테스는 미소년을 사랑하는 성인 남성을 의미하고 파이데카 혹은 에로메노스는 성인 남성에게 사랑을 받는 미소년을 의미한다. 간단하게 정리하자면, 에라스테스는 40세 미만 성인 남성을 일컫는 단어고, 에로메노스는 미소년을 뜻하는 단어다. 이로

---

64) 유수연, 《의사가 읽어주는 그리스 로마 신화》(에이도스, 2021), 252, 255쪽; 이윤기, 《이윤기의 그리스 로마 신화》(웅진지식하우스, 2021), 398쪽. 이윤기는 엘렉트라 콤플렉스와 관련해서 아이스퀼로스의 오레스테스 이야기와 에우리피데스의 이피게네이아와 엘렉트라, 그리고 소포클레스의 엘렉트라를 논하기도 한다.

써 그리스에는 에라스테스가 돈과 경륜으로 에로메노스를 사서 남성끼리 동성애 쾌락을 추구하는 문화가 만연하였다. 어린 소자를 이처럼 성적 탐욕의 대상으로 삼은 그리스 문화는 그 대가를 철저하게 치렀다. 아직도 그 찬란한 문화에 비하면 그리스의 인구는 보잘것없고 생활 수준도 낙후되어 있다.

플라톤 철학을 계승한 스토아철학은 금욕주의를 표방하면서 초기 교회의 근간을 뒤흔든 위험한 사상으로 2세기 중반에 이르러서는 영지주의라 하여 이단으로 거부된 움직임이다. '육체를 영혼의 감옥'이라고 여기면서 영적인 것만 소중하게 여기고, '영혼의 순례'라고 하면서 육체를 벗어나 플라톤의 이원론에 빠져서 영적인 세계만을 동경하여 육체의 삶을 부정하고, 육체의 본능까지 이미 다 극복하였다는 자가당착에 빠져서 육체로부터 자유를 얻었다고 말하면서 성적 방탕함에 허우적거렸음에도 불구하고, 육체의 죄를 인정하지 않는 불경함까지 보였다.

3. 유대주의(Judaism)

방랑하는 아람 사람(신 26:5)인 아브라함 시대에 마리 왕은 메소포타미아에서 번창하였지만, 바빌로니아의 함무라비에 의해 파괴되었다. 아무리 메소포타미아 문명을 꽃피운 왕이라도 역사에 남은 것은 파괴된 잔해뿐이다. 인간의 문명과 문화는 헛된 것이다. 소돔과 고모라에 임한 동성애에 대한 하나님의 준엄한 심판이 오늘날 서구 교회를 휩쓸고 있는 동성애 문화에 경종을 울린다. 장신대 성지연구원 유물 중에 철기문화를 꽃피운 히타이트 양두형 신상이 있다. 남성인지 여성인지 두 몸이 하나로 결합한 형태는 고대 신전 제사에서 동성애에 가득하였던 인간의 쾌락과 탐욕을 상징한다. 이른바 자웅 동체의 결정판이다.

메소포타미아와 히타이트 시대보다 더 올라가서 동성애에 대해 하나님께서 처음에 물로 심판하신 것이 노아의 홍수 때라면, 나중에 불로 심판하신 것은 소돔과 고모라의 때다. 노아의 홍수이든 소돔과 고모라의 유황불이든 동성애의 쾌락이 세상에 관영할 때, 하나님께서 내리신 심판이다. 동성애에 빠지면, 반드시 하나님께서 '멸하시기로 한 심판'을 당할 수밖에 없다. 이런 구약성서의 내러티브를 실감이 나게 보여 주는 것이 베드로후서 3:5-7에도 나온다. 이 구절은 물의 심판과 불의 심판을 분명하게 보여 준다. 세례 요한의 설교에서 알곡과 가라지가 최후의 심판 때에 구별되어 가라지에게 닥칠 불의 심판이 멸망의 날이다.

동성애는 하나님께서 금지하신 죄악(구약에 '가증하다'라는 단어인 히브리어 토에바(חֵבָה)는 '혐오하다', '싫어하다', '금지하다' 등의 뜻이다)이기 때문에, 소돔과 고모라를 '멸하시기로 작정하신 것'처럼 반드시 불로 심판하신다. 구약성서에서 제사장이 분향하면서 "다른 불"로 제사를 지낼 때, 하나님의 불이 임하여 타 죽게 한 사건도 있다. (레 10:1-2) 아론을 통해 레위기의 제사 제도가 제정되자마자, 얼마 지나지 않아서 아론의 제사장직을 계승한 나답과 아비후가 교만하여 하나님을 만홀히 여기고 다른 불로 분향을 드리게 되자 하나님께서 불로 심판하셨다. 여기에 사용된 다른 불은 유다서 1:7에서 "다른 육체"로 미드라시 읽기를 통해 상호 본문성의 방법으로 다시 살아나는데, 그 이면에 동성애로 멸망한 소돔과 그 이웃 도시들뿐만 아니라 나답과 이비후가 형제

사랑을 넘어서 동성애의 욕망에 넘어간 유대인들이 다른 불 곧 동성애의 쾌락으로 빠진 것을 강력하게 경고하며 회개를 촉구하는 말씀들에 연결된다.

4. 세례 요한(John the Baptist)과 예수(Jesus)

세례 요한은 광야의 외치는 자로 메시아로 오시는 이인 예수를 자신보다 능력이 많으신 이요 능력이 많으신 이로 선포하였다. 이런 요한이 예수의 신발 끈을 풀기도 감당하기 어렵다고 겸양스런 말을 한 것은 그리스 시인 아폴로니우스 로디오스가 쓴 영웅들의 서사시인 아르고 원정대 이야기(Argonautica)의 일부인 모노산달로스에 연결된다. 헬라어 모노는 하나 혹은 오직이란 뜻이고 산달로스는 신발이기에, 모노산달로스는 신발 한 짝 혹은 오직 신발이란 의미를 지닌 영웅 서사시다. 이 서사시에서 이아손은 그리스인들이 잃어버린 황금빛을 발하는 털가죽 신 한 짝을 찾아오는 왕으로 그려진다. 곧 이아손은 모노산달로스의 싯귀 그대로 그리스의 한 부족 국가인 이올코스의 왕이 된다. 그러나 금빛 털가죽을 손에 넣고 아테네의 여러 부족 국가 가운데 하나를 세운 이아손도 마케도니아의 영웅 알렉산더 대제에 의해 그리스의 모든 도시국가가 통일되어 역사의 무대에 사라진 것을 보면, 인간 역사의 흥망성쇠는 가히 물거품과 같은 것이다.[65]

키에르케고어는 현대인이 잃어버린 자아를 찾지 않고 잃어버린 양

---

65) 이윤기, 《이윤기의 그리스 로마 신화》(웅진지식하우스, 2021), 19-28, 1178-1191쪽.

말 한 짝을 아침에 찾는다고 했는데, 이아손이 황금빛 털로 만든 신발 한 짝을 찾아서 이올코스로 돌아온 것처럼 세례 요한은 메시라오 오신 신랑 예수의 들러리가 되는 기쁨을 노래하기도 하였다. 예수께서 신고 있던 가죽신의 신발 끈을 풀기도 감당하지 못하겠다는 세례 요한의 겸손한 이야기는 이미 그리스 신화를 알고 있는 예수 운동의 초창기에 메시아로 오신 예수를 칭송하는 이미지로 손쉽게 채택되어 예수 말씀을 읽는 이들의 마음에 감동을 준 것이다.

그리스의 신들이 향연에서 제공되는 술에 취하여 동성애의 쾌락에 빠진 것을 누구보다도 잘 알고 있던 세례 요한의 설교는 동성애에 대한 하나님의 심판과 진노로 끝나지 않는다. 강력한 심판과 진노의 설교 후에 히브리어로 *테슈바*(תשובה) 곧 회개의 설교가 이어진다. 마지막 예언자인 세례 요한이 하나님의 진노만이 아니라, 회개의 설교를 한 것은 율법의 시대가 막을 내리고 은혜의 시대가 동터 온 것을 알리는 복음을 펼쳐 보인 것이다.

신약에서 회개를 촉구하는 말씀은 요단강에서 사역하면서 "회개를 위한 세례"(밥티스마 에이스 메타노이아)를 베푼 세례 요한에 의해 선명하게 다가온다.

*테슈바*는 동성애에서 돌아선다는 뜻이 있다. 하나님께서 누구에게 은혜를 베푸시는가? 동성애와 같은 죄를 회개하고 돌아서서 용서를 구하는 죄인에게 은혜를 베푸신다(고린도후서 6:1-2). 이것은 벤(아들) 아브라함과 *바트*(딸) 아브라함에게 주시는 놀라운 축복의 언사다. 하나님께서 반드시 동성애를 옹호하는 정부를 소돔과 고모라처럼 심판하실 것이다. *하마르티아* 곧 죄는 화살이 과녁을 빗나간 것에 비유한 것이라면, *테슈바* 곧 회개는 잘못된 길에서 180도 돌이키는 행동이다.

*테슈바*는 돌아옴, 대답, 응답, 회개, 화해, 기간 등의 뜻을 가지고 있

는데, 그 어원은 슈브(שׁוּב, 회개하다, 돌이키다)다. 헬라어 *메타노이아*를 히브리어로 번역한 *테슈바*는 구약에서는 한 번도 나오지 않으며 신약에서만 13번 나온다. 참고로 구약에서 쉐케쯔(שֶׁקֶץ)는 가증, 몹시 괘씸 등의 뜻이며, *토에바*는 혐오, 싫어함, 금지함 등의 뜻이다.

세례 요한의 설교는 메시아로 '오시는 이'인 *나자라* 예수께서 동성애를 묵과하지 않으시고 하나님의 심판을 수행하신다는 사실을 당시 농촌에서 일상으로 경험하는 소재들을 통하여 청중을 일깨우며 아주 흥미 있게 시청각적인 이미지로 마무리 짓는다. 예수의 *토라*는 하나님의 타작마당을 실감 나게 묘사한다. 농사를 짓는 도구인 키가 심판주로 오시는 *나자라* 예수의 손에 들려지게 될 때 '밭이 희어져서' 추수할 때까지 '알곡과 함께 있던 '쭉정이'가 '타작마당'에까지 뒤섞여 있는 상황은 더는 지속하지 않는다. 왜 하나님의 밭에는 알곡에 쭉정이가 섞여서 자라고, 마지막 타작마당에까지 함께 뒹굴게 되는 것일까? 그 이유는 알곡 스스로가 심판의 기능까지 수행할 수 없기 때문이다. 하나님의 타작마당에서 *나자라* 예수의 심판하시는 손에 키가 들려지게 될 때, 하나님의 심판이 메시아로 오신 예수 때문에 수행된다.

알곡은 초기 기독교 공동체가 새롭게 만들어지는 예수 말씀의 공동체가 되게 하지만, 쭉정이는 메시아로 오신 예수를 거부하는 유대인의 공동체를 의미한다. 과거에는 유대인이 밭에서 알곡 행세하였지만, 이제는 시대가 바뀌어서 새 시대가 동터왔고 새로운 알곡이 자라게될 때 이전의 알곡은 쭉정이 신세로 전락하게 된다는 사실을 아직 유대인은 인식하지 못하고 있다.

예수께서 세리와 죄인과 나눈 식탁 교제는 플라톤의 대화록인 향연에 나오는 에로스를 상기하면서 그리스 문화에 만연된 동성애가 로마

문화[66])에까지 깊이 침투해 들어온 것에 대한 대안 문화다. 예수의 토라는 한 걸음 더 나아가서 '장가들고 시집가는 일'을 언급하시는데, 이것은 단순한 결혼 풍습이 아니라 남자끼리의 성행위를 공공연하게 인정하던 그리스-로마의 문화를 비판하신 것이다. 예수께서는 남자끼리의 능동적 결혼을 장가든다고 말씀하였고, 남자끼리의 수동적 결혼을 시집간다고 말씀하였다. 다음에 인용한 예수 말씀은 이런 동성애 문화에 반대하신 직접적인 말씀이다.

Q 17:27 노아가 방주에 들어가는 날까지, [<그들>]이 (먹고 마시고 장가가고) 시집갔는데], 홍수가 와서 그들을 모두 멸망시켰다.

그레코-로만 세계에서 40세 이하 남성이 미소년과 동성애에 빠져서 남자끼리 능동적으로 혹은 수동적으로 결혼하는 일이 동성애의 문화로 확산되었는데, 이것을 아신 예수께서는 플라톤의 심포지엄에 나오는 동성애의 문화가 아니라 식탁 교제를 통해 죄인들이 회개하고 하나님 앞에 나올 때 그 모든 죄를 용서받는다는 구원의 복음을 전파하셨다. 이렇게 인간은 동성애의 쾌락과 욕망에 이끌려서 하나님께서 원하시는 길을 떠나 죄의 길에 들어서면서 향연과 동성애에 허우적거리면서 삶의 모든 것을 여지없이 무너뜨렸다. 그런데도, 이런 인간을 나자라 예수께서는 포기하지 않으신다. 오직 나자라 예수의 복음만이 동성애에 빠진 인간을 건져 낼 수 있다.

---

66) 그리스 신화는 예수 시대에도 널리 알려져 있었다. 예수께서는 로마 시대에까지 지대한 영향을 미친 그리스의 향연 문화를 잘 아시고, 그 대안으로 식탁 교제를 통해 동성애의 사랑이 아니라 세리와 죄인에 대한 아가페의 사랑을 몸소 실천하셨다. Ramsay MacMullen, "Women in Public in the Roman Empire," Historia (1980) 29: 208-218; "Roman Attitudes to Greek Love," Historia (1982) 31: 484-502는 이런 배경을 보여 준다.

5. 결론

우리가 동성애의 문제를 간과할 수 없는 중요한 이유는 동성애가 하나님의 창조 질서에 대한 근본적인 도전을 제기하기 때문이다. 동성애는 인간 사회의 기본 틀을 이루는 보편적인 통념과 가정 개념에 대해서도 중대한 도전을 제기하고 있다. 특히 신약 성경은 동성애를 우상숭배와 연결 지어서 철저히 악덕 목록으로 규정하고 있다. 바울은 여전히 동성애자들에게 하나님의 진노가 임할 것이라고 말하고 있다.

복음서가 기록되기 전에 초기 기독교에서 27년 동안 지중해 지역에서 이방인 선교를 실천한 바울은 가는 곳마다 그레코-로만 문화에 뿌리를 둔 이반 신전에 가득한 동성애 문제로 싸울 수밖에 없었다. 이런 상황이 바울에게 동성애의 쾌락을 벗어나지 못한 이방 신전 제사를 우상 숭배를 간주하고 초기 기독교의 정체성을 세우는 데 힘을 쓴 것이다. 동성애자는 *나자라* 예수의 복음을 듣고 회개하고 돌아올 때, 몸과 마음과 영혼이 회복될 수 있다.

4강

구약 성경에 나타난
동성애

황선우

총신대학교 구약학 교수

1. 들어가는 말

구약 성경에 동성애를 언급한 본문은 창세기 19장 1-11절, 레위기 18장 22절, 20장 13절, 신명기 23장 17-18절, 사사기 19장 16-30절, 열왕기상 14장 22-24절, 15장 11-12절, 22장 43-46절, 열왕기하 23장 7절, 욥기 36장 13-14절, 에스겔 16장 48-50절이다. 이 본문들에 대한 퀴어 신학의 구약 해석을 잘 보여 주는 책은 2006년에 발간된 〈*The Queer Bible Commentary*〉로서, 이 책은 Deryn Guest 외 세 명의 퀴어 신학자들이 편집하였고 다수의 퀴어 신학자들이 참여하여 구약과 신약 66권에 관해 주석한 것이다.[67] 필자는 이 글에서 위의 동성애 관련 구약 본문들이 동성애에 관하여 무엇을 말하는지 해설하고 동성애를 옹호하기 위하여 본문을 왜곡하여 해석하는 퀴어 신학자들의 주요 논지를 비판하고자 한다.

---

67)   Deryn Guest, Robert E Goss, Mona West, Thomas Bohache, *The Queer Bible Commentary* (London: SCM Press, 2015).

2. 소돔의 동성애

동성애에 관한 구약의 첫 번째 본문은 타락의 상징으로 잘 알려진 소돔의 동성애를 기록한 창세기 19장 1-11절이다. 구약의 첫 번째 책인 창세기에 수많은 동성애자들이 있는 소돔이 기록된 것을 볼 때 동성애의 시작은 고대로 거슬러 올라감을 알 수 있다. 동성애를 뜻하는 영어 단어 'sodomy'도 바로 창세기 19장에 기원을 두고 있다.

창세기 19장 1-11절의 내용은 이렇다. 어느 날 사람의 모습(남자)으로 나타난 두 명의 천사가 소돔에 나타나자 소돔에 거주하던 롯이 그들을 자신의 집에 손님으로 맞이하고 음식을 대접한다. 그런데 그 천사들이 자기 전에 소돔의 백성들이 롯의 집을 에워싸고 롯이 맞이한 두 남자를 내어놓으라고 말한다. 이때 그 집을 둘러싼 소돔의 백성들을 "노소를 막론하고 원근에서 다" 모인 소돔인들이라고 기록한 것(창세기 19장 4절)은 소돔 땅에 동성애가 얼마나 편만하게 퍼져 있었는지를 보여 준다. 개역 개정에서 "소돔의 백성들"로 번역된 히브리어는 "안쉐 쏘돔"으로, 직역하면 "소돔의 남자들"을 의미한다. 롯의 집을 둘러싼 소돔인들은 롯에게 말한다. "오늘 밤에 네게 온 사람들이 어디 있느냐 이끌어 내라 우리가 그들을 상관하리라"(창세기 19장 5절). 여기서 "상관하리라"는 말은 히브리어, "야다"로서 그 원뜻은 "알다"(know)인데 이 "야다"가 문맥에 따라 '성교'(intercourse) 혹은 '동침'을 의미할 수 있다.[68] 바로 이 본문에서 '성교'의 의미로 쓰였다. 히브리어 "야다"가 '성교' 혹은 '동침'의 의미로 쓰인 대표적인 예는 창세기 4장 1절이다. "아담이 그의 아내 하와와 동침하매 하와가 임신하여 가인을 낳고"에서

---

68)   Ludwig Koehler and Walter Baumgartner, "YD" *The Hebrew and Aramaic Lexicon of the Old Testament* I (Leiden: Brill, 2001), 391.

"동침하매"로 번역된 것이 바로 '알다'를 의미하는 히브리어 "야다"이다. 이러한 소돔 사람들의 악한 요구에 롯이 자신의 손님인 이 두 사람들에게 아무 일도 하지 말 것을 말하자 그들은 롯을 밀치고 문을 부수려고 한다. 이때 사람의 모습으로 온 천사들이 롯을 집 안으로 끌어들이고 천사들의 초자연적 능력으로 문 밖의 소돔인들의 눈을 멀게 하였다. 이후 소돔 땅은 고모라와 함께 하나님의 유황과 불의 심판을 받게 된다.

3. 죄는 동성애가 아니라 집단 성폭력인가?

소돔인들이 롯에게 손님으로 온 두 사람을 내어놓으라는 요구에 롯은 그들에게 "이런 악을 행하지 말라"고 말한다. Michael Carden은 이와 관련하여 일방적인 성폭력과 합의하에 갖는 동성애를 구분할 것을 주장한다.[69] 즉, 창세기 19장은 폭력으로 동성애를 강제하려 한 것을 기록한 것이지만 그렇지 않고 서로 간에 합의하에 동성애를 나누는 것은 악이 아니라는 것이다. 그러나 창세기 19장을 언급한 성경의 다른 본문들을 살펴보면 롯이 말한 소돔 사람들의 악은 단순히 집단 성폭력을 말하는 것이 아니라 동성애를 포함하고 있음을 알 수 있다. 에스겔 16장 49-50절에서 소돔의 죄를 다음과 같이 언급한다.

네 아우 소돔의 죄악은 이러하니 그와 그의 딸들에게 교만함과 음식물의

---

69)   Michael Carden, "Genesis", *The Queer Bible Commentary*, Kindle ed., Location no. 1437.

풍족함과 태평함이 있음이며 또 그가 가난하고 궁핍한 자를 도와주지 아니
하며 거만하여 가증한 일을 내 앞에서 행하였음이라 그러므로 내가 보고 곧
그들을 없이 하였느니라

위 본문의 화자인 여호와는 소돔의 여러 가지 죄 중에 "가증한 일"
이 무엇인지 구체적으로 밝히지 않는다. 창세기 19장 1-11절에서 기록
한 소돔의 죄는 다른 죄가 아니라 소돔에 퍼져 있는 동성애와 소돔
남자들이 롯의 집에 방문한 두 사람에게 강제적인 동성애를 요구한
것이다. 창세기 19장에 기록된 소돔의 죄가 동성애와 강제적인 동성
애 요구인데 여호와가 소돔의 죄를 나열하면서 창세기 19장에 기록된
소돔의 죄를 생략했을 가능성은 희박하다. 그러므로 소돔의 "가증한
일"은 바로 동성애와 그와 관련된 죄를 말하는 것일 것이다. 무엇보다
도 여기서 "가증한 일"로 번역된 히브리어는 "토에바"인데 이 단어는
레위기 18장 22절과 20장 13절, 열왕기상 14장 24절에서 동성애를 지
칭한다.

너는 여자와 동침함 같이 남자와 동침하지 말라 이는 가증한 일(토에바)이
니라(레 18:22)

누구든지 여인과 동침하듯 남자와 동침하면 둘 다 가증한 일(토에바)을 행
함인즉 반드시 죽일지니 자기의 피가 자기에게로 돌아가리라(레 20:13)

그 땅에 또 남색 하는 자가 있었고 여호와께서 이스라엘 자손 앞에서 쫓
아내신 국민의 모든 가증한 일(토아보트-토에바의 복수형)을 무리가 본받아 행
하였더라(왕상 14:24)

히브리어 "토에바"는 매우 강한 혐오(abhorrence, abomination)를 의미
하는 단어로 동성애가 하나님 앞에 매우 혐오스러운 범죄임을 알려
준다.[70] 물론 구약 성경에서 히브리어 "토에바"가 동성애만을 지칭하
는 가증함은 아니다. 가나안 신상(신 7:26), 부정결한 짐승(신 14:3), 악
인의 제물(잠 21:27), 율법을 듣지 않고 드리는 기도(잠 28:9), 악행을 저
지르면서 드리는 분향(사 1:13), 이웃의 아내와 음행(겔 22:11) 등 여러
가증한 일을 "토에바"로 지칭하였다. 그러나 에스겔 16장 49-50절에서
"토에바"가 소돔의 죄와 관련하여 사용되었기에 소돔의 "가증한 일"을
동성애로 보는 것이 타당하다. 더 선명하게 소돔의 죄가 동성애임을
말해 주는 구절은 신약 유다서 7절이다.

소돔과 고모라와 그 이웃 도시들도 그들과 같은 행동으로 음란하며
다른 육체를 따라가다가 영원한 불의 형벌을 받음으로 거울이 되었느
니라.

여기서 "다른 육체를 따라"의 의미는 정상적인 이성의 육체가 아닌
동성의 육체를 쫓는 것을 의미한다. 유다서 7절에서는 소돔의 음란한
동성애가 불의 형벌의 원인이었음을 말한다. 결국 소돔의 죄를 언급
한 에스겔 16장 49-50절, 유다서 7절, 그리고 동성애를 "가증한 일"(토
에바)로 일컬은 레위기 18장 22절과 20장 13절, 열왕기상 14장 24절을
고려하면 창세기 19장 1-11절의 소돔의 죄는 단순히 강제적인 성폭력
을 의미하는 것이 아니라 동성애를 포함하고 있는 것임을 알 수 있다.

---

70)   Ludwig Koehler and Walter Baumgartner, "토에바" *The Hebrew and Aramaic Lexicon of the Old
       Testament* II (Leiden: Brill, 2001), 1702-1704.

4. 동성애 금지 명령

동성애를 율법으로 기록한 구절은 위에서 언급한 레위기 18장 22절과 레위기 20장 13절인데 이 두 구절은 구약에서 동성애를 행하는 죄의 무거움을 말해 준다. 레위기 18장은 이집트를 탈출해서 약속의 땅 가나안으로 향하는 이스라엘 백성에게 가나안 땅에 들어가서 가나안의 풍속을 따르지 말 것을 명령한 부분이다.

레위기 18장 22절에서는 가나안의 풍속인 동성애를 따라 행하지 말 것을 명령한 것인데 이 명령문은 히브리어 부정어 "로"와 "동침하다"를 의미하는 동사 "샤카브"의 미완료 형이 결합된 구조로 절대적 금지를 나타내는 구문이다. 히브리어 "로"와 미완료 동사의 결합은 히브리어 금지 명령 중에서도 영구적 금지를 암시하는 강한 금지 명령문으로 십계명의 "-하지 말라"의 계명들이 이 구조를 갖고 있다.[71] 히브리어 원문의 문장 순서를 보면 일반적인 금지 명령문의 순서와 달리 문장 맨 앞에 "남자와 함께"(히브리어, "베에트 자카르")가 위치해 있어서 여자가 아닌 "남자와 함께" 동침하는 것의 가증함을 강하게 강조하고 있다. 동성애와 같은 가증한 죄가 가져올 결과에 대해서 레위기 18장 29절에서는 가증한 행위를 한 자는 백성 중에서 끊어질 것이라고 경고하고 있다.

레위기 20장 13절 역시 동성애가 매우 무거운 죄임을 말해 준다. 레위기 20장은 반드시 죽여야 하는 죄의 목록이다. 여기에 속하는 죄로는 자식을 몰렉에게 바치는 인신제사, 접신한 자와 박수무당을 따르는 죄, 부모를 저주하는 죄, 남의 아내와 간음하는 죄, 어머니와 동침

---

71) Ronald J. Williams, *Williams' Hebrew Syntax* 3rd ed. (Tronto: University of Tronto Press, 2010, 143.

하는 죄 등이 속하는데 이 목록 가운데 13절에 동성애가 포함된 것이
다. 그러므로 13절 하반절에서는 동성애를 행한 자를 "반드시 죽일지
니 자기의 피가 자기에게로 돌아가리라"고 기록하고 있다. 위의 두 구
절의 구문과 문맥을 통해 살핀 바와 같이 동성애의 죄는 결코 가볍게
지나칠 수 있는 죄가 아니라 매우 무거운 죄다.

5. 동성애 금지 명령은 구약 시대와 남자에 한정되는가?

　퀴어 신학의 주장 중 하나는 동성애를 금하는 레위기 18장 22절과
20장 13절의 두 명령은 구약시대에 한정된 율법이므로 신약 시대인
현대에 적용되지 않는다는 것이다.[72] 마치 구약 율법 가운데 부정한
돼지고기를 금한 율법(레위기 11장 7-8절)이 신약 시대에 더 이상 효력
을 미치지 않는 것처럼(마가복음 7장 15-16절) 동성애 금지 명령은 신약
시대에 더 이상 구속력을 갖지 않는다는 것이다. 이러한 주장에 대해
서는 구약의 율법을 현대에 어떻게 적용할 것인가에 대한 이해가 필요
하다.

　히브리서 10장 1절에서 말하듯이 율법은 장차 올 좋은 것의 그림자
다.("율법은 장차 올 좋은 일의 그림자일 뿐이요 참 형상이 아니므로…") 속죄
와 관련한 의식법에 관하여는 예수께서 오셔서 희생 제물이 되심으로
의식법의 그림자의 실체를 분명히 보여 주셨다. 구약에는 속죄와 관련
된 율법 외에도 다양한 율법이 기록되었는데 많은 율법은 그림자의 성

---

72)　David Tabb Stewart, "Leviticus," *The Queer Bible Commentary*, Kindle ed., Location no. 2621.

76　신학자, 법률가, 의학자 16인이 본 동성애 진단과 대응 전략

격을 띠고 있고 그 실체가 명시적으로 드러나 있지 않다. 이럴 때 신약 시대의 그리스도인들은 그림자의 율법의 실체를 파악하여 신약 시대의 삶의 원리로 적용할 수 있다. 요한일서의 두 구절은 구약의 속죄의 제물은 그림자고 실체는 예수 그리스도임을 선명하게 말해 준다.

그는 우리 죄를 위한 화목 제물이니 우리만 위할 뿐 아니요 온 세상의 죄를 위하심이라(요일 2:2)

사랑은 여기 있으니 우리가 하나님을 사랑한 것이 아니요 하나님이 우리를 사랑하사 우리 죄를 속하기 위하여 화목 제물로 그 아들을 보내셨음이라(요일 4:10)

어떤 경우는 신약 성경에서 율법에 담겨 있는 하나님의 뜻을 직접 설명, 율법과 관련한 하나님의 완전한 뜻을 알려 주시기도 한다. 마태복음 5장 17절에서 예수께서 율법을 완전하게 하려 하신다는 것이 이 경우에 속한다.

내가 율법이나 선지자를 폐하러 온 줄로 생각하지 말라 폐하러 온 것이 아니요 완전하게 하려 함이라(마 5:17)

여기서 예수께서 율법을 완전하게 하신다는 말은 어떤 의미인가? 흥미롭게도 예수께서 마태복음 5장 17절을 말씀하신 이후에 일련의 구약의 율법을 인용하면서 율법과 관련된 하나님의 뜻을 더 완전하게 가르치신다.

옛사람에게 말한 바 살인하지 말라 누구든지 살인하면 심판을 받게 되리라 하였다는 것을 너희가 들었으나 나는 너희에게 이르노니 형제에게 노하는 자마다 심판을 받게 되고 형제를 대하여 라가라 하는 자는 공회에 잡혀가게 되고 미련한 놈이라 하는 자는 지옥불에 들어가리라(마 5:21-22)

또 간음하지 말라 하였다는 것을 너희가 들었으나 나는 너희에게 이르노니 음욕을 품고 여자를 보는 자마다 마음에 이미 간음하였느니라(마 5:27-28)

또 옛사람에게 말한 바 헛맹세를 하지 말고 네 맹세한 것을 주께 지키라 하였다는 것을 너희가 들었으나 나는 너희에게 이르노니 도무지 맹세하지 말지니…(마 5:33-34)

또 눈은 눈으로, 이는 이로 갚으라 하였다는 것을 너희가 들었으나 나는 너희에게 이르노니 악한 자를 대적하지 말라 누구든지 네 오른편 뺨을 치거든 왼편도 돌려 대며…(마 5:38-39)

또 네 이웃을 사랑하고 네 원수를 미워하라 하였다는 것을 너희가 들었으나 나는 너희에게 이르노니 너희 원수를 사랑하며 너희를 박대하는 자를 위하여 기도하라(마 5:43-44)

예수께서는 율법을 폐하러 온 것이 아니라 완전케 하러 오셨다고 말씀하셨는데 율법을 완전케 하신다는 것은 율법을 주신 하나님의 완전한 뜻을 밝히는 것이었다.

또 다른 경우는 율법이 그림자인 경우가 아니라 실체로 나타난 경우도 있다. 구약의 율법 중 도덕법이 이러한 경우라 할 수 있겠다. 예컨대 "너희는 거룩하라"(레 19:2)는 구약의 율법이지만 실체를 탐구해야 하는 그림자로서의 율법이 아니라 곧바로 신약 시대에도 적용될 수 있는 실체적 율법이라고 말할 수 있다. 그래서 구약의 이 율법은 가감 없이 신약 성도들이 지켜야 할 신약의 계명으로 기록된다.

> 너희가 순종하는 자식처럼 전에 알지 못할 때에 따르던 너희 사욕을 본받지 말고 오직 너희를 부르신 거룩한 이처럼 너희도 모든 행실에 거룩한 자가 되라 기록되었으되 내가 거룩하니 너희도 거룩할지어다 하셨느니라(벧전 1:14-16)

레위기 19장 18절의 "네 이웃 사랑하기를 네 자신과 같이 하라 나는 여호와이니라"도 그림자로 나타난 경우가 아니라 곧바로 실체로 나타난 경우다. 그래서 마태복음 22장 39절에서 예수께서 온 율법과 선지자의 강령 중 하나로 말씀하신 이 율법은 로마서 13장 18절에서 신약의 성도들이 지켜야 할 계명으로 기록된다.

> 피차 사랑의 빚 외에는 아무에게든지 아무 빚도 지지 말라 남을 사랑하는 자는 율법을 다 이루었느니라(롬 13:8)

구약에서 동성애를 금지한 레위기 18장 22절과 20장 13절의 경우도 구약의 율법이 그림자로서가 아니라 곧바로 실체로 나타난 경우다. 그래서 신약의 로마서 1장 26-27절과 같은 구절에서도 동성애가 죄임을 기록한다.

> 이 때문에 하나님께서 그들을 부끄러운 욕심에 내버려 두셨으니 곧 그들

의 여자들도 순리대로 쓸 것을 바꾸어 역리로 쓰며 그와 같이 남자들도 순리대로 여자 쓰기를 버리고 서로 향하여 음욕이 불 일 듯하매 남자가 남자와 더불어 부끄러운 일을 행하여 그들의 그릇됨에 상당한 보응을 그들 자신이 받았느니라(롬 1:26-27)

퀴어 신학자 David Stewart는 레위기 18장 22절과 20장 13절의 동성애 금지 명령이 문자적으로는 모두 남성의 동성애를 언급하고 있기 때문에 여자 동성애자(lesbian)는 이 율법에 구속을 받지 않는다고 말하는데 이 또한 적절치 못한 해석이다.[73] 두 율법에서 모두 남자와 동침하는 것을 언급하고 있지만 이것은 여자와 여자가 동침하는 것은 허용하고 남자와 남자가 동침하는 것은 허용하지 않는 것이 아니다. 고대 이스라엘 문화와 문학에서 일반적으로 전제하듯이 본문의 남성은 남성과 여성을 대표하는 것으로 보는 게 자연스럽다. 예컨대 출애굽기 20장 14절의 제7 계명, "로 티느아프"(히, 너는 간음하지 말라)의 경우에 사용된 동사, "티느아프"는 동사 "나아프"의 2인칭 남성 단수형인데 여기에 사용된 동사가 남성형이기 때문에 이 계명이 남성에게만 적용되고 여성에게는 적용되지 않는다고 보지 않는다. 또한 위의 로마서 1장 26절에서는 여자 동성애("여자들도 순리대로 쓸 것을 바꾸어 역리로 쓰며")를 부끄러운 일로 규정하고 있다.

---

73) David Tabb Stewart, "Leviticus," *The Queer Bible Commentary,* Kindle ed., Location no. 2643.

6. 사사 시대의 동성애

구약에는 소돔의 동성애를 기록한 창세기 19장 1-11절 이외에 동성애를 소재로 한 또 하나의 내러티브, 사사기 19장 16-30절이 있다. 사사기 19장 16-30절의 플롯 전개는 창세기 19장 1-11절과 매우 흡사하다. 한 레위인이 그의 첩과 함께 유다 베들레헴에서 에브라임 산지로 가다가 베냐민 지파에 속한 기브아 지역을 지나가게 된다. 이때 기브아의 한 노인이 이들을 자신의 집으로 맞아들인다. 이때 기브아의 불량배들이 이 노인의 집을 에워싸고 말한다. "네 집에 들어온 사람을 끌어내라 우리가 그와 관계하리라(22절)". 여기서 동사, "관계하리라"는 창세기 19장 5절의 "상관하리라"와 같은 히브리어 동사인 "야다"(알다)이다. 이 노인은 자기 집에 온 손님에게 망령된 일을 하지 말라고 청하며 이 남자 대신 자신의 딸과 손님의 첩을 내어 주겠다고 말한다. 결국 손님인 에브라임 사람은 자신의 첩을 그 불량배들에게 내어 주고 그 첩은 밤새도록 그 불량배들에게 윤간을 당하고 새벽에 돌아왔지만 결국 죽게 된다. 이에 에브라임 사람은 그 첩의 시체를 열두 덩이로 잘라서 이스라엘 각 지파에 보내고 이스라엘 민족은 기브아가 속한 베냐민 지파와 민족 전쟁을 벌이게 된다.

7. 동성애-타락의 바로미터

구약의 동성애 관련 두 내러티브가 각각 소돔과 사사 시대를 배경으로 한다는 것은 동성애가 한 사회의 타락의 정도를 나타내는 바로

미터 역할을 할 수 있음을 말해 준다. 소돔은 고모라와 함께 구약에서 타락한 사회의 상징이다. 예수께서는 자신의 제자들을 이스라엘 여러 지역으로 보내면서 만약 누구든지 그들을 영접하지 아니하거든 그 지역에서 나가서 그들의 발의 먼지를 떨어버리라고 말한다. 그러면서 심판 날에 소돔과 고모라 땅이 그 성보다 견디기 쉬울 것이라고 말하였다(마 10:15). 예수님의 제자들을 거부하는 지역은 타락의 상징인 소돔과 고모라보다 더 큰 심판을 받을 것을 말한 것으로 예수님의 제자들을 거부하는 죄가 얼마나 큰지를 말해 주는 대목이다. 또한 예수께서는 그가 많은 권능을 행하였지만 회개하지 않은 가버나움에게, 심판 날에 소돔 땅이 가버나움보다 견디기 쉬울 것이라고 말씀하셨다(마 11:23). 타락의 상징인 소돔을 언급하며 가버나움의 완악함을 비판한 말씀이다.

사사 시대는 또 어떠한가? 이스라엘의 역사 중 사사시대는 가장 타락한 시대였다. 사사시대의 타락상을 단적으로 말해 주는 구절은 사사기의 맨 마지막 절, "사람이 각기 자기의 소견에 옳은 대로 행하였더라"이다. 하나님의 뜻과 말씀이 기준이 되지 못하고 자신의 생각이 법이 된 시대, 그래서 이스라엘의 역사 중 가장 타락하고 영적으로 어두웠던 시대가 사사 시대다. 하나님이 타락한 이스라엘 백성을 이웃 민족에게 붙여 심판하고 나면 그제야 하나님을 부르짖고 이에 하나님이 은혜를 베푸시고 그들을 구원하신다. 그러나 평화의 시간이 되면 이스라엘 백성들이 다시 우상 숭배에 빠지고 타락하는 것을 반복했던 시대가 사사 시대였다.

동성애로 인하여 창세기 19장의 소돔과 사사기 19장의 기브아가 속한 베냐민 지파는 하나님께 큰 심판을 받았다. 소돔 땅에는 하나님께서 유황과 불을 비처럼 내려서 그 지역의 성을 멸하셨고 베냐민 지파는 거의 진멸되어 없어질 위기에 처했다가 600명의 남은 용사가 지파의 씨가 되어 극적으로 회생하게 된다(삿 21장). 구약의 두 개의 동성애 내러티브가 공간적 타락의 상징인 소돔과 시간적 타락의 상징인 사사시대를 배경으로 했음을 볼 때 현재 우리 사회에 동성애가 확산되는 것은 구약의 관점으로 볼 때 매우 우려스러운 일이다. 구약의 관점으로 본다면 동성애의 확산은 영적 어두움이 깊다는 것을 의미하기 때문이다.

8. 동성애-개혁의 대상

구약에서 동성애에 대한 부정적인 관점은 남색 하는 자(동성애자)의 존재를 허락하지 않고 이스라엘의 개혁적인 왕들이 남색 하는 자를 쫓아낸 것에서도 찾을 수 있다. 개역 개정 성경에서 "남창" 혹은 "남색 하는 자"로 번역된 히브리어는 "카데쉬"로서 성전과 우상 신전에서 동성애를 유혹하던 개혁의 대상이었다. 퀴어 신학자 Ken Stone은 "카데쉬" 혹은 복수형, "케데쉼"과 여성형 단수, "케데샤," 여성형 복수, "케데쇼트"가 열왕기서에서 부정적으로 묘사되기는 했지만 이들이 성적으로 관련되어 있음을 부인한다.[74] 그러나 신명기 23장 17-18절에서는 "케데샤"(17절)를 "조나"(히, 창녀, 18절)로 지칭함으로서 "케데샤"가 성적 관련성이 있는 단어임을 보여 준다.

---

74)   Ken Stone, "1 and 2 Kings," *The Queer Bible Commentary,* Kindle ed., Location no. 6383.

이스라엘 여자 중에 창기(히, "케데샤")가 있지 못할 것이요 이스라엘 남자 중에 남창이 있지 못할지니 창기(히, "조나")가 번 돈과 개 같은 자의 소득은 어떤 서원하는 일로든지 네 하나님 여호와의 전에 가져오지 말라 이 둘은 다 네 하나님 여호와께 가증한 것임이니라(신 23:17-18)

또한 창세기 38장에 기록된 유다와 다말 이야기에서도 "케데샤"가 "창녀"를 의미하는 단어임을 보여 준다. 창세기 38장 15절에서 유다는 얼굴을 가린 다말을 창녀(히, "조나")로 여겼다고 기록하고 있고 같은 장 21절에서 유다는 그 창녀에게 맡긴 담보물을 찾기 위해 사람들에게 길 곁 에나임에 있던 창녀(히, "케데샤")가 어디 있느냐고 묻는다.

그가 얼굴을 가리었으므로 유다가 그를 보고 창녀("조나")로 여겨(창 38:15)

"그가 그 곳 사람에게 물어 이르되 길 곁 에나임에 있던 창녀("케데샤")가 어디 있느냐 그들이 이르되 여기는 창녀("케데샤")가 없느니라"(창 38:21)

이렇게 "케데샤"가 창녀를 의미하기 때문에 이에 상응하는 남성형 "카데쉬"는 개역 개정에서 번역하듯이 "남창", "남색 하는 자"로 보는 것이 타당하다. 신명기 23장 18절에서는 이 "카데쉬"를 경멸적으로 "개"(히, 켈레브)에 비유했고 이는 남창의 동성애가 얼마나 하나님 앞에 가증스러운 일임을 잘 보여 준다. 이상적으로는 이스라엘에 동성애를 행하는 남색 하는 자가 없었어야 했지만 현실적으로는 남색 하는 자가 존재했다. 열왕기상 14장 24절에는 르호보암 시대에 하나님 앞에 가증한 일을 하는 남색 하는 자(카데쉬)가 있었음을 기록한다.

그 땅에 또 남색 하는 자가 있었고 여호와께서 이스라엘 자손 앞에서 쫓

아내신 국민의 모든 가증한 일을 무리가 본받아 행하였더라

아사와 여호사밧, 요시야와 같은 왕들은 이러한 남색 하는 자들(케데

쉼)을 이스라엘 땅에서 쫓아내는 개혁을 단행한 왕들로 기록되어 있다.

아사가 그의 조상 다윗같이 여호와 보시기에 정직하게 행하여 남색 하는

자를 그 땅에서 쫓아내고 그의 조상들이 지은 모든 우상을 없애고(왕상

15:11-12)

그(여호사밧)가 그의 아버지 아사의 시대에 남아 있던 남색 하는 자들을

그 땅에서 쫓아내었더라(왕상 22:46)

또 여호와의 성전 가운데 남창의 집을 헐었으니 그곳은 여인이 아세라를

위하여 휘장을 짜는 처소였더라(왕하 23:7, 요시야의 개혁)

이렇게 가증스러운, 개혁의 대상이었던 남색 하는 자(카데쉬)는 욥기

에서 저주의 상징으로 기록된다. 욥기 36장 13-14절에서 엘리후는 경

건하지 못한 자들이 남색 하는 자과 함께 있게 될 저주를 말한다.

"마음이 경건하지 아니한 자들은 분노를 쌓으며 하나님이 속박할지

라도 도움을 구하지 아니하나니 그들의 몸은 젊어서 죽으며 그들의

생명은 남창(케데쉼)과 함께 있도다"

9. 다윗과 요나단의 동성애?

다윗과 요나단의 관계는 구약 성경에서 우정의 귀감으로 뽑힌다. 그런데 퀴어 신학에서는 이 우정의 귀감을 동성애 관계라고 주장한다.[75] 하나님의 마음의 합한 사람 다윗이 동성애자였다면 동성애가 성경의 승인을 받을 수 있는 중요한 근거가 될 수 있겠지만 성경에는 다윗과 요나단을 동성애자로 봐야 할 근거가 없다. 사무엘하 1장 26절과 같은 구절은 다윗과 요나단을 동성애자로 보는 퀴어 신학에서 언급하는 대표적인 구절이다.[76]

> 내 형 요나단이여 내가 그대를 애통함은 그대는 내게 심히 아름다움이라
>
> 그대가 나를 사랑함이 기이하여 여인의 사랑보다 더하였도다

이 말은 요나단이 길보아산에서 죽었다는 소식을 들은 다윗이 슬픔 가운데 한 말이다. 이 구절에서 다윗은 요나단의 사랑이 여인의 사랑보다 더하였다고 말한다. 여기서 "사랑"으로 번역된 히브리어는 "아하바"로서 한국어의 "사랑", 영어의 "love"와 같이 매우 포괄적인 의미를 갖는 단어다.[77] 한국어와 영어에서 동성애와 전혀 상관없는 동성의 아버지와 아들의 관계를 표현할 때 "사랑"과 "love"를 사용하듯이 히브리어에서도 동성애와 전혀 상관없는 동성 간의 관계를 나타낼 때 "아

---

75) Ken Stone, "1 and 2 Samuel," *The Queer Bible Commentary,* Kindle ed., Location no. 6060, 6087, 6097.

76) Ibid., 6053.

77) P. J. J. S. Els, "hb" in *New International Dictionary of Old Testament Theology & Exegesis* I, ed. Willem A. Vangemeren (Grand Rapids: Zondervan, 1997), 277-299.

하바"를 사용한다.[78] 그 예로 아래 두 구절을 들 수 있다.

> 다윗이 사울에게 이르러 그 앞에 모셔 서매 사울이 그를 크게 사랑하여
> (아하브) 자기의 무기를 드는 자로 삼고(삼상 16:21)

> 솔로몬이 기름 부음을 받고 그의 아버지를 이어 왕이 되었다 함을 두로
> 왕 히람이 듣고 그의 신하들을 솔로몬에게 보냈으니 이는 히람이 평생에 다
> 윗을 사랑하였음이라(아하브)(왕상 5:1)

사무엘상 16장 21절과 열왕기상 5장 1절 모두 동성이었던 다윗과
사울, 다윗과 히람의 관계를 사랑(아하브)으로 표현했다. 그러나 이 두
관계 모두 동성애를 나타내는 것이 아니라 각각 다윗을 향한 사울의
신임과 다윗을 향한 히람의 정치적 신뢰를 나타낸 것이다.[79] 이와 마
찬가지로 사무엘하 1장 26절에서 언급한 요나단의 사랑은 요나단과
다윗의 깊은 우정을 말한 것이다. 다윗과 요나단이 동성애를 나누는
관계였다면 성경 히브리어로 성적 관계를 나타내는 "야다"(알다)가 사
용되었을 것이다.[80] 그러나 구약에서는 다윗이 요나단이 서로 "알았
다"(야다)고 표현한 구절이 없다.

---

78) Ibid., 293-294.
79) Ibid., 294-295.
80) Ludwig Koehler and Walter Baumgartner, "YD'", *The Hebrew and Aramaic Lexicon of the Old Testament* I, 391.

10. 나오는 말

　이제까지 살펴본 바와 같이 구약 성경은 동성애에 관하여 일관되게 부정적인 입장을 견지하고 있다. 레위기 18장 22절과 20장 13절에서 밝히는 바와 같이 동성애는 하나님 앞에 가증한 죄고 죄의 경중을 따지자면 매우 무거운 죄로서 이스라엘 백성 중에서 끊어지고 반드시 죽어야 하는 죄로 기록되어 있다. 동성애와 관련한 구약의 첫 번째 본문인 창세기 19장의 소돔의 죄와 관련하여 퀴어 신학에서는 소돔 사람들과 같은 강제적인 성폭력이 아닌 동의하에 이뤄지는 동성애는 죄라고 단정할 수 없다고 하지만 창세기 19장의 소돔의 죄를 해설하는 에스겔 16장 50절과 유다서 7절을 고려할 때 소돔의 죄는 하나님 보시기에 가증한 동성애를 제외하고 논하기 어렵다. 퀴어 신학에서는 구약의 동성애 금지 명령이 구약 시대 이스라엘 백성에게만 적용되는 법이라고 주장하지만 신약에서도 동성애를 부끄러운 죄로 규정하기 때문에 이 주장은 성립되기 어렵다. 또한 퀴어 신학에서 구약의 동성애 금지 명령이 남자에게 주어진 것이고 여자 동성애에 관하여 침묵하고 있다고 말하지만 이는 여자 동성애자에게 면죄부를 주는 것이 아니다. 고대 이스라엘 문화와 문학에서 일반적으로 남자가 대표성을 갖기 때문에 동성애 금지 명령을 남자에게만 해당하는 것을 읽는 것은 오독에 불과하다. 퀴어 신학에서는 구약에서 가증하며 개혁의 대상으로 일컬어지는 카데쉬(남창)의 성적 연관성을 부인하지만 카데쉬에 상응하는 여성형 명상 케데샤가 창녀를 의미하기 때문에 일반적인 성경 번역과 같이 카데쉬를 남창으로 이해하는 것이 타당하다. 퀴어 신학에서는 다윗과 요나단의 우정이 동성애일 것이라 주장하며 동성애의 성경적 토대를 마련하려 하지만 다윗과 요나단의 기사에서는 다윗과 요나단이 동성애 관계임을 말해 주는 근거를 찾을 수 없다. 사사기 19장에는 창세기 19장의 소돔 이야기와 매우 흡사한 동성애 내러티브가 있다. 타락의 상징 도시 소돔과 타락한 시대의 상징인 사사 시대에 비슷한 동성애 이야기가 있다는 것은 한 사회의 타락과 동성애의 밀접한 관련성을 보여 준다. 무엇보다도 이렇게 구약에서 타락의 상징이며 죄 중에서도 가증한 죄로 기록된 동성애를 죄로 인정하지 않는 데에 퀴어 해석의 오류가 있다.

신약 성경과 동성애:
동성 행위에 관한 신약 성경의 평가

신현우

총신대학교 신약학 교수

1. 시작하는 말

　신약 성경은 동성애에 관하여 어떻게 평가하는가? 그리스도인은 동성애를 어떤 관점에서 보아야 하는가 하는 문제에 답을 할 때, 우리는 우선적으로 성경, 특히 신약 성경을 살펴보지 않을 수 없다.[81] 신약 성경 중에서 동성 사이의 성적 행위에 관하여 언급하는 구절은 로마서 1:26-27, 고린도전서 6:9, 디모데전서 1:9-10이다. 복음서에서는 동성애에 관하여 다루는 구절은 없으나, 마태복음 8:5-13, 마가복음 5:1-20은 동성애와 관련하여 학계에서 논의된 바 있기에 이 구절들도 함께 다룰 수 있을 것이다.

　성적 지향성(sexual orientation)으로서의 동성애와 구체적으로 발생하는 행동으로서의 동성 행위는 구분될 수 있다. 동성 행위는 이성애자든 동성애자든지 누군가에 의해 발생하는 동성 사이의 성적 행위다.

---

81)　* 이 글은 『신학지남』 88/2 (2021), 7-28에 게재된 논문이다.
　　하나님으로부터 모든 권세를 받으신 예수(마 28:18)의 권위를 위임받은 사도들(마 10:40)의 선포와 가르침을 담은 신약 성경은 하나님의 권위를 가지므로, 신약 성경의 가르침은 교회가 회의를 통하여 정한 결과보다 위에 있다. 설령 모든 교회가 합의하여 동성 행위를 찬성하더라도, 신약 성경이 동성 행위를 반대한다면, 그러한 합의는 무의미하다.

이 논문에서는 동성애라는 용어에 동성 행위를 포함하는 넓은 의미를 담아 사용하기도 하겠지만, 그러한 용어 사용은 단어의 의미를 상당히 애매하게 하여 오해를 불러일으킬 수도 있다. 따라서 단어가 지시하는 의미의 명확성을 위하여 이 논문에서는 종종 동성 행위라는 용어를 사용할 것이다.

2. 마태복음 8:5-13

2004년에 제닝스(Theodore W. Jennings, Jr.)와 리우(Tat-Siong Benny Liew)는 마태복음 8:5-13에 나오는 백부장의 '빠이스(παῖς, 종 또는 아들)'가 그의 소년 동성 연인을 가리킨다고 주장하였다.[82] 그들은 백부장이 예수를 자신의 후견인으로 간주하고 자신의 집을 방문하여 자신의 동성 연인을 차지할까 우려하여 예수의 방문을 회피했다고 주장하였다.[83]

2006년에 새딩턴(D. B. Saddington)은 이러한 주장을 다음처럼 비판하였다. 제닝스와 리우는 로마 군인에게 결혼이 금지되었으므로 로마군에 동성애가 널리 퍼져 있었을 것이라고 주장하였다.[84] 그들은 증거로서 백부장과 그의 연인을 언급하는 마르티알(Martial)의 시를 언급하지만(*Epigr.* 1.31), 이 시에는 백부장과 그 젊은이 사이에 어떠한 연인

---

82) Theodore W. Jennings and Tat-siong Benny Liew, "Mistaken Identities but Model Faith: Rereading the Centurion, the Chap, and the Christ in Matthew 8:5-13," *JBL* 123 (2004), 477-78.

83) Jennings and Liew, "Mistaken Identities but Model Faith," 483-84.

84) Jennings and Liew, "Mistaken Identities but Model Faith," 470, 476.

관계도 발견되지 않는다.[85] 마태복음의 백부장 이야기에서 동성 연인 관계를 읽고자 제닝스와 리우는 로마의 메살라(Messalla) 장군, 티불루스(Tibullus)와 그의 여자친구 델리아(Delia) 이야기를 담은 시를 인용한다(Tib. 1.1.53-58).[86] 이 티불루스의 시에서 메살라는 티불루스의 후견인인데, 이 시(1.5.31-34)는 델리아가 티불루스에게 신실하지 않았을 때 티불루스는 자신이 농부가 되고, 델리아가 자신의 아내가 되어 자신의 집을 방문한 메살라에게 식사를 대접하는 상상을 하는 내용을 담고 있다.[87] 그러나 이 시 속에서 메살라 장군과 델리아 사이에 어떠한 애정 관계도 감지되지 않는다.[88] 따라서 이 시는 후견인이 연인을 빼앗을까 염려하는 내용을 담고 있지 않다. 그러므로 이 시를 배경으로 하여 마태복음 8:5-13을 해석하며 후견인이 동성 연인을 빼앗을까 백부장이 염려하는 내용을 담았다고 보는 것은 부적절하다.

또한 이 시는 후견인과 시인, 시인의 연인 사이의 관계를 다루지만, 이 마태복음 본문은 치유자 예수와 백부장, 백부장의 종(또는 아들)의 관계를 다룬다. 따라서 이 시의 내용은 마태복음 8:5-13에 나오는 이야기 속의 백부장과 그의 소년, 그리고 예수 사이의 관계에 대한 적절한 유비가 되지 못한다고 새딩턴은 지적한다.[89] 그러므로 설령 이 시를 배경으로 마태복음 8:5-13을 읽더라도, 예수께서 자신의 동성 연인을 빼앗을까 걱정하여 자신의 집에 오는 것을 백부장이 회피했다고 해석할 아무런 근거를 제공하지 못한다.

---

85) D. B. Saddington, "The Centurion in Matthew 8:5-13: Consideration of the Proposal of Theodore W Jennings, Jr, and Tat-Siong Benny Liew," *JBL* 125 (2006), 141.

86) Jennings and Liew, "Mistaken Identities but Model Faith," 483.

87) Saddington, "The Centurion in Matthew 8:5-13," 140.

88) Saddington, "The Centurion in Matthew 8:5-13," 140.

89) Saddington, "The Centurion in Matthew 8:5-13," 140.

제닝스와 리우는 마태복음 8:5-13에 나오는 백부장을 로마군 백부장이라고 간주하지만, 1세기 유대 지역에 주둔한 군대는 로마 정규군이 아니며, 로마시민이 아닌 자들로 구성된 보조군이었다.[90] 그러므로 이 백부장은 로마 시민이 아니라고 보아야 한다. 더구나 이 사건이 발생한 지역은 유대 땅이 아니고 헤롯 안티파스가 다스리던 명목상 독립 왕국인 갈릴리였다.[91] 따라서 이 백부장은 헤롯 군대의 백부장이었을 것이다. 따라서 이 백부장은 로마군에 소속되어 있지 않았다고 보아야 한다. 그러므로 로마 및 로마군과 관련된 유비는 마태복음 8:5-13 본문에 적용될 수 없다.[92] 이 본문에 나오는 백부장이 로마군이 아니라면 그가 결혼하지 않았다고 볼 근거가 사라지며, 따라서 그가 동성 연인을 필요로 하였을 가능성을 제기할 근거도 사라진다. 그리하여 이 본문에 나오는 '빠이스'가 백부장의 동성 연인이라는 주장은 설 자리가 없어진다.

3. 마가복음 5:1-20

토마스(Eric A. Thomas)는 마가복음 5:1-20의 축귀 이야기를 동성애 문제와 관련하여 적용하였다. 그는 이 본문이 소개하는 사건 속에서 축귀되는 더러운 영이 동성애의 영이냐 헤게모니의 영이냐 하는 적용 문제를 제기하고, 예수께서 축출하신 영이 동성애자들에 대하여 예수

---

90) Saddington, "The Centurion in Matthew 8:5-13," 142.
91) Saddington, "The Centurion in Matthew 8:5-13," 142.
92) Saddington, "The Centurion in Matthew 8:5-13," 141.

이름으로 행한 패권, 동성애 혐오, 위선 등 헤게모니의 영이라고 주장한다.[93] 그는 아무런 본문상의 증거 없이 이러한 자신의 주장을 본문에 집어넣은 후, 이러한 패권의 영들이 축출되어야 한다고 주장한다.[94]

그가 이렇게 주장하는 배경은 동성애자들을 신앙 공동체에 받아들이기를 거부한 미국 흑인 교회들의 경험과 관련된다.[95] 그는 흑인 게이가 동성애를 혐오하는 교회에 남아 있는 경우, 그렇게 하는 이유가 그 게이가 교회 공간보다는 개인적인 하나님과의 관계를 선호하게 되고, 동성애를 간음, 도둑질 등과 함께 죄로 간주하게 되며, 하나님께서 자신의 동성애를 없애 주실 것이라는 희망을 가지기 때문이라고 관찰한 존슨(E. Patrick Johnson)의 연구를 소개한다.[96] 토마스는 교회에 남아 있어도 소외된 동성애자의 상태가 마치 무덤에서 사는 귀신들린 자의 경우와 유사하다고 주장한다.[97] 그 귀신 들린 자가 무덤에서 나와서 자신의 공동체로 돌아가야 하듯이 동성애자도 교회에서 나와서 자신의 공동체로 가야 한다고 그는 주장한다.[98]

토마스의 주장은 문맥과 용례에 입각한 주해적 해석이 아니라 자신의 주장을 본문에 집어넣는 주관적 해석이며 적용이다. 그는 자신의 주장을 위해 풍유적 해석과 자의적 적용을 한다. 토마스의 주장처럼 축출되어야 하는 영이 동성애에 대한 혐오의 영이라면 그의 주장은 자신의 공동체에서 소외되어 떠났지만 계속 동성애를 혐오하는 동성

---

93)   Eric A. Thomas, "Tales from the Crypt: A Same Gender Loving (SGL) Reading of Mark 5:1-20 - Backwards," *The Journal of the Interdenominational Theological Center* 41 (2015), 47.

94)   Thomas, "Tales from the Crypt," 47.

95)   Thomas, "Tales from the Crypt," 47.

96)   Thomas, "Tales from the Crypt," 48.

97)   Thomas, "Tales from the Crypt," 49.

98)   Thomas, "Tales from the Crypt," 57.

애자에 관한 것이 된다. 그는 결국 이 본문을 그렇게 적용한다.[99] 그의 주장대로라면 동성애자로부터 동성애를 혐오하는 영이 떠나게 되면 그 동성애자는 군단 귀신 들렸던 자의 경우처럼 자신의 가족에게로 돌아갈 수 있어야 한다. 그러나 동성애자가 더 이상 동성애를 혐오하지 않고 동성애를 받아들이게 되었을 때, 그가 원래 속하였다가 떠나온 자신의 공동체로 돌아갈 수 있게 되는 것은 현실이 아니다. 오히려 동성애의 영이 축출되었을 때 동성애자는 자신이 속했던 공동체로 돌아갈 수 있게 될 것이다. 그러므로 토마스의 적용은 자신의 가족에게 돌아갈 수 있었던 군단 귀신 들렸던 자의 경우와 부합하지 않는다.

4. 로마서 1:26-27

로마서 1:26-27에서 바울은 이방인들의 삶의 모습을 다음처럼 묘사한다.

> [26] 이 때문에 하나님께서 그들을 부끄러운 욕심에 내버려 두셨으니 곧 그들의 여자들도 순리대로 쓸 것을 바꾸어 역리로(παρὰ φύσιν) 쓰며, [27] 그와 같이 남자들도 순리대로 여자 쓰기를 버리고 서로 향하여 음욕이 불 일 듯하매 남자가 남자와 더불어(ἄρσενες ἐν ἄρσεσιν) 부끄러운 일을 행하여 그들의 그릇됨에 상당한 보응을 받았느니라. (개역 개정)

---

99) Thomas, "Tales from the Crypt," 57.

이 구절에서 바울이 언급한 것은 동성 행위라고 볼 수 있다. 왜냐하면 로마서 1:27에 나오는 '남자들이 남자들과(ἄρσενες ἐν ἄρσεσιν)'는 필로가 동성애에 빠진 헬라인들을 정죄할 때 사용한 표현이기 때문이다.[100]

로마서 1:26-27에서 바울은 이방인이 죄에 노예가 된 상태를 묘사하기 위한 예시로 동성 행위를 언급한다.[101] 이러한 상태는 그들이 창조주 대신 피조물을 숭배하기 때문에 하나님께서 그들을 내버려 두신 결과다(롬 1:25-26). 이러한 죄는 단지 심판의 원인이 아니라 심판받은 결과다.[102] 그들은 섬김의 대상을 창조주 대신 피조물로 바꾸어 섬기며 우상 숭배를 한 결과 남자 대신 여자로, 여자 대신 남자로 바꾸어 비정상적인 성행위를 하는 상태에까지 빠졌다. 바울은 23절에서 "썩어지지 아니하는 하나님의 영광을 썩어질 사람과 새와 짐승과 기어다니는 동물 모양의 우상으로 바꾸었다"고 지적한다. 또한, 25절에서 이방인들이 "하나님의 진리를 거짓 것으로 바꾸어 피조물을 조물주보다 더 경배하고 섬김"을 지적하고, 26-27절에서는 "그 때문에" 하나님께서 그들을 내버려 두신 결과 그들이 동성 행위에 빠졌다고 한다. 이 로마서 본문에 의하면 이성을 동성으로 바꾸어 행하는 동성 행위는 섬김의 대상을 하나님 대신 피조물로 바꾼 우상 숭배의 결과다.

로마서 1:27이 음욕이 불 일 듯함을 지적한다는 것에 근거하여 바울이 문제 삼은 것은 오직 과도한 욕망이라고 보는 해석도 제기되었다. 그러나 26절에서 바울은 여인들 사이의 동성 행위를 지적하면서

---

100) Abraham Smith, "The New Testament and Homosexuality," *Quarterly Review* 11/4 (1991), 25.

101) Smith, "The New Testament and Homosexuality," 25-26.

102) Everett R. Kalin, "Romans 1:26-27 and Homosexuality," *Currents in Theology and Mission* 30 (2003), 426 참조.

그러한 과도함을 지적하지 않기에 과도한 욕망을 가진 동성 행위만이 문제시되었다고 해석할 수는 없다.[103]

로마서 1:26에서 부정적으로 평가되는 것은 여인들 사이의 동성 행위가 아니라 이성 사이에 행해지는 출산과 무관한 성행위를 가리킨다고 주장하는 해석도 제기되었다. 그러나 '자연을 벗어난(παρὰ φύσιν)'이라는 표현(개역 개정판에서 '역리로'로 번역됨)은 고대 문헌에서 여인들 사이의 성관계를 가리키기 위해 몇몇 경우에 사용되었지만, 이성 사이에 이루어지는 출산과 무관한 종류의 성행위를 묘사하기 위해 사용된 적은 없다.[104] 또한 26절은 남성들 사이의 성행위를 언급하는 27절과 평행되는 구조상 여성들 사이의 성행위로 보아야 한다.[105] 26절과 27절이 평행 관계에 있음은 27절이 "유사하게(ὁμοίως)"로 시작함에서도 명확히 확인된다.[106]

플라톤(*Laws*, 636B-D)은 '자연을 벗어난(παρὰ φύσιν)'이라는 표현을 동성 행위를 평가하는 문맥 속에서 사용하였다. "남자들이 남자들과 그리고 여자들이 여자들과 즐기는 쾌락은 자연을 벗어난 듯하다."[107] 필로(Philo), 요세푸스(Josephus), 세네카(Seneca the Younger), 플루타르크(Plutarch), 무소니우스 루푸스(Musonius Rufus)도 모두 이 표현을 동성 행위에 관한 평가적 언어로 사용하였다.[108] 예를 들어, 스토아 철학자인 무소니우스 루푸스는 이 표현을 사용하며 다음과 같이 주장하였

---

103) Preston Sprinkle, "Paul and Homosexual Behavior: A Critical Evaluation of the Excessive Lust Interpretation of Romans 1:26-27," *Bulletin for Biblical Research* 25 (2015), 501.

104) Sprinkle, "Paul and Homosexual Behavior," 507.

105) Sprinkle, "Paul and Homosexual Behavior," 507.

106) Jamie A. Banister, "Ὁμοίως and the Use of Parallelism in Romans 1:26-27," *JBL* 128 (2009), 569-70.

107) Sprinkle, "Paul and Homosexual Behavior," 509-10.

108) Sprinkle, "Paul and Homosexual Behavior," 510.

다.[109]

> 모든 간음을 포함한 성관계는 지극히 불법적이고, 남자들이 남자들과 성
> 관계하는 것은 더 이상 용인될 수 없다. 왜냐하면 그것은 괴물 같은 일이며
> 자연을 벗어난(παρὰ φύσιν) 일이기 때문이다. (On Sexual Matters, 12)

로마서 1:26-27이 창세기의 창조 기사를 연상시키는 문맥 속에서 놓여 있다는 사실도 이 구절이 단지 과도한 욕망에 빠진 동성 행위만을 비판한다는 해석을 거부하게 한다. 로마서 1:20은 우주의 창조(κτίσεως κόσμου)를 언급하며, 23절은 새들(πετεινῶν), 기는 동물들(ἑρπετῶν), 형상의 유사함(ὁμοιώματι εἰκόνος)을 언급한다. 그리하여 이 구절들은 이러한 단어를 사용하는 창세기 1:26을 연상시킨다.[110]

> 하나님이 이르시되 우리의 형상(εἰκόνα)을 따라 우리의 모양(ὁμοίωσιν)대로 우리가 사람을 만들고 그들로 바다의 물고기와 하늘의 새(πετεινῶν)와 가축과 온 땅과 땅에 기는(ἑρπετῶν) 모든 것을 다스리게 하자 하시고 (창 1:26, 개역개정)

> 썩어지지 아니하는 하나님의 영광을 썩어질 사람과 새(πετεινῶν)와 짐승과 기어다니는 동물(ἑρπετῶν) 모양의 우상(ὁμοιώματι εἰκόνος)으로 바꾸었느니라. (롬 1:23, 개역 개정)

---

109) Sprinkle, "Paul and Homosexual Behavior," 511에서 재인용.
110) Reidar Hvalvik, "The Present Context in the Light of the New Testament and Its Background: The Case of Homosexuality," *European Journal of Theology* 24/2 (2015), 150.

로마서 1:26-27 자체도 여성(θῆλυς)과 남성(ἄρσην)을 언급하는데, 이것은 하나님께서 사람을 남성과 여성(ἄρσεν καὶ θῆλυ)으로 만드셨다고 하는 창세기 1:27을 연상시킨다.[111] 그러므로 이 로마서 구절은 창조 질서를 전제하고 이를 어기는 사람들의 모습을 지적한다고 볼 수 있다. 그렇다면, 남자가 부모를 떠나 그의 여인(τὴν γυναῖκα αὐτοῦ)과 합하여 둘이 한 몸을 이루라고 하는 창세기 2:24의 창조 질서를 바울이 적용하며 동성 행위를 창조 질서에 역행한 것으로 간주하였다고 볼 수 있다.

그런데, 바울은 동성 행위에 빠진 이방인들의 잘못을 언급한 후에 2:1부터 유대인들도 같은 잘못을 행한다고 지적하고, 따라서 그들도 하나님의 심판을 피할 수 없다고 경고한다.[112]

그러므로 남을 판단하는 사람아, 누구를 막론하고 네가 핑계하지 못할 것은 남을 판단하는 것으로 네가 너를 정죄함이니 판단하는 네가 같은 일을 행함이니라. 이런 일을 행하는 자에게 하나님의 심판이 진리대로 되는 줄 우리가 아노라. 이런 일을 행하는 자를 판단하고도 같은 일을 행하는 사람아, 네가 하나님의 심판을 피할 줄로 생각하느냐. (롬 2:1-3, 개역 개정)

그런데 그 심판은 우선적으로 유대인에게 주어지며, 그 후에 헬라인(이방인)에게 주어진다고 한다. "악을 행하는 각 사람의 영에는 환난과 곤고가 있으리니 먼저는 유대인에게요 그리고 헬라인에게며(롬 2:9)". 이러한 바울의 지적을 적용하면, 동성 행위에 빠진 세상 사람들을 비

111)   Hvalvik, "The Present Context in the Light of the New Testament and Its Background," 150.
112)   Kalin, "Romans 1:26-27 and Homosexuality," 429.

판하는 기독교인들이 그와 유사한 죄들에 빠져 있다면 기독교인들이 그들보다 먼저 하나님의 진노를 당하게 된다고 볼 수 있다.[113]

동성 행위를 반대하는 기독교인들이 성경이 금지하는 다른 죄들을 행한다면, 남을 판단하면서 동일한 일을 행하는 경우에 해당하므로, 로마서 2:1-3의 경고대로 하나님의 심판을 피할 수 없다. 우리는 구약 성경 레위기가 금지하는 동성 행위 금지를 그대로 따라야 한다고 주장하면서, 구약 성경이 명확하게 금지하는 다른 법을 어기지는 않는가? 예를 들어, 가난한 자에게 생활비를 빌려준 경우 이자를 금하는 법(출 22:25)은 무시하지 않는가? 가난한 친족에게 생활비를 빌려주면서 이자를 요구한다면 이것도 구약 성경을 위반하는 잘못이다. 우리는 바울 서신(갈 5:20)이 명확하게 배격하는 파당을 교회 내에 만들지는 않는가? 우리는 에베소서 4:31-32이 버리라고 한 악독, 노함, 분냄, 비방을 행하며 살지는 않는가?

> 너희는 모든 악독과 노함과 분냄과 떠드는 것과 비방하는 것을 모든 악의와 함께 버리고 서로 친절하게 하며 불쌍히 여기며 서로 용서하기를 하나님이 그리스도 안에서 너희를 용서하심과 같이하라. (엡 4:31-32, 개역 개정)

사실 대신 허위를 주장하며 비방하는 것은 이성 대신 동성을 취하는 동성행위나 하나님 대신 피조물을 섬기는 우상숭배와 유사하지 않은가? 과연 우리는 신약성경이 명하는 바처럼 그리스도께서 우리를

---

113) 동성 행위는 레위기(18:22; 20:13)가 금지한 것이며, 바울도 이를 부정적인 행위로 언급하므로, 성경을 믿는 그리스도인이라면 이를 찬성할 수 없을 것이다. 만일 기독교인 중에 성경의 가르침을 따르지 않고 성경의 가르침을 배격하면서 동성 행위를 찬성하는 자들이 있다면, 그들은 사실상 그리스도인이 아니라고 볼 수 있다. 이것은 성경을 잘못 해석하고 잘못 적용하여 동성애를 찬성하는 것과는 완전히 다른 차원의 문제다.

용서하심같이 서로 용서하는가? 그리스도인들이 신약성경의 가르침 대로 살지 않으면서 비기독교인들의 동성행위를 비난한다면 그것은 유대인들이 율법대로 살지 않으면서 이방인들의 잘못을 비판한 것과 유사하다. 만일 그리스도인들도 그렇게 한다면 하나님의 심판을 피하지 못할 것이다.

5. 고린도전서 6:9

고린도전서 6:9에서 바울은 '말라꼬스'(μαλακός)와 '아르세노꼬이떼스'(ἀρσενοκοίτης)를 하나님 나라를 상속받지 못하는 자(즉 구원받지 못하는 자)들 중에 속한다고 언급한다.

> [9] 불의한 자가 하나님의 나라를 유업으로 받지 못할 줄을 알지 못하느냐? 미혹을 받지 말라. 음행하는 자나 우상 숭배하는 자나 간음하는 자나 탐색하는 자(μαλακοί,)나 남색 하는 자(ἀρσενοκοῖται,)나 [10] 도적이나 탐욕을 부리는 자가 술 취하는 자나 모욕하는 자나 속여 빼앗는 자들은 하나님의 나라를 유업으로 받지 못하리라. (고전 6:9-10, 개역 개정)

여기서 '남색 하는 자'로 번역된 '아르세노꼬이떼스'는 남성을 가리키는 '아르센(ἄρσην)'과 침대(성교를 에둘러 표현하는 말)를 뜻하는 '꼬이떼(κοίτη)'를 합친 말이다.[114] 리들-스콧(Liddel and Scott) 사전에서 확인되

---

114) P. Michael Ukleja, "The Bible and Homosexuality, Pt 2: Homosexuality in the New Testament," *Bibliotheca Sacra* 140 (1983), 351.

듯이 헬라어 단어 '둘로(노예)꼬이떼스(δουλοκοίτης = δοῦλος + κοίτη ς)'가 노예와 성관계를 하는 남자를 가리키고, '메뜨로(어머니)꼬이떼스 (μητροκοίτης = μήτηρ + koi, thj)'는 어머니와 성관계를 하는 남자를 가리키므로, 이러한 조어의 규칙을 고려할 때 '아르세노(남성)꼬이떼스'는 남성과 성관계를 하는 남자를 가리킨다고 볼 수 있다.[115]

또한 '아르세노꼬이떼스'는 남자가 남자와 함께 눕지 말라고 명하는 레위기 18:22; 20:13의 금지 명령을 연상시키는 단어다.[116] 이 구절들은 모두 '아르센'(ἄρσην, "남자")'과 '꼬이떼(κοίτη, "침대")' 또는 동사형 '꼬이마오마이(κοιμάομαι, "잠자다")'를 가진 구절들이기 때문이다.

> 너는 여자와 동침함(κοίτην) 같이 남자(ἄρσενος)와 동침하지(κοιμηθήσῃ) 말라. 이는 가증한 일이니라. (레 18:22, 개역 개정)

> 누구든지 여인과 동침(κοίτην)하듯 남자(ἄρσενος)와 동침하면(κοιμηθῇ) 둘 다 가증한 일을 행함인 즉 반드시 죽일지니 자기의 피가 자기에게로 돌아가리라. (레 20:13, 개역 개정)

개역 개정판이 고린도전서 6:9에서 '탐색하는 자'로 번역한 단어인 '말라꼬스(μαλακός)'는 고전 헬라어에서 동성 행위의 대상이 되는 것을 허용하는 소년이나 남자를 가리키기도 하였다.[117] 이 단어는 남성 사이의 성교에서 여성의 역할 내지 수동적 역할을 하는 자를 가리키

---

115) Hvalvik, "The Present Context in the Light of the New Testament and Its Background," 152.

116) Smith. "The New Testament and Homosexuality," 23

117) Ukleja, "The Bible and Homosexuality, Pt 2: Homosexuality in the New Testament," 351.

기도 하였다.[118] 아리스토텔레스는 수동적 동성 행위의 기원을 논하는 문맥에서 이 단어를 사용하였다.[119] 루시안(Lucian)은 남성 사이의 성교에서 수동적인 역할을 하는 제사장들을 이 단어로 묘사하며 정죄하였다.[120] 이렇게 사용될 수 있는 단어가 능동적 동성 행위자를 가리키는 '아르세노꼬이떼스'와 함께 쓰인 문맥은 여기서 이 단어가 수동적 동성 행위를 하는 자를 가리킨다고 볼 수 있게 한다.[121] 그러므로 고린도전서 6:9에서 '말라꼬스'는 남자에게 성교를 당함으로써 즐거움이나 돈(또는 둘 다)을 얻는 남자를 가리킨다고 볼 수 있다.[122]

고린도전서 6:9에서 바울은 '말라꼬스'와 '아르세노꼬이떼스'라는 단어를 통하여 남성 사이의 성행위에서 수동적 역할을 하는 자와 능동적 역할을 하는 자를 모두 언급한 듯하다.[123] 이 두 용어는 짝을 이루면서 등장하므로 이 용어들이 모두 남자 동성 행위자들을 가리킨다고 해석할 수 있다.[124] 한편, 바울이 능동적 역할을 하는 동성 행위자만이 아니라 수동적 역할을 하는 동성 행위자(μαλακός)를 따로 언급한 것은 바울이 성적 착취를 행하는 자만 문 제삼았다고 해석을 할 수 없게 한다.[125]

이러한 행위를 하는 남자 중에는 동성애자만이 아니라 양성애자도 있을 수 있고, 이성애자도 있을 수 있다. 반면에 동성애자이면서도 이

---

118) Ukleja, "The Bible and Homosexuality, Pt 2: Homosexuality in the New Testament," 351.

119) Ukleja, "The Bible and Homosexuality, Pt 2: Homosexuality in the New Testament," 351.

120) Ukleja, "The Bible and Homosexuality, Pt 2: Homosexuality in the New Testament," 351.

121) Ukleja, "The Bible and Homosexuality, Pt 2: Homosexuality in the New Testament," 351.

122) Smith. "The New Testament and Homosexuality," 23

123) Smith, "The New Testament and Homosexuality," 23.

124) Thomas R. Schreiner, "A New Testament Perspective on Homosexuality," *Themelios* 31/3 (2006), 71.

125) Schreiner, "A New Testament Perspective on Homosexuality," 71.

5강 신약 성경과 동성애: 동성 행위에 관한 신약 성경의 평가   105

러한 죄를 행하지 않는 자도 있을 수 있다. 바울의 구분은 동성애적 성적 지향을 가진 자를 문제 삼는 것이 아니라, 동성 행위를 하는 자를 문제 삼는다.

바울이 동성 행위자들을 우상 숭배자, 도적, 음행하는 자들과 함께 나열하며 그들이 구원받지 못한다고 경고한다. 바울은 그리스도인들의 교회가 세상과 다를 바 없게 되는 것을 피하도록 하고자 이렇게 했을 것이다.[126] 이 본문은 동성 행위자들을 구원받지 못하는 자들의 범주에 포함시킨다. 바울이 동성 행위를 금지한 것은 분명하다. 그렇지만 바울은 오로지 동성 행위만을 금지하지는 않았다. 그러므로 우리는 오로지 동성 행위를 하는 자들만을 정죄하는 방식으로 이 본문을 사용해서는 안 된다.[127] 이 본문에서 바울은 다른 종류의 성적 이탈인 음행, 간음도 함께 정죄하며, 이어지는 10절에서 도둑질, 탐욕, 술 취함, 모욕, 사취도 함께 정죄하기 때문이다. 동성 사이의 성관계는 이러한 죄들 중에 하나다. 이것은 술 취함이나 모욕, 도둑질, 음행과 구분되는 더 특별한 죄로 등장하지 않았다. 이것은 세상 사람들이 사는 모습에 대한 묘사 중에 하나다(고전 6:11). 그리스도인은 동성 행위로부터 멀어지는 만큼, 모욕이나 탐욕 등 다른 죄들로부터도 멀어져야 한다.

---

126) Smith, "The New Testament and Homosexuality," 23.

127) Smith, "The New Testament and Homosexuality," 23.

6. 디모데전서 1:9-10

디모데전서 1:9-10에서도 능동적 역할을 하는 남자 동성 행위자 '아르세노꼬이떼스(ἀρσενοκοίτης, 개역 개정판에서는 '남색하는 자'로 번역됨)'가 음행하는 자, 노예상들과 함께 의롭지 않은 사람들 목록 속에 언급된다. 이때 거짓말하는 자, 거짓 맹세를 하는 자, 살인자도 함께 언급된다.

> [9] 알 것은 이것이니 율법은 옳은 사람을 위하여 세운 것이 아니요. 오직 불법한 자와 복종하지 아니하는 자와 경건하지 아니한 자와 죄인과 거룩하지 아니한 자와 망령된 자와 아버지를 죽이는 자와 어머니를 죽이는 자와 살인하는 자며 [10] 음행하는 자와 남색 하는 자(ἀρσενοκοίταις)와 인신매매를 하는 자와 거짓말하는 자와 거짓 맹세 하는 자와 기타 바른 교훈을 거스르는 자를 위함이니 (딤전 1:9-10, 개역 개정)

여기서 능동적 동성 행위를 하는 남자는 의로운 사람과 대조되는 부류 속에 포함되어 분류되었다. 따라서 이러한 동성 행위에 대한 바울의 부정적 평가는 분명하다. 그렇지만 동성 행위가 유일한 죄로 언급되지 않았고 대표적인 죄 중에 하나로서 언급되었다는 점을 고려해야 한다. 살인자, 음행하는 자, 인신매매하는 자, 사기 치는 자, 거짓 증언 하는 자도 동성 행위자와 유사한 자로 분류된다. 이것은 동성행위자들이 얼마나 부정적으로 평가되는지 보여 준다. 동성 행위자는 노예상이나 살인자와 같이 심각한 죄인으로 간주된다. 동시에 이 구절은 다른 죄들이 동성 행위보다 더 나을 것이 없음도 알려 준다. 이 구절에 의하면 이성에 대하여 음행을 행하는 자들이나 사기 치는 자들도 동성 행위자들과 함께 동일 집단 속에 분류된다. 그들은 동성 행위를 하지 않으므로 괜찮다고 할 수 없다.

7. 결론과 적용

신약 성경은 동성 행위가 그릇된 삶의 모습임을 명확하게 알려 준다. 세상 사람들은 이러한 삶의 모습을 가지고 살고 있을지라도 그리스도인은 이러한 삶의 모습을 버려야 한다. 이러한 삶의 모습을 아직 버리지 못하였지만 그리스도인이 되기를 원하여 나오는 구도자의 경우는 있을 수 있다. 그런데 점점 동성 행위를 멀리하는 방향으로 가는 방향성이 생기기까지는 아직 거듭난 그리스도인이 되었다고 볼 수는 없을 것이다.

예수 믿기만 하면 무슨 죄를 지어도 된다는 생각에 빠져 동성 행위를 용납하는 것도 신약 성경의 가르침의 왜곡이 아닐 수 없다. 사도 바울은 예수 믿고 구원받는 것이 죄를 벗어나기 위한 것임을 분명히 한다. "우리가 알거니와 우리의 옛사람이 예수와 함께 십자가에 못 박힌 것은 죄의 몸이 죽어 다시는 우리가 죄에게 종 노릇 하지 아니하려 함이니"(롬 6:6).

동성 행위는 용납될 수 없음이 신약 성경에서 분명하다. 그러나 동성 행위를 하는 사람에 대해서는 어떻게 대해야 하는가? 특히 예수 믿지 않는 사람들 중에 있는 동성 행위자들을 어떻게 대할 것인가? 사도 바울은 이 문제에 적용할 수 있는 원리를 알려준다.

내가 너희에게 쓴 편지에 음행하는 자들을 사귀지 말라 하였거니와 이

말은 이 세상의 음행하는 자들이나 탐하는 자들이나 속여 빼앗는 자들이나

우상 숭배 하는 자들을 모두지 사귀지 말라 하는 것이 아니니 만일 그리하

려면 너희가 이 세상 밖으로 나가야 할 것이라. (고전 5:9-10, 개역 개정)

이 가르침을 적용하면, 우리는 교회 밖의 동성 행위자들과 교류하며 살 수 있다. 그들은 세상 사람들 가운데 일부분일 뿐이다. 세상에 사는 한 그들과 교류하지 않을 수 없다. 우리는 그들을 다른 세상 사람보다 특별히 더 배척할 필요가 없다. 그러나 그들을 배척을 하지 않음은 동성 행위를 용납함을 의미하지는 않는다.[128]

그런데 교회 속에 있는 동성 행위자에 대해서는 어떻게 대해야 할 것인가? 사도 바울은 이 문제에 적용할 수 있는 명확한 원리를 알려준다.

이제 내가 너희에게 쓴 것은 만일 어떤 형제라 일컫는 자가 음행하거나

탐욕을 부리거나 우상 숭배를 하거나 모욕하거나 술 취하거나 속여 빼앗거

든 사귀지도 말고 그런 자와는 함께 먹지도 말라 함이라. 밖에 있는 사람들

을 판단하는 것이야 내게 무슨 상관이 있으리요마는 교회 안에 있는 사람

들이야 너희가 판단하지 아니하랴. 밖에 있는 사람들은 하나님이 판단하시

려니와 이 악한 사람은 너희 중에서 내쫓으라. (고전 5:11-13, 개역 개정)

---

128) 동성 행위에 대한 반대는 신약 성경의 가르침에 부합하며, 사회적으로 볼 때에도 헌법이 보장하는 표현의 자유에 부합한다. 그러므로 동성 행위를 반대하는 주장을 하는 사람을 처벌하는 역차별법을 차별금지법이라는 명목하에 만드는 시도가 있다면, 그것은 성경의 가르침을 따르는 신앙과 양심의 자유를 제한하는 동시에 헌법이 보장하는 표현의 자유도 제한하는 시도다.

이 원리를 적용하면 스스로 자신이 형제(= 그리스도인[129])라고 주장하면서도 동성 행위에 빠진 자를 그리스도인은 사귀지 말아야 한다. 그러한 자와는 식탁 교제도 끊어야 한다. 교회는 그를 교회 밖으로 내쫓아야 한다. 그리하여 그가 그리스도인이 아님을 분명히 해야 한다. 물론 이것은 동성 행위자의 경우만이 아니라 음행, 탐욕, 우상 숭배, 모욕, 사취 등에 모두 해당한다. 그리스도인이라고 스스로 주장하면서도 여전히 세속적인 삶의 방식을 버리지 않고 살고 개선의 의지도 전혀 없다면 그를 멀리해야 하며, 그래도 변화가 없다면 교회 밖으로 쫓아내야 한다. 즉 그가 그리스도인이 아님을 분명히 선언해야 한다. 세상 사람들 중에 여자가 남자 역할을 하거나 남자가 여자의 역할을 하는 것은 내버려 둘 수 있다. 그러나 그리스도인이 아닌 자가 그리스도인의 행세를 하는 것을 교회가 내버려 두어서는 안 된다.

그렇지만 동성애자면서도 동성 행위를 멀리하려는 사람을 우리는 존중해야 할 것이다. 또한 동성애자가 구도자로서 교회에 오는 것을 금지할 필요는 없다. 그러나 세례받고 그리스도인이 되었다고 주장하면서도 동성 행위를 계속하고 이를 돌이키려고 하지 않고 오히려 정당화하는 자는 권면해야 하고, 권면을 듣고 돌이키지 않으면 권징해야 한다. 예배 참석 금지, 수찬 정지를 해도 돌이키지 않으면 출교시켜야 한다. 물론 잘못을 인정하고 돌이키고자 하는 자들은 출교의 대상이 아니다.

이렇게 하는 이유는 무엇인가? 교회 밖에 있는 사람들은 하나님께

---

129) '형제', '자매'라는 표현은 구약 성경(시 22:22-23)에서 동료 이스라엘 사람들을 가리키는 표현이며, 쿰란 문헌에서도 공동체의 동료 구성원을 가리키는 용어로 사용된다(예, 1QS 6:10, 22; CD 6:20; 7:1-2)(J. Marcus, *Mark 1-8*, The Anchor Bible [New York: Doubleday, 2000], 277). 그러므로 사도 바울이 이 용어를 사용할 때 교회의 구성원을 의미했다고 볼 수 있다.

서 심판하시므로 하나님께 맡겨야 하지만, 교회 안에 있는 악한 사람은 그리스도인들이 판단하여야 하기 때문이다(고전 5:13). 이것은 교회를 정결하게 하여 세상과 다른 거룩한 공동체로서 유지하기 위한 목적과 관련될 것이다. 이러한 거룩성의 유지는 결국 세상을 비추는 빛으로서의 선교적 역할을 교회가 계속할 수 있도록 하기 위함이라고 볼 수 있다. 교회는 세상을 포용하면서 동시에 세상과 다름(거룩성)을 유지해야 세상을 복되게 할 수 있다. 교회가 세상과 동일하게 된다면 교회는 세상의 일부에 불과하게 되므로 세상을 복되게 하는 긍정적 역할을 할 수 있는 영향력을 상실한다.

우리는 세상 밖의 동성애자들에 대하여는 비판하면서도 교회 안에 있는 음행하는 자, 사기꾼, 하나님보다 재물을 숭배하는 탐욕스러운 자, 허위 사실로 비방하는 자에 대해서는 너그럽게 옹호하지는 않는가? 성경은 오히려 그 반대로 적용하도록 한다. 동성 행위는 그리스도인 가운데 용납되어서는 안 되는 세속적 행위다. 그러나 세상 가운데 있는 동성애자는 우리의 평범한 이웃일 뿐이다. 교회에서의 설교는 세상에 있는 동성애자에 대한 정죄나 비판이 아니라, 동성 행위 자체에 대한 반대여야 하고, 그리스도인이 동성 행위를 비롯한 죄를 범하지 말도록 권면하고 경고하는 것이어야 할 것이다.[130]

물론 동성 행위에 대해 반대할 자유는 동성애자에 대한 혐오로 오해되어서는 안 된다. 이것은 동성애자에 대한 혐오가 아니며 교회가 성경이 명시하는 바를 선포할 자유로서 종교의 자유, 신앙의 자유, 양심의 자유이며, 동시에 헌법이 보장하는 표현의 자유에도 부합한다.

---

130) 만일 이러한 성경적 설교에 대해서 차별을 금지한다는 명분으로 법을 만들어 처벌한다면 그것은 헌법이 보장하는 표현의 자유에 대한 침해일 뿐 아니라, 성경이 명확하게 말하는 바를 설교한 자에 대한 박해로서 신앙의 자유에 대한 침해에 해당할 것이다.

우리 사회에서 동성애자들이나 동성애 찬성 의견을 표현하는 자들이 법으로 제재를 받지 않고 자유를 누리듯이 그리스도인들이 동성 행위를 반대할 수 있는 표현의 자유와 신앙의 자유를 누릴 수 있도록 존중되어야 한다. 이러한 자유 중에서 하나는 보장하고 다른 하나는 금지하는 법을 만든다면 그것은 형평성이 없으며, 그 자체로 자유에 대한 차별이다.

교회는 동성 행위를 비롯한 음행을 버리고 예수께서 분부하신 모든 가르침을 지켜 행하고자 힘쓰는 정결한 그리스도인들의 공동체로 거듭나야 한다. 교회가 외적으로 사회에 대해서는 너그럽고 내적으로는 엄격하여 거룩성을 유지할 때 교회는 빛과 소금의 사명을 감당할 수 있을 것이다. 우리 사회가 동성애로 인해 망할 것이라고 비관할 필요는 없다. 세상이 동성애에 물들어서 망하게 되는 것은 아니다. 세상에 정결한 교회가 없어서 망하는 것이다. 이 땅에 죄악에 물들지 않은 정결한 교회가 열 개라도 있다면 아직 희망은 있을 것이다.

참고 문헌

Banister, Jamie A., "Ὁμοίως and the Use of Parallelism in Romans 1:26-27," *JBL* 128, 2009, pp.569-590.

Hvalvik, Reidar, "The Present Context in the Light of the New Testament and Its Background: The Case of Homosexuality," *European Journal of Theology* 24/2, 2015, pp.146-159.

Jennings, Theodore W. and Tat-siong Benny Liew, "Mistaken Identities but Model Faith: Rereading the Centurion, the Chap, and the Christ in Matthew 8:5-13," *JBL* 123, 2004, pp.467-494.

Kalin, Everett R., "Romans 1:26-27 and Homosexuality," *Currents in Theology and Mission* 30, 2003, pp.423-432.

Marcus, Joel, *Mark 1-8*, The Anchor Bible, New York: Doubleday, 2000.

Saddington, D. B., "The Centurion in Matthew 8:5-13: Consideration of the Proposal of Theodore W Jennings, Jr, and Tat-Siong Benny Liew," *JBL* 125, 2006, pp.140-142.

Schreiner, Thomas R., "A New Testament Perspective on Homosexuality," *Themelios* 31/3, 2006, pp.62-75.

Smith, Abraham, "The New Testament and Homosexuality," *Quarterly Review* 11/4, 1991, pp.18-32.

Sprinkle, Preston, "Paul and Homosexual Behavior: A Critical Evaluation of the Excessive Lust Interpretation of Romans 1:26-27," *Bulletin for Biblical Research* 25, 2015, pp.497-517.

Thomas, Eric A., "Tales from the Crypt: A Same Gender Loving (SGL) Reading of Mark 5:1-20 - Backwards," *The Journal of the Interdenominational Theological Center* 41, 2015, pp.39-61.

Ukleja, P. Michael, "The Bible and Homosexuality, Pt 2: Homosexuality in the New Testament," *Bibliotheca Sacra* 140, 1983, pp.350-358.

젠더주의에 대한 한국 교회 대안

김영한

기독교학술원장, 샬롬나비 상임 대표, 숭실대 명예 교수

성경 본문: "여호와께서 사람들을 멀리 옮기셔서 이 땅 가운데에 황폐한 곳이 많을 때까지니라(12절) 그중에 십 분의 일이 아직 남아 있을지라도 이것도 황폐하게 될 것이나 밤나무와 상수리나무가 베임을 당하여도 그 그루터기는 남아 있는 것 같이 거룩한 씨가 이 땅의 그루터기니라 하시더라"(사 6:12-13).

머리말

 20세기 초 러시아에서 1917년 볼세비키 혁명이 일어나 인류가 공산주의 혁명과 운동에 휩싸였고 그 여파가 오늘날 한국의 남북 분단으로 이어져 있다. 볼세비키 혁명은 72년의 이데올로기 실험에 의하여 1989년 동구권 사회주의 국가 자유화에 의한 반사회주의 혁명에 의하여 지구상에서 사라졌다. 오늘날 동구권이나 러시아에도 중국, 베트남에도 공산주의는 헌법상 존재하지 않는다. 정통 마르크시즘은 사라졌으나 그것을 수정한 네오(신)마르크시즘은 살아남았다. 1930년에 일어난 나치 전체주의, 이태리의 파시즘, 일본의 군국주의도 그 시대를 잠간 풍미하였으나 나치는 6백만 유대인을 인종 청소하는 야만적인 반인류적인 행태를 보였고, 1945년 이차세계대전에서 영국과 미국 등 자유 민주 국가들의 승리로 인하여 역사에서 사라졌다. 네오마르크시즘은 정통 마르크시즘과 파시즘이 사라진 후에도 문화마르크시즘 (cultural marxism)의 형식으로 유럽과 미국 사회에 그 영향력을 행사하였다.

 1960년대 시대를 풍미한 포스트모더니즘의 후기 구조주의에 영향받아 프랑스 6.8 학생 혁명과 미국의 서부 버클리대의 학생혁명을 통하여 전통적인 권위와 생물학적 양성을 부정 해체하는 자유로운 성 향유를 선언한 글로벌 성 혁명(global sex revolution)이 시작하였다. 이 성 혁명 배후에는 네오마르크시즘의 문화 혁명 프로그램이 작동하고 있다. 글로벌 성 혁명은 1990년대 젠더 이데올로기의 영향을 받은 인사들이 장악한 유엔 기구를 통하여 확산되고 있다. 오늘날 각 국가의 정부에 국가인권위원회기구 설립을 통하여 젠더 주류화 운동이 확산되고 있다. 한국에도 2001년 국가인권위원회가 설립되고 국가인권위원회법 제2조 3항에 "성적 지향(동성애)"을 차별 금지 조항으로 삽입해 오늘날 한국 동성애 퀴어 운동의 제도적 장치를 한 것이다.

1. 젠더주의 도전

1) 동성애 주장의 사상적 배경은 마르쿠제의 에로스사회론

오늘날 젠더주의(genderism)는 창조 질서인 남성과 여성이라는 생물학적 성(biological sex)인 양성을 부정하고 자신이 설정하는 사회적 성(social sex=gender)을 주장하고 있다. 이는 성의 선천적 고정화를 거부하고 성의 후천적 유동화를 주장하는 반실재주의 운동이다. 젠더주의 운동은 성 자유를 선언하나 당사자를 동성애 성 중독이라는 욕망 늪에 빠지게 하는 동성애 노예화 운동이다. 하나님의 창조 질서인 남녀 양성의 결혼과 가정을 부정하고 해체시키는 제2의 반역(the Second Revolt)이다. 자유의 이름으로 전정한 자유를 파괴하고 방종을 조장하는 인본주의 운동으로 동성애 퀴어 집회와 차별금지법 제정을 시도하고 있다. 동성애 퀴어 운동은 단순한 개인의 성 욕구 해소에 머물지 않고 우리 사회를 집단적으로 성적 쾌락에서 행복을 찾는 에로스 사회(Eros society)로 끌고 간다. 이러한 사회는 욕망 해소로 사회적 갈등이 해소된다는 사회 정신적 나락(奈落)으로 떨어지는 것이다.

에로스 사회론은 프랑스 6.8 성 혁명에 이론적 근거를 제시한 네오 마르크스주의자 마르쿠제의 사회혁명론에서 기인한다. 마르쿠제는 문명과 억압을 동일시하는 프로이드의 이론에 근거하여 "쾌락 원칙을 따르는 인간의 본능은 자연스러운 생의 충동-Eros에서 출발한다."고 천명하였다.[131] 마르쿠제는 라이히처럼 '본능의 욕망을 충족시켜 주어야 인간은 행복하다'고 주장하였다. 그는 그것이 바로 성 정치(sex politic)이며, 성적 쾌락을 가장 소중한 가치라고 천명하였다. 성적 쾌락이 행복의 근원이므로, 모든 종류의 성적 행위를 인정하는 에로스(Eros) 사회 건설이란 성매매 합법화, 포르노 합법화뿐 아니라 동성 간 성행위, 어린이를 성행위의 대상으로 하는 소아성애, 수간(獸姦), 기계 성애, 시체 성애 등 50여 종 성적 취향을 모두 인정해야 하는 논리로 귀결된다. 이러한 네오-마르크시즘의 에로스 사회 건설 사상에 영향받은 오늘날 서유럽의 국가들은 이러한 성 정치 이론을 추종하여 성적 방종을 추구하는 학교 내 성 교육과 예술 문화 정책을 시행하고 있으며, 미국도 이러한 문화 마르크시즘, 문화 좌파의 영향을 받게 된 것이다.[132]

---

131) Herbert Marcuse, *Eros und Zivilisation*, 1955, 영역, *Eros & Civilization*, 김인환 역, 『에로스와 문명』, 나남출판, 2004.
132) 김영한, 네오 마르크시즘과 동성애(강연록), 2019년 2월 21일 예장대신총회 강연

한국 사회는 이러한 일부 유럽과 북미의 퇴폐풍조를 따라가서는 안된다. 쾌락 문화가 지배하는 사회는 역사적으로 로마 말기, 희랍 말기 등에서 보는 것처럼 그 사회는 퇴락으로 나아갔고 붕괴했다. 오늘날 구미(歐美)사회의 일부를 형성하는 쾌락 문화는 성(性)자유방임주의와 퇴폐주의로 사회를 내부적으로 해체하는 문화적 암적(癌的) 현상으로 자리 잡고 있다. 한국 교회는 이러한 세기말적인 풍조에 대항하여 신앙 선조들이 물려준 청교도 정신을 활성화함으로써 우리 사회의 정신을 바르게 선도해야 한다.

2) 젠더주의 사회 문화 혁명

젠더주의는 동성애 사회 문화 혁명[133]을 주도하고자 한다. 젠더주의 운동은 전통적으로 성경 읽는 방식과 전통적 교리를 해체하고 젠더주의 세계관을 정립하겠다는 문화 인류학적 혁명을 시도하고 있다. 젠더주의 혁명은 프랑스 시민 혁명(1789), 러시아의 볼셰비키 공산 혁명(1917)에 이어 1990년대 일어난 인류사의 세 번째 혁명으로서 인류 사회의 성 문화 혁명이다. 프랑스의 시민 혁명은 절대 황제 지배에 대항하여 정치적 신분제를 철폐하고 시민들의 자유와 평등을 강조함으로써 인류의 발전에 좋은 영향을 끼쳤다. 그러나 러시아의 볼셰비키 혁명은 인류의 경제적 평등을 추구한 혁명이었으나 그 방식이 레닌과 스탈린 주도 직업 혁명가들의 음모와 술수에 의한 무력 혁명에 의하여 수행되었고, 경제적 평등의 실행 방식이 이에 반대하는 수천만 명 양민의 학살을 대가로 하는 것이었다. 인권과 자유가 박탈당하고 사

---

133)   김영한, "유사 종교로서 젠더 주류화 운동: 문화 인류학적 혁명," in:『젠더주의 도전과 기독교 신앙』, 57-69.

회 전체가 하향 평준화로 나아갔기 때문에 이데올로기 실험 72년 만인 1989년 동구권 공산 국가에서 민주화 혁명이 일어났고, 종주국인 소련 연방조차 1991년 무너져 역사에서 사라졌다. 공산 국가인 중국에서도 마르크스적 경제 평등론은 폐기되고 시장 경제를 채택하였다. 2천년대 들어와 우리 사회에서 개최되는 동성애 퀴어 집회는 네오마르크스주의자 빌헬름 라이히의 성 해방 사회 혁명론에서 기원하며 서구 북미 사회가 지탱해 온 성경과 기독교 세계관을 해체하는 반기독교 운동이다. 그러므로 젠더주의에 대한 대책은 단지 동성애나 퀴어 집회만을 반대하는 피상적 운동에 머물지 않고 이 운동을 추동하고 있는 반기독교 이념과 네오마르크스주의 세계관을 연구하면서 사상적으로 투쟁해야 한다.[134]

3) 네오 (신)마르크시즘은 젠더주의와 결합하여 젠더 페미니즘으로 발전

한국 교회는 동성애 문제를 보는 시각을 젠더주의자들이 방어논리로 사용하는 차별과 혐오의 프레임을 넘어서 보다 시대사적인 맥락에서 이해와 통찰이 요청된다. 동성애를 이 시대적인 급진적 페미니즘과 젠더주의 흐름의 연관에서 성찰하면서 보다 넓고 포괄적으로 파악하는 것이 필요하다. 퀴어 집회 운동의 동성애 인권 사상은 신마르크스주의의 억눌린 성 해방론을 통한 자본주의 사회의 전복론과 연결된다. 신마르크주의는 여성을 억압받는 대상으로 규정하여 기존의 가부장제를 해체하는 마르크스-페미니즘(Marx-feminism)을 태동시켰고, 나아가 급진적 페미니즘(radical feminism)과 결합되었다. 이들 급진적 페

---

134) 박광서, 『시대의 징조를 분별하라: 동성애 배후의 사상연구』, 누가, 2018, 119-178.

미니스트들은 남자와의 성관계를 거부하기 위해 '레즈비언으로서 살라'는 운동을 펼쳤다. 그래서 급진적 페미니즘은 동성애 운동과 함께 움직인다. 급진적 페미니즘은 성 소수자라는 감성에 호소하고, 남성 위주의 현 사회 체제를 변혁시키기 위한 성 정치(sex politics)를 실행하여, 모든 사람들은 성 평등하다 하여 동성 결혼을 허락하여, 성 소수자를 옹호하며 호주제 폐지, 대리모 출산의 정당화, 남근(男根)주의의 타파, 여성우월주의를 실천하고자 한다.[135]

4) 젠더주의 운동은 제2의 반란이다

오늘날 동성애 퀴어 집회는 자유의 이름으로 방종을 퍼트려 전정한 자유를 파괴하는 인본주의 운동이다. 하나님의 창조 질서인 남녀 양성의 결혼과 가정을 부정하고 해체시키는 제2의 반역(the Second Revolt)이다. 동성애 운동은 성 자유를 선언하나 성 중독이라는 성 욕망의 늪에 빠지게 하는 성 노예화 운동이다. 동성애 퀴어 운동은 단순한 개인의 성 욕구 해소에 머물지 않고 우리 사회를 집단적으로 쾌락이라는 습관의 중독의 나락으로 떨어뜨린다. 그리고 사회를 욕망 해소 이름으로 정신적 나락(奈落)으로 이끌고 간다.

창세기는 노아시대 사람들이 다자 연애의 성적 타락 하여 사람이 정신없는 육이 되었다고 말하고 있다: "하나님의 아들들이 사람의 딸들의 아름다움을 보고 자기들이 좋아하는 모든 여자를 아내로 삼는지라(2절) 여호와께서 이르시되 나의 영이 영원히 사람과 함께하지 아니하리니 이는 그들이 육신이 됨이라"(창 6:2-3). 성적으로 타락한 인간

---

135) 김영한, 네오 마르크시즘과 동성애(강연록), 2019년 2월 21일 예장대신총회 강연

은 하나님의 영이 떠난 육(flesh)이 되었다.[136] 잠언은 성적 타락은 인간의 정신을 퇴락하게 하고 인간을 육으로 환원시킨다고 교훈한다.: "음녀로 말미암아 사람이 한 조각 떡만 남게 됨이며 음란한 여인은 귀한 생명을 사냥함이니라.(잠 6:26)" 하나님은 다자성애(polyamory)의 세상을 홍수로 심판하셨다. 오늘날 젠더주의가 추구하는 성 해방 사회는 노아시대 성(性) 풍조의 재현이다. 젠더주의 대처 운동은 성경적 신앙과 시대 정신을 해체하는 이념적 원천을 추적하면서 이 운동을 이해해야 한다.[137]

2. 한국 교회의 대안

1) 세상의 반기독교 여론에 편승하지 않고 젠더주의에 대한 보다 깊은 연구를 해야 한다.

2019년 감리회 소속 목회자가 퀴어 집회에 참가하여 축복하고 2020. 7월 감리회 선교국 내 정의 평화위원에서 그를 지지하는 성명서까지 발표하는 사태가 야기되었다. 이에 대하여 감리회 교단 지도부가 사태를 바로잡고 이러한 일이 야기하지 않도록 하기 위하여 2019년 7월 감리회 거룩성을 회복하기 위한 기도회 모임(감리회거룩성회복협의회, 약칭 '감거협')이 태동되었다. 이 모임은 성경의 근간을 흔드는 동

---

136) 김영한, "동성애 행위에 대한 영성 신학적 해석 - 동성애는 창조 본연의 가정 질서를 거슬리는 죄악" 김영한 외, 『동성애와 21세기 문화충돌』, 2015, 291.
137) 김영한, 젠더주의의 도전과 기독교 신앙, 두란노, 2017.

성애와 같은 자유주의 신학과 유행 신학에서 감리회를 보호하는 운동을 전개하고자 전국에서 뜻있는 목회자로 구성된 모임이다. 그리고 이러한 운동을 감리회 교단 전체적으로 전개해 나가는 것은 한국 교회 전체를 위하여 의미 있는 일이 아닐 수 없다.

2019년 6월 9일에는 대표적인 보수 장로 교회의 하나인 분당우리교회 한 부목사의 동성애 관련 설교가 논란이 되었다. 퀴어 집회에 대한 사람들의 많은 반응들을 찾아보았다는 그는 "결론은 대세는 이미 넘어갔다는 것"이라며 "솔직히 언론과 이를 이용하는 정치인들, 스스로 합리적이라고 이야기하는 많은 사람들의 목소리로 인해서 동성애자들을 비난하는 것은, 소위 막말로 꼰대들의 이야기가 되어 버렸다. 솔직한 제 심정이다."라고 했다.[138] 이 설교는 보수 교회 내 목회자들과 성도들에게 큰 물의를 야기하였다.

부목사 설교는 반기독교 여론에 편승하고, 퀴어 집회에 대한 목회자들의 지식이 일천하다는 것을 보여 준다. 반동연(반동성애기독시민연대, 대표 주요셉 목사)이 2019년 6월 7일 이 부목사의 동성애 관련 설교에 대해 비판하는 성명에서 지적하는 같이 "이는 명백한 성경 말씀에 대한 잘못된 적용이며, 세상 따라가지 말라면서 본인은 맹목적으로 세상을 따라가고 반기독교 여론에 편승했다"며 "성경 본문과 시대 배경 해석을 도치시키고, 우선순위를 세상 언론 뉴스에 두고 있다."[139] "한국 교회와 목회자들이 이처럼 동성애에 대한 지식도, 퀴어 집회/게이

---

138) 크리스천 투데이, 분당우리교회 부목사 설교 논란… 이찬수 목사 "양해 부탁"
김진영 기자 jykim@chtoday.co.kr | 입력: 2019.06.08 11:43
139) 주요셉, "분당우리교회 부목사 설교, 반기독교 여론에 편승" 김진영 기자 jykim@chtoday.co.kr | 입력: 2019.06.08 10:43

프라이드의 배경과 목적에 대한 지식도 일천하다 못해 전혀 무지하다는 사실에 경악하지 않을 수 없다."[140] 라고 비판했다. 한국 교회는 이러한 비판을 진지하게 경청해야 할 것이다.

2) 젠더주의에 대한 보다 깊은 비판적 성찰을 정립해야 한다.

한국 교회가 젠더주의에 대한 비판적 성찰이 결핍하지 않는가 반성해야 한다. 반동연(반동성애 전국 연합)은 분당우리교회 부목사 설교 논란에 대한 비판적 성명에 기본적으로 동의하면서 필자는 다음과 같은 보완을 하고자 한다.

첫째, 지도자는 스스로 자기 성찰해야 한다. 리더(leader) 자신도 자신이 모르게 세속적 반기독교 여론에 편승할 수 있다. 세상 따라가지 말라면서 본인은 맹목적으로 세상을 따라가고 반기독교 논리에 편승할 수 있는 것이다. 이것은 인간인 지도자가 가질 수 있는 약점이다. 그러므로 리더는 끊임없이 하나님의 말씀 묵상과 연구, 성령의 교통과 인도 속에 있도록 힘써야 한다.

둘째, "대세가 이미 넘어갔다고" 스스로 포기와 항복 선언을 했다는 것이다. 심지어 원로들 가운데서도 반동성애 운동의 필요성에 대해 회의를 표명하는 분들이 있다. 이는 스스로 포기요 항복 선언이다. 이는 하나님으로부터 우리 눈을 뗀 데서 오는 것이다. 대세가 넘어갔다고 포기해서는 안 된다.[141] 참 진리와 가치는 다수결의 확보에 있지 않

---

140) 주요셉, "분당우리교회 부목사 설교, 반기독교 여론에 편승" 김진영 기자 jykim@chtoday.co.kr | 입력: 2019.06.08 10:43
141) 영한, "동성애 정당화 퀴어 신학은 이단 사상," in: 「동성애에 대한 신학적 성찰」, 한국개혁신학회 제45차 학술 심포지엄, 2018, 8-21. 특히 8.

다. 진리와 가치의 궁극적 기준은 하나님에게 있다. 동성애 퀴어 이슈에 있어서 유일한 준거는 하나님 말씀이다.

셋째, 젠더주의를 비난하는 것이 꼰대들의 이야기로 간주하는 태도는 지극히 주관적인 견해다. 여전히 한국 교회 대부분의 목회자들이 동성애에 대해 "죄"라는 생각을 갖고 있다. 꼰대란 자기의 폐쇄된 선입견으로 자기만 옳다고 하는 자다. 우리는 꼰대와 지혜자를 구분해야 한다. 꼰대는 맹목적 권위주의자이나 지혜자는 열려 있고 다른 이들의 의견을 청취하고 이들을 바른길로 이끈다. 그리스도인들은 지혜자가 되어야 한다.

넷째, 시대사적인 맥락에서 이해와 통찰이 요청된다. 동성애 문제를 보는 시각을 동성애자들이 내모는 차별과 혐오의 프레임을 넘어서야 한다. 동성애를 이 시대적인 페미니즘과 젠더주의 흐름의 연관에서 성찰하면서 보다 넓고 포괄적으로 파악하는 것이 필요하다.

3) 반젠더주의 운동을 오늘날 글로벌 성 혁명에 대항하는 그루터기 신앙 운동으로 전개해야 한다.

오늘날 동성애를 받아들인 영국 교회와 서구 교회와 미국 교회는 술집과 카페로 변해 가고 있다. 영국 교회는 동성애자들의 차별자 및 혐오자라는 비난이 듣기 싫어 점잖게 그러지 말라고 성명서만 내고 물러서 있다가 차별금지법이 통과된 후 심각한 역차별을 받고 있다. 오늘날 영국에서는 노방 전도를 하는 전도자들이 수갑에 채워 연행되어 가고 있다. '18세기 웨슬리와 휫필드의 대각성 운동이 일어났던 영국은 어디 있는가'라는 질문이 나오는 것이다.

미국 교회와 캐나다 교회가 동성애자들을 분별없이 받아들인 후 몰락은 심각하다. 교회 출석자들의 현저한 감소와 반대 교회들의 이탈로 심각한 후유증 속에 있다.

호주교회도 동성애를 받아들인 후 교인들이 이탈하는 공동현상(空洞現像)을 보여 주고 있다.

이들 교회는 지난 세기 우리 한국민에게 목숨을 걸고 복음을 전해 주었던 복음 전파의 나라들이었다. 이 모든 나라 교회들이 오늘날 심각한 영적 몰락에 처하게 된 것은 소금의 맛을 잃고 세상 풍조와 타협했기 때문이다.[142] 한국 교회는 서구 교회와 북미 교회의 사실에서 배워야 한다.

대세가 넘어갔다고 판단하지만. 동성애자들은 전체 인구의 3%도 되지 않는다. 설사 97%가 동성애를 찬성하더라도, 말씀에 따라 반대하는 것이 성도로서의 자세. 이사야는 유다의 배교로 인한 심판으로 예루살렘이 황폐하게 될 것을 예언하면서 그루터기 신앙을 말하고 있다: "여호와께서 사람들을 멀리 옮기셔서 이 땅 가운데에 황폐한 곳이 많을 때까지니라(12절) 그중에 십 분의 일이 아직 남아 있을지라도 이것도 황폐하게 될 것이나 밤나무와 상수리나무가 베임을 당하여도 그 그루터기는 남아 있는 것 같이 거룩한 씨가 이 땅의 그루터기니라 하시더라(사 6:12-13)". 그리스도인은 세상 조류에 따라가면서 분별없는 다수의 눈치를 보며 신앙의 양심을 저버리면 안 된다.[143] 예수님은 이미 말세에 믿는 자를 보겠느냐고 마지막 날의 배교적 사태를 예언하

---

142) 이명진, 동성애 관련 설교한 분당우리교회 부목사에게, 크리스천 투데이 | 입력: 2019.06.07
      23:29 성산생명윤리연구소 소장 사과의 말로 덮어 버리기에는…

143) 이명진, 동성애 관련 설교한 분당우리교회 부목사에게, 크리스천 투데이 | 입력: 2019.06.07
      23:29 성산생명윤리연구소 소장 사과의 말로 덮어 버리기에는…

신 바 있다: "인자가 올 때에 세상에서 믿음을 보겠느냐(눅 18:8)"

4) 반젠더주의 운동에서 세상 풍조와 타협이 없어야 하며 하나님의 관점에서 서야 한다.

분당우리교회 담임 이찬수 목사에 따르면 미국인이 쓴 책을 읽고 그는 충격을 받았는데 그 책에는 동성결혼에 대한 미국인들의 의식을 조사한 결과가 실려 있었다. 1996년에 한 조사에선 68%가 동성 결혼에 반대했지만, 2015년엔 반대로 60% 이상이 그것을 지지했다는 것이다. 이 목사는 "이 설문 조사 응답이 있던 2015년에 미국 대법원이 동성 결혼을 합법화한다는 판결을 내렸다. 세상의 판결은 여론의 분위기, 사람들의 동향에 영향을 받을 수밖에 없는 게 아닌가"라고 했다.[144] 특히 그는 "제 마음에 두려움을 가져다준 것은 이런 역전(逆轉) 현상이 일어난 상황에 대한 (책의) 분석"이라며 "이런 변화는 세월이 흘러감에 따라 구세대가 사라지고 이제 동성애자들의 권리를 옹호하는 젊은 세대가 대거 등장함에 따라 일어난 일이라는 것"이라고 했다.[145]

'우리도 미국처럼 가게 될 거라'는 가진 두려움은 누구나 가질 수 있다. 그러나 일시적으로 가질 수 있으나 여기에 머물러서는 안 된다. 이는 세상의 흐름과 풍조만을 보는 관점이며, 복음 전도자와 하나님 사람의 올바른 태도는 아니다. 다가오는 세대에 대한 걱정은 우리가 사라진 후에도 여전히 살아 계시고 섭리하시는 하나님을 신뢰해야 한

144) 이찬수, "할 수 있다면, 동성애 연구소 만들면 좋겠다" 크리스천 투데이, 김진영 기자 jykim@
      chtoday.co.kr | 입력: 2019.06.09 19:53, 부목사 설교 논란 후 9일 주일 예배 설교서 언급
145) 이찬수, "할 수 있다면, 동성애 연구소 만들면 좋겠다" 크리스천 투데이, 김진영 기자 jykim@
      chtoday.co.kr | 입력: 2019.06.09 19:53, 부목사 설교 논란 후 9일 주일 예배 설교서 언급

다. 우리는 이러한 두려움에서 나와야 한다. 그리하기 위해서는 신앙 동지들의 유대와 상호 격려가 필요하다. 감리회 거룩성 회복을 위한 기도회 모임이 필요하고 장로교에서도 차별 금지집 저지를 위한 교회들의 기도 모임이 열리고 있다.

5) 교회 내 동성애 퀴어 및 젠더 연구를 위한 연구소 설립 등 제도적 장치하는 것 필요하다

오늘날 한국 교회는 이에 대해 보다 체계적인 연구와 대책 수립이 요청된다. 분당우리교회는 대안으로서 "대응 전략 세워 다음 세대 교육하고 싶어 동성애 연구소를 만들었다." 이는 바람직한 일이다. 동성애에 대해 개교회적으로 연구소를 가진 곳은 아직도 한국 교회 안에서 없다. 동성애 퀴어 연구소가 설립되어 오늘날 우리 시대의 성문화를 해체하는 젠더 이데올로기 운동 실태와 그 대책에 관하여 비판적으로 진단하고 해결책을 제시하는 것은 필요하다. 교단적으로 기독교 종합 대학이나 신학 대학에서 이러한 젠더주의 대책 연구소를 설립하는 것이 요청된다.

6) 젠더주의의 목적인 차별금지법 제정하려는 동성애 독재 사회 건립을 저지(沮止)해야 한다

오늘날 동성애 지지 세력들은 퀴어 집회를 통해 동성 결혼 합법화를 이끌어 낸 20여 개 국가들의 지지와 여론을 등에 업고 국회를 압박해 차별금지법을 제정하고자 한다. 성 평등 규정을 신설하는 국가 인권 정책은 동성애·동성혼을 옹호 조장하고 동성애를 비판하는 건전한 국민들의 표현 자유까지 말살하고 처벌하려는 것이다.[146] 이것은 동성애 독재(dictatorship of homosexuality)로 나아가게 된다.

퀴어 집회가 궁극적으로 목표로 하는 것은 동성애 허용과 차별금지 법 제정이다. 차별금지법 제정은 동성애에 반대하는 정상인들의 표현 의 자유를 침해하게 된다. 한마디로 역차별을 불러온다는 것이다. 표 현의 자유는 기본적으로 신앙과 양심의 자유를 전제한다. 인간의 기 본권은 스스로 믿고 옳다고 생각한 것을 표현하는 자유의 권리다. 그 렇기에 표현의 자유를 억압하면, 필연적으로 인간의 기본권을 억압하 게 되는 독재 사회를 초래하는 것이다.

아이러니한 것은 소위 진보를 자처하는 이들 중에서 '양심적 병역 거부'와 '차별금지법'을 동시에 찬성하는 이들이 있다는 점이다. 우리 는 좋은 차별(인종, 피부색, 양성, 출신지, 학력, 종교 관련) 금지와 나쁜 차 별(동성애, 성적 정체성 관련) 금지를 구별해야 한다. 양심의 자유를 중시 해 병역까지 거부할 수 있게 해야 한다고 주장한다면, 그 양심의 자유 를 침해할 수 있는 차별금지법 제정엔 반대해야 하는 것이다. 좋은 차 별금지법이란 양심의 자유를 중요시하고 이에 따르는 인종, 피부색, 양성, 출신지, 학력, 종교에 따른 차별을 금지하는 것이기 때문이다. 양성 차별은 남자와 여자의 성차별이기 때문에 차별목록에 들어갈 수 있으나 동성애는 성 중독으로 전혀 다른 범주에 들어간다. 동성애차 별금지법이란 나쁜 차별 금지에 해당하는 것임을 알아야 한다. 그래 서 성적 지향이란 포장으로 동성애 비판을 차별 금지 조항에 넣는 것 이므로 이를 반대하는 것이다.

---

146) "퀴어 축제로 동성애 조장"… 제4회 동성애 퀴어 축제 반대 국민 대회 개최. 이철현 기자 | 기 사 승인 2018. 07. 14. 16:45 이철현·김지환 기자 amaranth2841@asiatoday.co.kr

7) 참가치의 승리에 대해 인내를 가지고 기다려야 함 하나님의 때가 되면 이루어진다

이찬수 목사는 그전에 서울 광장에서 열렸던 퀴어 집회를 언급하며 "당시 현장 사진을 보면서 마음에 충격을 받았다고 했다. 거의 반나체인 사람들이 활보하는 것이었고, 그들이 든 피켓에는 '항문 섹스는 인권'이라는 낯 뜨거운 글이 적혀 있었다. 과거 해외 토픽으로 보던 일들이 서울에서 일어났다는 게 믿겨지지 않았다."고 했다. 이것이 오늘날 동성애 퀴어 집회의 단면이다. 동성애 퀴어 집회는 오늘날 청소년들의 신성한 성 이해를 무너뜨리고, 일반 시민들의 성 윤리와 의식을 해체시키는 것이다. 이 목사는 "사실 저 같은 50대는 그런 걸 봐도 심란하기만 할 뿐 크게 영향을 받지 않지만, 이제 성에 눈을 뜨기 시작하는 우리 아이들은 영향을 받는다"며 "부모와 교회, 가정에서 '성은 아름답고 소중한 것'이라는 걸 배우기 전에 이런 퀴어 축제 같은 곳에서 충동적으로 성을 배우면 그것이 얼마나 해롭겠느냐"[147]고 안타까워했었다. 이 목사가 느낀 것처럼 우리는 깊은 기도와 묵상이 부족하게 될 때 시대의 풍조만 보고 참가치와 윤리에 대한 낙심과 좌절에 빠질 수 있다. 갈라디아 교회를 향한 사도 바울의 권면이 오늘날 올바른 가치와 윤리를 위하여 투쟁하는 반동성애 및 탈동성애 운동가들에게 요청된다: "우리가 선을 행하되 낙심하지 말지니 포기하지 아니하면 때가 이르매 거두리라"(갈 6:9).

---

147) 이찬수, "할 수 있다면, 동성애 연구소 만들면 좋겠다" 크리스천 투데이, 김진영 기자 jykim@chto-day.co.kr | 입력: 2019.06.09 19:53, 부목사 설교 논란 후 9일 주일 예배 설교서 언급

8) 차세대와 청소년 세대들에게 성경적 올바른 성 가치관을 가르쳐야 한다

한국 교회는 반동성애와 탈동성애 운동의 일환으로 적극적인 대안을 제시하는 것이 필요하다. 이를 위해서는 왜곡된 성교육에 지친 성도들과 차세대들이 기독교적 성 가치관을 확립하는 것이 중요하다. 낙태, 성매매특별법, 간통죄 폐지 등 성 관련 정책의 영적인 의미와 실태를 교육하고 그리스도인이 어떤 자세를 가져야 하는지 교육시키는 것이 필요하다. 외설적이고 음란한 성교육과 생명 경시 풍조가 소중한 차세대들을 조기 성애화시켜 왜곡된 성 관념에 노출시키고 성 인권론, 성 해방론에 찌들게 만드는 이 시점에 우리가 먼저 성경적으로 올바른 성교육을 하는 것이 매우 급하고 중요하다.

한국교회는 개교회적으로 그리고 교단 연합적으로 한국가족보건협회, 샬롬나비 등 성경적 성 가치관, 젠더주의의 정체 등을 연구하고 가르치는 시민 단체를 육성하고 지원하는 것이 필요하다.

한국가족보건협회(한가협 대표: 김지연)는 성경적 성교육 강사 양성 과정의 전문 강사진을 갖추어 교회, 대학교, 교육청, 청소년 수련회 등을 통하여 전국적으로 성경적 성교육, 동성애의 문제점, 인간의 조기 성애화에 대한 대책, 젠더 이데올로기에 대한 강연 등을 제공하고 있다.[148] 교육 커리큘럼은 낙태와 안락사 성매매, 군형법, 동성애, 동거법 등 기독교적 가치관으로 여과하고, 해석해야 하는 생명 윤리 분야까지 아우르고 있다. 한가협은 총 10회에 걸쳐 강사진들의 전문 강의로 구성된 성경적 성교육 사관 학교를 수료하도록 하여 참가자들로 하여

---

148) 김지연, "차세대들에게 성경적 성가치관과 생명의 소중함 알려야" 기독일보 노형구 기자 (press@cdaily.co.kr) 입력 2019. 06. 15 18:53 | 수정 2019. 06. 15 23:16, '행복한 성, 거룩한 성'을 전파하는 한국가족보건협회 성교육 현장

금 정확하고 명료한 성경적 성교육의 가이드라인 및 지혜롭게 교회에서 교육하는 방법까지 배우도록 하고 있다.[149] 동성에 퀴어에 대해 보다 세분화하고 전문화된 연구원 및 교육 기관 설립이 요청된다.

9) 반동성애와 탈동성애 운동은 한동협 및 보수교회연합단체(한기총, 한교협, 한교총, 동반연, 동반교연, 진평연 등) 및 국제적인 반동성애 교단과 단체와 연대해야 한다

혼자 싸우면 고립되고 정보가 차단되어 오늘날 우리 시대의 현황을 제대로 파악할 수 없다. 그래서 "대세는 이미 기울었다"고 말하게 되는 것이다. 이를 극복하기 위하여는 반젠더주의와 탈동성애 운동을 하는 교회, 단체들 및 그리스도인들이 종횡으로 서로 엮이면서 정보를 교환하고 성경적 신앙 안에서 새로운 전략을 개발하고 격려하며 깊은 유대를 갖는 것이 필요하다. 이미 한국 교회에서는 교회 및 시민 단체 연합을 통하여 한국동성애대책협의회가 구성되어 있고 이를 통하여 모든 반동성애 및 탈동성애 운동 단체들이 연결되어 있다. 그리고 교회 연합 단체들은 지속적으로 이 각 단체들이 하는 활동들을 보고 받고 이를 지원하고 이를 전국 교회에 알리는 작업이 이루어지고 있다.

예컨대, 2017년 8월에 설립된 동반교연은 전국 328개 대학 3207명 교수들의 모임인 동성애 동성혼 합법화 반대 교수 연합으로 전국 각 지역으로 떨어져 있으나 인터넷 단 카톡을 24시간 개방하여 긴급히

---

149) 김지연, "차세대들에게 성경적 성 가치관과 생명의 소중함 알려야" 기독일보 노형구 기자 (press@cdaily.co.kr) 입력 2019. 06. 15 18:53 | 수정 2019. 06. 15 23:16, '행복한 성, 거룩한 성'을 전파하는 한국가족보건협회 성교육 현장

나눌 소식, 기도 제목 올리기 등 의사소통을 하고 있다. 필자도 그 구성원의 하나로서 참가하면서 평신도인 기독교수들이 너무나 헌신적인 기도와 깊은 신앙을 가지고 동참하는 것을 보고 큰 감동을 받고 각종 정보를 받고 있다. 올해 2020년 정의당이 국회에 발의한 포괄적 차별금지법 제정을 저지하기 위하여 6월 전국 486개 단체가 연합한 진평연('진정한 평등을 바라는 나쁜 차별금지법 반대 전국 연합')이 설립되어 한국 교회의 거의 모든 동성애 반대 단체들이 여기에 들어가 나쁜 차별금지법 제정 반대에 힘을 보태고 있다.[150]

그리고 지난 2017년 한국에 초청된 독일의 여성 운동가 가브리엘 쿠비, 튀빙엔대 명예교수 페터 바이어하우스와 그의 지지자들, 미국의 반동성애 교단 '장로교복음주의언약회(ECO, Evangelical Covenant Order of Presbyterians)', 복음주의 단체인 프랭크린 그래햄의 복음 전도회 등과 연대해서 정보를 교환하고 그 전략을 협의하는 것이 필요하다.

10) 동성애 퀴어 운동을 인류 문화사적으로 야기한 동성애 독재라는 젠더주의 및 퀴어전체주의 도전에서 파악하고 이겨 내야 한다

한국 정부는 국가인권기본정책(NAP)을 2018년 8월 7일 국무회의에서 통과시켜 성평등 정책을 시행하고 있다. 그 구체적인 시행은 차별금지법 제정을 통하여 교회와 목회자와 학자들과 양심 있는 시민 인사들의 동성애 비판에 자갈 물리고 이에 저촉(抵觸)하는 자들은 벌금과 각종 처벌을 하고자 하는 것이다. 이는 자유 민주 사회의 인간 기

---

150) '진정한 평등을 바라는 나쁜 차별금지법 반대 전국 연합(진평연)', 결사 항쟁 선언, 2020-05-2918:50:54 https://www.khtv.org/bbs/board_view.php?bbs_code=bbsIdx1&num=302

본권인 언론, 출판, 양심, 표현의 자유를 제한하는 것이 된다. 이미 영국이나 미국 같은 선진국가에서는 차별금지법의 각종 후유증으로 시민들의 기본권이 제한되고 교회의 설교와 전도와 선교가 큰 타격을 받고 있다.

이러한 19990년 동성애 퀴어 운동은 1789년 프랑스의 정치 혁명, 1917년의 러시아의 볼세비키 경제 혁명에 이어, 인류 역사에 성과 가족을 해체시키는 제3의 인류 문화적 혁명으로 다가오고 있다. 성경을 신자의 신앙과 행위의 규범을 받는 정통 신앙을 가진 교회와 그리스도인만이 이를 이겨 낼 수 있다. 한국교회는 오늘날 1938년 일제 시대 신사 참배 강요로 다가온 시대적 흐름에 대하여 일사각오의 신앙으로 극복했듯이, 그루터기의 남은 자 신앙(remnant faith)으로 이겨 내어야 한다.

11) 신사사(新士師) 시대에 예레미야 선지자의 예언자적 열정과 선포의 삶이 요청된다

오늘날은 모든 자들이 제멋대로 하는 신사사(新士師) 시대다. 이러한 시대 목회자의 열정은 선지자 예레미야의 헌신과 선포의 삶이어야 한다. 목회자의 설교란 하나님의 뜻을 대언하는 것이지 자신의 생각을 전하는 것이 아니다. 설교는 신령한 가치와 거룩함이 있어야 한다. 우리는 지금 매우 위험하고 위태로운 영적 전쟁터에 서 있다. 성도들은 목사의 설교에 영혼이 살아나기도 하고 병들기도 하며, 실족하기도 한다. 영적 분별력 없이 한 설교는 향방을 모르고 마구 총을 쏘는 것과 같다. 많은 영혼을 실족하게 하고 마귀가 틈타도록 울타리를 무너뜨린 것과 같다. 말은 쏟아진 물과 같다. 특히나 강단에서 하는 설교가 그렇고 요즘처럼 영상으로 파급력이 큰 미디어 시대는 더욱더 그렇다. 목사는 설교에 생명을 걸어야 한다.

오늘날 설교자는 하나님 말씀에 그 중심이 불붙어 견딜 수 없어 하나님의 뜻을 선포하는 예레미아 선지자의 거룩한 열정에 사로잡혀야 한다: "내가 다시는 여호와를 선포하지 아니하며 그의 이름으로 말하지 아니하리라 하면 나의 마음이 불붙는 것 같아서 골수에 사무치니 답답하여 견딜 수 없나이다"(렘 20:9). 사과했다고 결과가 없어지지 않는다. 사과의 말에 상응하는 자기 근신과 금식 기도를 통한 깊은 내면적 성찰이 요청된다. 스데반처럼 말씀과 성령으로 충만해야 한다. 순교자적 자세를 지니고 노아가 시대를 거슬러 방주를 준비했듯이 하나님이 기뻐하시는 반동성애 및 탈동성애 복음을 전파해야 한다.

맺음말

감리 교회 목회자들이 거룩성 회복을 위한 모임 운동을 한다는 것은 18세기 영국의 웨슬리의 사회적 성결 운동을 오늘날 재현하자는 것으로 젠더주의에 맞서고자 하는 한국 교회의 큰 힘이 될 것이다. 오늘날 이 시대를 살리는 거룩한 씨와 그루터기 운동이 되어야 한다.

한국교회는 하나님이 구약의 예언자 다니엘에게 명령하고 부탁하신 시대적 사명을 가지고 있다. 오늘날 한국 교회에서만 젠더주의와 차별금지법 제정 운동이 큰 성과를 거두지 못하고 있다. 그 이유는 한국 대다수의 교회가 단합하여 이에 반대하고 있으며 동반연 동반교연 등

거대한 시민 단체들이 성경적 신앙과 건전한 성문화 수호에 거침없는 열정과 헌신을 보내고 있기 때문이다. 이번 일을 계기로 우리는 적을 알아야 한다. 젠더주의 운동과 이 시대의 인본주의 운동에 대한 보다 체계적인 지식공유와 분석과 이에 대한 대안 제시가 요청된다. 한국 교회와 그리스도인들은 오늘날 지구촌의 인류들이 바르게 사는 지혜와 올바른 성경적 신앙과 성문화를 지구촌에 수출해야 한다: "지혜 있는 자는 궁창의 빛과 같이 빛날 것이요 많은 사람을 옳은 데로 돌아오게 한 자는 별과 같이 영원토록 빛나리라"(단 12:3).

오늘날 글로벌 성 혁명으로 진행되고 있는 젠더 주류화 운동은 성 자유의 이름으로 진정한 성(性)의 존엄과 자유를 파괴하여 개인의 존엄성을 파괴하고, 가정과 사회를 파괴하고 있다. 다니엘서는 말세의 풍조에 대한 예언적 통찰을 주고 있다: "많은 사람이 연단을 받아 스스로 정결하게 하며 희게 할 것이나 악한 사람은 악을 행하리니 악한 자는 아무것도 깨닫지 못하되 오직 지혜 있는 자는 깨달으리라."(단 12:10). 하나님의 사람은 사람이나 시대의 풍조에 메몰되는 것이 아니라 시대를 거스르고 하나님의 방주를 준비하는 것이다.

다니엘서는 세상 역사가 두 가지 방향으로 나아가는 것을 예언해 준다. 하나는 영생의 길로 다른 하나는 수치와 고통의 길이다: "땅의 티끌 가운데에서 자는 자 중에서 많은 사람이 깨어나 영생을 받는 자도 있겠고 수치를 당하여서 영원히 부끄러움을 당할 자도 있을 것이며"(단 12:2). 이 두 가지 길에서 거룩성을 회복하는 운동은 거룩한 씨와 그루터기가 되어 하나님의 편에 서는 감리 교회사에 족적을 남기게 될 너무나 귀한 운동이다.

동성애, 페미니즘 등의
배후 실체와 대응 전략

정일권

전 숭실대 기독교대학원 초빙 교수

'푸코적 페미니즘':
퀴어 신학과 젠더 페미니즘의 대부 미셸 푸코의 소아성애

퀴어 신학에 대한 한국어 위키백과에도 "퀴어 신학은 미셸 푸코, 게일 루빈(Gayle Rubin), 이브 세지윅, 주디스 버틀러라는 학자의 퀴어 이론에 대한 철학적 접근에서 발전한 신학이다"고 정의하고 있다.[151] '페미위키'에는 급진 페미니스트이자 성 인류학자인 게일 루빈이 레즈비언이자 사도마조히스트(SM)로 두 번 커밍아웃했으며 소아성애적 성향이 있다고 밝혔다고 소개되어 있다. 게일 루빈은 레즈비언 사도마조히스트(SM)그룹인 사모아(SAMOIS)를 창립했다. 게일 루빈은 "섹슈얼리티의 위계(성 위계질서)"를 주장하는데, "'최악'에는 성적 소수자 집단의 하위 문화를 형성한 복장 전환자, 트랜스섹슈얼, 페티시스트, SM(사도마조히스트), 소아성애자, (매춘하는) 성 노동자가 있다. 그와는 반대되는, 축복받고 권장되는 섹슈얼리티로는 결혼한, 낭만적 사랑하의, 두 사람 간의, 이성 간의, 금전이 오가지 않는, 도구를 사용하지

---

151) https://ko.wikipedia.org/wiki/%ED%80%B4%EC%96%B4_%EC%8B%A0%ED%95%99

않는, 실내에서의, 변태적이지 않은 등의 기준이 있다." 게일 루빈은 단일한 섹슈얼리티 기준을 따르는 것, 곧 결혼 중심의 강요된 '이성애 정상성'을 전복하고자 한다. "'최상'급에 놓인 유일한 성적 실천인 '축복받은 섹슈얼리티'의 성교 방식을 모든 사람들이 따라야 한다는 생각이야말로 억압이며 폭력"이라고 주장한다.[152]

우리는 게일 루빈의 주장처럼 젠더퀴어 운동, 성 소수자 운동 그리고 퀴어 이론과 퀴어 신학이 대체적으로 "결혼한, 이성 간의, 실내에서의 그리고 변태적이지 않은"의 정반대인 결혼 밖의, 동성 간의, 실외에서의 그리고 소위 변태적인 성행위를 의도적으로 퀴어한 일탈의 정신으로 시도하려고 한다고 본다. 그래서 이후 소개할 미국 원조 페미니스트 커밀 팔리아(Camil Paglia) 교수의 분석처럼 젠더퀴어 운동은 유대-기독교적 성도덕과 일부일처제 등을 전복하려고 하는 이러한 젠더퀴어 운동은 집단 성교, 집단 광기 그리고 집단 폭력을 보여 주는 디오니소스적 신이교(Neuheidentum) 운동이다. 동성애자/소아성애자/사도마조히스트인 미셀 푸코를 철학적 대부로 모시는 이러한 디오니소스적 젠더퀴어 운동은 의도적으로 소위 '변태적인' 성행위라는 '일탈'을 추구한다. 미셀 푸코도 실내에서가 아니라, 실외인 공동묘지 묘비 위에서 소아성애적 매춘과 강간을 했다고 한다.

'퀴어 신학'은 엄밀히 말해서 모순이다. 퀴어 이론과 운동 자체가 디오니소스적, 신이교적 그리고 영지주의적 기원을 가진다. 이러한 사실은 유발 하라리도 잘 지적하고 있다. 미셀 푸코는 니체적-디오니소스

---

152) "성은 언제나 정치적이다. 저주받은 섹슈얼리티의 사면" 2015년 9월 10일 한겨레 신문. http://www.hani.co.kr/arti/culture/book/708397.html

적 광기를 철학적으로 잘 보여 주는 학자다. 나중에 등장하겠지만, 퀴어스러운 것은 디오니소스적인 것이고 일탈적인 것을 의미한다. 쉽게 말해 퀴어는 디오니소스적이다. 고대 그리스의 디오니소스적인 것은 포스트모던 시대에서 퀴어스러운 것으로 부활했다. 그렇기에 이 책에서는 퀴어 이론과 퀴어 신학을 대체적으로 디오니소스적 이론과 신학으로 파악한다. 이후 등장할 미국 원조 페미니스트 커밀 팔리아(Camil Paglia)의 분석처럼 고대 그리스의 디오니소스 축제와 이교가 포스트모던적이고 포스트막시즘적인 시대에 퀴어 이교로 재등장한 것이다. 디오니소스는 퀴어스러우며, 퀴어는 디오니소스적이다. 디오니소스적 퀴어는 급진 페미니스트 게일 루빈의 표현처럼 정상적이고 일상적이고 변태적이지 않은 것의 대척점에 있는 비정상적이고 일탈적이고 소위 '변태적인 것'을 상징하고 의미한다. 형이상학 비판과 이성 중심주의를 비판하는 포스트막시즘의 포스트모더니즘 자체가 디오니소스적이고 퀴어하고, 일탈적이고 그리고 향락주의적인 반대 철학(counter-philosophy)다.

동성애/동성혼은 성경이 아니라, 미셀 푸코가 기원: 유발 하라리

동성애자 유발 하라리는 『호모 데우스』에서 동성애와 동성혼을 지지하는 신학자들이 성경으로부터 그 근거를 발견할 수 있는 것처럼 주장하지만, 사실 그것은 미셀 푸코의 영향이라는 사실을 다음과 같이 바르게 분석했다. 퀴어 신학자들도 성경 자체에서 그 근거를 애써 찾으려고 하지만, 유발 하라리의 분석처럼 퀴어 신학은 미셸 푸코의 영향으로부터 탄생했다. 앞에서 본 것처럼 퀴어 신학자들도 퀴어 신학이 미셸 푸코로부터 시작된다고 명시하고 있다: "그러나 기독교의 진보적인 참된 신자들은 그들의 윤리학을 푸코로부터 그리고 해러웨이(Haraway)로부터 도출하고 있다는 점을 인정할 수 없다. 그래서 그들은 성경과 성 어거스틴과 마틴 루터에게로 돌아가서 매우 깊은 연구를 한다. 그들은 그들이 원하는 것, 곧 창조적으로 해석된다면 하나님께서 동성혼을 축복하며 여성들도 사제직으로 서품 받을 수 있다고 충분하게 의미할 수 있는 몇몇 금언, 비유 그리고 결정들을 마침내 발견할 때까지 성경의 각 페이지와 스토리를 극도의 집중력으로 읽어 내려 간다. 그들은 그러한 개념이 성경으로부터 유래하는 것처럼 가장하지만(pretend), 사실은 그것은 미셸 푸코로부터 유래한다."[153] 퀴어 신학, 젠더퀴어, 동성애/동성혼을 지지하는 퀴어 신학자들과 기독교 좌파는 최근 폭로된 미셸 푸코의 소아성애 범죄에 대해서 더 이상 침묵하지 말고 '성 인지 감수성'으로 응답해야 한다.

이후 상세하게 소개하겠지만, 미셸 푸코는 튀니지의 공동묘지의 묘비 위에서 8-9세 소년들과 동성애적-소아성애적 매춘과 강간을 했는데, 이는 성적 '일탈'을 추구하는 동성애자/소아성애자/사도마조히스트(SM)인 게일 루빈이 주장하는 실외에서의 '변태적'이고 동성애적-소아성애적 매춘의 맥락에서 충분히 이해될 수 있다. 미셸 푸코도 동성애자/소아성애자/사도모조히스트(SM)으로 알려져 있다. '이성애 정상성'

---

153) Yuval Noah Harari, *Homo Deus – A Brief History of Tomorrow* (London: Random House, 2017), p. 277-8. 유발 하라리에 대한 비판적 평가에 대해서는 다음을 참고하라: 정일권, 『질투사회. 르네 지라르와 정치경제학』(서울: CLC, 2019). 제 9장 유발 하라리의 『호모 데우스』 비판.

을 전복하고자 하는 미셸 푸코, 주디스 버틀러, 게일 루빈과 같은 성 혁명가/성 정치가들은 소위 비정상적이고 '변태적인' 모든 성행위의 정상화가 성취되는 성유토피아(Sexualutopie)를 주장한다. "빌헬름 라이히와 마르쿠제"와 같은 혁명적 좌파 프로이트 추종자들은 "통음난무 (Orgie)를 성유토피아(Sexualutopie)로 설파하기도 했다."[154] 푸코와 게일 루빈과 같은 성 정치가들은 디오니소스적-광적인 통음난무를 성유토피아로 정상화하려고 시도한다. 이렇게 동성애자/소아성애자인 게일 루빈을 국내에 상세하게 소개한 한겨레 신문이 미셸 푸코의 소아성애 범죄에 대해서 지금까지도 침묵하고 있는 것은 어쩌면 당연한 일인지도 모른다.

디오니소스적 성 인지 페미니즘 비판:
커밀 팔리아

버틀러식의 젠더퀴어 페미니즘을 가장 강하게 비판하는 미국의 대표적 여성학자로서는 미국 원조 페미니스트 커밀 팔리아(Camil Paglia) 교수가 있다. 그녀는 주디스 버틀러가 주장하는 퀴어무정부주의와 디오니소스적 좌파 페미니즘(젠더퀴어 페미니즘)을 대표적으로 비판한다. 팔리아 교수는 자신의 저서 머리말에서 "유대-기독교는 결코 이교주의를 물리치지 못했으며, 그 이교주의는 아직도 예술, 에로티시즘, 점성술 그리고 대중문화 속에서 여전히 번성하고 있다"고 적고 있다. 그녀

---

154) Martin Lindner, *Leben in der Krise: Zeitromane der neuen Sachlichkeit* und die intellektuelle Mentalität der klassischen Moderne (Stuttgart, 1994), 28.

는 유대-기독교가 완전히 물리치지 못한 이교주의는 이탈리아 르네상스와 낭만주의 운동 그리고 헐리우드를 통해서 재등장했다고 본다. 유대-기독교 전통이 디오니소스적 이교 전통을 완전히 물리치지 못했다는 점과 포스트모던적 젠더퀴어 운동이 디오니소스적 새로운 이교 현상이라는 그녀의 통찰은 옳다.

앞에서 본 것처럼 독일 낭만주의의 영향으로 니체도 기독교적 성자가 아니라, 디오니소스의 철학자가 되기를 원했고, 니체와 매우 닮은 성 소수자 푸코도 니체주의적-디오니소스적 광기 철학을 사회주의 성 혁명 운동 속에서 전개했다. 푸코는 포스트모던적-후기구조주의적 디오니소스다.

팔리아 교수는 이 책에서 안드로진과 성 정체성의 모호성(sexual ambiguity)를 문화 인류학적이고 예술사적으로 연구했다. 그녀는 6.8 운동과 퀴어페미니즘 등을 통해서 고대 그리스의 디오니소스적인 것과 이교적인 것이 부활했다고 본다. 독일 낭만주의와 루소주의가 흐르는 퀴어 페미니즘을 통해서 디오니소스적이고 퀴어한 유체성, 애매모호성, 안드로진, 트랜스젠더, 트랜스섹스가 부활했다고 그녀는 본다. 즉, 그녀에게 있어서 디오니소스는 현대 젠더퀴어 페미니즘을 상징한다. 그녀는 홉스적인 관점에서 퀴어 페미니즘의 낭만주의와 루소주의에 맞서서 디오니소스를 미학주의적으로 파악하지 않고, 디오니소스 축제의 통음난무와 잔인한 폭력(sparagmos)을 지적한다. 젠더퀴어 페미니즘이 미학주의적으로 찬양하는 성 정체성의 유체성, 모호성, 붕괴성 등은 르네 지라르의 문화 이론으로 본다면 축제적인 차이 소멸이다. 그녀는 이 책을 통해서 현대 루소주의가 60년대를 거쳐서 페미니즘으로 이어진다고 분석한다. 또한 그녀는 "낭만주의가 데카당스로 이어진다"고 바르게 분석했다. 그리고 그녀는 디오니소스는 안드로진, 유체성 그리고 의상도착증(transvestism)을 상징한다고 보았다. 60년대의 페미니즘이 디오니소스적인 것을 도입했지만, "디오니소스적인 통음난무"에서는 폭력과 파괴가 동반된다는 사실도 그녀는 간과하지 않고 논의했다. 그녀는 디오니소스적인 축제와 춤에는 "폭력과 사지 절단(sparagmos)이 등장한다"는 사실을 소개한다. 그녀에 의하면 "디오니소스는 자유로운 섹스의 상징이자 폭력의 상징"이다. 또한 그녀는 "디오니소스적인 유체성과 디오니소스적인 사지 절단(sparagmos)은 유비적이다"고 주장한다. 즉 디오니소스는 "섹스와 폭력"을 상징한다.[155] 디오니소스적인 집단 폭력과 집단 광기 그리고 성적인 집단 성교(통음난무) 등에 대해서는 필자의 책『우상의 황혼과 그리스도』를 보라.[156]

젠더퀴어 이론은 새로운 영지주의:
종교학자 조나단 차하나

현대 영지주의 연구의 대가인 한스 요나스(Hans Jonas)의 학문 전통을 계승하면서 히브리대학교에서 영지주의 연구로 박사 학위를 받은 조나단 차하나(Jonathan Cahana) 교수는 고대 영지주의와 현대 퀴어

---

155) Camille Paglia, *Sexual Personae: Art and Decadence from Nefertiti to Emily Dickinson.* (New Haven: Yale University Press. 1990).

156) 정일권,『우상의 황혼과 그리스도. 르네 지라르와 현대사상』(서울: 새물결플러스, 2014).

이론과 젠더 이론 사이의 깊은 관련성 연구에 있어서 전문가다. "문화 비판 이론으로서의 영지주의"[157]라는 제목을 가진 2018년 그의 연구서에는 이 깊은 관련성에 대해서 다음과 같이 분석하고 있다: 고대 영지주의는 "신화적 옷을 입은 문화 비평(cultural criticism)의 고대적 형식"이었다. 고대 영지주의는 비판 이론(critical theory)의 현대적 형태들과 마찬가지로 주류 담론들과 문화적 전제들을 "해체" 하는 것을 지향했다. 즉, 고대 영지주의와 독일 프랑크푸르트 학파, 퀴어 이론 그리고 후기구조주의 철학 사이에는 이런한 점에서 유사성이 존재한다. 고대 영지주의와 현대 프랑크푸르트 학파의 비판이론, 퀴어 이론, 후기구조주의 철학은 모두 각자 역사적 상황 속에서 존재하는 "자연적인 것"과 "주어진 것"을 해체하려고 한다. 현대 문화 비판 이론처럼 고대 영지주의는 의문시할 수 없는 것을 의문시하고 각자 문화에 "주어진 것들"을 "해체"하고 있다. 한스 요나스는 몇 년 전에 "영지주의 속의 어떤 것이 우리의 존재와 특히 20세기 우리의 존재의 문 앞에서 문 두드리고 있다"고 한 바 있는데, 21세기 글로벌 세계에서는 영지주의의 이러한 어떤 것이 이미 우리 안에 들어와 있으며 우리와 함께 살고 있다.

---

157) Jonathan Cahana-Blum, *Wrestling with Archons: Gnosticism as a Critical Theory of Culture* (Lanham, MD: Lexington Books, 2018).

트랜스젠더나 젠더 정체성은 현대 새로운 영지주의:
N.T. Wright, 케빈 벤후저

영국의 저명한 신학자 톰 라이트(N.T. Wright)는 고대 영지주의가 오늘 "우리 시대를 통제하는 신화('controlling myth' of our age)"가 되었다고 주장한다. 영지주의는 기본적으로 실재에 대한 혁명(The revolution against reality)을 의미한다.[158] 실재와 현실에 대한 유토피아주의적 부정으로 인해서 사회주의 담론에는 부정주의, 초현실주의 그리고 여기서 논하고 있는 영지주의적 성격이 강하게 드러나게 된다. 2017년 톰 라이트는 '런던 타임즈'(the London Times) 편자에게 다음과 같은 편지를 보내었는데, 이는 이후 크게 공론화되었다. 톰 라이트에 의하면 "젠더 정체성에 대한 혼란은 일종의 현대판 영지주의라는 것이다: 젠더 정체성에 대한 혼란은 영지주의라는 고대 철학의 어떤 현대적이고 인터넷에 의해 연료를 공급하는 형태다. '아는 자'인 영지주의자는 기만적인 외형 뒤에 있는 '자신이 참으로 누구인지'에 대한 비밀을 발견한다…. 이는 자연 세계의 선함(goodness), 혹은 그 궁극적 실체를 부인하는 것을 내포한다."

트랜스젠더나 젠더 정체성의 혼란을 일종의 현대 영지주의라고 보는 신학자들은 많다. "트랜스섹슈얼리즘과 기독교적 결혼(Transsexualism and Christian Marriage)"이라는 논문[159]도 자기 육체의 성과 전쟁을 벌이면서 '진짜 성'(real sex)을 가지게 되었다고 주장하는 사람들은 "물

---

158) Glynn Harrison, *A Better Story—God, Sex &Human Flourishing* (London: IVP, 2017), 16-17.

159) Oliver O'Donovan, "Transsexualism and Christian Marriage," *The Journal of Religious Ethics* Vol. 11, No. 1 (Spring, 1983), pp. 135-162.

질적인 창조 세계로부터 영지주의적 철수(a kind of Gnostic withdrawal from material creation)"를 하고 있다고 주장한다. 이 연구 논문은 20003년 영국 성공회 주교회의 리포트(House of Bishops report)에도 인용되었다.[160] 여기서도 트랜스젠더 혹은 트랜스섹슈얼리즘(transsexualism)은 영지주의적 이원론을 의미한다고 주장되어졌고, 육체의 성을 변화시키려는 의학적 개입을 일종의 영지주의로 주장했다. 복음주의 저명한 신학자 케빈 벤후저(Kevin Vanhoozer)도 2009년 자신의 저서에서 트랜스젠더 혹은 트랜스섹슈얼리티(transsexuality)란 개념은 육체적 실재에 대한 영지주의적, 심지어 가현설적인 무시를 의미한다고 주장했다. 그는 트랜스젠더에서 말하는 자기 결정권은 영지주의적 이단이라고 주장했다.[161]

---

160) The 2003 House of Bishops report, Some Issues in Human Sexuality: A Guide to the Debate, Church House Publishing, 2003

161) *Four Views on Moving Beyond the Bible to Theology* By Walter C. Kaiser, Daniel M. Doriani, *Kevin J. Vanhoozer,* and William J. Webb (Zondervan, 2009)

참고 문헌

정일권, 『우상의 황혼과 그리스도. 르네 지라르와 현대사상』. 서울: 새물결
플러스, 2014.

정일권, 『문화막시즘의 황혼. 21세기 유럽 사회민주주의 시대의 종언』(서울:
CLC, 2020).

김승규 전 법무부 장관/국정원장 연구 지원.

정일권, 『푸코의 황혼과 젠더의 종말』(서울, 2021, 곧 출간 예정).

8강

정통 신학을 대체하려는
퀴어 신학에 대한 비판적 고찰[162)]

곽혜원[163)]

162) 이 글은 『퀴어신학이 왜 문제인가』(서울: CLC, 2023)에 수록한 논문을 수정·보완한 글이다.

163) 이화여대 사회학과를 졸업했고, 한세대와 장로회 신학대학원에서 신학을 공부했으며, 독일 튀빙엔(Tübingen) 대학에서 조직신학 박사 학위(Dr. theol.)를 받았다. 현재 경기대학교 초빙 교수이며 〈21세기교회와신학포럼〉 대표다. 단독저서로는 『Das Todesverständnis der koreanischen Kultur(한국문화의 죽음이해)』, 『현대세계의 위기와 하나님의 나라』, 『삼위일체론 전통과 실천적 삶』(문화체육관광부 우수학술도서), 『자살문제, 어떻게 할 것인가』, 『존엄한 삶, 존엄한 죽음』(한국출판문화진흥원 우수저작)을 출간했으며, 공저로는 『제2종교개혁이 필요한 한국교회』, 『관계 속에 계신 삼위일체 하나님』, 『죽음 목회』, 『과학은 죽음을 극복할 수 있는가』, 『우리는 죽음을 왜 두려워하는가』, 『젠더 이데올로기 심층 연구』, 『사람은 왜 죽는가』, 『하나님의 나라와 유토피아』, 『퀴어 신학이 왜 문제인가』, 『여성과 젠더』(근간)가 있다. 역서로는 위르겐 몰트만(J. Moltmann)의 저서들 『절망의 끝에 숨어 있는 새로운 시작』, 『세계 속에 있는 하나님』, 『하나님의 이름은 정의이다』, 『희망의 윤리』를 번역하였다.

1. 퀴어 신학이 태동한 배경: 동성애·동성혼 합법화 위한 전방위적 투쟁

인류 문명은 1968년 글로벌 성 혁명(sexual revolution)을 감행한 68혁명을 분기점으로 그 이전과 그 이후로 양분될 만큼 문명사적으로 대전환을 겪었다. 68혁명은 서구의 사상과 사고방식, 더 나아가 세계정신을 파행적으로 전복시킨 문화 혁명으로서 그 폐해와 악영향이 매우 심각하다. 성 윤리 해체-가정 해체-기독교 해체의 패륜적 문명사의 음습한 기운이 한데 얽히고설켜 역사의 한순간에 분출되었는데, 바로 68혁명을 통해 제2차 성 혁명의 포문이 열리게 된 것이다. 68혁명을 피상적으로 아는 사람들은 이를 미화하기도 하지만, 실상 68혁명은 그동안 금지되었던 행위(특히 성행위)에 있어서 자유와 해방을 부르짖는 혁명이었다.[164] 첫 번째 성혁명이었던 1789년 프랑스 혁명에 이어

---

164) 애초에 68혁명이 일어난 발단은 성적 억압으로부터의 자유를 부르짖으면서 시작되었다. 파리 근교의 낭테르(Nanterre) 대학에서 남학생들이 여학생 기숙사의 출입을 금지당하자 성별 분리 규정에 반발하면서 시작된 것이다. 이를 학교 당국이 경시하다가 작은 불씨를 엄청나게 키웠을 뿐만 아니라, 학생들의 시위에 노동자들도 가세하여 총파업에 돌입하면서 프랑스를 넘어 글로벌 세계에 확산되었다. 이후 히피(hippie) 문화와 베트남 반전(反戰) 운동을 통해 국제화·조직화된 좌파 단체와 연계되어 전 세계적 문화 혁명으로 비화하였다.

두 번째 성 혁명의 단초가 된 68혁명은 빛나는 종교 개혁의 유산을 통해 탄생한 프로테스탄티즘(protestantism)에 전적으로 반기를 제기함으로써, 서구 기독교 문명의 지지지 기반을 파괴할 거센 시대 조류를 만들어 냈다.

우리가 특히 주목할 것은, 동성애·동성혼 옹호 세력이 68혁명을 결정적 계기로 서구 역사 속에서 엄격히 금지되었던 동성애·동성혼 합법화를 위해 전방위적으로 강력한 투쟁 전선을 구축한 일이다. 이 과정에서 매우 우려스러운 기념비적 사건은, 68혁명 이듬해인 1969년 6월 28일 뉴욕에서 동성애자들과 경찰 간에 격렬한 몸싸움이 일어났던 '스톤월 폭동'과 그 이후 50여 년 동안 동성애·동성혼 합법화를 위해 집요한 투쟁으로 점철된 역사다. 스톤월 폭동을 계기로 정치의식을 갖게 된 동성애·동성혼 옹호 세력은 주류 정치계에 진입함으로써, '베트남민족해방전선'에 빗대어 '게이해방전선(Gay Liberation Front: GLF)'을 결성했고 동성애·동성혼 합법화를 위해 수단과 방법을 가리지 않고 폭력도 불사하였다. 또한 스톤월 항거일을 기념하여 1970년부터 시작된 게이 퍼레이드(Gay Parade)를 기점으로 2년 후엔 미국 전역으로 확대되었는데, 마침내 전 세계적으로 구축된 동성애자 혁명 동맹 등과 결탁하여 글로벌 동성애자 축제로 확산되었다.

동성애·동성혼 합법화를 위한 투쟁은 전방위적으로 진행되었는데, 특히 의학적·법률적·신학적 측면에서 필사적으로 감행되었다. 먼저 이 투쟁은 의학적으로 동성애가 치료를 요하는 정신 질환이라는 치욕스러운 불명예에서 벗어나고자 총력을 기울였다. 3년 동안(1970-1973) 미국정신의학회(APA)에 소속된 정신과 의사들에게 온갖 무서운 폭력 행위와 살해 위협을 가함으로써[165] 『정신장애진단통계편람 III(DSM-III)』에서 동성애를 삭제하는 목표를 달성한 것이다. 동성애 지지 세력은 정신과 의사들에 대한 폭력과 협박을 철저히 은폐한 가운데 이를 APA의 과학적 승리로 선전하지만, 역사는 이 사건을 "과학이 사회적 이슈에 굴복당한 정치적 사건"으로 평가한다. 결국 APA의 무책임한 결정을 분기점으로 1990년 세계보건기구(WHO)가 동성애를 '자연적 변이'로 인정함으로 동성애에 대한 인류 역사의 판세를 역전시킴으로써, 인류 문명사에 거대한 영적·사상적 흑역사가 개막되었다.

또한 동성애 옹호 세력은 법률적으로 동성혼이 또 다른 종류의 정당한 결혼 형태라고 공인받기 위해 50여 년 동안 차별금지법 → 생활동반자법(Domestic Partnership Act) → 시민결합법(Civil Union Bill: 생활동반자법과 동일하게 법적으로 결혼한 배우자 아닌 동거인에게도 부부와 동일한 혜택을 주는 법)의 수순을 거치면서 집요하게 투쟁한 결과, 급기야 2015년 6월 26일 청교도 정신으로 건국한 미국은 동성혼 합헌을 판결하게 되었다. 문제는 정치인이 정치적 결정을 내리기 전에 먼저 종교인의 반응을 살폈는데, 마땅히 하나님의 진리를 지켜야 할 교회의 방파제가 붕괴된 일이다.[166] 이미 알려진 바와 같이, 미국 최대 개신교단 장로교회(PCUSA)가 2014년 디트로이트 총회(221차)에서 결혼의 정의를 "한 남성과 한 여성의 결합"에서 "두 사람의 결합"으로 수정하기로 결의한 후, 2015년 3월 동성혼을 인정하는 법안을 승인하였다. 그렇다면 왜 결혼에 대한 정의를 함부로 변경해선 안 되는가? 그것은 결혼

---

165) 이에 대해 「뉴스위크」(Newsweek)는 당시 상황에 대해 이렇게 보도한 바 있다: "지난 2년 동안 게이해방전선(GLF)은 여러 차례 의학 회의들을 방해해 왔고, 30여 명의 무장된 그룹이 워싱턴에서 개최된 미국정신의학회(APA) 회의장에 난입하였다. 그들은 정상적 회의 진행을 못 하도록 20여 분 동안 회의장을 혼돈 상태로 뒤집어 놓았다"(1971.08.28., 47면)

166) 박광서, 『시대의 징조를 분별하라』(서울: 누가, 2018), 41-53.

과 가정, 어머니와 아버지, 아내와 남편 같은 기본 용어들이 근본적으로 재정의되면, 본래의 의미와 목적마저 변질되기 때문이다. 결혼 및 가족 제도를 훼손하면, 개인과 사회, 국가와 문명은 엄청난 대가를 치르게 되기 때문이다. 그러므로 사회학자들은 한 문화의 장기적 안정성을 위해 결혼 및 가정의 중요성을 강조했던 것이다.[167]

그러나 무엇보다도 동성애 옹호 진영이 강력한 공격의 대상으로 삼은 상대는 다름 아닌 기독교다. 그 이유는 가장 막강한 동성애 반대 세력이자 2,000여 년 동안 '동성애=죄'라고 정죄해 왔던 정통 기독교 신학을 공격하지 않고는, 특히 게이와 레즈비언의 섹스를 단죄한다고 여겨지는 성서를 재해석하지 않고는 동성애·동성혼의 궁극적 정당화가 어렵다고 판단했기 때문이다. 이에 그들은 동성애를 도덕적으로 비판하고 있음이 분명한 성경 구절을 자의적으로 재해석함으로써 동성애를 신학적으로 정당화하려는 시도를 집요하게 전개하였다. 결국 정통 신학의 근간을 교란시키고 친(親)동성애적 신학 체계를 구축하는 작업에 착수했는데, 이것이 바로 '퀴어 신학(queer theology)'이라는, 사실상 신학으로 명명할 수도 없는 기괴하고 파행적인 시도인 것이다. 퀴어 신학을 주창한 이들은 기독교 타락을 위한 최상의 전략 중 하나가 목회자의 타락보다 더 치명적인 신학의 타락, 신학자의 부패라는 사실을 간파한 것이다. 이러한 퀴어 신학의 확산으로 말미암아 서구의 교계와 신학계는 기독교의 정체성을 잃어버리고 중대한 기로에 놓여 있다.

---

167) 로버트 나이트(R. Knight)라는 사회학자는 결혼의 중요성에 대해 이렇게 주장한 바 있다: "결혼은 너무나 중요한 것이기에 법률과 문화에서 특별한 지위가 주어졌다. 결혼은 법률과 헌법보다 앞선 것이며, 인류 사회학적인 실재로서 단순히 법률적인 것이 아니다. 가정이 없이는 어떤 문명도 생존할 수 없고, 가정을 부적절하게 만드는 사회는 역사에서 쇠퇴하였다."

2. 퀴어 신학에 대한 기본적 이해

1) 퀴어 신학의 정의

퀴어 신학은 '낯설고 이상함'을 뜻하는 '퀴어(queer)'를 전면에 내세움으로써 정통 신학에서 낯설고 이상한 것, 괴기하고 비정상적인 것으로 배제되었던 테마를 신학의 중심에 내세우고 이를 억압에서 해방시키기 위한 신학적 근거를 마련하고자 한다. 이를 통해 정통 신학의 주제들에 대한 재해석을 통해 원래 신학의 중심부가 지니고 있는 낯설고 이상한 것들을 찾아내어 정통 신학의 중심부를 채우고자 한다. 여기서 낯설고 이상한 것은 동성애를 전적으로 의미함으로써, 퀴어 신학의 시도는 동성애를 정당화하는 새로운 신학 체계를 수립하는 데 소기의 목적이 있어 보인다. 결국 퀴어 신학은 생소하고 괴이한 대상으로 혐오되어 왔던 동성애를 신학적으로 정당화하고 비정상적인 동성혼을 정상화하는 데 종국적 목적이 있는 신학이라고 말할 수 있다.

퀴어 신학자들은 '퀴어'를 신학과 관련하여 사용할 때 정통 기독교가 모순에 빠져 있다는 비판을 전제한다. 이들에 따르면, 정통 기독교의 중요한 신학적 주제들은 모두 평범한 상식을 가진 사람들의 눈으로 볼 때 낯설고 이상한 것들이므로 낯설고 이상한 것들이 신학의 중심을 차지해야 한다. 그러면서 퀴어 신학자들은 정통 기독교가 '자신들의 관점과 다른 관점을 가진 자들을 정상이 아닐 뿐만 아니라, 기괴하고 비정상적인 것이라고 정죄하면서 낯설고 이상한 것들을 신학의 중심부로부터 신학의 변두리로 내쫓아 버렸다고 비판한다. 여기서 그들은 정통 신학이 동성애를 낯설고 이상한 것으로 모독하고 억압해왔지만, 실상은 기독교 신학 자체가 낯설고 이상한 것이기 때문에 낯설고 이상한 동성애는 기독교 신학의 본질을 바르게 파악하고 있는 것이요, 따라서 동성애는 신학의 중심부를 구성해야 하고 동성애에 대한 모독과 억압은 중지되어야 한다는 납득하기 힘든 논리를 전개한다.[168]

한편 퀴어 신학은 신학적 정체성의 문제를 확실하게 정의하지 않고 유동적 상태로 두는데, 그 근거를 정통신학의 삼위일체론이 주장하는 '본질이 없는 정체성'에서 찾는다. 그러면서 퀴어 신학은 "우리는 하나님이 어떤 분이신지 모른다. 다만 하나님이 아닌 것이 무엇인지를 알 뿐이다."라는 토마스 아퀴나스(Th. Aquin)의 명제로부터 "하나님은 확실히 존재하지만 그 본질이 무엇인가는 알려지지 않는다"[169]라는 뜻을 읽어낸 후 이 뜻에 담긴 틀을 동성애에 적용한다. 이를 통해 퀴어 신학은 이성애가 본질이 확고하고 명료하게 알려져 있기 때문에 삼위일체 하나님의 정체성에 맞지 않을 뿐만 아니라, 신학의 중심적 특징인 '낯설고 이상한 것'에 속하지 않는다고 주장한다.[170] 반면 본질이 불확실한 동성애는 삼위일체 하나님의 정체성에 맞을 뿐만 아니라, '낯설고 이상한 것'에 속함으로 신학의 중심적 특징에도 부합한다고 강변한다.

퀴어 신학에 대한 정의를 살펴보면서 우리는 퀴어 신학이 전개하는 논리가 얼핏 보기엔 현란해 보이지만, 내용을 깊이 파고 들어가면 매우 이상하고 비논리적인 궤변으로 마무리되는 점을 발견하게 된다. 또한 퀴어 신학이 가리키는 낯설고 이상한 것이 명백히 동성애를 의미함에도 불구하고, 퀴어 신학자들이 이를 의도적으로 일반화시켜서

---

168) 이상원, "퀴어 신학에 대한 분석과 비판", 〈기독교동성애대책 아카데미〉(2018. 1st), 261-262.
169) Th. Aquinas, Summa Theologia, I, 3.
170) G. Loughlin, "Introduction: The End of Sex", in: *Queer Theology* (MA: Blackwell, 2007), 10.

사용하려고 애쓰는 것은 동성애를 신학적으로 정당화함으로 보편적 타당성을 확보하기 위한 전략이라고 볼 수 있다. 한마디로 말해, 퀴어 신학은 동성애를 신학적으로 정당화함과 아울러 기본적으로 자유주의적이고, 매우 극단적으로 여성 신학적이며, 포스트모던적 해체주의에 입각한 신학적 활동이라고 규정할 수 있다. 이러한 퀴어 신학은 신학이라 명명하기엔 너무 불경하고 부적절할 정도로 치명적인 문제점들을 내포하고 있다.

2) 퀴어 신학의 기원

'퀴어 신학'이라는 용어는 기본적으로 철학과 사회학에서 '퀴어이론'(queer theory) 또는 '퀴어 비판 이론'(queer critical theory)으로 제시된 논의를 신학에서 차용한 것으로 보인다.[171] 특히 프랑스 포스트모더니스트인 미셸 푸코(M. Foukault)를 따르는 주디스 버틀러(J. Butler), 리 에델만(L, Edelman), 이브 세지윅(E. K. Sedgwick) 등의 학자들의 퀴어 이론에 강력한 영향을 받으면서 동성애를 옹호하고 퀴어 여성주의적 입장을 성 정체성 문제에 적용시켜 처음으로 '퀴어 이론'이라는 용어로 제시한 사람은 이탈리아 페미니스트이자 영화 이론가인 테레사 드 로레티스(T. de Lauretis)다[172]. 로레티스는 1990년 캘리포니아 주립대학에서 열린 한 학회에서 '퀴어 이론'이라는 용어를 만들어 사용했으며, 이 학회에서 발표된 여러 논문을 「Differences: A Journal of Femi-

---

171) Cf. L. C. Schneider, "Homosexuality, Queer Theory and Christian Theology", Religious Studies Review 26/1(Jan., 2000), 3-12.
172) 이승구, "퀴어 신학의 주장과 그 문제점들", 〈젠더주의기독교대책협의회(가칭) 출범기념 학술 포럼 자료집〉(2020.09.25), 71.

nist Cultural Studies』라는 학회지의 특별 호로 내면서 이 용어가 널리 쓰이기 시작하였다.

한편 영국 엑세스터(Exeter) 대학의 전임강사이자 여성 퀴어 신학자인 수잔나 콘월(S. Cornwall)에 의하면, 그 이전에 게이 신학, 레즈비언 신학으로 따로 사용되던 것이 1990년대 말부터 퀴어 신학이라는 이름으로 통합되어 사용되기에 이르렀다. 즉 1960년대부터 남성 동성애자들과 그들을 옹호하는 사람들이 신학계에서 자신들의 목소리를 내기 시작함으로써 이를 '게이 신학'이라고 부르는 일이 있었다. 80~90년대 들어와 여성 동성애자들과 그들을 옹호하는 이들이 동성애 하는 남성과 동성애 하는 여성의 경험이 다르다는 것을 주장하면서 게이 신학과 레즈비언 신학의 차이를 언급하게 되었다. 레즈비언 신학을 주장하는 이들은 문제 제기하기를, 기존의 기독교가 지닌 가부장적 사고와 인종 차별과 성차별, 이성애적 편향과 같은 배타적 신념 및 실천의 틀 자체를 완전히 뒤집어야 한다고 강조하였다. 그러면서 이제는 포스트모던적 사고에 충실하게 모든 것이 해체되어야 할 뿐만 아니라, 참으로 해방하는 것이 되려면 끊임없이 새로운 것이 되어야 한다고 주장하기 시작하였다.

1960년대 등장한 '퀴어'라는 용어는 의미적 변화 과정을 겪어 왔는데, 성 소수자(LGBTQ+) 운동가들은 퀴어라는 단어가 이성애를 반대하는 동성애라는 개념에 갇혀 버리는 것을 극복하기 위해 사용하고 있다. 한마디로 말해, 퀴어는 이성애가 아닌 모든 것을 의미한다. 퀴어 이론에 의하면, 이성애의 이중성과 동성애의 단일성은 성 정체성의 완전한 해체를 위해 반드시 제거되어야 하는데, 왜냐하면 오직 그럴 때에만 비로소 강제적 이성애의 헤게모니가 완전히 극복되고 완전한 자유를 구가할 수 있기 때문이다. 옥스퍼드 사전에 따르면, 퀴어라는 단어는 한때 동성애자를 의도적으로 모욕하고 공격하는 단어로 사용되었으나, 이제는 동성애자 혹은 게이를 대신하는 단어로 동성애자들 스스로가 사용하고 있다[173]. 한때 부정적 의미를 담고 있던 단어가 대학에서 젠더 연구의 분파로서 퀴어 연구라는 이론적 학문에 사용되는 고상한 용어가 되었다는 것은 참으로 이해하기 힘든 일이다.

1990년대 이후 철학과 사회학에서 점점 더 많이 사용되던 퀴어 이론을 신학에 적용시켜 작업화한 것이 바로 퀴어 신학이라고 할 수 있다. 신학에 '퀴어'라는 말을 적용시켜 처음 사용한 것은, 1993년 게이·레즈비언 선언을 『행동화된 예수(*Jesus Acted Up*)』라는 책으로 낸 로버트 고스(R. Goss)로 알려져 있다. 그리고 퀴어 신학, 퀴어 종교 등의 용어는 1995년 '퀴어 사람들(queer people)'이라는 용의 사용과 함께 90년대 중반부터 사용되기 시작하였다. 퀴어 신학은 한때 게이 신학과 레즈비언 신학으로 분리되었으나, 추후 양대 신학은 합쳐져 좀 더 포괄적인 퀴어 신학의 용어가 되었다. 최근에는 퀴어 신학과 함께 '레인보우 신학', '퀴어링 기독교'라는 말도 간혹 사용되고 있다.

3. 대표적 퀴어 신학자들의 왜곡된 성서 해석

1) 데릭 셔윈 베일리의 퀴어 신학적 성서 왜곡

'퀴어 신학'이라는 용어가 본격적으로 등장하기 이전 선구적 주장을

---

173) P. S. Cheng/임유경 & 강주원 옮김, 『급진적인 사랑: 퀴어신학 개론』(서울: 무지개신학연구소, 2019), 30ff.

했던 대표적 퀴어 신학자는 1955년 『동성애와 서구 기독교 전통 (*Homosexuality and the Western Christian Tradition*)』을 발표한 데릭 셔윈 베일리(D. S. Bailey, 1910-1984)이다. 1962년 영국 웰스(Wells) 대성당의 캐논(canon)으로 사역했던 성공회 사제 베일리는 이 저서를 통해 친(親)동성애적 논의의 포문을 열음으로써, 동성애를 둘러싼 그동안의 역사적 과정을 재평가한 중요한 전환점을 마련했다는 인정을 받게 되었다. 특별히 창세기 19장에 등장한 소돔 사람들의 죄가 동성애라는 전통적 해석에 근본적 의문을 제기하면서, 손님에 대한 호의적 접대를 하지 않은 것이 중요한 문제라는 논의를 처음으로 시도하였다. 이러한 베일리의 시도는 향후 퀴어 신학자들(대표적: 존 보스웰, 다니엘 헬미니악, 테오도르 제닝스 등)의 소돔 사건을 둘러싼 성서 주해에 결정적 영향을 끼침으로써, 하나님께서 성서를 통해 말씀하시려는 진의(眞意)를 왜곡시키는 사태의 물꼬를 트게 만들었다.

종전까지 정통 신학은 소돔과 고모라의 멸망 이야기에서 동성 간성행위에 대한 성서의 첫 견해를 발견했는데, 곧 하나님께서 동성애 행위를 포함한 그들의 통탄할 만한 죄악을 심판하셨다고 해석해 왔다. 창세기 19장의 소돔 이야기와 유사하게 전개되는 사사기 19장의 레위인 첩 이야기도 동일하게 해석되었다. 여기서 중요한 관건은 두 본문에 몇 차례 등장하는 '야다(yada: יָדַע)'를 어떻게 해석하는가에 달려 있다. 일반적으로 '야다'는 '알다', '친분을 갖다'의 의미가 있지만, 베일리도 밝혔듯이 구약 성서에 등장하는 943회 중 10회의 사례에서는 임신의 결과를 수반하는 이성과의 성관계(대표적: 창 4:1, "아담이 그의 아내 하와와 동침하매[יָדַע] 하와가 임신하여")라는 의미를 내포한다.[174] 그

---

174) D. S. Bailey, *Homosexuality and the Western Christian Tradition* (London: Longmans, Green & Co., 1995), 2-3.

러므로 교회사 전반에 걸쳐 기독교 주석가들은 일반적으로 소돔과 레위인 첩 이야기가 동성 간 성폭력 사건을 나타내는 매우 부정적 사례로 해석해 왔던 것이다. 그런데 베일리는 이 전통적 견해를 부정하고 두 사건에서 너무나 명약관화한 '야다'의 의미를 성관계의 의미가 아닌 친교의 의미로 해석함으로써, 소돔 사건을 '이방인을 환대하지 않은 사건'으로 둔갑시켜 버린 것이다.

이러한 베일리의 가설에는 심각한 오류가 있는데, 먼저 지적할 것은 롯이 "남자와 한 번도 동침하지 않은(יַדַע)" 딸들을 내어 주겠다고 제안하면서 소돔 남성들의 성적 욕구를 채워 주려고 한 일이다(창 19:8). 더욱이 레위인의 첩 이야기에서 집주인이 "자신의 처녀 딸들과 레위인의 첩"을 내어 줄 것을 제안하면서 기브아 사람들의 통제 불능으로 보이는 성욕을 진정시키고자 실제적으로 대응했다는 사실이다(삿 19:24). 무엇보다도 창 19:8과 삿 19:25에 사용된 '야다'가 명백히 성관계를 의미한다는 것은 아무도(베일리조차도) 부인할 수 없는 사실이다. 그런데 베일리는 두 본문 안에서 바로 앞서 기술된 '야다'(창 19:5; 삿 19:22)를 전혀 다른 의미('친분을 갖다')로 무리하게 해석함으로써, 결과적으로 매우 이치에 닿지 않는 억지 주장을 한 것이다. 만약 기브아 사람들이 단지 '친분을 쌓으려는' 건전한 목적이었다면, 과연 집주인이 '처녀 딸들과 첩'을 내어 준 너무나 무리한 용단까지 내렸을 것인지 문제 제기하지 않을 수 없다. 그러므로 동성애에 열린 마인드를 가진 학자들조차 베일리의 주해를 신뢰하지 않았는데, 대표적으로 성서학자인 빅터 폴 퍼니쉬(V. P. Furnish)는 그 거주민들이 실제로 동성 강간을 의도했

을 거라고 인정한 바 있다.[175]

베일리는 성관계를 배제하고 친분의 의미로 '야다'를 해석함으로써, 창 19장의 소돔 이야기가 동성 간 성행위가 연루된 사건이 아닌 이방인에 대한 환대의 의무를 다하지 않은 사건이라고 단언하였다: "소돔 거주민들의 죄악은 동성애가 아니었다. 그들의 죄는 집주인 롯이 손님을 환대할 의무를 다하지 못하도록 막은 것이었다."[176] 그러면서도 그는 '야다'가 지닌 성적인 의미를 완전히 배제할 수 없었기 때문에 남성들 간에 이루어진 동성애 성행위 사건을 남성 대 남성 항문 성폭행 사건으로 해석함으로써, 고대 세계의 관습, 곧 전쟁에 진 적군을 여성으로 대함으로 굴욕을 주는 모욕적 행위와 연관시키기도 했다.[177] 그런데 베일리는 소돔의 특별한 죄가 음란과 "다른 육체"를 따라가는 것이라고 기술한 유다서 7절 본문을 해석할 때는 앞서 소돔 이야기와는 미묘하게 다른 톤의 가설을 제기하였다. 즉, 그는 유다서 본문을 주해하면서 하나님이 소돔 거주민들을 심판하신 이유가 동성애 행위 자체 때문이라기보다, 그들이 천사 같은 존재와 성관계를 갖고자 했기 때문이라고 주장하였다. 그러면서 베일리는 소돔의 죄 가운데 동성애적 측면은 순전히 부수적이고 중요하지 않다고 주장하기도 했는데, 이를 통해 그는 소돔과 레위인 첩 이야기에서 동성애를 철저히 부정했던 자신의 해석에 오류가 있음을 자인했다고 볼 수 있다.

명백히 소돔 사건을 통해 하나님께서는 남성 대 남성 동성 사이의 성관계가 부적합하다는 사실을 드러내셨다고 볼 수 있다. 그렇다면

---

175) V. P. Furnish, "What Does the Bible Say about Homosexuality?", in: *Caught in the Crossfire: Helping Christians Debate Homosexuality,* ed. Sally B. Geis and Donald E. Messer (Nashville: Abingdon Press, 1994), 60.

176) D. S. Bailey, *Homosexuality and the Western Christian Tradition,* 5.

177) 위의 책, 31.

이것이 왜 하나님 보시기에 가증하고 혐오스러운 일인지 생각해 볼 때, 베일리가 주장하듯이 단지 환대의 규정을 어겼기 때문만이 아니라, 특별히 매우 악한 방식으로 그 규정을 어겼기 때문이라고 말할 수 있다. 스텐리 그렌츠(S. J. Grenz)에 따르면, 소돔의 죄는 하나님의 선한 의도가 담겨 있는 인간의 섹슈얼리티(sexuality)를 불의하게 대하는 수단으로 바꾼 데 있는데, 곧 하나님이 고안하신 성적 기능을 그가 의도하셨던 방식 그대로가 아닌 정반대의 행동으로 바꾸어 표출한 데 있다. 그러므로 그렌츠는 소돔의 죄 중에서 동성애 측면은 순전히 부수적이고 중요하지 않다는 베일리의 주장은 결코 용납될 수 없다고 못 박으면서, 소돔 사건이 정죄하는 죄가 폭력적 동성 강간이라는 사실을 인정해야 한다고 역설한다.[178]

한편 베일리는 성서가 동성애를 '가증한(toeba, תּוֹעֵבָה)' 것으로 지칭한다는 사실로부터 레위기의 성결법이 기록되었던 당시에 우상 숭배의 조짐을 우려했던 정황 사이에 일말의 연관성이 있다고 말하면서, 가증한 것이란 거짓 신들을 가리키는 우상 숭배와 밀접한 연관이 있다고 주장하였다.[179] 베일리의 영향으로 동성애가 하나님이 정하신 섹슈얼리티에 해당하지 않는다고 규정한 전통적 견해가 영향력을 잃어 가는 문제 상황 속에서, 레위기 18:22와 20:13 본문이 점차로 다른 방식으로 해석되어 가고 있다. 즉, 레위기 본문이 우상 숭배와 관련된 동성애를 하지 말라고 이스라엘 민족에게 경고함으로 인해 오늘날 더 이상 적용되지 않는 제의적 의미를 지녔기 때문에, 이것이 동성애를 비난하는 성서적 근거로 제시되는 것은 문제가 있다는 해석이 그것이

---

178) S. J. Grenz/김대중 옮김, 『환영과 거절 사이에서: 동성애에 대한 복음주의의 응답』(서울: 새물결플러스, 2016), 78.

179) D. S. Bailey, *Homosexuality and the Western Christian Tradition*, 60.

다. 또한 동성애를 금지하는 레위기 성결법이 윤리 규정이라기보다 하나님을 예배하기에 합당한 사람을 만들기 위한 제의적 목적이 있기 때문에, 동성애가 본질적으로 악한 범죄가 아닌 제의적으로 부정한 행위라는 해석도 제기되고 있다.

동성애와 우상 숭배를 연루시킴으로 본의를 왜곡한 해석의 부적절성에 대해 그렌츠는 반박하기를, 레위기 성결법에 함께 나열된 사례들, 곧 정액 배출(15:16-18), 월경 중 성관계(15:19-30) 등이 동성 간 성관계와 동일하게 사형에 해당하는 죄악으로 정죄되지 않았다는 사실을 강조한다.[180] 단언하면, 구약에서 동성애 관련 형벌이 사형으로 구형(신약에서는 영적 죽음인 출교)될 만큼 엄중했다는 것은 이 범죄의 위중함을 시사한다. 그러므로 우리는 동성 간 성행위에 사형까지도 구형한 율법이 과연 무슨 의도로 만들어졌는지 그 깊은 동기를 탐구할 필요성이 있다. 동성애에 열린 자세를 견지했던 대럴 랜스(H. D. Lancd)조차 레 18:22와 20:13이 실제로 요구하는 바는 너무나 분명해서 이스라엘인 간의 동성애 관계는 금지되었고 사형에 처해야 마땅했다고 강조한 바 있다.[181] 이처럼 동성애가 사형으로 구형되는 위중한 범죄임을 의식했는지, 베일리는 동성애 행위 이외에 성서 어느 곳에서도 특정한 성행위를 반대하기 위해 이런 식으로 논하는 경우는 없다고 단언하기도 했다.[182]

베일리는 '가증한' 것에 대해 논의하면서 이것이 거짓 신들을 섬기는 사람들의 예배나 관련 행위에서 더 나아가 사물의 질서에 역행하는 모든 것을 지칭할 수도 있다고 주장하기도 했다. 그러면서 그는 레위

---

180) S. J. Grenz, 『환영과 거절 사이에서』, 82.
181) H. D. Lance, "The Bible and Homosexuality", 145.
182) D. S. Bailey, *Homosexuality and the Western Christian Tradition*, 58.

기의 동성애 행위에 '가증한'이란 용어가 적용된 것은, 동성애가 성적으로 자연스러운 행위에 역행하는 행동이며, 참된 질서의 심각한 역전인 우상 숭배의 전형을 보여 주기 때문이라는 논의를 전개하였다. 여기서 베일리가 비록 우상 숭배의 방점이 찍힌 견해라 하더라고 동성애와 창조 질서를 결부시킨 것은 고무적이라고 볼 수 있는데, 바로 이것이 동성애 행위를 거부하는 성서의 중요한 동기를 설명해 주기 때문이다. 즉, 동성애는 남성과 여성에 관한 하나님의 창조 질서를 깨뜨렸기 때문에, 우상 숭배와 동일하게 하나님의 완전성을 모독하는 행위이기 때문에 가증한 것이다.[183] 레위기 성결법과 함께 사도 바울이 동성 간 성행위를 비판(롬 1:26-27)한 것도, 이것이 남자와 여자를 창조하신 창조주의 뜻, 성행위를 만드신 하나님의 의도와 정반대되기 때문이다.

2) 존 보스웰의 퀴어 신학적 성서 왜곡

데릭 셔윈 베일리가 동성애 관련 저서를 출간한 후 25년간 기독교 신학자들은 동성애 주제에 대해 거의 거론하지 않았었다. 그러다가 1980년 예일대학교의 역사학 교수이자 게이였던 존 보스웰(J. Boswell, 1947-1994)이 『기독교, 사회적 관용, 동성애(*Christianity, Social Tolerance and Homosexuality*)』를 발표하였다. 동성애자들 가운데 최초이자 공개적으로 미국 아이비리그 대학에 종신 교수로 임용된 보스웰은 게이와 레즈비언 연구에 가장 중요한 학자 중 한 사람으로 인정받음으로써, 이 책은 동성애자들에게 최고의 권위 있는 저서로 알려져 있다. 『기독

---

183)   H. D. Lance, "The Bible and Homosexuality", 145.

교, 사회적 관용, 동성애』는 성서학자들의 혹독한 비판을 받았지만, 동성애에 관한 연구를 학문적 영역으로 끌어올리고 종교적 자유주의에 상당한 공헌을 한 것을 인정받아 'American Book Award for History'와 'Frederic G. Award'를 수상하였다.[184] 히브리어와 고전 헬라어를 비롯한 17개 언어를 구사했던 언어학자이자 역사학자요 명망 높은 교수였던 보스웰은 결국 AIDS로 47세의 나이에 요절한 비운의 인물이기도 하다.

보스웰은 『기독교, 사회적 관용, 동성애』에서 동성애와 종교의 관계를 연구하면서 성서와 초대 교회로부터 중세 기독교에 이르는 동성애의 방대한 역사를 원전에 근거하여 매우 정교하게 고찰하였다. 이 고찰을 통해 그는 동성애에 대한 정의와 다양성을 논한 후 고대 그리스와 로마 사회에서 실제로 동성애가 어떻게 평가되었는지, 중세 기독교가 어떻게 동성애를 이해했는지에 대해 심도 있게 기술하였다. 그러면서 보스웰은 기독교가 동성애를 반대할 성서적 이유를 찾는 데 실패했으며, 오히려 이를 관용하는 입장을 중세까지 견지했다는 논지를 전개하였다. 그는 초대 교회가 동성 커플을 허용했으며, 성서가 금지하는 것은 오직 특정 형태의 착취적 동성애 행위(일례로 동성애적 매춘과 함께 어린아이와의 동성 착취적 성관계)라고 주장하기도 했다. 보스웰이 주장한 요지는 크게 두 가지로 정리할 수 있는데, 첫째는 초대 교회나 중세 교회 역사에서 동성애자들에게 적대적이지 않았고 오히려 이들

---

184) 많은 사람이 보스웰의 저서에 찬사를 보냈는데, 일례로 저명한 신약학자 리처드 헤이스(R. Hayes)는 "그 박식함이 동성애 이슈에 있어서 권위적 위치를 획득하였다"고 평가했으며, 보스웰에 비판적 자세를 견지했던 로버트 라이트(R. Wright)도 "게이나 동성애를 지지하는 관점에서 볼 때 지금까지 교회사 분야에서 이루어진 가장 수준 높은 수정안에 해당된다"고 언급하였다: 이신열, "바즈웰의 동성애 이해에 대한 비판적 고찰: 그의 저서 〈기독교, 사회적 관용, 동성애〉를 중심으로", 〈한국개혁신학회 제45차 학술심포지엄 자료집〉(2018. 10. 20), 228.

을 용납했다는 것, 둘째는 성서가 동성애를 혐오스러운 죄악이라고 말씀하지 않는다는 것이다.

보스웰의 핵심적 논지에 대해 많은 비평가들이 이의와 반론을 제기했는데,[185] 여기서 필자는 동성애를 둘러싼 성서적 이해에 대한 보스웰의 퀴어 신학적 해석을 집중적으로 논하고자 한다. 먼저 그는 베일리의 주장을 전적으로 수용하여 창세기 19장 소돔 기사가 구약에서 유일하게 동성애적 관계를 지칭하는 것으로 언급된 경우에 해당된다고 언명하였다. 하지만 그는 소돔 사건이 동성애와 아무 관련이 없으며 이방인 손님을 환대하려는 의무를 다하지 못한 죄라고 단언하였다. 또한 본문에 기술된 '야다'는 성행위를 지칭하는 경우가 확률적으로 미미하다면서 단지 이방인에 대해 알고 싶다는 뜻을 표현한 것이라고 주장하였다. 보스웰은 소돔의 죄악이 동성애라는 사실을 직접적으로 묘사하는 성서 구절은 하나도 없다고 결론지으면서 이렇게 단정적으로 말하였다: "이 사건에는 성과 관련된 어떤 종류의 사안도 없다. … 구약성서에 소돔과 그 운명을 언급하는 많은 구절들이 존재한다. … 소돔은 수십 회에 걸쳐 악의 표상으로 사용되었지만, 소돔인들의 죄가 동성애로 지칭된 곳은 단 한군데도 없다."[186] 보스웰은 소돔의 죄악이 동성애가 아니라는 자신의 주장을 입증하기 위해 겔

---

185) 특히 R. Hays, "Relations Natural and Unnatural: A Response to J. Boswell's Exegesis of Rom 1", Journal of Religious Ethics 14(1986), 184-215; R. Gagnon, The Bible and Homosexual Practice: Texts and Hermeneutics (Neshville: Abingdon, 2001).

186) J. Boswell, Christianity, Social Tolerance and Homosexuality: Gay People in Western Europe from the Beginning of the Christian Era to the Fourteenth Century (Chicago: University of Chicago Press, 1980), 95.

16:48-49[187])를 근거로 들기도 했다.

그뿐만 아니라 보스웰은 레위기 18:22과 20:13이 동성애적 행위를 금지하는 구절이라고 인정하면서도, 이 본문이 이스라엘의 제사법을 다루는 성서 구절이므로 오늘날 그리스도인들에게는 더 이상 적용되지 않는다는 입장을 피력하였다. 즉, 그는 레위기의 동성애 금지 조항은 현대 그리스도인들에게 유효하지 않으며, 특히 이들이 동성애자들에 대해 갖는 반감을 설명하는 데 아무런 상관이 없다는 것이다. 그러면서 보스웰은 본문에 나오는 '가증한'이라는 단어는 우상 숭배에 연루된 의식적 의미에서 불결한 것이지, 오늘날과 같은 동성애적 행위를 의미하는 것이 아니라고 강조하였다. 그는 레위기가 이방인들로부터 유대인들을 구별하기 위해 제정된 법을 다루고 있음을 지적하면서, 동성애 금지 조항 다음에 우상 숭배와 관련된 성행위 금지 조항이 주어져 있으며, 이 두 금지조항이 모두 '가증한'으로 지칭되었다고 주장하였다.

하지만 동성애를 대하는 성서의 입장은 일관되게 정상적 성행위로 인정하지 않음으로써 동성애에 대한 성서의 정죄는 확고부동한데, 그럼에도 불구하고 보스웰은 동성애를 다룬 성서의 대표적 본문들이 동성애와 무관하다는 입장을 내세웠던 것이다. 특히 그는 창세기 19장 본문이 원래 의도하는 바가 무엇인지 바르게 파악하지 못함으로써, 동성애 사건으로 해석한 정통 신학의 견해를 무시하고 이방인에 대한 환대를 저버린 사건으로 해석하였다. 보스웰은 '야다'를 작위적으

---

187)   "주 야훼의 말씀이니라 내가 나의 삶을 두고 맹세하노니 네 아우 소돔 곧 그와 그의 딸들은 너
       와 네 딸들의 행위 같이 행하지 아니하였느니라. 네 아우 소돔의 죄악은 이러하니 그와 그의
       딸들에게 교만함과 음식물의 풍족함과 태평함이 있음이며 또 그가 가난하고 궁핍한 자들을
       도와주지 아니하며…"

로 해석함으로써, 한 단어의 의미를 같은 본문 안에서 서로 상반되게 해석하는 오류를 범하였다. 그러나 '야다'가 창 19장에서 사용된 문맥을 주도면밀하게 살펴보면 이 단어의 의미가 성적 의미를 내포하고 있음이 너무나 명백하다. 7절에서 롯은 소돔인들에게 "이런 악을 행하지 말라"고 간곡히 요청했는데, 여기에 언급된 '악을 행하다'는 뜻을 지닌 '라아'(רעע)는 '파괴하다', '해를 끼치다', '상처를 입히다'는 의미도 포함한다. 창 19:7과 삿 19:23에 모두 '야다'와 '라아'가 함께 사용되었다는 것은, 사실상 소돔인들과 기브아인들의 행위가 집단 성폭력이었음을 분명히 암시하는 것이다.[188]

더욱이 롯이 "남자와 한 번도 동침하지 않은" 딸들을 내어 주겠다고 소돔 남성들에게 제안했음에도 그들이 거절했다는 사실은, 소돔의 죄악이 남성 동성애적 성행위를 포함하는 성폭력이었다는 분명한 결론을 도출케 한다. 창 19장과 유사하게 삿 19장에 나온 레위인의 첩 이야기에서도 '야다'와 '라아'가 함께 사용되었을 뿐만 아니라, 집주인이 기브아 남자들에게 "이 같은 악행을 저지르지 말라. … 이런 망령된 일을 행하지 말라(23절)"고 간청하면서 "처녀 딸들과 자신의 첩(24)"을 내어 줄 것을 제안하고 있다. 그럼에도 불구하고 기브아 사람들은 "그 여자를 윤간하여 밤새도록 욕보인 뒤에 새벽에 동이 틀 때에야 놓아 주었다(25절)". 두 본문에서 분명히 동일한 단어 '야다'가 성관계를 언급하는 데 사용되었고, '라아'가 강간 및 성폭행에 사용되었음은 너무나 명약관화한 사실이다. 그러므로 베일리의 추측을 적극적으로 수용한 보스웰이 '야다'의 의미를 성관계가 아닌 단순히 친교를 위한 앎으로 해석한 것은 매우 납득이 가지 않는 억지 주장이라 아니할 수

---

188) 이민규, "성경으로 동성애를 논하는 것이 어디까지 가능한가?", 「성경과 신학」 81(2017), 308.

없다.

보스웰은 소돔의 죄악이 동성애가 아니라고 주장하기 위해 겔 16:48-49를 근거로 들었는데, 이 본문이 소돔의 교만함, 풍족한 중에도 궁핍한 자들을 돕지 아니함, 태평함을 지적한 것은 사실이지만, 보스웰은 50절("거만하여 가증한 일을 내 앞에서 행하였음이라")에 언급된 '가증함'에 대해선 이상하게 침묵하고 있다. 겔 18:10-13에는 아들이 범한 8가지 죄악의 리스트가 등장하는데, 이 중 하나가 '가증함(18:12)'으로서 다른 7가지 죄악들을 총칭하는 것이 아닌 이들로부터 구별되는 또 다른 죄악을 나타낸다. 겔 18장에 나타난 '가증함'의 용례를 겔 16장에도 적용한다면, 겔 16:50의 '가증함'은 다른 죄악들로부터 구별되는 또 다른 죄악, 곧 레 18:22와 20:13에 언급된 동성애적 성행위, 특히 남성 동성 간의 항문 성교를 가리킨다는 것은 분명한 사실이다.[189] 그리고 소돔의 죄가 레위기가 사형으로 금한 '가증한' 동성애와 관련된다는 것은 확실한 사실이다. 그렇다면 보스웰이 내세우는 소돔의 죄악이 구약 성서에 동성애라고 언급된 적이 전혀 없다는 주장은 확실히 왜곡되고 비논리적인 주장이라고 말할 수밖에 없다.

원래 '가증한' 일은 신적으로 주어진 가이드라인에 해당되는 율법에 대한 심각한 위반,[190] 인간 존재의 참된 정체성에 어긋나는 도덕적 범죄, 특히 신성 모독적 악행을 가리킴으로써,[191] 이들 중 상당수는 오늘날에도 여전히 심각한 죄악으로 간주된다. 그런데 보스웰은 레위기 18:22와 20:13에 나온 '가증함'이 현대 그리스도인들에게 유효하지 않

---

189) R. A. Gagnon, "The Old Testament and Homosexuality: A Critical Review of the Case Made by Phyllis Bird", Zeitschrift für alttestamentische Wissenschaft 117 (2005), 372.

190) D. Wold, *Out of Order: Homosexuality in the Bible and the Ancient Near East* (Grand Rapids: Baker Books, 1998), 110-114.

191) S. J. Grenz, 『환영과 거절 사이에서』,

다고 주장했는데, 여기서 주목할 것은 그에게 있어서 '가증한' 것이란 하나님께서 싫어하시는 악한 행위가 아닌, 제사를 위한 의식적 사용에 있어서 불결한 것(일례로 음식법, 성행위에 관한 법, 우상 숭배에 관한 것)으로 간주된다는 사실이다.[192] 이런 맥락에서 보스웰은 동성애 행위금지가 윤리 규정이라기보다 제의적 의식에 관한 금지 규정이라고 이해하였다. 그러나 대다수 구약 학자들은 본문에 사용된 '여자와 동침하다'라는 표현을 남성과 여성 사이에 성행위가 행해지는 방식으로 남성과 남성 간 성행위가 행해지는 항문 섹스로 인식한다. 특히 레 20:13은 능동적 행위자(남성 역할)와 수동적 행위자(여성 역할) 모두가 사형에 처해야 한다고 말씀하는데, 그 이유는 두 남성 간의 항문 섹스가 하나님의 창조원리에 따른 여성의 역할을 대체함으로 하나님이 고안하신 남성과 여성 사이의 경계를 허물어 버리는 결과를 초래하기 때문이다.[193] 이로써 레위기 18장과 20장 본문은 동성애적 성행위가 금지된 행위이자 사형이라는 형벌을 불러일으키는 범죄에 해당된다는 주장을 뒷받침함으로써, 동성애 금지와 관련이 없다는 보스웰의 주장에 대한 확실한 논박이 될 수 있다.

한편 동성애 문제와 관련하여 가장 분명하고 상세한 성서 본문 롬 1:26-27을 보스웰은 과연 어떻게 해석했는가? 우선 그는 사도 바울이 동성 간 성행위를 단죄하기는커녕 오히려 그것이 윤리적으로 중립적이어서, 선하게 쓰일 수도 있고 악하게 쓰일 수도 있을 뿐 그 자체로는 선하지도 악하지도 않다고 평가했다고 전제하였다. 그러면서 보스웰은 바울이 본문에서 세 단어들, 곧 '비정상적인(para physin)', '부끄러운

---

192)   J. Boswell, *Christianity, Social Tolerance and Homosexuality*, 100-101.
193)   S. J. Grenz, 『환영과 거절 사이에서』, 78; Th. M. Thornton, "Leviticus 18:22 and the Prohibition of Homosexual Acts"

(atimia)', '망측한(aschemosyne)'을 사용하여 동성 간 성행위를 묘사한 점을 주목한 후, 이 단어들을 자신이 의도하는 의미로 새롭게 비평적으로 해석할 것을 제안하였다.

즉 1) 'para physin'은 '비정상적인', '자연에 반하는' → '뜻밖에', '평범한·일상적이지 않은'으로 새롭게 해석하면, '사람들의 기대에 부합하지 않는(도덕적으로 잘못이라거나 윤리적으로 단죄한다거나 하나님을 거스른다거나 창조물의 신성한 질서에 반대된다거나 비정상적·부자연스럽다거나 사물의 보편적 본성과 대립된다는 뜻의 함축이 전혀 들어있지 않은) 행동'으로 이해된다. 2) 'atimia'은 '부끄러운' → '영예롭지 못한', '사회적으로 용인될 수 없는(도덕적·윤리적으로 잘못되지 않은)'으로 해석한다. 3) 'aschemosyne'은 '망측한' → '부적절한', '형식에 따르지 않은(도덕적·윤리적 판단이 가미되지 않은)'으로 해석한다. 이로써 보스웰은 바울이 남성 간 성행위가 평범하지 않고 사회적으로 용인되지 않으며 부적절하다고 말할 뿐 결코 도덕적·윤리적으로 단죄하지 않았을 뿐만 아니라, 누가 보더라도 확실한 레즈비언 섹스 금지도 인용되지 않아야 마땅하다고 강조하였다. 그러면서 그는 바울의 전체적 요점이 그리스도 안에서는 성 행태의 차이가 윤리적으로 중립적이라는 사실이라고 결론짓는다. 이를 통해 보스웰은 동성 간 성행위를 정죄한 것이 너무나 명약관화한 본문, 하나님이 피조물을 창조하신 궁극적 의도와 목적을 위반함은 물론 하나님의 창조 질서에 역행함으로 하나님의 진노와 심판 자초하는 동성 간 성행위를 정죄한 성서 말씀의 진의(眞意)를 너무나 심각하게 왜곡하였다.

그렇다면 보스웰은 지적으로 매우 탁월한 학자였음에도 불구하고, 왜 그토록 논거가 빈약하고 비논리적인 억지 이론을 계속 강변했는지 의구심을 갖지 않을 수 없다. 사실 그는 성서가 동성애를 '가증한 죄로' 규정한다는 주석가들의 너무나 명확한 주해를 애써 외면함으로 말미암아 생애 마지막 순간까지 동성애에 대한 왜곡된 이해 속에 함몰되어 살아갔다. 일례로 그는 플라톤과 아리스토텔레스가 동성애를 이성애보다 긍정적으로 평가했다고 말하면서[194] 고대 그리스와 로마 사회에서 동성애가 정상적 성행위로 인정되었다고 주장했지만, 실상 두 철학자의 견해와 고대 사회에서 동성애 문제는 반드시 재고되어야 할 필요성이 있다. 플라톤이 긍정한 동성애는 육체 관계를 초월한 신들 사이의 천상적 사랑에만 국한하며, 아리스토텔레스는 동성애를 병적이라고 분명히 언급함으로써, 고대 사회 전반에 동성애는 일탈이자 불법으로 간주되었기 때문이다.[195] 무엇보다도 보스웰의 성서 주해는 상당히 납득하기 어려운 주장들을 내포하고 있어서 많은 비판의 대상이 되어왔기 때문이다.

3) 다니엘 헬미니악의 퀴어 신학적 성서 왜곡

조직 신학자이자 철학자요 심리학자인 다니엘 헬미니악(D. A. Helminiak, 1942~) 웨스트조지아 주립대학 교수는 데릭 셔윈 베일리와 존 보스웰이 선구자적으로 개척한 동성애 연구의 기반 위에 성서에 대한 역사 비평적 연구를 통해 본격적으로 퀴어 신학이라는 이단 신학의 장(場)을 열었다. 그는 1976년 게이로 커밍아웃한 후 이듬해부터 로마가톨릭 사제로서 남녀 동성애자 커뮤니티에서 교역 활동을 시작한 이래 가톨릭교회 내 성 소수자들(LGBTQ+)을 옹호하는 비영리 네

---

194)   J. Boswell, *Christianity, Social Tolerance and Homosexuality*, 59.
195)   S. J. Grenz/남정우 옮김, 『성윤리학』(서울: 살림, 2003), 390-393.

트워크인 'DignityUSA'를 돕고 있다. 특별히 '퀴어 신학의 대부'로 일컬어지는 헬미니악이 1994년 출간한 『성서가 말하는 동성애: 신이 허락하고 인간이 금지한 사랑(*What the Bibel Really Says About Homosexuality?*)』은 성서 본문을 당시의 역사적·사회적 정황에 부합하게 해석하자는 취지에서 동성애 문제를 연구한 논의로 잘 알려져 있다.

헬미니악은 이 책의 서두에서부터 동성애자들의 끔찍한 비극이 이들에 대한 편견 및 혐오를 용인하는 사회로 인해 발생했다면서, 특히 성서를 믿는 종교(기독교를 지칭)에게 모든 비극의 책임이 있으며, 성서를 믿는 사람들이 남녀 동성애자들에 대한 증오와 학대를 정당화했다고 강하게 성토하였다.[196] 그러면서 그는 성서가 반(反)동성애 입장을 전혀 지지하지 않음은 물론 동성애자들의 윤리성에 대해 아무런 직접적 입장을 표명하지 않기 때문에, 동성애에 관한 한 중립적 견해를 취한다고 시종일관 강변하였다: "『성서』가 동성애를 단죄할 어떤 진정한 근거도 제시하지 않는다는 것은 내가 보기에 분명한 사실이다. … 동성애를 단죄하려는 목적으로 『성서』를 인용한다면 이에 대해 분개해야 마땅하다. … 동성애가 그 자체로 어떤 식으로든 불건전하다고 할 만한 이유는 존재하지 않는다."[197]; "『성서』는 동성 성교 행위 자체나 우리가 오늘날 생각하는 남녀 동성애 관계의 도덕성에 관해 아무런 직접적 태도를 취하지 않는다."[198] 바로 이 점이 헬미니악이 동성애 문제에 대한 성서적 이해에 천착하게 된 이유로 사료된다.

헬미니악이 생각하는 동성애 문제의 중요한 관건은 '성서를 어떻게 읽고 본문을 해석하느냐?'이며, 그의 성서 읽기는 역사 비평적 방법에

---

196)   D. A. Helminiak/김강일 옮김, 『성서가 말하는 동성애』(서울: 해울, 2003), 25-26.
197)   위의 책, 29.
198)   위의 책, 201.

따라 동성애에 대한 성서의 입장을 재해석하는 작업이다. 그리고 그가 내린 결론은, 동성 간 성행위를 비판하는 성서의 이해는 오로지 고대 세계의 방식으로만 가능하며, 성서 저자들이 상상하지 못했던 일들(대표적: 성적 지향)이 대두된 오늘날에는 이것이 더 이상 유효하거나 적용될 수 없다는 것이다.[199] 이러한 헬미니악의 선례를 따라 퀴어 신학자들은 동성애를 신학적으로 정당화하기 위해 보수주의 성서학자들의 문자주의적 성서 해석을 통해 동성애가 죄악시되었다고 비판하면서 성서에 기록된 동성애를 역사 비평적으로 재해석하고 있다. 이들은 아무리 친(親)동성애적 신학을 전개해도 문제의 근원을 공략하지 않고는 소기의 목적을 이룰 수 없다고 생각하여 대대적으로 성서의 권위를 훼손하려는 것이다.

데릭 셔윈 베일리와 존 보스웰의 퀴어 신학적 성서 해석을 적극적으로 수용하여 헬미니악 역시 창 19장의 소돔 사건부터 실마리를 풀어 간다. 먼저 헬미니악은 이 본문에 사용된 '야다'의 성적인 의미를 부정하면 성서 주해의 신빙성을 잃어버린다는 사실을 의식했는지, 소돔 이야기에서 분명히 성적인 언급이 나온다는 사실을 인정한다.[200] 하지만 그는 본문이 주된 관심을 갖는 것은 단지 부수적 내용에 불과하다고 생각한 동성 성관계나 성 윤리가 아니고, 오히려 핵심은 앞서 두 퀴어 신학자들이 강조했던 나그네들을 친절히 접대하는 고대 사회의 기본 규칙을 위반한 일, 바로 학대와 폭행이라고 못 박는다.[201] 헬미니악은 삿 19장도 유사하게 해석함으로써, 소돔인들의 동성 성관계가 아닌 비열함과 잔인함, 학대 때문에 단죄를 당했듯이, 기브아인들의

---

199) 위의 책, 32.
200) 위의 책, 40.
201) 위의 책, 41-43.

동성 성관계가 아닌 냉혹함과 사악함 때문에 하나님의 심판을 받았다고 주장한다. 두 본문을 해석하면서 그는 소돔인들과 기브아인들의 동성 성폭행 못지않게 끔찍한 일이 각각의 사건에서 딸들을 강간에 내어주려는 시도라고 넌지시 암시하기도 한다. 그러므로 헬미니악은 소돔 사건과 기브아 사건으로 동성애를 단죄하는 것은 본문을 오용하는 일이라면서, 잔혹함이야말로 단죄되어야 한다고 결론짓는다.[202]

헬미니악이 앞서 창 19장과 삿 19장에 나온 동성 성관계를 최대한 부수적으로 다루었다고 주장했다면, 레위기 18장과 20장에서는 남성 간 성행위를 직접적으로(구약성서에서는 유일하게) 다룬다는 사실을 전면에 내세운다. 그러나 그는 두 퀴어신학자들과 유사하게 성결법이 섹스의 고유한 본질을 위배하는 성적인 이유가 아닌 종교적 이유, 곧 유대인의 정체성을 강력하게 유지하려는 의도 때문에 남성 간 성행위를 금지한다고 강조한다. 즉 레위기 본문에서 남성 간 동성애 금지는 섹스 자체의 옳고 그름을 분별하는 도덕적·윤리적 관심이 아닌, 오로지 부정함과 거룩함에 대한 종교적 관심에 기반한다는 것이다.[203] 그러면서 헬미니악은 '망측한 짓'을 성결 규칙을 위반한 '부정한 짓'으로 해석하면서, 본문이 금지하는 것은 고대의 이상적 질서(남자는 삽입당하면 안되고 오직 여자만이 삽입당해야 하는 질서)를 깨뜨리고 용인된 성역할을 혼란시키는(남성 간 삽입 성교는 남자로 하여금 여자구실을 하게 함으로 이상화된 만물의 질서를 어지럽히는) 남성 간 삽입 성교라고 말한다. 참고로 언급할 것은 헬미니악이 레위기가 동성애를 부정하게 여기기 때문에 금지시킨다고 주장한 데 반해, 신약성서는 성결함이나 부정함이 관건

---

202) 위의 책, 44, 50.
203) 위의 책, 59.

이 아니고 다만 선을 행하는가 악을 행하는가가 중요할 뿐이라고 주장한 점이다.[204]

레위기와 관련하여 또 한가지 짚고 넘어갈 것은, 초기 유대교의 사고방식이 성에 대해 자유로웠기 때문에 성행위에 있어서 동성 간 성행위 대 이성 간 성행위를 분류하지 않았다고 헬미니악이 주장한 점이다. 즉 당시에 남자와 여자 중 누구와 성행위를 했느냐보다, 무엇을 했는지, 삽입을 했느냐의 여부가 더 중요했다는 납득하기 어려운 주장도한다.[205] 더욱이 남성 간 삽입 성교의 문제점은 다른 종류를 뒤섞는 일을 혐오하는 고대 유대교의 율법에 위배되기 때문에 금지된 행위였다고 부연 설명한다. 여기서 헬미니악의 견해가 베일리와 보스웰의 입장과 미세하게 달라지는 모습을 발견할 수 있다. 따라서 헬미니악은 레위기 성결법이 남성 간 성관계를 망측한 짓이라고 금지한 것은 그자체가 도덕적·윤리적으로 잘못되었기 때문이 아니라, 초기 이스라엘의 유대교적 세계관에 근거하여 어긋났기 때문이라고 역설한다. 이와아울러 동성애자의 섹스가 옳으냐 그르냐를 둘러싸고 논쟁하는 이시대에, 사회적 관습과 금지가 항상 변하고 바뀌는 오늘날 윤리적 질문에 대한 대답으로 레위기를 인용하는 것은 성서를 오용하는 것이라고 역설한다. 그러므로 레위기에서 얻을 수 있는 교훈은 단순한 관습의 문제에 불과한 것을 윤리적 사안으로 끌어올려 다루려는 고집을버려야 한다고 결론짓는다.[206]

성서 전체에서 동성 간 성행위를 가장 분명하게 정죄하는 롬 1:26-27 본문에 대한 해석에 있어서 헬미니악은 보스웰의 주해를 전적으로

---

204)   위의 책, 90.
205)   위의 책, 69.
206)   위의 책, 53-79.

따른다. 그는 남성 간 성행위를 부정하게 바라본 레위기 성결법과 성결을 쟁점으로 삼은 바울의 로마서 사이에 고의적 유사성이 존재한다면서, 사회적 기대의 위반과 율법에 따른 부정함이 죄가 아니듯이, 동성애가 도덕적·윤리적 잘못이 아니라고 재차 강조한다. 헬미니악은 특히 롬 1:27에 나온 "응분의 벌"을 동성애로 말미암은 성병이나 심지어 AIDS로 추측하는 사람들을 향해 말이 안 된다고 일축하면서, 잘못과 부정함은 하나님을 받들어 섬기지 않은 우상 숭배의 결과라고 말한다. 결론적으로 말해, 로마서에서 동성 간 성관계는 단지 유대인들의 기준으로 판단한 이방인들의 부정함을 보여 주는 예일 뿐이며, 로마서가 분명히 이것에 대해 중립적이기 때문에 죄악으로 여기지 않는다고 힘주어 말한다.[207] 헬미니악은 성서를 문맥에 따라 읽으면 상식적으로 이해할 수 있는 내용도 막무가내로 왜곡시켜 버림으로써, 진리를 앎에도 불구하고 고의적으로 비틀어 버렸다는 의구심이 든다.

신약 성서에 기록된 동성애 관련 또 다른 중요한 두 본문 고전 6:9과 딤전 1:10에 대한 헬미니악의 해석은 다음과 같다. 먼저 두 본문에서 중요한 관건은 두 단어, 곧 탐색하는 자(malakoi: 남자와 성관계 시 여성 역할을 하는 자·남자에게 삽입당하는 자)와 남색 하는 자(arsenokoitai: 남자와 동침하는 자·남자에게 삽입하는 자)의 해석 문제다. 그런데 헬미니악은 두 단어의 의미가 모호하다고 말하면서, 두 본문은 오늘날과는 다른 성서가 기록될 당시 동성 성관계와 관련된 악습, 곧 착취와 성적 학대를 단죄한다고 주장한다. 설령 'arsenokoitai'가 남성 간 성행위를 가리킨다고 할지라도, 두 본문이 남성 간 성행위 자체를 금하는 것으로 볼 수 없다는 것이다. 성서가 기록될 당시 유대-기독교에서 'arseno-

207) 위의 책, 144-145.

koitai'는 아마도 남자들 사이의 착취적이고 음탕하며 방자한 섹스를 가리켰을 것이다. 그러므로 헬미니악은 성서 구절들이 반대하는 것은 남성 사이의 성행위 전체가 아니라, 바로 동성애의 남용에 대한 반대라고 주장한다. 성서가 시종일관 단죄하는 것 역시 섹스 일반이 아닌 이들에 대한 위배, 결코 동성애가 아닌 이성애의 남용이라고 결론짓는다. 두 본문이 주는 교훈은 이 원칙이 이성애와 동성애에 동일하게 적용된다는 것이다.[208] 동성애를 가리키는 것으로 추정되는 신약의 마지막 본문 유다서 7절에서 "다른 육체"에 대해 헬미니악은 동성 간 성관계가 아닌 천사와 인간 사이의 성관계를 가리킨다고 해석한다.

끝으로 헬미니악은 몇몇 성서 본문에서 동성 성관계를 긍정적으로 다루고 있다고 말하면서 대표적 사례로 다윗과 요나단, 다윗과 사울 사이의 동성애 관계를 든다. 다윗과 요나단은 헤어질 때 격렬한 슬픔을 보였을 뿐만 아니라(삼상 20:41-42), 요나단이 죽었다는 소식을 들은 다윗의 애가(삼하 1:26)를 통해 두 사람 관계가 단순한 우정 이상이라는 게 감지된다는 것이다. 헬미니악은 사울 역시 다윗을 사랑했다고 주장하는데(삼상 16:21; 18:12; 18:28), 예시로 들은 본문(삼상 16:21)을 "다윗이 사울에게 이르러 그 앞에 모셔 서매 사울이 그를 크게 사랑하여…" → "다윗이 사울에게 왔고 그 앞에서 발기했을 때 사울은 그를 무척 사랑했다"로 새롭게 번역하였다. 이것은 히브리어에 모음이 없고 오직 자음만으로 기록된 점을 악용하여 하나님의 거룩한 말씀이 악의적으로 음란하게 번역된 사례다. 이외에도 그는 몇 가지 증거를 제시하면서 요나단과 다윗과 사울 사이에 추정되는 삼각 성관계 가능성을 언급하였다. 그뿐만 아니라 헬미니악은 룻과 나오미, 다니엘과 느부갓

---

208) 위의 책, 167.

네살의 내시부 대신 등을 위시하여 성서의 중요 인물들이 상상을 초월하여 동성 간 사랑에 개방적이었을 거라고 추정한다.[209]

헬미니악은 신약 시대 인물 가운데 로마 백부장과 병든 하인이 동성 간 성관계를 나누는 사이로 추정하는데, 그 증거로 하인을 일컬어 남성 간 섹스에 쓰이는 노예이자 남자 연인을 가리킬 가능성이 농후한 "내 아이(pais)"로 부르기 때문이라는 것이다. 사실상 로마의 가장들이 노예들을 성적으로 이용한 것은 당시로선 흔한 일이었던 것이다. 헬미니악이 특히 주목하는 것은 예수 그리스도께서 실제로 맞닥뜨린 동성 간 성관계를 맺는 백부장의 믿음을 칭찬하셨고 소년 하인을 건강하게 치유하셨던 일이다. 이를 통해 그는 예수께서 그 시대의 동성 성관계에 괘념치 않으셨을 뿐만 아니라(어쩌면 그 시대에 널리 만연된 동성애 성 풍속을 당연하게 받아들이셨을지도), 오늘날 이 시대를 살아가는 우리의 좁은 소견으로 예수께서 사시던 세계를 투사하지 않도록 조심해야 한다고 충고한다. 그러면서 헬미니악은 예수께는 성적인 행실보다 믿음과 선의가 더욱 중요시된다고 주장하기도 한다. 우리는 헬미니악에 이르러 앞서 퀴어 신학자들보다 나날이 더욱 대범해지고 더욱 사악해져 가는 퀴어 이론의 발전상에 경악을 금치 못하게 된다.[210]

---

209) 위의 책, 190.
210) 퀴어 신학자들은 동성애가 죄악이 아니라는 것을 입증하기 위해 격론을 벌이기도 하는데, 특히 복음서에서 예수가 동성애에 대해 한 번도 명시적으로 비난하거나 정죄하지 않았기 때문에 동성애가 죄악이 아니라고 강변한다. 하지만 이것은 잘못된 주장인데, 즉 동성애가 심각한 죄악이 아니기 때문에 예수께서 동성애에 대해 논쟁하지 않으신 것이 아니라, 1. 구약의 동성애 정죄에 대한 율법적 교리에 논란의 여지가 있을 수 없기 때문에 아무 말씀도 하지 않은 것이며, 2. 이방 문화와 달리 성에 관해 매우 보수적이고 일찍이 동성애에 대해 엄격한 교육이 이뤄졌던 팔레스타인의 유대 문화에서 동성애가 큰 사회 문제로 드러난 적이 없기 때문에 복음서에서 동성애를 언급하지 않은 것이며, 3. 남성 중심의 가부장적인 고대 유대인 사회가 성에 대해 드러내 놓고 말하기를 꺼리는 폐쇄적 사회이기 때문에 예수께서 동성애와 같은 패역한 행위에 대해 직접적 언명을 피했다고 말할 수 있다.

4) 테오도르 제닝스의 퀴어 신학적 성서 왜곡

20세기 중반 서구 세계에서는 기독교가 쇠퇴할 거라는 예단 속에서 '신 죽음의 신학(死神神學 Death of God Theology)'이라는 극단적인 신학 사조가 출현하여 기독교 신앙을 위협하였다. 반세기 지나 이 예단은 빗나갔고 기독교 복음은 서구세계를 넘어 전 세계적으로 뻗어나가 비(非)서구 세계에서 흥왕하게 되었다. 하지만 오늘날 사신 신학의 토대에서 신학 수업을 받은 한 신학자가 기독교 신앙의 근간을 뒤흔들고 있는데, 그가 바로 시카고 신학교 교수인 테오도르 제닝스(T. W. Jennings, 1942~2020)이다. 제닝스는 그의 스승 토마스 알타이저(Th. Altizer)보다 더 급진적으로 나아가는데, 즉 그는 한때 존재했던 하나님께서 더 이상 실존하지 않기 때문에 기독교가 소멸할 세속 사회가 도래할 것이며, 바로 이런 연유에서 '기독교 이후의 신학(Post-Christian Theology)'에 대해 고민해야 한다고 2018년 8월 마지막 방한 당시 공언하였다.[211]

제닝스는 현재 논의되는 퀴어 신학의 중요한 화두가 거의 그에게서 나온다고 해도 과언이 아닐 만큼 오늘날 퀴어 신학의 선봉에 서 있다. 그의 대표 저작은 2003년에 출판된 『예수가 사랑한 남자: 신약성서의 동성애 이야기(Man Jeus Loved)』인데, 이 책의 의도는 한마디로 동성애를 긍정하는 '게이적 성서 읽기'다. 제닝스는 동성애 혐오적이고 이성애 중심적인 교회의 입장이 성서를 왜곡한다고 비판하면서, 그 귀결로 게이에 대한 차별을 철폐하는 성서 읽기가 실제로 성서로부터 유

---

211) "노신학자의 예언 '기독교 없는 사회 올 것'", 「한겨레신문」(2018. 8. 31).

래하는 텍스트들이라고 못 박는다.[212] 그러면서 그는 동성애 혐오적 정통 신학의 해석에 이의를 제기하는 한편으로, 동성애적 욕망과 관계를 긍정하는 성서 텍스트들의 재해석을 구성하기 위한 전략을 찾아내고자 한다. 더 나아가 이성애 중심적 제도들(대표적: 전통적 결혼 및 가족)의 특권을 지지하는 신학적 해석에 도전한다.[213] 이처럼 퀴어 신학자들은 동성애를 반대하는 성서 해석을 완전히 뒤집지 않으면 동성혼을 합법화할 수 없다고 판단하여 지속적으로 친(親)동성애적 성서 해석을 감행한다.

『예수가 사랑한 남자』를 시작하면서 제닝스가 가장 먼저 꺼낸 화두는 놀랍게도 "예수는 게이였는가?"다. 그는 기독교와 성애(性愛)가 양립할 수 없는 것이 아니라면서 예수의 성적인 애착 내지 성애 관계를 부정할 어떠한 이유도 없다고 전제하면서 이야기를 풀어간다. 제닝스는 특히 사랑하라는 말이 여러 번 반복되는 요한복음에 나오는 "예수께서 사랑하시는 자(13:23; 19:26; 20:2; 21:7, 20)"를 주목하면서 예수와 그 제자가 육체적으로 내밀한 관계, 곧 성애적 욕망 또는 성적인 매혹에 의해 특징지어지는 사랑의 관계였을 개연성을 제기한다.[214] 사랑받는 제자가 예수의 가슴에 안겨 누워 있는 육체적·감정적 친밀함에서 평범한 스승과 제자 사이가 아니라, 동성 간에 육체 관계를 나누는 모습이 엿보인다는 것이다(요 13:21-26). 그렇다면 예수의 사랑하시는 제자는 과연 누구인가? 이 질문에 대해 제닝스는 논의 초기에는 세베대의 아들 요한과 나사로, 부자 청년, 안드레 등을 물망에 올렸다가, 나중

---

212) T. W. Jennings/박성훈 역, 『예수가 사랑한 남자: 신약성서의 동성애 이야기』(서울: 동연, 2011), 15-16.
213) 위의 책, 19-22.
214) 위의 책, 46-49

에는 베드로와 도마, 빌립, 가룟 유다를 제외한 예수 주변 젊은 남성들을 가능성 있는 인물로 추정하지만, 그 제자의 정체성에 대해선 확정적 결론을 내리지 못한다.

제닝스는 예수가 남성들과 육체적·감정적 내밀함을 나누는 동성애자임을 확신하면서 그의 성 정체성에 의구심을 가질 만한 좀 더 구체적 사례들을 소개한다. 즉 그는 앞서 요한복음과 별도로 마가복음(특히 클레멘스와 카르포크라테스의 '비밀의 마가복음²¹⁵⁾')에도 예수의 동성애적 관계를 암시하는 자료들이 수록되었다면서 '부유한 젊은 관원'(10:17-22)과 '겟세마네 동산에서의 벌거벗은 젊은이'(14:50-52) 사건을 제시한다. 그러면서 제닝스는 마가복음 정경에 나온 자료(예수를 향한 부자 청년의 사랑의 시선, 동산에서 도망가는 벌거벗은 청년)에도 마태복음과 누가복음으로부터 제거되기에 충분할 정도로 동성애를 암시한다고 주장한다.²¹⁶⁾ 그뿐만 아니라 예수께서 최후의 만찬에서 제자들의 발을 씻겨 주실 때 옷을 벗은 상태였고 제자들은 그의 무릎에 눕거나 가슴에 닿을 정도로 바짝 기대었다고 제닝스는 말한다. 이것은 성애적 사랑의 관계를 나타냄은 물론, 제자들의 발을 씻겨 주신 것은 예수가 여자로서의 역할을 한 것이라고 해석하기도 한다.²¹⁷⁾

앞서 논했던 퀴어 신학자들은 주로 성서의 인물들이 동성애자였을 거라는 가설만을 제기했지만, 제닝스는 이들과 달리 처음부터 예수가 게이라고 기정사실화하고 나서 성서의 인물들의 성 정체성을 논한다.

---

215) 1958년 예루살렘 교외의 마르 사바(Mar Saba)에 위치한 동방정교회 수도원에서 알렉산드리아의 클레멘스(Clement of Alexandria)가 쓴 편지(200 C. E. 무렵으로 추정)의 18세기 사본이 발견되었는데, 여기에서 모튼 스미스(M. Smith)는 '비밀의 마가복음(A Secret Gospel of Mark)'이라 불리는 자료를 발견하였다. 이 자료는 격렬한 학문적 논쟁의 대상이 되었지만, 일련의 학자들은 마가복음보다 더 초기의 마가복음으로 인식하기도 한다.

216) 위의 책, 222.

217) 위의 책, 67-72, 291-298.

그는 성서 안에 동성애자들이 많다고 유추하면서 그 사례들을 다음과 같이 열거한다. 먼저 다윗과 요나단(삼상 18:1, 20:20; 삼하 1:26)의 애정 관계를 위시하여 다윗과 사울(삼상 16:21)의 관계 역시 연인 관계로 추정하면서(요나단-다윗-사울의 삼각관계), 룻과 나오미(룻 4:16)의 관계를 문학 작품에 최초로 등장한 레즈비언 로맨스로 상정하며, 다니엘과 환 관장(단 1장)도 동성애 관계였을 가능성을 언급한다.[218] 또한 예수께 병든 하인을 고쳐 달라고 청원했던 백부장과 종(마 8:5-13)의 관계 역시 게이 관계라고 주장한다. 제닝스는 우정과 동성애 사이를 구분하지 않고 기본적으로 친밀한 관계로 서술되는 동성 간의 이야기를 모두 동성애로 간주하는 경향인데, 이것은 다니엘 헬미니악에게 전적으로 영향을 받은 듯하다.

제닝스는 성서의 인물들을 동성애자로 간주하는 한편으로, 명백히 동성애를 죄악으로 단정한 성서 구절들에 대해선 왜곡된 해석이라고 강변하기도 한다. 구약과 신약에는 동성애를 직접적으로 언급한 구절들(레 18:22; 20:13; 신 22:5; 롬 1:26-27; 고전 6:9-10; 딤전 1:10)과 함께 전통적으로 문맥상 동성애와 관련된 내용으로 보이는 성구들(창 19:5; 삿 19:22; 유 1:7)도 있는데, 그는 오로지 다섯 구절(레 18:22와 20:13, 롬 1:26-27, 고전 6:9, 딤전 1:10)만이 동성애를 비판하는 듯 보인다면서 상당히 많은 성서 구절이 실상은 동성애와 아무런 관련이 없다고 말한다. 그러면서 그는 이 구절들을 그동안 보수주의 성서학자들이 잘못 해석하면서 동성애를 단죄했지만, 성서는 명백히 게이를 긍정하는 관점과 상당히 잘 부합한다고 주장한다.[219] 즉, 동성애를 죄악으로 정죄하고(동

---

218) 위의 책, 444-445.
219) 위의 책, 373.

성애 혐오적) 이성애를 하나님의 창조 질서로 바라보는(이성애 중심적) 기독교의 전통적 관점이 성서를 왜곡했다고 비판한다. 동성애에 대한 성서의 입장을 정리하면서 제닝스는 다수의 성서 텍스트가 오히려 동성애 관계와 행위를 긍정함은 물론 찬양까지 한다고 억지 주장 할 뿐만 아니라, 동성애라는 것이 저주도 아니고 범죄도 아니며, 심지어 하나님이 주신 놀라운 선물이자 축복이라고 결론짓는다.[220]

위 성구들에 대해 제닝스가 해석한 내용들을 살펴보노라면, 대단히 어리석은 궤변과 비논리적인 억지 주장에 실소를 금치 못하게 되는데, 즉 그는 성서 전체를 문맥에 따라 읽으면 상식적으로 이해할 수 있는 내용도 막무가내로 왜곡시키는 우를 범하는 것이다. 특히 소돔과 고모라 사건(창 19:1-11)이 명약관화하게 동성애와 연관되어 있음에도 불구하고 이를 전적으로 부정하는데, 즉 이 사건이 앞서 퀴어 신학자들의 잘못된 전철을 밟고서 약한 이방인들을 대상으로 집단적 강간을 저지르려는 불법을 지적한 것일 뿐만 아니라, 동성애자들에 대한 인류의 범죄를 정당화하는 데 악용되어 왔다고 역공격하는 식이다. 과거에는 동성애자들이 자연적 순리에 위배되는 자신들의 부끄러운 행동을 은폐하기에 급급했지만, 제닝스는 이미 공공연하게 드러난 동성애자들의 비윤리적 행태보다 이성애자들의 혐오가 훨씬 더 심각하다면서 비난의 화살을 오히려 이성애자들에게 돌림으로써 논점을 흐리기도 한다.

제닝스는 동성애에 대한 이성애자들의 혐오를 비판하는 강도보다 훨씬 더 강한 어조로 이성애에 대해 대립각을 세우는데, 특히 성애와 생식(출산)을 관련시키는 이성애 중심주의가 전통 기독교적 성 윤리라

---

220) T. W. Jennings, "성서는 동성애를 '긍정'한다", 제3시대그리스도교연구소, 퀴어신학자 테오도르 제닝스 강연회 연설내용, http://m.ildaro.com/5328에서 인용.

는 괴물을 만들었다면서 이것이 동성애 혐오의 뿌리라고 역설한다.[221] 그는 성애를 적극적으로 미화하는 만큼 이성애에 기반한 결혼과 가족제도에 적대감을 드러냄으로써 결혼과 가족적 가치에 근본적 의문을 제기하기도 한다.[222] 특히 가족이 개인에 대한 폭력과 학대, 개인의 삶에 대한 왜곡의 무대가 되는 측면에 대한 인식이 고조되는 상황, 가족생활의 강압적이고 범법적 기능을 폭로함으로써 가족의 순기능을 외면하는 경향이다. 더욱이 모든 제자를 향해 가족적 유대에 단절을 요구한 예수의 선포에 응답하는 것은 원칙적으로, 절대적으로 가족적 유대에 반대하는 것을 의미하기 때문에, 예수 전승이 가족이라는 구조를 거부함은 확실하다고 주장한다:[223] "예수는 모든 복음서에서 가족제도를 공격한다. … 예수는 복음이 소위 가족적 가치라는 것과 화해할 수 없는 상충 관계에 있음을 명확히 한다"[224]; "우리는 오직 가족이라는 제도에 대해서는 그 어떤 동성애 관계보다 예수가 훨씬 더 위험하다는 것을 지적할 수 있을 뿐이다."[225] 무엇보다도 짚고 넘어갈 점은, 제닝스가 유일하게 결혼의 가치를 인정한 때는 두 사람이 욕망을 통해 서로 끌리고 환희를 통해 서로를 향유하고 기쁨 속에서 하나가 될 때이며,[226] 결혼의 유일한 동기는 서로 성욕을 만족시키기 위한 것이지 출산과 연결되지 않는다고 말한 사실이다.[227]

그동안 기독교계에서 제닝스의 신성 모독적인 성서 해석과 건전한

---

221) T. W. Jennings, 『예수가 사랑한 남자』, 392.
222) 위의 책, 312, 322, 324-325, 339, 343-344, 352-353, 361, 365, 370, 434, 447.
223) 위의 책, 322-324.
224) 위의 책, 434.
225) 위의 책, 447.
226) 위의 책, 369-373.
227) 위의 책, 387.

기독교 윤리를 위협하는 심각한 도전에 대해 별다른 문제 제기가 없었지만, 그가 공개 석상에서 '기독교의 소멸'과 '기독교 이후의 신학'을 공언하는 현 상황은 더 이상 묵과할 수 없는 단계에 이르렀음을 시사한다. 제닝스가 결혼 및 가족적 가치를 폄하하고 성 규범을 괘념치 않는 비윤리적인 방종은 성서에 기반한 기독교적 윤리관에 전적으로 배치되는데, 왜냐하면 성서가 독려하는 그리스도인의 삶은 가족 중심의 성 윤리를 지키는 성결한 삶이기 때문이다. 거룩보다 쾌락, 성결보다 방종을 선택한 퀴어 신학자들에게 있어서 기독교는 족쇄처럼 부담스러운 존재이기에 이들이 기독교가 사라질 그 이후를 동경하는 것은 어쩌면 자연스런 수순인 듯하다. 그러면서 제닝스는 부정한 혈통의 가계도에서 태어난 역사적 예수가 명백히 성적인 비규정성에 크게 문제가 없었던 사람, 동성애적 관계에 적대적이지 않았을 사람, 성적으로 부정한 행위에 전혀 충격을 받지 않고 책망도 하지 않았으며 오히려 관대한 태도를 보였던 사람이라면서 성 일탈에 개의치 말고 살 것을 넌지시 암시하기도 한다.[228]

4. 퀴어 신학의 심각한 문제점

1) 퀴어 신학은 기독교 신학의 본질에서 빗나간다[229]

228) 위의 책, 128, 181-182, 237, 245-246, 255, 258, 354, 446.
229) 이 부분은 김영한, 『퀴어신학의 도전과 정통개혁신학』(서울: CLC, 2020), 61-63 참고.

기독교 신학의 본질은 모든 시대의 인간을 향해 주시는 하나님의 말씀을 해석하는 학문적 성찰이다. 이러한 하나님 말씀인 성서의 핵심 주제는 바로 '예수 그리스도'라고 사도 요한은 역사적 예수의 말씀을 직접 인용하면서 기록한다: "너희가 성경에서 영생을 얻는 줄 생각하고 성경을 연구하거니와 이 성경이 곧 내게 대해 증언하는 것이니라"(요 5:39).

예수 그리스도가 핵심 주제인 성서와 신학의 본질은 하나님의 구속, 곧 예수 그리스도를 통한 인류의 구속이다. 성서와 신학의 본질에 관해 요한복음은 또 이렇게 증언한다: "오직 이것을 기록함은 너희로 예수께서 하나님의 아들 그리스도이심을 믿게 하려 함이요, 또 너희로 믿고 그 이름을 힘입어 생명을 얻게 하려 함이니라"(요 20:31). 그러므로 성서에 나타난 하나님의 구속 섭리와 경륜을 아는 신앙적 성찰이 바로 신학의 본질인 것이다.

그런데 동성애가 성서와 신학의 주제라고 주장하는 퀴어 신학은 모든 세대의 인간을 향해 말씀하시는 하나님의 뜻과 경륜을 탐구하는 기독교 신학의 본질에서 빗나간다. 동성애가 창조 질서라는 퀴어 신학의 주장은 기독교 신학의 기초인 계시된 하나님 말씀인 성서의 창세기에서 요한계시록에 이르는 66권의 가르침에 위배된다. 성(性)의 결합은 남편과 아내의 결합이라고 창세기는 명료하게 말씀하기 때문이다: "이러므로 남자가 부모를 떠나 그의 아내와 합하여 둘이 한 몸을 이룰지로다"(창 2:24).

더욱이 하나님은 초월적 존재로서 자율적 이성(理性)에게 낯설고 이상한 존재지만, 항상 윤리적 보편성을 요구하시는 존재다. 그런데 퀴어 신학이 추구하는 주제인 '낯설고 이상한 것'으로 정의되는 동성애란 양성(兩性)을 창조 질서로 주신 하나님의 섭리에 전적으로 어긋난다. 또한 동성애는 성서와 신학의 주제가 아닌 하나의 부차적인 것으로서 하나님이 엄격히 금지하시는 행위다.

2) 퀴어 신학은 신학의 보편적 주제가 될 수 없다[230]

신학의 보편적 주제는 전 인류의 구원이다. 구원을 주시는 이는 하나님이시기 때문에 신학의 주제는 창조자 하나님, 구속자 예수 그리스도, 보혜사 성령 삼위일체 하나님이시다. 삼위일체 하나님은 인간에게 구원을 주시는 인격적 하나님이시다. 여기서 구원론, 교회론, 성화론, 종말론 등으로 세분화되는데, 성화론에서 기독교 윤리가 다뤄진다.

그런데 동성애를 정당화하는 퀴어 신학은 기독교 윤리에 속하는 한 이슈일 따름이므로, 신학의 보편적 주제가 될 수 없다. 동성애는 인간의 '성적 지향(sexual orientation)'을 드러내는 인간의 성적 삶의 한 부분에 속하는 주제이기 때문이다. 더욱이 동성애는 성서가 '가증한 행위'라고 규정하고 있기 때문에 신학의 핵심 주제가 될 수 없다. 그뿐만 아니라 동성애의 사상적 기반인 젠더주의는 반신론적·무신론적 시대사조로서 성서의 가르침에 배치됨은 물론, 전통적 도덕규범의 해체를 선언함으로 인류 문명을 위협한다.

3) 퀴어 신학은 성서의 신적 영감성을 부정한다[231]

성서에는 하나님의 영원한 감동이 그 저작 과정에 있다는 것이 성서

---

230) 위의 책, 63-64.
231) 위의 책, 65-66.

의 신적 영감성(divine inspiration)이다. 신적 영감성이란 '하나님의 감동으로 됨(theopnutos)'에서 유래하며, 그 문자적 의미는 하나님에게서 호흡이 밖으로 발산된 것(breathed out from God), 신적으로 숨을 내쉬는 것(ex-pired)을 의미한다.

성서의 신적 영감성이란 성서가 지닌 핵심으로서 매 시대의 인간들에게 그 시대의 언어로 주어진 하나님의 감동을 말한다. 이 신적 영감성으로 인해 성서는 역사적 문서이기는 하지만, 역사적으로 각 시대와 개개인에게 주어진 영원하신 하나님의 계시된 말씀이 될 수 있다. 시대와 인간, 상황과 문화는 계속 변하면서 명멸을 거듭하지만, 명멸을 초월하여 영원히 존재하는 하나님의 뜻과 경륜은 변하지 않는다. 성서의 계시성은 성서를 시대와 지역, 상황과 문화를 넘어서 영원하신 하나님의 말씀이자 지속적 고전으로 인류에게 존속케 한다.

만약 기독교 신학이 성서의 영감성을 부정하면, 하나님의 말씀으로서의 성서의 본질을 놓치게 된다. 그런데 성서의 영감성을 부정하는 퀴어 신학은 하나님의 신비로운 영감을 부정하기 때문에 성서를 지나간 과거의 시대적 산물, 인간의 역사적·문화적 문서로만 이해한다. 이로 인해 퀴어 신학은 성서의 시대적 오류와 편견을 지적함으로써 성서가 기독교 신앙과 윤리의 보편타당한 척도라는 사실을 부인할 뿐만 아니라, 종국적으로 기독교 신앙의 본질을 거부하는 오류를 범한다.

4) '퀴어'를 전면에 내세운 퀴어 신학은 정통 신학과 양립할 수 없다[232]

퀴어 신학은 '낯설고 이상하다', '기괴하고 비정상적이다'라는 의미를

---

232) 이 부분은 이상원, "퀴어 신학에 대한 분석과 비판", 이상원, "퀴어 신학에 대한 분석과 비판", 282-283 참조.

내포한 '퀴어'를 전면에 내세워 정통 신학의 중심적 주제들을 대체하고 자 하는데, 그 논지는 다음과 같다. 즉, 정통 신학 자체가 상식적 사고 를 하는 사람들이 보기에 낯설고 이상한 것들로 신학의 중심부를 구 성하기 때문에, 낯설고 이상한 것으로 인식되는 동성애는 신학의 중 심적 주제가 될 수 있다는 것이다. 즉, 퀴어 신학의 출발점은 정통 신 학이 동성애를 '낯설고 이상한 것'으로 비판한다는 점을 반대로 뒤집 어서 정통 신학 자체가 '낯설고 이상한 것'이기 때문에 오히려 정통 신 학의 중요한 신학적 주제들과 동성애는 본질이 같을 뿐만 아니라, 정 통 신학은 동성애를 신학적으로 정당화할 수 있다는 것이다.

문제는 정통 신학 자체가 '낯설고 이상한' 요소들을 가지고 있다 하 더라도, 정통 신학의 중심적 주제들이 지닌 '낯설고 이상한' 특성과 퀴 어 신학이 지닌 '낯설고 이상한' 특성은 본질적으로 다르다는 것이다. 즉, 정통 신학의 신학적 주제들이 '낯설고 이상하다'는 것은, 이들이 인 간의 이성과 경험을 넘어서는 초월적 내용들로 구성되기 때문에 신앙 을 갖지 않은 불신자들의 이성과 경험의 관점에서 볼 때 납득되기 어 려운 요소들을 지닌다는 의미를 담고 있다. 일례로 말씀으로 이 세상 을 창조하신 사건, 예수 그리스도께서 죄인을 대속해 주신 사건, 자연 법칙을 거스른 초자연적 기적 사건 등은 모두 상식적 관점이 아닌 오 직 신앙적 관점에서 이해 가능한 사건들이다.

그러나 정통 신학이 동성애를 낯설고 이상한 것으로 인식할 때는 앞서와는 전혀 다른 관점과 동기에 기인한다. 즉, 정통 신학의 관점에 서 동성애가 낯설고 이상하다는 말은 동성애가 비도덕적·비윤리적일 뿐만 아니라, 의학적으로나 생물학적으로 통상적·상식적 질서와 부합 하지 않는다는 의미다. 특별히 남성 동성애의 경우, 배설 기관과 생식 기관의 기괴한 접촉이라는 점에서 생물학적 상식에 반할 뿐만 아니라,

이 접촉을 통해 각종 질병 발병의 원인이 될 수 있다는 점에서 의학적 상식에도 반한다. 단언하면, 동성애는 남녀 양성(兩性)에 기반한 하나님의 창조 질서를 가르치는 성서와 인류의 보편타당한 성 윤리에 반하는 반(反)인륜적 성적 일탈 및 비행이므로 정통 신학과 결코 양립할 수 없다.

5) 퀴어 신학은 정통 기독교 신앙과 신학을 해체시키고 상대화시킨다

퀴어 신학은 퀴어 사람들(queer people)의 경험에 비추어 기존의 정통 기독교 신앙과 신학을 재검토하고(re-examine) 재편성함으로(reframe) 정통 기독교 자체를 대체시키려는 위험한 신학이다. 여기서 퀴어 사람들의 입장에서 볼 때 정통 기독교의 문제점이란, 백인적이고 남성적이며 유럽적이며 이성애적인 기독교다.[233] 특히 주목할 것은 퀴어 신학이 모든 절대적 진리와 가치체계를 해체시키고 상대화하려는 포스트모던적 해체주의에 입각한 논의로 나아가는 점이다.

이러한 해체주의적 인식에 입각한 퀴어 신학은 성서에 대해, 심지어 하나님에 대해서도 상대적 입장을 취할 때만 허용될 수 있는 논의라고 말할 수 있다. 성서가 하나님의 절대적 말씀이라고 믿는 정통 신학에서 성서를 상대화시키는 퀴어 신학은 바른 기독교 신학이라고 볼 수 없기 때문이다. 그러므로 퀴어 신학을 인정하느냐, 하지 않느냐는 결국 성서를 절대적으로 인정하느냐, 하지 않느냐에 달린 것이다.[234]

---

233) S. Cornwall, "Queer Theology and Sexchatology", S. Cornwall interviewed by R, Marshall(2017. 10. 26).

234) 이승구, "퀴어 신학의 주장과 그 문제점들", 이승구, "퀴어 신학의 주장과 그 문제점들", 79.

6) 퀴어 신학은 성서를 왜곡하여 전통적 결혼 및 가족 제도를 파괴한다

퀴어 신학은 복음서의 두 본문(막 3:33; 눅 14:26)을 악의적으로 인용하여 역사적 예수가 전통적 결혼 및 가족 제도를 부인했다고 왜곡하면서, 이데올로기를 우선시한 공산주의자들처럼 가족제도를 파괴하는 극단적 방향으로 나아간다.

그러나 이 본문의 진정한 의도는 가족 사랑보다는 하나님의 뜻을 준행하고, 가족의 가치보다는 하나님 나라의 가치를 더 우선시해야 한다는 말씀이지 결코 가족 제도를 부인한 것이 아니다. 자기 가족을 미워해야 하늘나라에 들어갈 자격이 있다고 말씀했던 예수는 끝까지 그의 어머니를 돌보셨고 숨 거두기 전에 제가 요한에게 어머니를 의탁하였다(요 19:26-27). 가정은 인간이 만든 것이 아니라, 하나님이 일반은총으로 인간에게 허락하신 창조의 복이다.

5. 퀴어 신학에 대한 교의학적 비판

1) 퀴어 신학의 신론: 퀴어 하나님(queer God)- 정체불명의 불가지론적·범신론적·성애적 하나님

퀴어 신학은 정통 신학의 삼위일체론을 '본질이 없는 정체성(identity without an essence)'이라고 규정하면서 하나님에 대한 불가지론(不可知論: agnosticism)을 표명한다. 특별히 "우리는 하나님이 어떤 분이신지 모른다. 다만 하나님이 아닌 것이 무엇인지를 알 뿐이다."[235]라는 토마스 아퀴나스(Th. Aquinas)의 부정신학(否定神學: apophatic thelolgy, 하나님은 본질상 초월적이고 완전하게 알 수 없는 분이기에, 하나님에 대한 적극적 규정을 부정하는 방법으로만 인식할 수 있다는 신학 사상)의 명제를 "하나님은 확실히 존재하지만 그 본질이 무엇인지는 알려지지 않는다."라는 의미로 해석하면서 불가해한 하나님의 정체성을 부각시킨다. 한 걸음 더 나아가 퀴어 신학은 오랜 신비주의 전통을 거론하면서 이렇게 주장하기도 한다: "인간이 사용하는 은유는 하나님이 어떤 분이신지를 정확히 표현하기 적절하지 않으므로 그 누구도 하나님에 대해 최종적인 말을 할 수 없다."[236]

그러나 퀴어 신학이 전개하는 정체불명의 퀴어한 불가지론적 신론과 달리, 기독교의 하나님은 인간에게 자신을 계시하시고 인격적 관계를 맺으시는 하나님이다. 물론 하나님은 인간과 질적으로 다른 초월적 존재(하나님의 초월성)이지만, 인간과 끊임없이 친교하는 존재(하나님의 내재성)이기도 하다. 성서가 증언하는 하나님은 그의 이름을 묻는 모세에게 '나는 스스로 있는 자'라고 계시하시면서도(출 3:14) 자신을 아브라함과 이삭과 야곱의 하나님이라고 말씀한다(출 3:15). 성서의 하나님은 예수 그리스도 안에서 자신을 드러내어 계시하신 약속과 은총과 사랑의 하나님이시다(요 1:17). 또한 예수는 제자들에게 자신이 하나님의 보이는 본체라고 말씀했고(요 14:6-7), 사도 바울은 그를 "보이지 않는 하나님의 형상"(골 1:15)이라고 증언한다. 그뿐만 아니라 성부 하나님은 2000년 전 골고다에서 이루셨던 성자 예수 그리스도의 구속 사역을 인류 안에

235) Th. Aquinas, Summa Theologia, I, 3.
236) S. Cornwall, "Queer Theology and Sexchatology", S. Cornwall interviewed by R, Marshall(2017. 10. 26).

서 현재적으로 이어 가도록 내주·내재하시는 보혜사(保惠師) 성령 하나님을 보내셨다. 그러므로 삼위일체론에 기반한 정통 신학의 올바른 신론은 삼위 하나님의 초월성과 내재성을 함께 조망하면서 약속과 구원, 은혜와 진리의 하나님에 대해 증언해야 한다.

무엇보다도 퀴어 신학의 심각한 폐해는 성(性)을 초월한 영적 존재이자 거룩하신 하나님을 성애적(性愛的) 존재로 신성 모독한 일이다. 퀴어 신학자들은 하나님을 신자들과 성애를 나누는 신으로 묘사하면서, 심지어 남근(男根)을 지닌 남신(男神)이라고 외설적으로 해석한다. 어떤 퀴어 신학자는 삼위일체가 '세 게이들이 동성애적 관계를 하는 것(gay, sexual threesome)'이라고까지 왜곡하기도 한다.[237] 게이 로마가톨릭 퀴어 신학자 제라드 롤린(G. Laughlin)은 에스겔 1:27에 있는 "그 허리 아래의 모양도 불 같아서 사방으로 광채가 나며"라는 표현을 하나님의 남근을 우회적으로 표현한 것이라고 보면서, 에스겔 16:8에 "내 옷으로 너를 덮어 벌거벗은 것을 가리고"는 성관계를 갖기 위해 자리에 누운 것으로 해석하였다. 그런데 그는 이 장면을 특히 합법적 아내와 잠자리를 같이하는 것이 아닌 처녀를 강간하는 장면으로 주해했는데,[238] 여기서 하나님의 강간 행위의 상대역인 여자 역할은 이스라엘의 남자를 뜻하므로 남성이신 하나님과 이스라엘 남자들이 동성 성행위를 했다는 의미이다.

성서가 증언하는 하나님은 성을 초월한 하나님으로 계시됨으로써, 성서는 하나님을 여성 신이나 남성 신이 아닌 단지 성부 하나님으로

---

237) M. L. Brown, *A Queer Thing Happend to America*: "A Darker Side of LGBT Theology: From Queer Christ to Transgender Christ", available at https://stream.org/the-darker-side-of-lgbt-theology-from-queer-christ-to-transgender-christ.

238) G. Laughlin, "Omphalos", in: *Queer Theology* (MA: Blackwell, 2007), 125-126.

기술한다(요 1:18). 특히 퀴어 신학자들의 하나님에 대한 신성 모독적 해석에 대해 위중한 문제 제기를 하지 않을 수 없다. 먼저 롤린이 에스겔 1:27의 "그 허리 아래의 모양도 불 같아서 사방으로 광채가 나며"라는 구절을 하나님의 성기를 우회적으로 표현한다고 해석한 것은 하나님을 남신으로 보고 성기를 지닌 분으로 보는 전혀 비성서적인 해석이다[239]. '허리 아래의 모양도 불 같아서'를 하나님의 성기로 외설적으로 해석하는 것은 '사방으로 광채가 나며'라는 다음 문맥을 전혀 간과한 젠더주의적 왜곡이다. 이 구절은 하나님의 영광을 분명히 표현하는 다음 구절로 연결된다: "그 사방 광채의 모양은 비 오는 날 구름에 있는 무지개 같으니, 이는 야훼의 영광의 형상의 모양이라"(겔 1:28). 그러므로 "허리 아래의 모양이 불 같아서 사방으로 광채가 나며, 그 광채의 모양은 비 오는 날 구름에 있는 무지개 같다"라는 표현은 하늘의 보좌, 하나님의 보좌 가운데 있는 하나님의 영광의 모습을 말하는 것이다.

창 15장 기록에 의하면, 아브람의 제물에 하나님이 응답하실 때 '연기 나는 풀무에 타는 횃불'이 제물 사이를 지나간다는 것은 하나님이 제물을 받으신다는 것을 나타내는 장면이요, 이 전 장면은 하나님이 믿음의 조상 아브람과 언약을 맺으시는 장면을 상징하는 것이다(창 15:18). 불은 하나님의 임재의 모습이자 그의 영광의 상징이기도 하다. 출애굽기에 의하면, 미디안 광야의 목자 모세는 시내산에서 떨기나무 불꽃 가운데 임재한 하나님의 모습을 목도했는데(출 3:2), 떨기나무 불은 영적 실재로 하나님의 임재를 상징함은 물론 하나님의 거룩성을 드러내기도 한다(출 3:5b). 하나님은 영이시므로 불같은 모습으로 자신

---

239) 김영한, 『퀴어 신학의 도전과 정통 개혁신학』(서울: CLC, 2020), 256-257.

의 존재를 가시적으로 나타내실 뿐, 불은 하나님이 아니라는 것이다. 히브리서는 "우리 하나님은 소멸하는 불이심이라"(히 12:29)고 증언하는데, 이 말씀은 하나님의 은혜를 거역하는 자들에 대한 경고로서 주어진 것이다. 모세가 시내산에 율법을 받으러 간 사이 이스라엘 백성들은 이집트의 풍요신을 숭배하고 음행함으로 하나님의 심판을 받았는데, 하나님의 임재에는 모든 불의와 음행에 대해 정결케 하심이 따르기 때문이다. 이로써 불은 심판하시는 하나님의 거룩성을 상징한다고 말할 수 있다[240].

또한 퀴어 신학은 겔 16:8 "내 옷으로 너를 덮어 벌거벗은 것을 가리고"라는 구절이 처녀를 강간하는 장면이라고 왜곡했지만, 이 구절은 하나님을 배신한 이스라엘 백성에게 언약을 주시는 것을 고대 중동 지역의 결혼 예식으로 상징적으로 표현한 것이다. 즉, 본문은 당시 이스라엘 근동의 익숙한 사회적 관습, 곧 남자가 겉옷을 가지고 여자를 덮음으로써 여자를 아내로 맞이하는 관습(cf. 룻 3:9)을 사용하여 그의 패역한 백성에 대한 언약을 회복하시는 하나님의 모습을 나타낸 것이다. 그러므로 거룩하신 하나님의 언약을 나타내는 상징적 표현을 처녀에 대한 강간으로 해석함으로써, 거룩하신 하나님을 음란한 잡신으로 격하시킨 것은 도저히 용납할 수 없는 신성 모독이다.

2) 퀴어 신학의 그리스도론: 퀴어 그리스도(queer Christ)- 자웅동체의 다(多)젠더적 양성애자이자 퀴어 성 해방자

정통 신학은 성서의 가르침에 충실한 니케아 신조(325)와 칼케돈 공

---

240)   위의 책, 259-260.

의회(451)에 근거하여 예수 그리스도를 한 인격 안에 가장 온전한 신성(神性)과 가장 온전한 인성(人性)을 지닌 분이라고 고백한다. 이에 정통 신학은 예수께서 죄와 조금도 상관이 없고 죄를 전혀 범치 않았으며 인간의 구원을 이루셨으며 구원받은 사람들이 살아갈 올바른 길을 제시하셨다고 믿는다.[241] 특별히 사도 요한은 공관복음서가 인식하지 못했던 역사적 예수의 선재성(요 1:1; 6:62; 8:58)과 로고스 되심(요 1:1, 14), "하나님의 어린 양"(요 1:29)이자 "하나님의 아들"(계 5:9, 12, 13), "만왕의 왕"이요 "만주의 주"이심(계 17:14; 19:16)을 증언한다.

그러나 앞서 논했듯이 퀴어 신학자 테오드르 제닝스(T. W. Jennings)는 역사적 예수가 사도 요한 등으로 지목하는 "그의 사랑하시는 자"(요 13:23; 19:26; 20:2; 21:7, 20)를 위시하여 남성 제자들과 육체적 성애 관계를 나눈 게이였다고 도발적으로 기술함으로써, 그리스도론을 심각하게 왜곡할 뿐만 아니라 참람한 신성 모독죄를 범한다. 퀴어 신학자 몬테피오레(H. W. Montefiere)도 예수가 동성애적 성향을 가졌다고 본다.[242] 여성 퀴어 신학자 아미 할리우드(A. Hollywood)는 중세기 남성 수도승들의 명상 신학이 그리스도와의 연합을 짙은 성애적(性愛的) 언어로 표현했다고 평가한다.[243] 이러한 퀴어 신학자들의 하나님의 진리에 대한 왜곡과 참람한 신성 모독은 여기에 머물지 않고 마치 포르노그래피처럼 더욱 외설적으로 발전한다.

먼저 성공회 여성 신학자이자 퀴어 신학인 엘리자베스 스튜어트

---

241) 이승구, "퀴어 신학의 주장과 그 문제점들", 81.

242) H. W. Montefiore, "Jesus, the Revelation of God", in: *Christ for Us Today: Papers read at the Conference of Modern Churchmen*, Somerville College, Oxford, July 1967, ed. by Norman Pittenger (London: SCM Press, 1968), 109.

243) A. Hollywood, "Queering the Beguines: Mechthild of Magdeburg", in: *Queer Theology* (MA: Blackwell, 2007), 169.

(E. Stuart)는 정통 신학과는 전혀 다른 각도에서 매우 적나라한 표현으로 예수 그리스도에 대한 논의를 전개하는데, 곧 성육신하신 아기 예수의 몸이 남성성과 여성성을 한 몸에 지닌 몸이었다고 해석한다. 남성과 성관계를 갖지 않은 동정녀(童貞女) 마리아가 낳은 아기 예수는 남성으로부터 물질적 요소를 전혀 물려받지 않고 오직 여성으로부터만 자양분을 받고 '낯설고 이상한' 방법으로 출생했기 때문에, 기존의 인간 존재 방식과는 전혀 다른 남녀 '자웅동체(雌雄同體)'의 새로운 피조물이라는 것이다.

그러면서 스튜어트는 예수께서 상황에 따라 남성도 되었다가 여성도 되었다가 유동적으로 바뀌는데, 십자가상에서 창으로 옆구리가 찔린 상처는 여성의 몸으로 변화된 자궁이요, 외부 상처는 여성 성기의 외음부이며, 옆구리 상처의 피와 물은 여성 성기에서 나오는 애액과 젖이라는 신성 모독적 음란한 해석을 한다.[244] 이에 대해 아미 할리우드도 가세하여 젠더주의에 입각하여 해석함으로써, 로마 가톨릭에서 행해지는 예수의 상처에 수녀들이 입 맞추는 의식은 여성화되신 그리스도의 몸과 레즈비언적으로 구강성교 하는 행위라는 참으로 해괴망측한 주장도 서슴지 않는다.[245]

예수의 몸을 자웅동체로 왜곡한 스튜어트는 "예수의 몸이 변형과 바뀌는 것이 가능한 몸이기 때문에 성찬 시에 성적으로 중립적 형태의 빵으로 변형되고 확장된다."[246]라고 말하다가, 마침내 부활 사건을 기점으로 다성적 몸(=다젠더적, multi-gendered body)이 된다고 주장하기에 이른다. 그러면서 그는 예수 안에 있는 성도들도 '투과적이고 초

244)   E. Stuart, "Sacramental Flesh", in: *Queer Theology* (MA: Blackwell, 2007), 66.
245)   A. Hollowood, "Queering the Beguines", 163.
246)   E. Stuart, "Sacramental Flesh", 66.

(超)신체적이고 자리바꿈이 가능한(permeable, transcorporeal, and trans-positional)' 몸, 곧 남성성과 여성성이 뒤바뀌는 몸이 된다고 강조한다.[247] 이로써 퀴어 신학자들은 예수가 어떤 사람과 성관계를 하는지에 따라 이성애를 드러내기도 하고 동성애를 드러내기도 하는 등 성(性)의 구별을 넘나드는 다성적 양성애자라고 규정함으로써, 참람하기 이를 데 없는 신성 모독적 발언을 하는 데까지 나아간 것이다.[248]

스튜어트와 같은 견해를 가진 퀴어 신학자 제라드 워드(G. Ward)도 성찬 시에 "그리스도의 몸은 … 경계선을 넘을 수 있다. 빵이 된 예수의 몸은 더 이상 단순히 생물학적으로 남성의 몸이 아니다."[249]라고 말하고 나서, 요 20장을 부활 이후 다성적으로 변모한 예수의 양성애적 성 정체성을 나타내는 본문으로 해석하기도 한다. 즉, 17절에서 막달라 마리아가 무덤에서 부활하신 예수를 만나 대화하고 붙들려고 시도한 행동을 남성의 입장에 서신 예수와 이성애적 사랑을 주고받은 사건으로 해석하는 한편으로, 27절에서 도마가 예수의 옆구리 상처에 손을 넣는 행위를 여성의 입장에서 도마와 동성애적 사랑을 주고받은 사건으로 해석한다.[250]

그뿐만 아니라 퀴어 신학자들은 예수가 인간의 모든 욕망을 다 받아들이고 동성애적 지향을 정죄하지 않는 참으로 '퀴어 그리스도'(queer Christ)이기 때문에, 모든 것을 다 포용하는 것이 예수의 뜻에 따

---

247) 위의 글, 72-73.

248) G. Ward, "There is no sexual difference", in: *Queer Theology* (MA: Blackwell, 2007), 84.

249) G. Ward, "Bodies: The Displaced Body of Jesus Christ", in: *Radical Orthodoxy: A New Theology*, ed. by J. Milbank and others (London: Routledge, 1999), 168.

250) 위의 글, 78.

르는 삶이라고 주장하기도 한다.[251] 여성 퀴어 신학자 리사 이셔우드(L. Iserwood)는 '퀴어링 그리스도(queering Christ)'라고 말하기도 한다.[252] '퀴어 그리스도'과 '퀴어링 그리스도'는 모두 '기괴한 성 해방자(queer sexual liberator)', 곧 성 소수자들(LGBTQIA)을 억누르는 동성애 편견과 차별과 혐오로부터 해방시키는 자라는 의미다. 중국계 미국 성공회 신부요 퀴어 신학자 패트릭 챙(P. S. Cheng) 또한 '퀴어 그리스도'를 선언하면서 그리스도가 섹슈얼리티와 젠더의 경계를 자유롭게 넘나드는 존재라고 역설한다[253].

특히 주목할 것은 챙이 예수의 성육신과 자신의 성 정체성을 관련시키면서 "나의 퀴어성(queerness)은 성육신의 선함의 확실한 증거다. 즉, 성육신하신 말씀은 나의 퀴어성에서 확언된다."라고 고백하는 한편, 부활절과 연관해서는 "부활절은 퀴어 성적인 해방(queer sexual liberation)의 희망이 된다. 성 해방을 위한 퀴어 신학의 투쟁은 승리할 것이다. 이것은 부활의 희망이다. … 부활절에 하나님은 예수를 우리와 연대한 퀴어로 만드셨다. 달리 말해, 예수는 닫힌 곳으로부터 나와서 '퀴어 그리스도(queer Christ)'가 되셨다."[254]라고 기술함으로써 예수께서 동성애자로서의 자신의 성 정체성과 동성 간 성행위를 적극적으로 긍정한다고 강변한 점이다.

이처럼 정통 신학과 퀴어 신학의 예수 그리스도에 대한 이해는 극단적 대척점에 놓여 있다고 볼 수 있다. 퀴어 신학자들이 예수의 몸을

251) L. Iserwood, "Queering Christ: Outrageous Acts and Theological Reflections", Literature and Theology 15/3(2001), 249-261; R. E. Goss, Queering Christ: Beyond Jesus Acted Up (Cleveland, OH: Pilgrim Press, 2002).

252) L. Isherwood, "Queering Christ: Outrageous Acts and Theological Reflections", 249-261.

253) P. S. Cheng, 『급적인 사랑』, 133-142.

254) P. S. Cheng, From Sin to Amazing Grace: Discovering the Queer Christ (New York, NY: Seabury Books, 2012).

남성성과 여성성을 한 몸에 지닌 자웅동체로 보았지만, 이것은 젠더주의적 상상에 불과한 것이지, 역사적 예수는 결코 자웅동체가 아닌 남자의 성(性)을 가진 구체적 인간이었다. 요한복음은 "말씀이 육신이 되어"(요 1:14)라고 기술하면서 예수께서 우리와 동일한 육신을 가진 평범한 남성이라는 사실을 증언할 뿐만 아니라, 십자가상에서 어머니 마리아에게 자신이 아들이라고 말씀하셨다(요 19:26b). 초대교회 영지주의자들은 예수가 육체를 지니지 않고 가상적 몸을 입고 영적으로 오셨다고 주장하기도 했지만, 사도 요한은 예수께서 육으로 온 것을 부인하는 영마다 적그리스도의 영이라고 말씀한다(요일 4:2).

또한 퀴어 신학자들이 십자가 구속 사건을 음란하게 왜곡한 데 반해, 성서는 "이는 물과 피로 임하신 이시니 곧 예수 그리스도시라. 물로만 아니요 물과 피로 임하셨고 증언하는 이는 성령이시니 성령은 진리니라"(요일 5:6)라고 말씀한다. 이로써 물과 피가 자궁과 성기와 관련된 것이 절대로 아닌 예수의 세례 받으심(물)과 속죄물 되심(피 흘림)을 상징한다는 사실을 나타낸다. 예수는 십자가상에서 자웅동체 안에서 여성의 몸이 된 것이 절대로 아니라, 그의 죄 없는 몸을 유월절 양으로 하나님께 속죄 제물로 드리신 것이다. 더욱이 인류를 대속하기 위해 흘리신 예수의 고귀한 보혈에 젠더 모티브를 적용하여 여성의 성기에서 나오는 피로 해석할 뿐만 아니라, 옆구리 상처에 입 맞추는 행위를 외설적으로 표현한 것은 도저히 용납될 수 없는 일이다. 여기서 우리는 퀴어 신학자들의 해석이 온통 성기와 섹스에 집중하는 것을 통해 인류의 죄를 대속하기 위해 속죄의 보혈을 흘리시는 구속 사건을 음란화시키려는 사탄의 전략을 발견하기도 한다.[255]

---

255) 김영한, 『퀴어신학의 도전과 정통개혁신학』, 275-276.

또한 퀴어 신학자들이 부활한 예수를 성(性)의 구별을 넘나드는 다성적 양성애자, 퀴어 그리스도로 모독했으며, 부활 사건을 '퀴어 성 해방 사건'으로 왜곡한 반면, 성서는 부활한 예수의 몸이 남성과 여성의 인간적 몸을 초월한 몸, 더 나아가 썩어짐을 삼킨 썩지 않음의 영광스러운 몸(고전 15:33)이라고 말씀한다. 부활한 예수의 몸은 더 이상 남성과 여성에 갇힌 몸이 아니라, 성의 바꿈을 할 필요가 없는 상태(마 22:30), 곧 신령한 몸이자 죽지 않는 몸, 시공간의 제한을 벗어나 자유롭게 오가는 몸(요 20:26)이신 것이다. 마침내 부활하신 예수는 죄와 사망의 권세를 깨뜨리시고 메시아적 통치자의 신분으로 등극하신 것이다.[256] 더욱이 성육신에서부터 세례와 성찬, 십자가 사건을 거쳐 부활에 이르기까지 퀴어 신학이 설명하는 예수의 몸에 대한 설명은 신뢰성이 확연히 떨어지는데, 상황과 목적에 따라 예수가 남성 혹은 여성이 되었다고 했다가, 여성도 남성도 아닌 자웅동체적 존재가 되었다고 하는 등 계속해서 변모함으로 인해 과연 무엇이 진정한 예수의 몸인지 알 수 없게 만드는 치명적 오류를 범하기 때문이다.

그렇다면 이런 초자연적 권능의 부활 사건을 마치 '다빈치 코드(The Da Vinci Code)'같이 젠더주의적 픽션의 남녀 애정 사건, 마리아와 이성 간 성행위를 하고 도마와 동성 간 성행위를 하는 사건으로 왜곡하는 퀴어 신학이 과연 신학이라 명명될 수 있는지 문제 제기 하지 않을 수 없다. 성서가 분명히 말씀하듯이, 신령한 몸으로 부활하신 예수는 마리아의 신체적 접근을 허용하지 않음으로써 양자 간 어떠한 신체적 접촉도 일어나지 않았다(요 20:17). 또한 도마가 예수의 옆구리 상처에 손을 넣은 일은 결코 동성애적 사건이 아니라, 실증주의자였던 그가

---

256)   위의 책, 282.

새롭게 종교 체험 하는 부활 사건의 증언자로 거듭난 사건인 것이다. 이것은 도마가 부활하신 예수를 만나고 나서 "나의 주님(ὁ Κύριός)이시요 나의 하나님(ὁ θεος)이시니이다."(요 20:28)라고 신앙 고백 하자, "너는 나를 본 고로 믿느냐? 보지 못하고 믿는 자들은 복되도다"(요 20:29)라는 예수의 말씀에서 확실히 드러난다.[257]

끝으로 로고스(logos)가 인간의 육신으로 오신 성육신 사건은 하나님이 인간의 몸으로 자기 비하하신 자기 비움(kenosis)의 사건으로서 동성애적 퀴어성과는 전혀 무관하다. 패트릭 챙은 자신의 동성애적 성 정체성이 선하다는 것을 예수의 성육신 사건에서 찾고자 하지만, 이는 정통 신학과 양립할 수 없는 전혀 다른 해석이다. 그리스도 성육신 사건은 은혜와 진리의 사건의 사건이지(요 1:14), 결코 퀴어 사건이 될 수 없는 것이다. 퀴어성이란 기괴하고 비정상적인 것으로서 정상과 규범에서 벗어난 것, 특히 창조 질서에 어긋하는 동성 간의 성관계를 말하기 때문이다. 예수 그리스도께서 인간의 몸을 입고 성육신하신 것은, 결코 동성애적 퀴어성을 위한 것이 아닌 인류의 대속을 위한 속죄 제물이 되기 위해 오신 것이다.[258]

퀴어 신학자들은 해방 신학과 민중 신학의 정치·사회적 해방의 관점에서 부활한 그리스도가 퀴어 해방자요 억눌린 퀴어 사람들(queer people)에게 퀴어 투쟁과 해방의 용기를 주는 '퀴어 그리스도'라고 왜곡하지만, 이 해석은 복음서 말씀과 정면으로 배치된다. 역사적 예수는 죄인들과 동고동락(同苦同樂)하면서 이들을 공감하고 위로한 친구였지만, 죄인들을 잘못된 죄악에서 벗어나게 한 진정한 영적·사회적 해방

---

257)   위의 책, 282-284.
258)   위의 책, 271-272, 284-287.

자이기도 하셨다(요 8:11). 그는 자신을 사랑한다면 그의 계명도 지킬 것을 권고하셨기 때문에(요 14:15; 15:10), 마땅히 하나님 나라의 백성은 하나님 나라의 주인이신 예수 그리스도의 계명을 지켜야 한다. 퀴어 신학자들은 하나님의 정의와 거룩이 누락된 단편적 사랑만을 강조하기 때문에 하나님의 진리를 왜곡하지만, 하나님이 가증하게 여기신 동성 간 성행위를 조장하는 것은 예수께서 말씀한 하나님 사랑과 이웃 사랑의 올바른 의미를 왜곡하는 일이다. 진정한 하나님 사랑은 죄를 미워하는 거룩한 사랑·정의로운 사랑으로서 명백한 진리를 추구하고 불법 및 불의를 용납하지 않는 사랑이라고 말할 수 있다.

3) 퀴어 신학의 인간론: 퀴어 인간(queer people)- 본질 없는 정체성을 가진 자웅동체의 무규범적·퀴어 성애적 존재

퀴어 신학은 인간이 원래 남성성과 여성성을 동시에 지니고 양성을 자유롭게 오가는 자웅동체(雌雄同體)로서 존재했었고, 이것이 태초의 가장 이상적 인간 존재 방식이라고 주장한다. 또한 퀴어 신학이 이해하는 인간은 기존의 타율적 규범의 틀에 매이는 것을 거부하는 존재, 스스로 자기 존재를 결정하는 자율적 존재다. 자신의 위치를 자유롭게 선택(위치 자유성)할 수 있는 존재, 특히 자신의 젠더 정체성(gender identity)을 위한 사회적 공간을 자유롭게 마련하는 존재다.[259] 이에 퀴어 신학은 인간의 젠더(gender)도 유동적으로 남성에서 여성으로, 여성에서 남성으로 자유롭게 이동할 수 있다고 인식한다.[260] 그뿐만 아

---

259)   G. Laughlin, "Introduction: The Ende of Sex", in: *Queer Theology* (MA: Blackwell, 2007), 9; 이 상원, "퀴어 신학에 대한 분석과 비판", 〈기독교동성애대책아카데미〉(2018. 1st), 345.
260)   김영한, 『퀴어신학의 도전과 정통개혁신학』, 71.

니라 퀴어 신학은 부활 이후에 예수의 몸이 다성적 (=다젠더직, multi-gendered) 몸으로 변화되었듯이, 신자들의 몸도 다성적 몸으로 변화된다고 주장한다. 한마디로 말해, 퀴어 신학은 인간의 정체성을 '본질 없는 정체성'으로 규정하는데, 이 퀴어 신학적 인간 이해는 앞서 언급한 하나님 이해에 근거한다. 즉, 퀴어 신학은 하나님의 본질이 알려지지 않은 퀴어적인('낯설고 이상한') 것처럼, 인간의 본질 또한 알려지지 않은 퀴어적이라고 이해하는 것이다.[261]

이러한 퀴어 신학의 인간 이해는 성서적·기독교적 인간관과 전적으로 배치된다. 인간은 창조된 첫 순간부터 '하나님의 형상'(창 1:27)으로 완전히 독립된 남자와 여자로서 존재했고, 이것은 타락하기 이전 에덴동산 생활까지 지속된다.[262] 정통 신학이 가르치는 인간의 정체성은 '하나님의 형상'으로서 존귀한 창조물인데, '하나님의 형상'은 인간이 가진 하나님을 닮은 성품이자 존엄성을 반영할 뿐만 아니라, 인간에게 주어진 원의(original rightousness), 곧 의와 진리의 거룩함(엡 4:24)이다. 그러므로 인간의 본질은 정체불명의 무규정적 존재가 결코 아니라, 하나님의 창조물로서 하나님의 면전에서 그 존재 가치를 최대한 보호받는 존엄한 존재인 것이다. 시편 8편은 하나님이 존귀하게 지으신 인간의 존엄성을 이렇게 노래한다: "사람이 무엇이기에 주께서 그를 생각하시며 인자가 무엇이기에 주께서 그를 돌보시나이까? 그를 하나님보다 조금 못하게 하시고 영화와 존귀로 관을 씌우셨나이다"(시 8:4-5).[263]

---

261) G. Laughlin, "Introduction: The Ende of Sex"; 이상원, "퀴어 신학에 대한 분석과 비판", 345.

262) 성서는 아담과 하와가 타락한 이후에 타락의 증표들 가운데 하나로서 동성애가 시작되었음을 암시하는데, 이것은 동성애가 가나안 부족으로부터 유래되었음을 보도하는 데서 드러난다(레 18:3, 22).

263) 김영한, 『퀴어신학의 도전과 정통개혁신학』, 72.

8강 정통 신학을 대체하려는 퀴어 신학에 대한 비판적 고찰   205

퀴어 신학과 달리, 정통 신학은 남자와 여자의 구분이 구속 사건의 완성 이후, 곧 부활 이후에도 유지된다고 인식한다. 부활하신 예수의 몸이 부활 이전과는 질이 다른 변형된 몸이었음에도 불구하고 부활 이전에 지녔던 외형적 남성성이 그대로 보존되었다는 사실은 남성성과 여성성의 특징이 역사의 종말 때 보편적 인류의 부활이 일어난 이후의 영광스러운 상태에서도 그대로 유지될 것임을 시사한다. 일부 신학자들은 부활 때 장가도 가지 않고 시집도 가지 않고 하늘에 있는 천사들과 같다(마 22:30)는 예수의 말씀에 근거하여 부활 상태의 무성성(無性性)을 주장하기도 하지만, 이 주장은 본문을 잘못 해석한 결과다. 예수께서 이 본문에서 1) 성이 없어질 것이라고 선언한 일이 없고 다만 결혼이 더 이상 행해지지 않는다는 점을 말씀하시고, 2) 부활 이후 사람들이 천사들과 같이 될 거라고 했는데, 천사가 성적인 존재가 아니라는 말은 성서에 등장하지 않는다.[264]

퀴어 신학은 예수의 몸이 세례와 성찬 시 성적으로 중립적 형태로 변형·확장되듯이, 신자들의 몸도 남성과 여성을 자유롭게 오갈 수 있는 무성적 존재로 변화된다고 주장하는데, 이 주장 역시 세례와 성찬을 심각하게 왜곡한 것이다. 로마가톨릭의 화체설(化體說: Transubstantiation)이 성찬에서 떡을 떼고 포도주를 마시면 떡이 예수의 몸으로 변하고, 포도주가 예수의 피로 변한다고 주장하지만, 이 주장도 예수의 몸 그 자체가 변한다거나 신자의 몸 그 자체가 변한다는 말은 결코 아니다. 신자들이 성령으로 세례를 받을 때 속사람 안에 내주하시는 성령께서 죽었던 속사람을 거듭나게 하시지만(엡 2:1), 이 변화는 수세자 몸의 물리적 성질을 변화시키는 것은 결코 아니다. 또한 성찬에 참

---

264)   S. J. Grenz/남정우 옮김, 『성윤리학』(서울: 살림, 2003), 49-50.

여할 때 그리스도의 임재를 영적으로 강하게 체험하시만 역시 몸의 물리적 성질이 변화되는 것은 결코 아닌 것이다. 그러므로 퀴어 신학이 '하나님의 형상'으로서의 인간을 자웅동체의 퀴어적이고 다성적 존재로 왜곡하는 것은 정통 기독교 신앙 및 신학이 절대로 받아들일 수 없다.

4) 퀴어 신학의 창조론: 퀴어적 성적 지향(queer sexual orientation) - 생물학적 남녀 양성 질서 부정과 이성애적 창조 질서의 변질 및 타락

퀴어 신학자들은 남성과 여성의 생물학적 질서는 절대적이 아니라고 주장하면서 양성(兩性)을 창조하신 하나님의 창조 질서를 전면 부정한다. 그들은 남녀로 이루어진 양성 질서가 가부장적 진술일 뿐이며, 인간에게 반드시 이성애적 행위가 요구되는 것은 아니라고 주장한다. 남자와 여자의 구분은 인류의 특징이기는 하지만, 정신 질환자, 독신자, 동성애자 등을 포괄하지 못하는 미흡한 진술이라고 피력하기도 한다. 그러면서 인간에게 선천적으로 주어진 여러 다양한 성적 지향, 특히 동성애적 성향은 인위적으로 바꿀 수 없고 동성애의 실천은 마땅한 일이라고 본다.

그러나 퀴어 신학자들의 동성애 옹호는 명백히 하나님께서 피조물인 인간을 남자와 여자로 창조하신 원리, 생육·번성·충만을 위한 창조 원리를 간과한 것이다. 하나님은 모든 동식물을 암컷과 수컷으로 지으셨듯이 인간도 남자와 여자로 창조하셨는데, 이것이 바로 창조 원리인 것이다. 암컷과 수컷, 남성과 여성이 서로 성적으로 결합함으로써 비로소 생육과 번성, 충만이 가능하기 때문이다. 남자와 여자의 구분은 생물학적으로 고정적이고 본질적인 것이기 때문에, 남녀의 창조는 일차적이지, 퀴어 신학자들이 주장하듯이 결코 이차적인 것이 아니다.

남자와 여자는 해부학적으로 성기가 서로 맞추게 되어 있으므로 성적 교류를 할 수 있는데, 성의 교환이란 짝이 되는 성기를 통하도록 창조주가 만드신 것이다. 남성끼리의 성교는 불가피 항문 성교(anal sex)로 나아가는데, 항문은 배설 기관이지 생식 기관이 아니어서 하나님이 만드신 성적 질서를 교란시키는 '가증한 일'이다. 여성끼리의 성교 또한 창조 질서에 위배되는 것으로서 '가증한 일'이다. 부부는 동성이 아닌 이성이 결합하는 것인데, 그렇지 않고는 후손의 생육과 번성, 충만이란 있을 수 없기 때문이다. 그러므로 동성애는 이성애적 창조질서의 변질이라고 말할 수 있다.

하나님이 인간을 남자와 여자라는 성적 짝으로 창조하신 이유는 인류의 생육과 번식, 차이성과 다양성을 위해서다(창 1:28a). 그런데 퀴어 신학자들은 남녀의 서로 다름 속에서 다름을 용납하고 더불어 살아가라고 하나님이 남녀를 지으셨음을 알면서도, 성을 통한 생물학적 번식을 언급하지 않는다.[265] 그들은 인간 창조를 설명하면서도 후손의 번식에 관해선 언급하지 않는 것이다. 그러나 창세기는 남녀의 근본적 차이점을 생물학적 성의 차이로 봄으로써, 서로 다름은 성의 다름이요 서로 끌림은 성의 다름에 기인하는 것이다. 이로써 성이란 인류를 지탱하는 생물학적 동력이 되는데, 즉 하나님이 인류의 조상을 아담과 하와라는 이원적 성적 존재(dual sexual being)로 지으셨다는 것은 인류 사회 존속의 동력이 되게 하신 것이다.

남자와 여자가 서로 다른 성적 기관의 교류를 통해 한 몸이 되는 것

---

265) 박경미, "한국교회의 성소수자 차별에 대한 여성신학자, 여성 기독교인들의 입장"(2012. 10. 02).

이 바로 가정이다. 하나님은 인간이 독신으로 사는 것이 좋지 못하다고 말씀하시면서 서로에게 배필을 주셨는데, 가정이란 반쪽인 남자와 반쪽인 여자가 서로 만나 불완전한 인격과 마음을 완성하여 육체적으로 한 몸을 이루는 것이다. 이에 가정이란 인간이 만든 것이 아니라, 하나님이 일반 은총으로 인간에 허락하신 창조의 복이다. 그러나 성적으로 짝을 이룰 수 없는 남자와 남자, 여자와 여자가 만드는 동성 가정에서는 창조의 복인 남편과 아내의 하나 됨이 이루어질 수 없다. 동성 가정은 후대를 이어 나갈 수 없으므로, 동성 가정을 인정하는 공동체와 문명은 종국적으로 쇠락의 길을 걸어갈 수밖에 없다. 인류의 생육, 번성, 충만에는 자식들의 생산이 전제함으로써, 후손의 번식은 인류 사회 생존과 존속의 생물학적 근거고, 정신세계의 융성은 생물학적 세계의 번성을 전제하기 때문이다.

퀴어 신학자들은 동성애를 인정하라고 주장하지만, 하나님의 백성은 하나님께서 가증히 여기시는 일을 인정할 수 없다. 우리는 퀴어 신학자들이 말하는 것처럼 동성애가 창조 질서의 다양성과 풍부함이라고 말할 수 없다. 동성 사이에서 일어나는 성행위는 성적 탐닉의 형태로 나타나는 경우가 많기 때문에, 마약 중독과 알코올 중독이 창조 질서의 일탈이지 다양성과 풍부함이라고 말할 수 없듯이, 성적 일탈로 일어나는 동성 간 성행위는 성적 다양성과 풍부함이라고 말할 수 없다. 만약 동성애가 성적 다양성과 풍부함이라면, 하나님께서 이를 허용하셨을 것이다. 그러나 하나님은 허용은커녕 동성애가 가증스러운 일이요, 스스로 더럽히는 행위라고 철저히 금지하셨다.

퀴어 신학자들은 동성애가 축복의 대상이라고 주장하지만, 이는 명백히 하나님의 심판의 대상이라고 성서는 경고한다. 사도 바울은 고린도교회 동성애자들(남색 하는 자와 탐색하는 자)을 음행하는 자, 우상 숭배자, 도적질하는 자, 술 취한 자들과 동일한 부류로 분류하면서 이들이 하나님 나라에 들어가지 못한다고 경고하였다(고전 6:9-10). 본래 '남색 하는 자(ἀρσενοκοίται)'는 구약 성서를 헬라어로 번역한 70인역(LXX)에서 레위기 18:22과 20:13에 등장하는 동성애자를 표현하기 위해 고안한 신조어인데, 이 용어는 남성 간 성관계에서 능동적 역할(남자와 성관계 시 남성 역할을 하는 자·남자에게 삽입하는 자)을 하는 자-'탐색하는 자(μαλακοί)'는 수동적 역할(남자와 성관계 시 여성 역할을 하는 자·남자에게 삽입당하는 자)을 하는 자-를 의미한다. 그러면서 바울은 그리스도인들이 과거에 불신앙 상태에서는 이방인들의 그릇된 풍습을 따랐지만, 이제는 이를 끊어 버리고 깨끗이 죄 씻음을 받아 거룩하게 되었다고 천명한다(고전 6:11).

5) 퀴어 신학의 도전 앞에 선 한국 신학계/신학 교육 갱신의 위급성

그동안 한국 교계와 신학계에서는 퀴어 신학의 이단성에 대한 학문적 연구와 논의가 지지부진하였다. 특히 신학계는 동성애 옹호 세력에 점령당한 교육 현장에서 강자의 눈치를 보면서 포퓰리즘에 영합하거나, 신성 모독 수준으로 음란하게 성서를 해석하는 퀴어 신학에 예언자적 비판의 목소리를 내지 못해왔다. 반(反)동성애 사역에 순교를 각오하고 헌신하는 평신도들과 사생결단으로 동역하는 목회자들은 신학자들이 교리를 굳건히 세워 영적·사상적 전쟁을 견인해 주길 기대하지만, 사실상 그 기대에 부응하지 못해 왔던 것이다.

하지만 이제 퀴어 신학의 이단 결의 문제는 더 이상 시간을 지체할 수 없는 위기 국면에 접어들었으므로 위중한 문제의식 속에서 퀴어 신학의 이단성을 규명해야 할 것이다. 퀴어 신학의 성서 해석은 모든 이단의 성서 해석 방식처럼 성서 구절을 자의적이고 임의대로 자신들의 억지 주장에 꿰어 맞추는데, 즉 자신들이 원하는 교리의 틀에 성서 구절만 끌어내어 억지 해석을 하는 행태는 퀴어 신학이 다른 이단과 조금도 다르지 않다는 사실을 보여 준다. 퀴어 신학자들의 성서 해석을 보면서 드는 생각은, 음란의 영에 사로잡혀 음란의 프레임에 갇힌 상태에서 성서를 해석하니까 모든 것을 음란하게 바라보는 것 같다는 의구심이다. 특별히 퀴어 신학이 다른 이단보다 죄질이 훨씬 더 악한 것은, 성결한 하나님의 말씀을 음란한 인간의 말로 치환시킬 뿐만 아니라, 거룩하신 하나님의 존재 자체를 음란한 잡신으로 전락시켜 버리기 때문이다.

퀴어 신학은 하나님의 거룩한 신성을 모독함으로써 명백히 성령 훼방죄에 상응하는 죄악을 범하고 있다는 게 필자의 최종 진단이다. 만약 우리가 예수 그리스도를 게이로 가정하고 성서의 근본을 뿌리째 뒤흔드는 참람한 신학을 이단적이라고 정죄할 수 없다면, 과연 어떤 신학을 이단으로 정죄할 수 있으며 대관절 이단 판정 기준을 어떻게 정할 수 있겠는지 심각하게 고민할 일이다. 예수 그리스도의 구속사와 관련된 핵심 교리를 왜곡시키는 것이 바로 이단일진대, 퀴어 신학은 이단으로 정죄 받아야 마땅할 것이다. 퀴어 신학을 이단으로 정죄해야 할지에 대해 많은 이들이 용단을 내리지 못하는 상황인데, 이단적이고 포르노그래피적이고 사탄적인 퀴어 신학은 정상적으로 신학적 대화의 상대로 대우해 줄 수 있는 신학이 아닌 철저히 분석한 후에 버려야 하는 신학이라고 보는 게 옳다.[266]

2006년 영국에서 발행된 『퀴어 성서 주석(Queer Bible Commentary)』의

---

266) 이상원, "신학교육과 퀴어신학", 〈젠더주의기독교대책협의회(가칭) 출범기념 학술포럼 자료집〉 (2020.09.25), 89-90.

한국어 번역이 마침내 2021년 출판되었다.[267] 이 주석은 성서 66권을 모두 동성애적 관점으로 재해석함으로써 성서의 본질을 근본적으로 훼손했다는 지적을 받고 있는 책이다. 퀴어 주석 한글판이 보급되어 퀴어적 해석이 일반화되고 상당수 그리스도인들이 퀴어 신학적 논리로 정통 신학에서 오는 신앙적 양심의 가책을 해소시켜 나간다면, 퀴어 문화를 중심적 가치로 내세운 교회들이 우후죽순처럼 등장하게 될 것을 우려한다. 그렇게 되면 성서적 윤리관에 대한 강한 충돌과 혼란으로 이어질 위험성이 매우 농후할 뿐만 아니라, 성서적 가치관을 지키려는 교회와 성도들이 사회적·문화적·제도적으로 공격당할 수 있다는 우려의 목소리가 높다.[268]

더욱이 미래 세대·대학생 세대에서 동성애 옹호 움직임이 활발하게 일어나고, 상당수 크리스천 청년들이 주축이 되어 시대적 조류에 함몰되어 동성애 포용에 앞장서는 상황이다. 무엇보다도 최근 몇 년간 한국의 대표적 신학 교육 현장에서 일어난 일련의 친(親)동성애적 행보들은 문제의 심각성을 여실히 드러낸다. 이러한 현실은 퀴어 신학의 폐해로부터 신학도들(예비 성직자들)을 보호해야 할 당위적 과제와 책임을 한국 교회에 부과한다. 그러므로 한국 교계와 신학계는 하나님의 거룩한 신성을 모독하는 퀴어 신학의 이단성에 대해 성서에 입각하여 단호한 입장 표명과 대책 마련을 서둘러야 할 것이다.

퀴어 신학은 건강한 교회의 형성에 핵심적 역할을 담당해 온 성서에 근거한 정통 교리들을 외설적으로 재해석함으로써 교회의 순결성과 영적인 건강성에 돌이킬 수 없는 상처를 입힌다. 특히 퀴어 신학은

---

267) D. Guest 외 3인 엮음/퀴어성서주석 번역출판위원회 옮김, 『퀴어성서주석』, I. 히브리성서(서울: 무지개신학연구소, 2021); 『퀴어성서주석』, II. 신약 성서(서울: 무지개신학연구소, 2022).
268) 김영한, "퀴어신학에 대한 비판적 성찰"(I), 「크리스천투데이」(2018. 02. 13).

성서가 명확하게 천명하는 양성적 성질서를 악의적으로 깨뜨리고 동성애를 정당화하는 궤변적 논리로 집요하게 교회를 공격함으로써 건강한 성 질서와 교회의 순결에 치명적 위해를 가한다. 무엇보다 심각한 것은, 퀴어 신학이 신론과 구원론의 핵심을 형성하는 기독교 교리들을 역사상 등장했던 그 어떤 이단들보다 더 악한 방법으로 훼손할 뿐만 아니라, 하나님과 예수 그리스도를 포르노그래피적 성행위를 자행하는 이로 묘사함으로써 신성 모독적 성령 훼방죄를 범하는 일이다.[269]

그러므로 퀴어 신학에 대한 비판과 함께 신학 교육의 자세와 목표를 점검해 보아야 하는데, 퀴어 신학 자체가 잘못된 신학 교육의 결과물이기 때문이다. 이를 통해 예비 성직자들이 올바른 신학 교육을 받음으로써 인류 문명사적 위기에 봉착한 이 시대를 하나님의 진리의 영으로 선도할 수 있어야 할 것이다. 또한 이 땅의 미래 세대에게 인류가 반드시 사수해야 할 숭고한 가치 체계와 건전한 문화 유산, 무엇보다도 신실한 신앙 전통을 물려줄 수 있어야 할 것이다. 그리하여 이들이 올바른 가치관과 신앙관을 가진 건전한 사회인이자 신실한 신앙인으로 자라날 수 있는 환경을 조성해야 할 것이다. 이러한 문제 상황 속에서 한국 교계와 신학계는 동성애를 신학적으로 정당화하려는 퀴어 신학을 교리적으로 연구하여 이단으로 정죄함으로써 신학계를 새롭게 정화할 뿐만 아니라 신학 교육의 갱신에 힘써야 할 것이다.

---

269)   이상원, "신학교육과 퀴어신학", 90.

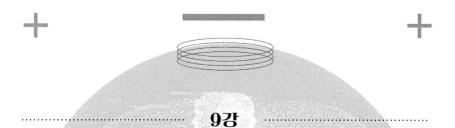

9강

차별금지법과 기본권

안창호
전 헌법 재판관

1. 들어가면서

2020년 6월 29일 정의당 장혜영 의원 등 국회 의원 10명이 포괄적 차별금지법(차별금지법)안을 국회에 제출했다.[270] 차별금지법은 헌법상 평등권을 실현한다는 명목으로 성별 및 사상 등을 이유로 특정 개인이나 집단을 차별하는 행위를 금지하고 있다.

많은 사람들이 다양한 차별을 금지하는 차별금지법이 좋은 것 아니냐고 질문한다. 그러나 차별금지법은 국민의 자유와 기본권을 침해하고, 일부 특정인에게 특권을 부여할 뿐만 아니라, 헌법 가치와 질서를 훼손하고, 인류가 쌓아온 바람직한 도덕과 윤리, 훌륭한 전통과 관습

---

270) 2007년 우리나라에서는 최초로 동성애 차별금지법이 입법 예고된 바 있었다. 이 법안에는 동성애에 대하여 부정적으로 말하거나 교회나 학교에서 동성애를 금지하거나 죄라고 할 경우 최고 2년 이하의 징역이나 1천만 원 이하의 벌금을 부과할 수 있는 내용을 포함하고 있었다.

을 파괴할 수 있는 법이다.[271] 어떤 사람은 차별금지법이 인권기본법이므로, 이를 제정하지 않는 것은 민주주의를 외면하는 것이라면서 우리나라를 인권 후진국이라고 주장한다. 그러나 차별금지법은 합리적 비판을 억압, 통제함으로써, 표현, 종교, 사상, 직업의 자유를 광범위하게 제한하는 반민주적 성격을 가지므로, 차별금지법을 제정하지 않았다고 하여 인권 후진국이라고 할 수 없다. 참고로 유엔에 가입한 193개국 중에서 동성애, 동성혼을 인정하지 않는 나라가 160개국에 이른다.

차별금지법을 70-80% 국민이 지지한다고 주장되기도 한다. 그 법에 대하여 내용을 모르면 '차별을 금지하자는 것이라' 하면서 찬성할 수 있다. 그러나 그 내용을 알게 되면, 많은 사람들은 차별금지법이 그렇게 나쁜 법이냐면서 반대한다.[272] 어떤 사람들은 차별금지법이 사람의 자유와 권리를 침해하고 차별을 조장하는 등, 나쁜 법이라면 이를 주장하는 사람들은 왜 그렇게 강력하게 이를 추진하려고 하냐고 질문한다. 그 이유는 기존 정치체제의 전통과 가치를 허물고 새로운 정치체제를 만들려는 사람들의 '사상'과 '이념'이 배후에서 작동하기 때문이다.

---

271) 동성애를 반대하는 사람들이 동성애 설교를 하면 처벌받는다고 하는데, 이는 가짜 뉴스라는 주장도 있다. 그러나 언론이나 방송에서, 소셜 미디어 등 인터넷에서, 학교(어린이집, 유치원, 초중고등학교, 미션 스쿨, 신학교)에서, 공공의 장소(길거리, 군대 내 교회, 경찰 신우회)에서 동성애는 죄악이라고 발언하면 법적인 제재를 받을 수 있다. 아직 차별금지법이 제정되기 전인데도, 방송통신위원회에서는 극동 방송과 CTS가 차별금지법 반대 대담 방송을 했다는 이유로 주의 처분을 했다.

272) 장혜영 의원은 국민의 88.5%가 차별금지법을 찬성한다고 하지만, 2020. 6. ㈜공정에서 수행한 여론 조사에선 차별금지법 제정을 반대하는 의견이 46%, 찬성하는 의견이 32.3%였다.

2. 차별금지법의 내용과 근거

가. 차별금지법은 개별법에 의해 이미 보호되고 있는 장애나 양성(兩性)을 이유로 차별하는 행위 등을 금지할 뿐 아니라, **성별, 성적 지향, 성적 정체성, 가족 및 가구의 형태와 상황, 종교, 사상** 등을 이유로 공적 및 사적 영역에서 차별하거나 비판하는 행위 등을 금지하고 있다(제3조).

차별금지법상 **차별** 원인인 '성별'은 남성, 여성, 그 외에 분류할 수 없는 성(性)을 말한다(제2조 제1호). 성은 생물학적 성(sex)이 아니라, 인간이 만든 사회적 성인 젠더(gender)를 의미한다. '그 외에 분류할 수 없는 성'은 남성과 여성 이외의 제3의 성을 의미하며, 사람에 의해 무한정으로 만들어질 수 있다. 반면, 성경은 "하나님이 자기 형상, 곧 하나님의 형상대로 사람을 창조하시되 '남자'와 '여자'를 창조하시고, 하나님이 그들에게 복을 주시며 이르시되 생육하고 번성하여 땅에 충만하라."고 한다(창세기 1장 27절, 28절). 차별금지법은 하나님께서 남성과 여성을 창조했다는 성경적 세계관과 정면으로 배치된다.

'**성적 지향**'이란 이성애, 동성애, 양성애 등 감정적·호의적·성적으로 깊이 이끌릴 수 있고 친밀하고 성적인 관계를 맺거나 맺지 않을 수 있는 개인의 가능성을 말한다(제2조 제4호). 동성애, 소아성애(小兒性愛),[273] 수간(獸姦), 기계간(機械姦) 등도 성적 지향에 포함될 수 있다. 반면, 성경은 "너는 여자와 교합함같이 남자와 교합하지 말라 이는 가증

---

273) 차별금지법에 의하면 소아성애도 성적 지향으로 보호해야 한다. 이는 13세 미만의 부녀와 간음하거나 추행한 경우, 처벌하는 형법 제305조와 배치된다.

한 일이니라. 너는 짐승과 교합하여 자기를 더럽히지 말며 여자가 된 자는 짐승 앞에 서서 그것과 교접하지 말라 이는 문란한 일이니라."고 한다(레위기 18장 22절, 23절). 또한, 동성애를 순리가 아니라 역리라고 말씀하며(로마서 1장 26절, 27절), 남색(男色) 하는 사람은 하나님의 나라를 유업으로 받지 못한다고 말씀한다(고린도전서 6장 9절, 10절). 차별금지법은 동성애 등을 금지하는 성경의 성 윤리와 배치된다.

'성적 정체성'이란 자신의 성별에 관한 인식 혹은 표현을 말하고 자신이 인지하는 성과 타인이 인지하는 성이 일치하거나 불일치하는 상황을 포함한다(제2조 제5호). 성적 정체성을 지극히 주관화·개인화하고 있다. 2013년 서울서부지방법원은 외형적 수술하지 아니한 상태에서 남성이 요구한 여성으로의 성별 정정 신청을 허가한 이래, 하급심에서는 외과적 수술을 받지 않아도 성별 정정을 인정한 사례가 늘고 있다.

차별금지법은 **'가족 및 가구의 형태와 상황'** 등을 이유로 차별하는 행위를 금지하고 있다. 이는 동성혼을 전제로 한 것이다.[274] 동성혼은 남자 며느리, 여자 사위가 가능하다는 것으로 생물학적 자녀를 가질 수 없다. 이는 정부의 인구 정책과도 배치되고, 전통 도덕과 윤리에도 반한다.[275] 성경은 "남자가 부모를 떠나 그의 아내와 합하여 둘이 한 몸을 이룰지로다."고 하고(창세기 2장 24절), 예수님은 사람이 남녀로 창조되었음을 언급한 다음, "사람이 그 부모를 떠나서 그 둘이 한 몸이

---

274) 2021년 국회에는 가족 형태에 따른 차별 금지라는 명목으로 「건강가정기본법」 개정안이 제출되어 있다.
275) 차별금지법상 성별, 성적 정체성, 가족 및 가구의 형태와 상황 등은 신어(新語)이고, 같은 법의 제재 규정들은 정치적 올바름(Political Correctness)에 근거한 것이라고 할 수 있다.

될지니라."라고 말씀하셨다(마가 10장 6절-8절). 차별금지법은 성경적 윤리관과 배치된다.

차별금지법은 **사상이나 종교**에 의한 차별을 금지한다. 방송·신문, 소셜 미디어 또는 광장 등 공적 시설에서 주체 사상이나 김일성 체제를 추종하는 사람 또는 종교적 이단을 비판하면 법적 제재를 받을 수 있다(제3조, 제26조, 제28조, 제29조).

나. 차별금지법은 헌법 제11조의 평등권을 실현하기 위한 것이라는 주장이 있다.[276] 그러나 헌법 제11조의 평등은 법적 평등을 의미하고, 법적 평등은 '자유권 행사에 있어서 법적 기회의 평등'을 뜻한다. 모든 국민은 평등하게 자유와 권리를 가지므로, 국민의 자유와 권리는 타인의 자유를 침해하지 않는 범위 내에서만 보호되고, 모든 국민은 타인의 자유를 침해해서는 안 되는 헌법상 의무를 부담한다. 따라서 동성애자 등의 행복추구권, 성적자기결정권도 원칙적으로 다른 국민의 자유와 권리를 침해하지 아니하는 한도에서만 보호되고, 다른 사람의 자유와 권리를 침해해서는 안 된다.

헌법은 규범 사이의 위계질서를 정하지 않는다. 특정 규범이나 가치를 일방적으로 우대하여 다른 규범이나 가치를 희생해선 안 된다. 또, 특정 사람이나 집단에 특권을 부여하거나 그들을 보호하기 위해 타인의 자유를 일방적으로 희생시켜서도 안 된다. 특정 개인의 평등권을

---

276) 헌법 제11조 제1항은 "모든 국민은 법 앞에 평등하다. 누구든지 성별·종교 또는 사회적 신분에 의하여 정치적·경제적·사회적·문화적 생활의 모든 영역에 있어서 차별을 받지 아니한다." 라고 규정하고 있다.

보호한다는 이유로 다른 개인의 자유를 함부로 희생시켜서도 안 된다. 기본권들이 충돌하는 경우, 각 기본권의 기능과 효력이 최대한 발휘될 수 있도록 조화로운 방안이 모색되어야 한다(헌재 1991. 9. 16. 89헌마165). 특정한 상황에서 어떠한 기본권들이 충돌하는지, 기본권이 어떠한 방법과 강도로 침해되는지, 충돌하는 기본권들이 인간의 존엄성 및 민주주의 실현에 대해 가지는 의미와 중요성 등이 고려되어, 기본권 충돌을 해소하는 개별적·구체적 방안이 강구되어야 한다.

차별금지법 제정을 주장하는 것은 동성애를 처벌하는 법률의 폐지를 주장하는 것이 아니라,[277] 성 소수자의 행복추구권과 성적자기결정권을 보호해 달라면서 다른 사람의 표현의 자유, 종교의 자유 등을 통제하여 달라는 것이다. 차별금지법은 소수자 자유와 권리를 위해 다른 국민의 자유와 권리를 일방적으로 희생하고 소수자에게 실질적으로 특권을 달라는 것이다.[278] 이는 소수자 기본권을 다른 사람의 기본권보다 압도적으로 중대하고 우월한 가치로 보면서, 헌법상 보장된 '자유의 평등 원칙'에 반하는 주장을 하는 것이다.

다. 헌법 제11조의 평등권은 국가가 사인 간의 관계에서 적극적 평등 실현 조치(affirmative action)를 하는 개입의 헌법적 근거가 될 수 없

---

277) 현행 군형법에서 군대 내 항문성교를 처벌하는 것(제92조의6)을 제외하고는, 우리나라에는 적극적으로 동성애를 금지하거나 처벌하는 법이 없다.

278) 프랜시스 후쿠야마(Francis Fukuyama)는, "현대의 정체성 정치를 이끄는 힘은 사회에서 무시당하고 소외당해온 집단들의 평등한 인정에 대한 요구다. 이 같은 평등한 인정에 대한 욕망은 집단의 우월성을 인정해 달라는 요구로 쉽게 변형될 수 있다.", "보편적이고 평등한 인정이라는 원칙이 특정 집단들에 대한 특별한 인정으로 변형되어온 현대 자유주의의 운명이라는 보다 커다란 스토리의 일부다."고 하였다[프랜시스 후쿠야마(이수경 옮김), 「존중받지 못하는 자들을 위한 정치학」(한국경제신문, 2020), 51면, 153면 참조].

다.[279][280] 헌법상 평등권은 원칙적으로 국가와 국민 간의 관계에만 적용되고, 국민들 상호 간에는 원칙적으로 계약 자유의 원칙과 사적 자치 원칙이 적용된다. 국가는 사인 상호 간에 평등 실현 조치가 필요하다고 인정하더라도, 근로관계나 공정 거래와 같은 경우에만 예외적으로 개입할 수 있고, 그 개입은 계약이나 거래의 공정성과 대등성 확보를 위하여 필요 최소한의 경우로 국한된다. 사인 상호 간의 관계에 국가 개입이 일반화되면, 사적 자치의 원칙이 형해화되고 국민의 자유가 중대하게 침해될 수 있기 때문이다.

차별금지법에 의하여 국가가 사적 자유 영역에 평등의 잣대로 일반적으로 개입하는 것은 다른 국민의 자유와 권리를 훼손하고, 인간 존엄성의 실현과 사적 자치의 근간을 훼손하는 것일 수 있다. 국가가 사인 상호 간에 평등 실현 조치가 특별히 필요하다고 인정한다면, 포괄적·일반적으로 차별을 금지하는 법을 제정할 것이 아니라, 입법을 통하여 보호되는 소수자의 권리와 그로 인하여 제한되는 다른 사람의 자유와 권리를 개별적·구체적으로 비교·형량하여 신중하게 추진되어야 한다.[281]

---

279) 한수웅, 「헌법학」(법문사, 2016), 571면

280) 헌법 제11조가 사인 간의 평등 실현을 위한 조치의 근거 조항이 될 수 있는지에 대해 논란이 있으나, 실질적 양성평등을 구현하고, 장애인·노인 등을 위한 적극적인 평등 실현 조치는 헌법 제11조가 아니라 헌법 제34조 제3항, 제4항, 제5항, 제36조 제1항 등에 근거한다는 것이 일반적 견해다.

281) 우리나라에는 장애인 차별 금지 및 권리 구제 등에 관한 법률(약칭: 장애인차별금지법), 양성평등기본법, 남녀고용평등과 일·가정 양립 지원에 관한 법률, 고용상 연령차별금지 및 고령자 고용촉진에 관한 법률, 교육기본법, 외국인근로자의 고용 등에 관한 법률, 문화다양성의 보호와 증진에 관한 법률(약칭: 문화다양성법), 형의 실효 등에 관한 법률, 형의 집행 및 수용자의 처우에 관한 법률(약칭: 형집행법), 후천성면역결핍증 예방법(약칭: 에이즈예방법) 등 다양한 법률에서 이미 개별적·구체적으로 차별 금지를 규정하여 기본권 충돌의 조화를 도모하고 있다.

3. 차별금지법과 표현의 자유

가. 헌법 제21조 제1항은 "모든 국민은 언론·출판의 자유를 가진다."고 규정하여, 표현의 자유를 보장하고 있다. 표현의 자유는 누구나 자신의 사고와 의견을 자유롭게 표명하고 전파할 수 있는 자유다. 헌법 제21조는 언론과 출판이라는 전통적이고 전형적인 방법에 의한 표현의 자유를 언급하고 있으나, 방송, 인터넷 게시판, 영화, 음악, 문서, 도화, 사진, 조각 등도 표현의 자유에 의해 보호된다.

존 스튜어트 밀(John Stuart Mill)은 다음과 같이 표현의 자유를 강조했다.[282]

"가령 한 사람만을 제외한 모든 인류가 같은 의견을 갖고 있으며 그 한 사람만이 반대 의견을 갖고 있다 해서 인류가 그 사람을 침묵케 하는 것은 정당화될 수 없다. 이것은 그 한 사람이 권력을 가지고 있어서 인류를 침묵케 하는 것이 정당화될 수 없는 것과 같다.", "어떤 의견 표명을 억누르는 데에서 발생하는 특유한 해악은 현세대뿐만 아니라 후대의 사람들로부터, 또 그 의견을 지지하는 사람들은 물론이고 반대하는 사람들로부터 인간적인 특성을 강탈해 간다는 점에 있다. 만약 그 의견이 옳은 것이라면, 잘못을 버리고 진실을 취할 수 있는 기회를 박탈당하게 되는 것이며, 그 의견이 틀린 것이라면, 진실과의 충돌을 통해 얻게 되는 한층 더 명료하고 생생한 인식이라는 중요한 혜택을 잃어버리게 되는 것이다."

---

282) 존 스튜어트 밀(권혁 옮김), 「자유론」(돋을새김, 2016), 44면, 45면.

표현의 자유는 개인이 인간으로서의 존엄과 가치를 유지하고 행복을 추구하며 국민주권을 실현하는 데 필수 불가결한 자유다(헌재 1992. 2. 25. 89헌가104). 마틴 부버(Martin Buber)는 집단 속에서 개인이 자신의 의견을 부정당하면, 인간의 지각은 정지되고, 인간을 형성하는 가치는 위험하게 된다고 경고했다.[283] 표현의 자유는 인간 존엄성과 밀접한 관련을 갖는다는 의미다. 한편, 현대 민주 국가에서 표현의 자유는 국민이 갖는 가장 중요한 기본권의 하나로 인식된다. 민주주의는 국가구성원 누구나 자신의 사상과 견해를 자유롭게 표현함으로써, 사상의 자유 시장에서 다양한 견해가 자유로운 경합을 통해 정치적 의사를 형성하는 것이므로, 표현의 자유는 자유민주주의의 존립과 발전에 필수 불가결한 기본권으로 평가된다. 미국에서는 표현의 자유에 대해 명백하고 현존하는 위험의 원칙, 사상의 자유 시장 이론, 현실적 악의의 원칙 등에 의하여 그 우월적 지위가 논의된다.

그런데 차별금지법은 재화·용역·시설 등의 공급이나 이용 등에서 성적 언동으로 상대방에게 피해를 주거나 피해를 유발하는 환경을 조성하는 행위, 성별·사상 등을 이유로 적대적·모욕적 환경을 조성하는 등 신체적·정신적 고통을 주어 인간의 존엄성을 침해하는 행위, 합리적인 이유 없이 성별·사상 등을 이유로 특정 개인이나 집단에 대한 분리·구별·제한·배제·거부 등 불리한 대우를 표시하거나 조장하는 광고 행위 등을 차별 행위로 규정하여 금지하고 있다(제3조 제1항 제3호, 제4호, 제5호).

---

283) 박홍규, 「마르틴 부버」(홍성사, 2012), 222면 참조

피해자 중심주의에 의하면, 일상생활에서의 많은 표현들이 피해자의 주관에 따라 상대방으로 하여금 굴욕감 또는 혐오감을 느끼게 하는 언동이 되어,[284] 차별 행위가 될 수 있다. 성별·사상 등에 대한 객관적 사실에 근거한 비판이나 종교적·사상적 신념의 표명 및 정책 제안 등도 상대방에게 피해를 주거나 피해를 유발하는 환경이나 적대적·모욕적 환경을 조성하는 차별 행위, 또는 합리적인 이유 없이 특정한 개인이나 집단에 대한 분리·구별·제한·배제·거부 등 불리한 대우를 표시하거나 조장하는 광고 행위가 될 수 있다. 차별금지법이 차별 행위라고 하여 금지하는 많은 부분은 표현의 자유를 중대하게 훼손할 수 있다.

나. 표현의 자유는 표현 내용에 대한 자유뿐 아니라 표현 방법과 형태에 대한 자유를 포함한다. 그 가운데 표현 내용에 대한 자유는 보다 강력하게 보호된다. 헌법 제21조 제2항은 언론출판에 대한 허가나 검열을 금지하고 있으므로, 행정권이 주체가 되어 사상이나 의견, 즉 '표현 내용'에 대해 '사전 심사'를 통하여 허가하는 것은 금지된다. 헌법재판소는 표현 내용에 대한 규제(content-based regulation)는 '사후 심사'의 경우에도 엄격한 조건 아래에서만 가능하다고 했다(헌재 2002. 12. 18. 2000헌마764).

'국가가 개인의 표현 행위를 규제하는 경우, 표현 내용과 무관하게 표현의 방법을 규제하는 것은 합리적인 공익상의 이유로 폭넓은 제한

---

284) 양성평등기본법은 성희롱을 정의하면서, 지위 등을 이용하거나 업무 등과 관련하여 성적 언동 등으로 상대방에게 성적 굴욕감이나 혐오감을 느끼게 하는 행위가 포함된다고 한다(제3조 제2호).

이 가능하나, 표현 내용에 대한 규제는 원칙적으로 중대한 공익의 실현을 위하여 불가피한 경우에 한하여 엄격한 요건하에서 허용된다.', '국가가 표현 행위를 그 내용에 따라 차별함으로써 특정한 견해나 입장을 선호하거나 억압해서는 안 된다.'

더욱이, 민주 사회에서는 특정한 영역에서 긍정적 평가는 허용하고 부정적 평가는 통제하는, 이른바 특정 관점의 표현 규제(관점 규제, viewpoint regulation) 및 특정 관점의 차별(관점 차별, viewpoint discrimination)은 원칙적으로 허용되지 않는다.[285] 사상 시장에서의 자유로운 경쟁을 방해하기 때문이다. 그런데 차별금지법은 평등을 실현한다는 명목으로 특정 사상이나 견해 등에 대해 긍정적 평가만 허용하고, 부정적 평가는 매우 포괄적으로 규제하고 엄중한 제재를 가하고 있다. 이는 관점 규제 내지 관점 차별로서 사전 자기 검열과 위축 효과(chilling effect)를 초래하여, '표현의 자유'를 중대하게 침해하고, 개인의 인격 발현과 인간 존엄성 실현을 방해할 수 있다.[286] 또, 진실과 진리의 발견을 방해하고, 정의와 공정의 실현에 부정적 영향을 초래하며, 정치적 반대 의견을 탄압하는 데 악용되어, 민주주의의 근간을 훼손할

---

285) 한위수, 「혐오표현의 규제에 대한 인권법적 고찰」(헌법논총 제30집, 헌법재판소, 2019), 153면, 154면 참조

286) 차별금지법이 시행되지도 않았는데도, 동성애의 보건적·윤리적 폐해를 지적하는 기사를 써왔던 국민일보 백 모 기자의 기사에 대해서, 노동조합원 일부가 한국기자협회의 인권 보도 준칙을 근거로 사내 노조 게시판에 익명으로 이를 비판했다. 또, 20년 이상 동성애는 성경에 비춰 잘못된 것이라고 가르쳐 온 총신대 신대원의 이 모 교수에 대해, 동 대학 교원징계위원회는 동성애 비판의 내용에 근거해 해임했다. 그 해임 결정은 법원에 의해 효력 정지 가처분된 상태라 해도, 이런 행태들은 본인은 물론 다른 기자 또는 교수 등이 자기 검열과 심리적 위축으로 동성애의 죄성(罪性)을 지적하는 데 주저하게 된다. 차별금지법이 도입되면, 국가인권위원회는 더욱 적극적으로 동성애에 대한 비판 등을 규제하고 그에 대한 권고 및 제재가 뒤따를 것이 예상되므로 표현의 자유에서 자기 검열과 위축 효과는 더욱 심각해질 수 있다.

수 있다.[287][288]

다. 표현의 자유는 헌법 제37조 제2항에 따라 국가 안보, 질서유지, 공공복리를 위해 제한될 수 있다.[289] 혐오표현(嫌惡表現)은 그 의미와 범위를 일률적으로 정하는 것은 쉽지 않은 일이나, 일반적으로는 특정 집단에 대한 혐오 내지 적의(敵意)의 표현을 말한다. 혐오 표현은 그 대상이 된 사람을 편견, 공포, 모욕감, 자신감 상실 등으로 고통받게 하며 사회 분열의 원인이 될 수 있으므로,[290] 공공복리를 위해 제한될 수 있다.

다만, 혐오 표현을 제한하면 표현의 자유가 침해되고 민주주의의 근간이 훼손될 수 있으므로, 그 제한은 필요 최소한에 그쳐야 한다. 혐

---

287) 프랜시스 후쿠야마(Francis Fukuyama)는 "고전적 자유주의에서는 평등한 개인들의 자율성을 보호하는 것을 중시했지만, 다문화주의라는 새로운 이데올로기는 각 문화의 평등한 존중을 강조했다."고 하면서, "이는 표현의 자유를, 더 넓게는 민주주의 유지에 필요한 이성적 토론을 위협할 수 있다."고 했다(프랜시스 후쿠야마, 전게서, 184면, 191면).

288) 나심 탈레브(Nassim Nicholas Taleb)는 "누군가의 의견이 어떤 사람들의 기분을 나쁘게 만들지도 모르기 때문에 의견 표출의 권리를 제한해야 한다는 생각은 민주주의를 해칠 수도 있다."고 하였다 [나심 탈레브(김원호 옮김), 「스킨 인 더 게임(skin in the game)」(비즈니스북스, 2022), 46면].

289) 존 로크(John Locke)는, "인간은 모두 자유롭고 평등하고 독립된 존재이므로, 어떤 인간도 자신의 동의 없이 이러한 상태를 떠나서 다른 사람의 정치권력에 복종할 수 없다. 어떤 사람이 자신의 자연적 자유를 포기하고 시민 사회의 구속을 받아들이는 유일한 방도는 생명·자유·재산을 안전하게 향유하고 공동체에 속하지 않는 자들로부터 안전을 확보하면서, 공동체 구성원 간에 편안하고 안전하고 평화로운 삶을 영위하기 위해서 다른 사람들과 함께 공동체를 결성하기로 합의하는 것이다."라면서, '입법자는 공동체 구성원들의 신탁에 따라 법률을 제정하여야 하고, 그들의 생명·자유·재산의 보존을 위하여, 국가 안보와 질서 유지를 위해, 공동선을 위해 권력을 행사해야 하며, 자의적으로 행사해선 안 된다.'고 했다[존 로크(강정인·문지영 옮김), 「통치론」(까치, 2017), 93면, 127면 내지 137면 참조].

290) 혐오 표현은 위험성과 강도에 따라, 원래적 의미의 혐오 표현, 적극적으로 다른 사회 구성원에게 특정 집단에 속한 사람들을 혐오하도록 고무 또는 선동하는 '혐오 조장', 특정 집단에 속한 사람들에 대해 차별 행위, 악의적 공격, 폭력적 행위를 고무하거나 선동하는 '혐오 행위 선동'으로 구분되기도 한다(한위수, 전게논문, 150면).

오 표현에 대한 제한은 명백한 혐오 표현에 한해 비례 원칙을 위반한 경우에만 가능하다. 물론 객관적 사실에 반하거나 편견에서 나오는 혐오 표현은 허용해서는 안 된다. 그러나 그 표현이 특정 집단의 명예 감정에 다소 반하더라도, 객관적 사실에 근거해서 표현하는 경우, 또는 질서 유지·공공복리를 위하거나 종교적·도덕적·윤리적 신념 등에 근거한 표현으로 객관적 사실에 위배되지 아니하는 경우 등에는 원칙적으로 표현의 자유를 보호하여야 한다.[291] 혐오 표현이 객관적 사실에 위배되는지 여부는 입증 책임의 원칙적으로 일반원칙에 따라 피해자가 입증해야 한다.

그런데 차별금지법은 '정치적 올바름(Political Correctness, 약칭하여 'PC'라고도 한다)'에 기초하여, 소수자 등에 대한 차별을 금지하는 차별금지법의 내용은 올바르고, 이를 반대하는 주장을 틀리다면서, 동성애, 성적 지향 등에 대해 언론이나 공공시설 등에서 부정적으로 표현하면 일률적으로 법적 제재를 부과하고 통제하는 법률이다. 이는 객관적 사실에 근거한 표현, 질서 유지와 공공복리를 위한 표현, 종교적·도덕적·윤리적 신념에 의한 표현 등을 과도하게 통제·억압하는 것이다. 차별금지법은 자신들의 주장만이 옳다고 하는 반민주적 사고에서 표현의 자유를 과도하게 규제하는 법률이라고 평가될 수 있다.

---

291) 존 스튜어트 밀(John Stuart Mill)은 "어떤 사람의 행동 중에 공공의 미풍양속을 해치는 경우는 결국 타인에게 해를 끼치는 범위에 포함되므로 정당하게 금지되어야 한다.", "어떤 행동이 적합한지에 대해 서로 의견을 나누고 제안할 수 있는 자유는 허용되어야 한다. 즉, 어떤 일이든지 행동이 허용된 것은 그것에 대해 충고하는 것도 허용되어야 한다."고 했다(존 스튜어트 밀, 전게서, 204면, 205면).

4. 차별금지법과 종교의 자유

가. 차별금지법은 종교의 자유를 중대하게 제한한다. 기독교 방송·신문·소셜 미디어에서, 광장·길거리·군 교회 등 공적 시설에서 동성애의 죄성(罪性)을 지적하거나 이단(異端)을 비판하는 설교가 제한된다. 또, 예수님을 믿는 것이 구원에 이르는 유일한 길[292]이라고 전도하는 것도 무신론자나 타 종교인에 대한 혐오표현이라고 하여 법적 제재가 이뤄질 수 있다(제3조, 제26조, 제28조, 제29조). 일반 학교는 물론 미션 스쿨이나 신학교에서조차 성경에 근거해 동성애를 비판하거나 종교적 이단사설(異端邪說) 등의 문제점에 대해 지적하는 것도 제한될 수 있다(제32조).

특히, 언론, 소셜 미디어, 집회 및 학교 교육 등에서 동성애에 대한 부정적인 비판은 제한되고 긍정적 평가만 가능하게 하여 동성애 우호적 환경이 조성될 수 있다.[293] 반면, 동성애의 죄성을 지적하는 기독교는 외딴섬과 같이 고립되고, 반기독교적 사회 분위기가 형성될 수 있다. 나아가, 성경의 무오류성(無誤謬性)이 훼손되고 교회가 혐오 대상으로 전락할 수 있다.

현재 서구 사회에서의 기독교 위축은 차별금지법의 도입이 주요 원인이라는 견해가 많다. 더욱이, 기독교의 역사가 짧고 기독교 문화가

---

292) 예수께서 가라사대 "내가 곧 길이요 진리요 생명이니 나로 말미암지 않고는 아버지께로 올 자가 없느니라(요한 14장 6절).

293) 교회에서 동성애를 비판하는 설교가 방송이나 유튜브 등을 통해 전파되는 것은 금지된다. 이는 대형 교회 목사 또는 유명 목사는 교회에서 실질적으로 동성애를 비판하는 설교를 할 수 없게 할 수 있다.

제대로 형성되지 않은 우리 사회에서는 차별금지법 제정이 교회를 초토화할 수 있다. 차별금지법 제정과 그 시행에 따라 국민의 법 감정과 법의식이 변화하고, 이는 기독교와 교회에 대한 부정적 인식의 확대·고착으로 귀결될 수 있다.[294] 영어에 'the camel's nose'라는 관용적 표현이 있다. 이는 중동 사막에서 낙타가 처음에는 텐트에 코를 밀어 넣고, 다음에는 앞다리, 그다음에는 몸통을 밀어 넣어, 결국에는 텐트에서 주인을 내쫓는다는 뜻이다. 차별 금지의 의미와 내용은 점차 확대되어 한국 교회의 존립 근거마저 무너뜨릴 수 있다.

나. 차별금지법에 따르면, 신학교나 미션 스쿨은 동성애자나 이단 신봉자의 입학을 거부할 수 없다(제31조). 교회, 신학교나 미션 스쿨 등은 동성애를 이유로 목회자·교수·교원 등의 채용을 거부할 수 없고, 비기독교, 타 종교 또는 이단 신봉자 등에 대하여 종교를 이유로 직원 채용을 거부할 수 없다(제10조, 제25조, 제26조). 그들이 순수한 의도가 아니라 교회와 기독교 기관의 파괴를 목적으로 지원하는 경우에도 마찬가지다. 이는 차별금지법이 교회, 신학교와 미션 스쿨 등의 본질적인 기능을 마비시키고, 교회와 기독교 기관에 대한 파괴의 수단이 될 수 있다는 의미다.

교회 등 종교 시설, 교회가 세운 복지 시설은 종교를 이유로 직원 채용을 거부할 수 없고, 교리에 반하는 동성 결혼식 및 주례 등도 거

---

294) 필자는 간통죄 사건에 대한 헌법 재판소 결정(헌재 2015. 2. 26. 2009 헌바17등)에서 간통죄의 폐지를 반대하면서, "간통죄의 폐지는 '성도덕의 최소한'의 한 축을 허물어뜨림으로써 우리 사회 전반에서 성도덕 의식의 하향화를 가져오고, 간통에 대한 범죄 의식을 없앰으로써 우리 사회에서 성도덕의 문란을 초래할 수 있으며, 그 결과 혼인과 가족 공동체의 해체를 촉진시킬 수 있다."는 견해를 밝힌 바 있다.

부할 수 없다(제10조, 제26조).[295] 이러한 점들은 기독교 등 종교적 가치관에 의하여 운영되는 종교 시설, 복지 시설 등 각종 기관이 그 설립 목적에 따라 운영할 수 없게 하여 본래의 기능을 제대로 수행할 수 없게 하고, 종국에는 사실상 폐쇄하게 되는 결과를 초래할 수 있다.

다. 차별금지법은 차별 금지 대상, 차별 행위, 적용 영역을 매우 광범위하게 설정해 종교 자유가 광범위하게 제한될 수 있다. 차별 금지 대상인 성별, 성적 지향, 성적 정체성 개념 등은 젠더 이데올로기에 따라 개인적·주관적 인식에 근거하여 규정되어 있다. 차별 행위는 성적 굴욕감 또는 혐오감을 느끼게 하는 성적 언동 등에 의해 피해를 유발하는 환경을 조성하거나 적대적·모욕적 환경을 조성하는 행위를 포함하는 등, 지극히 불확정·추상적 개념으로 정의되어 있다.[296] 차별 금지의 적용 영역은 '재화·용역·시설' 및 '공급·이용'이라는 광범위하고 포괄적인 개념을 사용할 뿐 아니라,[297] 이에 '등'을 추가하여, 차별금지법은 매우 넓은 영역에서 적용될 수 있다.

한편, 차별금지법은 이를 위반하면 이행 강제금이 부과되고 징벌적 배상 책임이 있다. 이행 강제금은 1회에 그치는 것이 아니라 수회에

---

295) 물건을 판매하거나 서비스를 제공하는 사람 등도 동성애 등을 이유로 그 제공이나 이용을 거절할 수 없다(제25조, 제26조).

296) 프랜시스 후쿠야마(Francis Fukuyama)는 "내적 자아는 인간 존엄의 기본 토대다. 그런데 그 존엄의 성격은 가변적인 것으로서 시대에 따라 변화했다."고 했다(프랜시스 후쿠야마, 전게서, 31면).

297) 재화·용역은 상품은 물론, 정보 통신·방송 등 언론·금융·보건 의료·관광 서비스, 기타 문화·체육·오락 등을 포함하고, 시설은 광장 등 공공시설·문화시설(종교 시설 포함)·체육 시설을 비롯하여 주거·상업 시설, 토지, 교통 수단 등을 포함한다(제21조 내지 제29조). 공급은 물품이나 서비스를 수요나 필요에 응하여 제공하는 것을 의미하고, 이용은 시설이나 서비스를 직간접 목적이나 방편을 위해 사용하는 것을 의미한다.

걸쳐 3천만 원까지 부과될 수 있다. 손해 배상은 발생한 손해의 2배 내지 5배(최소 500만 원)를 배상을 해야 한다. 집단 소송을 제기하는 사람의 수에 따라 그 배상액이 기하급수로 늘어날 수 있다.[298]

차별금지법이 도입되면, 일상생활의 광범위한 영역에서 종교의 자유가 침해될 뿐만 아니라, 종교와 관련된 직업 및 계약의 자유, 집회 및 결사의 자유, 행복 추구권, 사적 자치 등 자유권적 기본권이 중대하게 침해될 수 있다. 일각에서는 기독교가 소수가 되면 차별금지법에 의해 보호될 수 있는 것이 아니냐 하는 의문을 제기한다. 그러나 기독교가 소수가 되면 자유가 실종되고 자유의 평등이 실종된다. 기독교 사상이 자유 사상의 근간을 제공했기 때문이다. 공산주의 또는 이슬람 국가는 물론 차별금지법이 제정된 나라에서, 기독교도는 소수인 경우에도 보호받지 못하고 있다.

---

298) 우리나라 형법은 미국, 독일 등과 달리 사실 적시에 의한 명예 훼손과 모욕을 처벌하고 있다(형법 제307조 제1항, 제311조). 대법원은 혐오 표현에 대한 명예훼손죄의 성립에 일정한 제한을 두고 있다. 대법원은 "이른바 집단 표시에 의한 명예 훼손은 그 내용이 그 집단에 속한 특정인에 대한 것이라고 해석하기 힘들고 집단 표시에 의한 비난이 개별 구성원에 이르러서는 비난 정도가 희석되어 구성원의 사회적 평가에 영향을 미칠 정도에 이르지 않으므로 구성원 개개인에 대한 명예 훼손은 성립되지 않는 것이 원칙이다(대법원 2003. 9. 2. 선고 2002다63558판결)."고 한다. 이 판례에 따른다고 하더라도, 명예훼손의 내용이 구성원 개개인에 대한 것으로 여겨질 정도로 구성원의 수가 적거나 주위 정황 등으로 보아 개별 구성원을 지칭하는 것으로 여겨질 수 있는 때에는 집단 내 개별 구성원이 피해자로서 특정되어 혐오 표현은 처벌될 수 있다. 나아가, 차별금지법이 도입되는 경우, 입법 취지에 대한 고려와 국민의 법 감정의 변화로 인해 개인뿐 아니라 집단에 대한 모욕죄 또는 명예 훼손죄의 성립이 가능해져 형사 처벌 될 수 있다.

5. 차별금지법과 역차별

가. 차별금지법은 평등을 추구한다고 하지만 그 실질은 성 소수자 등에게는 특혜와 특권을 주는 것이다. 차별금지법에 의하면, 정부는 성적 지향 등의 보호를 위해 차별 시정 정책 등을 내용으로 하는 기본 및 시행 계획을 정기적으로 수립하여야 하고, 행정·재정상 필요한 조치를 취해야 하며(제6조 내지 제9조),[299] 국가인권위원회는 성적 지향 등으로 보호되는 자의 소송을 지원할 수 있다(제49조).

일반적인 손해 배상 사건의 경우, 피해자가 상대방의 가해 사실, 손해, 인과 관계 등을 입증한다. 그런데, 차별금지법에 의하면, 이른바 소수자인 피해자가 차별 행위가 있다고 주장하면, 상대방은 그런 사실이 없다거나, 성적 지향 등에 의한 차별이 아니라거나, 정당한 사유가 있었다는 점을 입증하여야 하고, 고의 또는 과실이 없음을 증명해야 책임을 면할 수 있다(제51조, 제52조). 이와 같은 입증 책임 전환으로 상대방이 이를 하나라도 입증하지 못하면, 소수자에게 최소 500만 원의 손해를 배상해야 한다. 더욱이, 외견상 성별 등에 관해 중립적인 기준을 적용하였으나 그에 따라 특정한 집단이나 개인에게 불리한 결과가 초래된 경우, 차별 행위로 인정될 수 있다(제3조 제2호). 주관적 의사와 관계없이 500만 원 이상의 손해를 배상하게 될 수 있다.

예컨대, 회사의 입사를 위해 경쟁하는 경우, 성적 소수자나 외국인 등이 유리하다. 성적 소수자나 외국인 등을 탈락시켜 문제가 된 경우

---

299) 박원순 전 서울시장은 동성애를 조장하는 퀴어 축제는 허용하고, 이를 반대하는 집회에 대해서는 그 집회를 불허했다.

에는, 사용자는 통상의 경우와 달리 탈락 이유를 입증해야 한다. 그런데, 그 입증이 쉽지 아니하기 때문에(특히, 정성 평가가 많이 반영되는 때에는 더욱 그러하며, 부존재 입증은 매우 어렵다), 사용자는 손해 배상 등 법적 제재를 두려워하거나 법적으로 논란이 되는 상황을 원하지 않아서, 또는 성 감수성이나 포용성을 과시하기 위해서, 성적 소수자나 외국인 등을 우대할 수 있다.[300] 더욱이 성적 소수자가 문제를 제기하는 경우, 성적 소수자의 지지자들은 회사 주위에서 지지 시위 등으로 실력을 행사할 것이 예상된다. 이러한 상황에서 사용자가 성적 소수자 등을 우대하지 아니하는 것은 매우 어려울 것으로 보인다.

이와 같이, 성적 소수자 등은 입증 책임의 전환을 통해 특권을 받으며 소송에서 국가권익위원회의 도움을 받을 수 있다. 반면, 그렇지 않은 사람은 채용에서 탈락되더라도 특별한 경우를 제외하고는 딱히 이를 다툴 방법도 없고 국가로부터 지원을 받을 수 없다. 결국, 그렇지 않은 국민은 성적 소수자 등보다 채용 과정에서 차별 대우를 받는 것이 된다. 성적 소수자 등은 승진·전보·해고 등에서도 채용의 경우와 같이 사실상 특혜를 받을 수 있다. 또, 성적 소수자 등은 재화·용역·시설 등의 공급이나 이용, 교육기관 등의 입학·교육·훈련이나 이용, 행정 서비스의 제공이나 이용 등에서 실질적으로 특권과 특혜를 부여받고 그 이외의 사람은 각종 생활 영역에서 광범위하게 역차별을 받는 현상이

---

300) 프랜시스 후쿠야마(Francis Fukuyama)는, "진심을 다해 견지하는 의견이 그러한 의견을 포기하도록 압박할 수도 있는 이성적 숙고와 담론을 제치고 특권을 얻는다. 때로는 특정한 주장이 누군가의 자아 존중감에 상처를 준다는 사실만으로도 그 주장을 접을 타당성이 충분한 것으로 여겨진다. 오늘날 소셜 미디어에 의해 확산되는 짧은 형태의 담론들이 이런 추세를 더욱 자극한다."라고 했다(프랜시스 후쿠야마, 전게서, 192면).

나타날 수 있다.[301]

나. 개인의 정체성[302]은 자신의 내적 자아, 그리고 그 내적 자아의 가치나 존엄을 충분히 인정하지 않는 외부 세계를 구분함으로써 성장한다.[303] 인간은 외부 세계로부터 인정받으면 자아 존중감이 형성되지만 그렇지 못한 경우에는 수치심 또는 피해의식을 갖거나 현실과 자신이 속한 사회에 대해 분노하고 갈등한다.

성적 소수자 등에 대한 부당한 혐오나 차별은 그들의 분노를 일으키고, 이와 마찬가지로 그에 대한 특혜와 그 이외 사람들에 대한 역차별 역시 역차별받는 사람들의 또 다른 분노를 유발한다. 이런 분노의 충돌은 숙고와 경쟁을 통한 합리적 의사 결정을 방해하고, 치유하기 힘든 감정 대립과 심각한 사회 갈등을 초래할 수 있다.[304] 특히, 이데올로기에 의한 이념적 성향은 특정 정체성만을 인정하고 다른 정체성

---

301) 차별금지법은 국적에 의한 차별을 금지하고 있으므로, 국민보다 이른바 소수자인 외국인이 특권과 특혜를 누리는 역차별이 발생할 수 있다.

302) 프랜시스 후쿠야마(Francis Fukuyama)는 "현대의 정체성 개념에는 세 가지 다른 현상이 결합돼 있다. 첫째는 다른 사람으로부터 인정받는 것을 갈망하는 인간 본성의 보편적 측면인 투모스(thymos)다. 둘째는 내적 자아와 외적 자아의 구분, 그리고 외부 사회보다 내적 자아를 도덕적으로 높게 평가하는 시각이다. 이 시각은 근대 초기의 유럽에 와서야 등장했다. 셋째는 서서히 발전한 존엄에 대한 관점으로, 이 관점에서는 인정이 한정된 계층의 사람이 아니라 마땅히 모두에게 주어져야 한다고 본다. 존엄의 확대와 보편화는 자아를 찾으려는 사적 탐색을 정치적인 프로젝트로 전환시킨다. 서구 정치 사상에서 이러한 전환은 루소 이후 세대에서 일어났으며, 이때 중심적 역할을 한 철학자는 임마누엘 칸트와 헤겔이다."고 했다(프랜시스 후쿠야마, 전게서, 74면).

303) 프랜시스 후쿠야마, 전게서, 30면

304) 프랜시스 후쿠야마(Francis Fukuyama)는 "정체성 집단들은 상대방을 위협적인 존재로 본다." 면서, "경제적 자원을 둘러싼 싸움과 달리 정체성 인정 요구는 대개 협상이 불가능하다. 인종, 민족성, 성별에 따른 사회적 인정에 대한 권리는 고정된 생물학적 특성을 토대로 하며, 그런 권리는 여타의 재화와 거래할 수도 없고 약화시킬 수도 없다."라고 했다(프랜시스 후쿠야마, 전게서, 200면).

의 정당성을 부정하거나 약화시키려고 하여 갈등을 심화·고착시킬 수 있다. 나아가, 이런 갈등은 공산주의자 그람시(Antonio Gramsci)의 바람대로 정치적·사회적 대변환의 동인(動因)으로 작동할 수 있다.

6. 차별금지법과 국가 안보, 질서 유지 및 공공복리

가. 차별금지법이 도입되면, 방송·소셜 미디어, 유치원, 초중고등학교 등 학교와 공적 시설에서 성적 지향 등의 보건·의료적 유해성과 반윤리적 성격에 대하여 객관적 사실에 근거한 정당한 비판도 제한된다(제3조, 제26조, 제28조, 제29조, 제32조).[305] 이는 일반 대중의 건강하고 합리적인 도덕관념과 윤리 의식을 형성하는 데에 방해가 된다. 특히, 아직 성숙하지 못한 어린이와 청소년들이 건전하고 균형 잡힌 세계관과 건전한 도덕관념을 형성하는 데 방해되고, 성적 지향 등에 대한 그릇된 관념을 갖게 할 수 있다. 그 결과, 에이즈나 원숭이 두창과 같은 질병의 확산을 가져오는 등 공공복리에 역행할 수 있다.[306]

차별금지법이 도입되면, 도덕과 윤리가 무너질 수 있다. 성적 지향 등에는 아무런 도덕적 또는 객관적 기준이 없다. 가족 간, 하물며 부

---

305) 제9장 문화국가원리(Ⅰ)에서 살펴본 바와 같이, 문화 막시스트들은 언론(신문, 방송)과 예술 (영화, 소설) 등에 의해 민중을 의식화하며, 특히, 가정이 아니라 좌파가 장악한 학교에서 자라나는 어린이와 청소년의 가치관을 형성해야 한다고 주장했다.

306) 에이즈, 원숭이 두창 등의 발병은 동성애자 특히 남성 동성애자 사이에서 높게 나타나고 있음에도, 우리나라에서는 이에 대한 보도가 인권보도준칙(人權報道準則)에 의해 사실상 통제되고 있다.

모와 자식 간의 성적 행위,[307] 소아성애(小兒性愛), 짐승과의 성행위 등도 성적 자기 결정권이라는 이름으로 정당화될 수 있다. 이는 행복의 원천이자 사회의 기초 단위인 가정을 파괴하고[308] 인류가 상당 기간 역사를 통해 형성해 온 도덕과 윤리를 무너뜨려, 인류를 짐승의 나락으로 떨어뜨릴 수 있다. 전통 가정이 해체되고, 도덕과 윤리가 무너지면, 사회가 혼란에 빠지고 공동체가 붕괴되는 원인이 될 수 있다.[309] 많은 학자들은 로마가 멸망한 것은 동성애의 만연, 반윤리적 행위의 팽배가 그 원인이라고 진단한다.[310]

차별금지법이 도입되면, 국가적·사회적 혼란이 예상된다. 성별로 구

---

307) 가브리엘 쿠비(Gabriele Kuby)는 "2014년 9월 24일 독일 윤리위원회는 근친상간을 금지하는 법을 폐기하고, 합의에 의한 근친상간과 14세 이상의 형제자매들이 가족과 떨어져 사는 경우 이들 사이의 성관계를 허용해야 한다고 권고했다."면서, 도덕적 가치를 무너뜨리는 데에 한계가 있다고 믿는 사람은 이런 사실을 반드시 알아야 한다고 했다[가브리엘 쿠비(정소영 옮김), 「글로벌 성혁명」 (밝은 생각, 2022), 155면 참조].

308) 차별금지법을 주장하는 사람들은 동성으로 이뤄진 가정도 행복하고 사회의 기초 공동체로서의 역할을 충실히 할 수 있다고 주장한다. 하지만, 동성 가족 등에서 성장하는 어린이들은 심리적으로 우울증 등으로 인한 질환으로 정신적 치료가 필요하다. 생물학적 유대를 가진 가정과 그렇지 아니한 가정은 가족 간 유대, 정서적 결합 등에서 차이가 있음은 피할 수 없는 자연스러운 현상이다. 케이티 파우스트(Katy Faust) 대표는 "미국 비영리단체 '아버지 없는 세대를 위한 재단'이 통계 분석을 통해 노숙인이나 가출 청소년 가운데 90%, 교도소 수감자의 70-85%, 자살하는 10대의 63%, 임신하는 10대의 71%, 고등학교 중퇴자의 71%가 아버지 없는 가정에서 나온다고 발표했다."면서, "사회 과학자 대부분은 결혼한 이성(異性)의 아버지와 어머니가 양육한 아이들이 동성 결혼 등에 의해 형성된 소위 다양한 가족에서 양육된 아이들보다 안전하고 건강하며 좋은 성과를 낸다는 사실을 인정한다."고 했다. 그녀는 "동성 부부, 정자 기증…. 웃는 어른 뒤에서 아이는 무너진다."면서, 전통적 가정의 중요성을 강조하고 아동 인권 단체 뎀비포어스(them before us, 'them'은 아동, 'us'는 성인을 의미한다)를 설립했다(시사저널 2023. 5. 13. 기사 참조).

309) 데블린(P. Devlin)은 "확립된 도덕은 사회 복지를 위해서 훌륭한 정부 못지않게 필수적이다. 사회는 외부의 힘보다는 내부의 요인에 의해 더 자주 붕괴된다. 공유되는 도덕이 유지되지 못할 때 사회는 붕괴된다. 사회가 도덕 규범을 보전하기 위해서 정부와 다른 핵심적인 제도를 유지하기 위해서 취하는 것과 동일한 조치를 취하는 것은 정당하다."라고 했다[P. Devlin, 「The Enforcement of Morals」(Oxford University Press, 1965), 13면, 14면].

310) 언윈(J. D. Unwin)은 인류학적 조사를 통하여 '성 윤리 규율이 엄격할수록 공동체가 성장하고, 그 규율이 느슨할수록 공동체가 쇠락한다.'라고 하였다[J. D. Unwin, 「Sex and Culture」(Oxford University, 1934)].

별된 화장실이나 목욕탕의 이용 등 일상생활에서 많은 문제점이 노출
될 수 있다. 새로운 시설 설치에 따른 사회적 비용의 증가는 물론, 이
를 반대하는 사람 등의 인권을 침해할 수 있다. 강간 또는 강제 추행
의사를 가진 남성이 여성 화장실을 부근을 서성이다가 발각되면 여성
이라며 책임을 면하려 할 수 있고, 신체 노출과 그에 따른 성적 충동
으로 인한 성범죄가 급등할 가능성이 있다. 스포츠에서 생물학적 남
성이 여성이라 주장하면서, 또는 남성에서 성을 전환한 트랜스젠더가
여자 선수와 경쟁하겠다고 하면 어찌 될까.[311] 남성이 자신은 여성이라
면서 군에 가는 것을 거부한다면 국방 의무는 누가 부담해야 할까.

나. 차별금지법이 도입되면, 방송이나 소셜 미디어, 유치원, 초중고등
학교 등 학교와 공적 시설에서 전체주의나 인류의 보편적 가치에 반하
는 사상 등에 대한 정당한 비판도 제한될 수 있다(제3조, 제26조, 제28
조, 제29조, 제32조). 어린이집, 유치원, 초·중·고등학교 등에서 공산주의
자, 파시스트 등 전체주의자의 교사 채용을 거부할 수 없다(제10조).
이는 공동체 구성원, 특히 아직 성숙하지 못한 어린이와 학생들이 건
전하고 균형 잡힌 세계관과 인격을 형성하는 데에 방해되고, 전체주
의 세계관에 대한 그릇된 관념을 가지게 할 수 있다.
　북한은 주체사상이 지배하는 전체주의 사회다. 주체사상은 사람 중
심의 사상이라고 표방하나 그 실질은 김일성 일가에 권력을 집중시키

---

311)　제9장 문화국가원리(Ⅰ)(주 28)에서 살펴본 바와 같이, 캐나다 역도대회에서 생물학적 남성
　　　이 여성이라면서 또는 남성에서 성전환 한 트랜스젠더가 여자 선수로 출전하여 수년간 우승
　　　하였다. 이런 연유로 캐나다에서는 상당 기간 동안 생물학적 여성이 여성 역도대회에서 우승
　　　하지 못했다. 이는 여성에 대한 실질적 차별이라고 평가될 수 있다.

고 세습 독재를 정당화하는 사상이다.[312] 주체사상은 '혁명적 수령관', '사회 정치적 생명체론'을 주요 내용으로 한다. 북한이라는 사회적 생명체에서 김일성, 김정일, 김정은으로 이어지는 백두혈통은 뇌수(腦髓, 뇌)고, 일반 주민은 수족(手足)에 불과하다. 뇌수인 김일성 일가의 명령에, 수족인 일반 주민은 무조건 따라야 한다. 차별금지법이 제정되면, 이러한 주체사상에 대해 언론이나 방송에서, 소셜 미디어 등 인터넷에서, 학교에서 그리고 광장이나 길거리 등 공공의 장소에서 비판할수 없게 될 수 있다. 김정은은 고모부와 이복 형을 살해하고, 그의 독재 체재를 위해 2,700만 북한 동포들의 자유를 억압했다. 그러한 사람을 독재자로 표현하거나 그 지지자들을 이른바, '빨갱이'라고 표현하면 그 지지자 등에 대한 차별 행위로 제재될 수 있다.

지난 정부 시절, 백두칭송위원회가 밝은 대낮에 광화문 광장에서 '김정은 환영을 위한 준비 모임'을 가지면서, 김정은을 위인으로 칭하면서 찬양했다. 이에 대해 어떤 제재나 처벌이 없었다. 반면, 차별금지법이 제정되면, 김정은이나 주체사상을 비판하거나 그 지지자들을 '빨갱이'라고 하면 처벌받게 될 수 있다. 자유 대한민국의 정체성과 자유, 정의와 같은 헌법 가치의 훼손이 우려되고 국가 안보가 위태롭게 될수 있다.

다. 차별금지법이 도입되면, 개인의 도덕과 사회적 윤리가 무너져 가정을 해체하고, 종교의 자유를 침해하여 종교 공동체, 특히 교회를 파괴할 수 있다. 차별금지법은 개인의 자유와 권리, 민주적 가치를 추구

---

312) 주체사상은 '자기 운명의 주인은 자기 자신이다.'고 표방하나, '수령론(首領論)'에 의해 김일성 일가의 세습 독재를 정당화하는 이론으로 평가된다.

하는 헌법 질서를 훼손하고, 국가 안보를 위태롭게 하여 국가를 해체하는 동인이 될 수 있다. 노라 칼린(Norah Carlin)과 콜린 윌슨(Colin Wilson)은 성적 지향을 이유로 억압받는 사람과 노동자라는 이유로 착취·억압받는 사람은 자본가 계급이라는 '공동의 적'을 갖는다면서 동성애자 해방 문제는 사회주의를 위한 투쟁에서 매우 중요하다고 했다.[313] 차별금지법의 도입은 공산주의자 그람시(Antonio Gramsci)의 바람대로 가정, 교회 및 국가(문화) 공동체의 해체와 변질의 원인이 되어, 공산주의 혁명으로 가는 '긴 행진'의 수단이 될 수 있다.[314]

7. 글을 맺으면서

"유대인이나 헬라인이나 차별이 없음이라. 한분이신 주께서 모든 사람의 주가 되사 그를 부르는 모든 사람에게 부요하시도다."(로마서 10장 12절)

평등은 정의의 핵심 내용을 이루고 인류가 지향하는 소중한 가치다. 모든 사람은 존엄한 존재로서 평등하고 차별받아서는 안 된다. 그러나 국가가 평등의 잣대를 들고 사적 영역에 깊이 개입해 개인의 자유와 권리를 일방적으로 희생해선 안 된다. 소수자의 내적 자아에 대한 감정적 혐오가 있어서는 안 되지만, 그 주장과 행위에 대한 이성적

---

313) 노라 칼린·콜린 윌슨(이승민·이진화 옮김), 「동성애 혐오의 원인과 해방의 전망 - 마르크스주의적 관점」(책갈피, 2019), 108면, 207면 참조

314) 안토니오 그람시(Antonio Gramsci)는 공산주의 혁명을 위해서는 '긴 행진'이 필요하다면서, 문화가 바뀔 때만 권력은 잘 익은 과일처럼 굴러들어 오게 된다고 했다[론 폴 등 5인(김승규·오태용 옮김), 「문화 막시즘-미국의 타락」(이든북스, 2020), 44면 참조].

비판과 정당한 논의는 가능해야 한다.[315] 이를 부정하면, 진리와 진실을 향한 기회가 박탈되고, 개인이 가지는 자유와 권리가 무력해지며, 개인의 개성과 창의가 말살된다. 그 결과, 사회적 다양성은 훼손되고 정의 실현과 사회 통합이 불가능하며 국가 발전과 경제 성장은 정체·퇴행하게 된다.

내적 자아와 정체성은 차별받아선 안 되지만, 부당하게 특혜나 특권을 누려서도 안 된다. 국민은 평등하게 자유와 권리를 가지므로, 적극적인 평등 실현 조치가 필요한 영역이 있다면, 그로 인해 제한되는 기본권의 종류와 침해 정도, 국민의 법 감정 등을 고려해 국민적 합의 하에 개별적·구체적으로 법과 제도를 만들어야 한다. 내적 자아와 정체성은 존중돼야 하지만, 그 확보행위는 민주공화국 가치와 질서를 위하여 필요한 경우에는 그 한계가 지워져야 한다(헌법 제37조 제2항). 그래야 헌법 질서와 국가의 정체성을 공고히 하고,[316] '인간의 존엄성'이 실현될 수 있다.

차별금지법을 반대하는 것은 성적 소수자 등의 자유와 권리를 훼손하고 억압하려는 것이 아니다. 성적 소수자 등에 대한 증오를 부추기

---

315) 간디(M. K. Gandhi)는 "어떤 사람과 그가 하는 행위는 서로 별개의 것이다. 선한 행실은 칭찬을 받아야 하고 악한 행실은 비난을 받아야 하지만, 그 같은 행실을 한 사람은 선하건 악하건 언제나 그 경위대로 존경을 받던지 그렇지 않으면 불쌍히 여김을 받아야 하는 것이다."고 했다[간디(함석헌 옮김), 「간디 자서전」(한길사, 2002), 596면].

316) 프랜시스 후쿠야마(Francis Fukuyama)는 국가(국민) 정체성이 국가의 붕괴와 내란을 막는 등 물리적 안정을 가능하게 하고, 공공의 이익을 중시하는 관료들에 의해 통치의 질을 높게 하며, 공공성을 지향하는 국민들에 의하여 경제발전을 촉진할 뿐 아니라, 사회발전의 기반인 신뢰를 광범위하게 형성하고, 경제적 불평등을 완화하는 견고한 사회안전망을 형성·유지하며, 사회적 합의를 가능하게 하여 자유민주주의 체제를 공고히 한다고 했다(프랜시스 후쿠야마, 전게서, 210면 내지 214면 참조).

거나 혐오를 조장하기 위한 것도 물론 아니다. 다만, 진실과 진리를 자유롭게 표현할 수 있는 권리, 자유롭게 생각하고 신앙할 수 있는 권리, 자녀들을 자유롭게 교육할 수 있는 권리 등을 확보하기 위함이다. 또 자유를 억압하는 사상과 무질서로부터 국가 공동체를 지켜내고, 공동체의 건강성을 공고히 하며, 행복한 가정과 건강한 윤리, 진리와 사랑을 실천하는 종교와 교회, 자유와 정의를 구현하는 국가 및 사회 공동체를 지켜내기 위함이다.

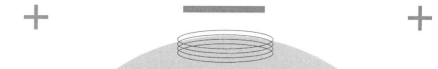

포괄적 차별금지법에 대한 정치적 대응 전략

조배숙

전 의원, 복음법률가회 공동 대표

1. 들어가며

　모든 사람의 인권은 존중되어야 하고 차별은 금지되어야 한다는 명제에 반대할 사람은 아무도 없다.

　그동안 우리 사회의 각 분야에서 행해지고 있는 불합리한 차별에 대해 개별 영역별로 개별적 차별금지법이 제정이 되었고 법의 부족한 부분을 채우기 위한 노력을 해 오고 있다. 그런데 모든 분야에 일률적으로 적용되는 기본법적 성격의 포괄적 차별금지법을 제정하여야 한다는 주장과 움직임이 계속되고 있다. 개별적 차별금지법만으로는 부족하고 포괄적 차별금지법이 필요하다는 여러 가지 이유를 들고 있지만 핵심은 성적 지향, 성별 정체성을 금지 사유에 포함시키기 위함으로 보인다.

2. 포괄적 차별금지법 제정 시도의 역사

성적 지향과 성별 정체성을 차별금지사유에 포함시키는 포괄적 차별금지법 제정 시도는 2007년도 17대 국회 때부터 시작이 되었다. 17대, 18대, 19대까지 6차에 걸쳐서 제정 시도가 있었지만 번번이 이 부분에 대한 학부모 단체, 기독교계의 완강한 저항에 부딪쳐 국회의 벽을 넘지 못했다. 이에 대한 기억 때문인지 20대 국회에서는 감히 이 법을 발의하는 국회 의원이 없었으나, 대통령에게 과도한 권한이 집중되어 정쟁이 심화된다는 대통령 중심제에 대한 반성으로 권력 구조를 개선해 보자는 취지에서 정부 형태에 대한 개헌 논의가 시작되자 이 기회를 통해서 포괄적 차별금지법의 핵심 내용을 헌법에 포함시키려는 시도가 있었다.

예를 들면 현행 헌법 36조 제1항에 '혼인과 가족생활은 개인의 존엄과 양성의 평등을 기초로 성립되고 유지되어야 하며……'라고 규정하여 남성과 여성의 결합을 전제로 하고 있지만 국회헌법개정특별위원회 자문 위원회 보고서의 검토안에 의하면 안 15조 평등권 규정 제1항에 양성평등이 아닌 '성평등'이라고 규정하고 있고 제3항 혼인과 가족생활에 대하여는 그냥 '개인의 존엄과 평등을 기초로 성립되고 유지되어야 하며……'라고만 기재하여 양성을 삭제하고 있다.[317] 이는 동성혼을 합법화하기 위한 사전 작업이라는 의심을 갖게 한다.

그리고 시안에는 현재 법률상의 기관인 국가인권위원회를 버젓이 헌법상의 기구로 격상시켜 놓았다[318].

2018년 지방 선거 실시와 때를 맞추어 개헌에 관한 국민 투표를 병

---

317) 국회헌법 개정특별위원회 자문위원회보고서, 6p-64p
318) 위 보고서 123p

행할 목적으로 국회 개헌특위는 2017년부터 각 17개 광역자치단체별로 개헌안을 설명하는 공청회를 진행하였으나 각 지역에 있는 학부모 단체 그리고 기독교계에서 완강하게 저항함으로써 그리고 야당과도 합의가 이루어지지 않아 이는 불발에 그쳤다. 그런데 문제는 21대에 들어와서 범여권이 180석을 넘기면서 차별금지법 제정을 다시 시도하게 되었다.

2020년 6월 29일 정의당 장혜영 의원 등 10명이 포괄적 차별금지법을 공동 발의 하였다, 발의 의원들은 심상정, 배진교, 강은미, 이은주, 유호정(이상 정의당), 권인숙, 이동주(이상 더불어민주당), 용혜인(기본소득당), 강민정(열린민주당) 의원들이다. 심상정 의원만 빼고는 전부 예상되는 지역구의 반대의 부담으로부터 자유로운 비례 초선 의원들이다. 여기에 화답이라도 하듯이 국가인권위원회는 6월 30일 국가인권위원회법 제19조 1호, 25조 1항에 의해 국회에 평등법 제정을 촉구하면서 정의당이 발의한 차별금지법과 대동소이한 '평등 및 차별 금지에 관한 법률'을 발의하였다.

지금 현재는 역시 기독교, 학부모 단체, 교육 관련 시민 단체들이 강력하게 반대하고 있고 내년에 Big 2 서울 시장 선거와 부산 시장 선거가 있고 또 곧 2021년 하반기부터 시작되는 대선 레이스로 정치권에서는 이 부분에 대해서 이해득실을 계산하고 있는 중이다. 가급적 중대한 선거를 앞두고 선거에 도움이 되지 않는 갈등을 일으키지 않으려는 정치권의 현실적인 판단 때문에 아직까지는 법의 진척은 없다. 그러나 어떠한 상황 변화가 올지 모르므로 항상 긴장하고 준비를 해야 할 것이다.

이 포괄적 차별금지법에 대해서 반대를 하면 찬성론자들은 이렇게 이야기한다. 이미 현행 국가인권위원회법에 성적 지향이라는 용어가 들어가 있고 벌써 거의 20년 동안 시행이 되었는데 이제 와서 이것을 왜 부정하느냐고 반문한다.

그러나 2001년도에 제정된 이 국가인권위원회법이 2005년 7월 29일 개정되면서 차별 행위의 유형으로서 성적 지향이 포함되었고, 당시 이를 심의했던 국회 의원들은 성적 지향에 대한 정확한 의미를 몰랐고 단 동성애자를 차별하지 말자는 선의로 해석을 하고[319] 이 부분에 대해서 크게 이의를 하지 않았다고 한다.

그러나 이 성적 지향이 차별 금지 사유에 포함됨으로써 법이 개정되었을 때 동성애에 관한 비판적 발언이 금지된다는 의미를 제대로 알았더라면 이 부분을 심도 깊게 토의를 했을 것이고 절대로 통과시키지 않았을 것이다. 이렇게 심각하게 문제 되는 부분에 대해서 제대로 밝히지 않고 상대방의 무지를 이용해서 실제 법으로 통과시켰다고 하는 것은 기만적인 입법 활동이라고 아니할 수 없다. 심지어 그 당시 동성애 활동가들조차 "성적 지향"이 포함된 국가인권위원회법이 국회를 통과하기 전에는 현실적 설득이 불가능하다고 평가하다가 통과하자 '국회가 잘 몰라서 통과되었을 것'이라고 할 정도로 '성적 지향'에 대한 국내적 논의가 전무했다고 밝히고 있을 정도[320]로 의원들이 성적 지향의 문제점을 모르고 통과시켜 준 것이다.

그래서 20대 국회에서는 '입법 제안자가 제대로 설명하지도 않았고

---

319) 조영길 변호사, 서울대인권헌장(안)의 자유침해적 독재성, "서울대학교인권헌장, 무엇이 문제인가?" 자료집 102p, 〈자유와 인권학술포럼〉 2020. 11. 12. 〈자유와 인권을 위한 서울대인모임〉 주최
320) 전게서 102p

예상되는 부작용에 대한 심도 있고 충분한 토의도 거치지 않은 채' 삽입되었고 성적 지향은 동성 성행위를 포함하는 개념으로서 차별 금지 사유에 해당되지 않으므로 이를 삭제하자는 국가인권위원회법 개정안도 40여 명의 국회 의원의 동의를 받아 발의되었었다는 것을 기억할 필요가 있다.

3. 포괄적 차별금지법의 내용을 담은 조례의 제정(조례의 형식으로 나타난 작은 차별금지법들)

이렇게 포괄적 차별금지법 제정 세력들은 위 법 제정이 반대에 부딪쳐서 국회의 문턱을 넘기가 어렵자 그 눈을 상대적으로 이 문제에 대한 문제의식이 제대로 형성되지 않은 지방자치단체와 교육 현장으로 돌려 조례 형식으로 제정 작업을 시도하게 되었고 상당 부분 성공을 거두었다.

광역자치단체로는 서울시 인권 기본 조례(2012. 9. 28. 제정), 경기도 인권 보장 및 증진에 관한 조례(2013. 8. 5)를 비롯하여 강원도 및 경북도 인권 보장 및 증진에 관한 조례를 제정하였다. 최근 충남도 인권 조례가 우여곡절 끝에 제정에 성공하였다. 기초자치단체는 전국 243개의 지자체 중 110여 개의 지자체가 인권 기본 조례를 제정하였다. 그중에는 선언적 의미만을 가지고 구체적이지 못한 것도 있지만 광역자치단체의 경우는 주민들에게 인권 교육을 시키고 인권 센터를 설치하고 이 업무에 자체 예산을 지원하는 근거를 두고 있다.

경기도의 경우는 특이하게 성평등 조례를 두고 있다. 과거 여성발전

기본법이 2015년 양성평등기본법으로 법의 명칭과 내용이 전면 개정되자 이에 근거한 지방 차원의 조례 작업이 필요하게 되었는 바, 이 법을 기초로 하였으므로 조례명을 당연히 양성평등 조례라고 하여야 함에도 불구하고 성평등 조례라고 제정하였다. 물론 내용은 양성평등을 주로 담은 것이지만 성평등이라는 용어가 양성평등의 줄임말이 아니고 젠더를 포함한 포괄적인 의미로 사용될 수 있는 용어이기 때문에 문제의 소지가 있는 것이다.

충청남도 인권 조례의 경우는 안희정 전 지사가 성적 지향이 포함된 도민 인권 선언을 발표하였고 이것에 근거해도 인권 기본 조례를 제정하려고 시도하였다. 이에 충남 기독교계에서 반발하여 도의원들을 설득 도의회에서 가까스로 부결하였으나 안희정 전 지사의 구속으로 도지사 대행 체제에서 부지사가 도의회를 상대로 도의회가 부결시킨 의결이 잘못되었다고 기관 쟁송을 대법원에 제기하였다. 그러나 2018년 지방 선거에서 민주당이 압도적으로 승리 도의회 의석의 다수를 민주당이 석권하게 되자 위 기관 쟁송을 취하하고 새로 구성된 도의회에서 다시 표결을 시도하여 의결을 거쳐 제정하였다.

교육 부분에 있어서는 광역지방자치단체의 교육청에서 학생인권조례를 제정하여 시행하고 있다. 현재 서울(2012. 1. 26.), 경기(2010. 10. 5.), 광주(2011. 10. 28), 전북(2013. 7. 12), 충청남도에 학생 인권 조례가 제정 시행되고 있다. 지자체의 인권 조례가 선언적이고 추상적인 부분이 있다고 한다면 학생 인권 조례는 구체적으로 권리를 명시하고 성적 지향을 이유로 한 차별을 금지한다고 분명하게 규정하고 있다는 점이다. (서울시 학생 인권 조례에는 성별 정체성까지 포함)

전라북도 경우에는 처음에는 도의회에서 부결되었으나 어떤 연유인지 다음번에 기습적으로 통과가 되었다. 현재 학생 인권 조례가 제정되어 시행되는 곳은 교육 현장에 그 부작용이 나타나고 있다.

현재 제주도에서는 역시 우려 사항이 담긴 학생 인권 조례를 통과시키려는 움직임이 있어서 기독교계와 학부모들이 강력히 반대하고 있고 이를 막기 위해 최선을 다하고 있다.

제주도는 이미 2012년경 위와 같은 내용의 학생 인권 조례를 제정하려는 움직임이 있었으나 그 당시 도 교육 위원 중에 학교장으로서 교육 현장 일선의 경험이 풍부한 의원들이 이러한 조례의 제정 시 발생할 수 있는 부작용을 예견하고 원만하게 설득하여 성적 지향 등을 제외하고 학생 인권 조례와 같은 내용을 담은 '학교 교육 활동 보호에 관한 조례'가 제정되도록 하였다. (2012. 6. 11)

그럼에도 이를 다시 발의 제정하려는 이유는 위 조례에 빠졌던 성적 지향 등을 포함시키고 학생인권센터나 학생인권옹호관과 같은 제도를 두어 예산을 지원받기 위함이 아닌가 추측한다.

전라북도 의회에서 지난 7월경 현재 국회에 발의된 정의당발 차별금지 법안 통과를 촉구하는 결의안을 발의했고 이것이 전체 회의에 상정되었다. 도의원 대부분이 포괄적 차별금지법의 의미를 잘 몰라서 통과될 뻔했으나 이 문제의 심각성을 알고 있었던 나인권 도의원이 현장에서 즉시 반대 발언을 하여 도의원들을 설득시켜서 이 결의안이 부결되게 되었다.

또 전주시의회 조례에 성적 지향이 포함된 조례를 발의하였는데 이것 역시 반대에 부딪쳐 무산되었다.

그러나 민주당 의원이 다수를 점하고 있는 경기도 부천시 같은 경우 교계에서 강력하게 반대했어도 그 조례가 통과가 되었다.

국회에서는 성적 지향이나 성별 정체성이 분명한 쟁점이 되어 합의를 이루기가 쉽지 않지만 지방자치단체에서는 지방 의원들이 여기에 대해서 정확한 지식이나 문제의식이 없고 지역 사회 역시 마찬가지며 이에 대한 관심도가 낮아서 쉽게 통과되는 경향이 있는데 이는 아주 위험한 일이다. 무관심하게 방치되어서 지역 주민의 권리가 침해되는 일이 없도록 정확한 홍보와 올바른 결정을 이끌어 내는 데 지역의 시민 단체와 교회가 그 역할을 감당하여야 할 것이다.

4. 서울대 인권 헌장안의 문제점

그뿐이 아니다. 서울대학에서는 인권 헌장을 제정하겠다고 나서고 있다. 서울대 인권 센터가 성적 지향 성별 정체성이 포함된 차별 금지 사유가 들어 있는 인권 헌장을 지금 제정하려고 강력하게 추진을 하고 있다. 그러나 이는 2016년도에 서울대 학생회 주도로 인권 가이드 라인을 제정하려는 똑같은 시도가 있었으나 그때도 반대에 부딪쳐 무산이 된 적이 있었다. 이번에는 인권 센터가 주도해 적극적으로 나서고 있다.

그러나 이것 역시 제목이 인권 헌장이라고만 되어 있지 차별금지법의 서울대 버전이다. 지난 10월 16일 인권 헌장 제정과 관련하여 공청회가 열렸는데, 비대면 회의라 실시간 동영상 온라인 참여 방식을 채택하였고 댓글이 400여 개 달렸는데, 90%가 반대의 의견이었다. 특히 학문을 연구하며 진리를 탐구하는 대학에서 사상의 자유, 표현의 자유, 언론의 자유는 가장 중요한 기본권인데 동성애 행위에 대해 전혀 비판하지 못한다는 것은 대학의 핵심적이고 본질적인 기능을 침해당하는 것이다. 교수의 경우 학자적인 양심을 침해당하는 것이다.

유사한 규범이 제정되어 시행되고 있는 외국 대학의 경우 수업 시간에 교수의 학문적 객관적 관점에서의 발언을 문제 삼아 교수에게 신분상의 불이익을 주고 이와 관련하여 갈등과 법적 분쟁이 빈발하고 있는 점을 주의 깊게 보아야 할 것이다.

국회에서도 논란이 있어서 통과되지 않는 쟁점 사항을 구태여 서울대학에서 인권 헌장에 포함시켜 통과시키려고 하는 그 의도가 무엇인가?

서울대학은 우리나라 최고의 국립 대학으로서 서울대학에 인권 헌장이 제정될 때 다른 대학에 도미노 현상을 일으킬 것이다. 이렇게 사회 여러 분야에서 각기의 버전에 맞춘 포괄적 차별금지법을 통과시키기 위해서 전방위적으로 노력하고 있음을 알 수 있다.

5. 언론 부분에서의 문제

2011년 9월 28일 인권 보도 준칙이 발표되었다. 이것은 당시 국가인권위원회 현병철 위원장과 한국기자협회 우장균 회장과의 사이에서 맺어진 협약이었는데 여기에는 여러 가지 항목을 두었고, 그중에 성적 소수자 인권이라는 항목을 두었다.

이 준칙은 그저 단순한 MOU이고 법적인 규범력이 없음에도 불구하고 어느새 이 인권보도준칙은 성적 소수자에 대한 보도의 불문율로 자리 잡게 되었고 이 준칙에 따라 성적 소수자에 대해서 조금도 부정적인 보도를 하지 못하게 되었다. (또한 이 준칙 제정 시에 기자협회의 다양한 구성원에 대한 충분한 의견 수렴을 거쳤는지도 의문이다.) 그 대표적인 예가 지난번 코로나 사태 때 이태원 식당가에서 많은 확진자가 발생했던 사건이다. 사실은 이 식당은 게이 클럽이었고 여기에 모인 사람들은 대부분 동성애자들이었다. 그런데 언론사 몇 군데에서 게이 클럽이라고 사실대로 보도하였다가 즉시 관련 단체로부터 항의를 받자 버티지 못하고 기사 내용을 게이 클럽과 동성애자에 대한 이야기를 빼고 수정을 하였던 것이다. 인터넷 판에서 바로 수정하였기 때문에 지면에는 그러한 기사는 나오지 않게 되었다.

법적 구속력이 없는 준칙이 어느새 규범으로 자리 잡아 기자들이 보도 시 심리적 위축감을 느끼는 데다 언론 매체의 내부 구조상 관련 단체들의 거센 항의에 취약하여 이러한 내용의 보도를 하지 못하게 된 것이다. 그런데 과연 이것이 그들을 보호하고 그들의 인권을 위하는 것인지? 이것을 밝히지 않음으로써 동성애자나 이것을 모르는 일반인들에게 피해가 확산될 수 있는 가능성은 없는지? 그렇다면 일반인들이 자신의 건강과 안전을 위하여 알아야 할 권리를 침해하는 것은 아닌지 깊이 생각해야 할 문제다. 객관적인 자료에 근거해서 동성애의 부정적 측면 즉 질병 등 육체적, 정신적 폐해 등에 대해 분명히 말할 수 있어야 된다. 이는 지나치게 동성애자들을 보호하는 것이어서 형평에 어긋나며 오히려 반동성애자에 대한 역차별의 문제가 제기된다.

또 KBS가 지난번에 방송 제작 가이드라인을 9월 초에 발표를 했다. 그런데 홈페이지에 띄운 것과 기자들에게 배포한 것은 달랐다. 중간 부분에 새롭게 출력을 한 페이지를 붙였는데 거기에 3-6 성 소수자, 3-7 다양한 가족 형태의 란을 따로 인쇄해서 방송 제작 가이드라인 책자에 붙여서 배포를 했던 것이다. 그렇다면 홈페이지에도 그것을 바꿔야 할 텐데 홈페이지에는 이것이 반영되어 있지 않았다. (최근에야 홈페이지에 수정되어 올라왔다.) 제작 가이드라인의 상위 규범인 방송 심의 규정 제30조는 양성평등의 원칙을 천명하고 있는데 이러한 제작 가이드라인은 상위 규범과 충돌하는 것은 아닌지? 이를 가이드라인에 포함시키려면 내부의 구성원들의 의견을 수렴하고 적법한 의사 결정 절차를 밟았어야 하는데 그러한 자료가 보이지 않는다. 이 과정이 투명하게 공개되어야 할 것이다. KBS는 국민의 시청료와 세금으로 운영되는 공영 방송이니만큼 절차적인 적법성을 제대로 준수하여야 한다.

또 최근에 종교 방송인 CTS와 극동 방송에 대한 방송통신심의위원회의 재제 결정이 있었다. 사건의 내용은 이러하다. 정의당이 포괄적 차별금지법을 발의를 하자 이 위험성을 알리는 차원에서 CTS는 7월 1일, 극동 방송은 7월 9일 이 법의 문제점에 대해서 전문가를 초청해서 간담회를 개최를 했다. 그런데 패널을 포괄적 차별금지법에 부정적인 인사만을 섭외하였고 발언 내용이 포괄적 차별금지법을 일방적으로 비판하는 것으로만 되어 있다면서 평화나무에서 이의를 제기했다. 심의 결과 소위에서는 '경고' 처분을 내렸고 11월 9일 전체 회의에서는 한 단계 낮은 '주의' 처분을 내렸다. 그런데 이 결정은 두 가지 점에서 잘못이 있다.

첫째, 문제 된 프로그램은 대담 프로그램이다. 뉴스의 경우에는 객관성이 확보되어야 하지만 대담 프로그램의 경우에는 그 의견을 진술한 자가 자유롭게 어떤 의견이든지 말할 수 있고, 뉴스와 같이 객관적인 사실만을 전해야 하는 것은 아니다. 정확도와 객관적인 중립성의 면에서 뉴스 프로그램과 대담 프로그램의 차이가 있는데도 이를 간과하였다. 둘째, 방송 심의 규정 9조 공정성에서 '종교의 선교에 관한 전문 편성을 행하는 방송 사업자가 그 방송 분야의 범위 안에서 방송을 하는 경우' 공정성의 예외 조항을 두고 있다. 즉, 종교 방송은 선교 목적을 위해서 설립된 만큼 설립 취지에 맞게 예외를 인정할 수 있는 것이다. 그런데 심의위 위원들은 이 부분을 전혀 인정하지 않았고 오로지 포괄적 차별금지법은 꼭 해야 하는 법인데 왜 이 법의 좋은 점을 얘기하지 않고 부정적인 면만 (그것도 사실이 아님에도) 편파적으로 이야기했느냐는 것이다.

이것은 바로 포괄적 차별금지법의 절대적 당위성을 믿고 있는 찬성론자들의 편협한 사고를 보여 주는 것이고 아직 그 법이 제정되지도 않았는데 이 정도이니, 만약에 제정된다고 하면 어떤 정도일지 그것은 상상에 맡긴다.

6. 포괄적 차별금지법의 사상적 배후

포괄적 차별금지법의 핵심은 성적 지향, 성별 정체성을 합법적으로 인정받는 것이다. 이 근저에는 '인간의 성은 주어진 것이 아니라 인간 스스로 선택하는 것이다'라는 사고가 자리 잡고 있다. 뉴욕시에만 등록한 성이 31가지나 된다. 앞으로 몇 가지의 성이 더 출현할지 모른다. 아이가 태어나면 바로 성별 신고를 하는 것이 아니라 자신의 성을 스스로 결정할 때까지 성별을 신고하지 않고 X(미국)라거나 U (Unknown 영국)로 표시한다. 자신의 성을 스스로 결정할 수 있고 또 어떤 성과 성적 깊은 관계를 맺을지 이는 자신의 성적 결정권에 따를 것이다. 이는 성 개방을 의미하며 종국적으로 동성혼의 합법화를 목적으로 한다.

이는 남성, 여성, 즉 양성을 전제로 한 기존의 전통적인 일부일처제의 혼인, 가족의 질서를 부정하고 또 이를 기초로 하고 있는 규범적 가치관을 부정하는 것이다. 혼인과 출산의 신성함을 강조하고 동성애를 죄악시하는 기독교적인 세계관을 허물어뜨리는 가히 혁명적인 사고라고 할 수 있다. 특히 역사적으로 장구한 시간 유럽에 자리 잡았던 기독교적인 가치관을 정면으로 부인하는 것이다.

이러한 사상의 흐름을 따져 보면 마르크스에서 시작된다. 마르크스는 그의 저서 '가족, 사적 소유, 국가의 기원'이라는 저서에서 "성스러운 가족(성부, 성자, 성령을 지칭)의 비밀은 지상의 가족이다. 전자를 사라지게 하려면 이론과 실제에서 후자가 먼저 파괴되어야 한다. …… 일부일처제는 촌충(기생충)과 같다."고 말했다.[321]

그런데 예상과 달리 서구 유럽에서 프롤레타리아 계급 혁명이 발생하지 않자 그 이유를 분석한 공산주의자들이 유럽 사회의 상류층들이 가치와 도덕 체계를 장악하고 리더십을 행사하고 있음을 발견하고 기존의 프롤레타리아 혁명론의 한계를 절감하고 승리할 수 있는 다른

---

[321] 곽혜원 박사의 '젠더주의의 도전에 봉착한 21세기 한국 기독교의 과제' 젠더주의와 성 혁명, 퀴어 신학에 대한 신학적 고찰과 신학 교육의 개혁 토론회 자료집 9-14p(2020. 9. 25. 젠더주의기독교대책협의회주최). 이 장의 서술은 윗부분을 전체적으로 참조했음을 밝힌다.

전략을 고민하기 시작했다.

문화막시즘의 주창자인 이태리의 그람시는 기독교를 공산주의 혁명의 최대 주적으로 규정하면서 특히 기독교 문화의 가치 체계를 철저히 붕괴시키지 않으면 혁명을 완수할 수 없다고 판단하였다. 정통 막시즘이 프롤레타리아의 계급 투쟁을 통해서 아래로부터의 혁명으로 자본주의 체제 전복을 획책하는 것과 달리 그는 지식인들을 혁명의 주체 세력으로 동원하여 정치, 문화, 교육, 법률 등의 분야에서 위로부터 그 사회의 가치 체계를 장악함으로써 이데올로기 투쟁을 통해 헤게모니를 잡는 '조용한 혁명'으로 전략을 전환하였다. 이것이 마르크스와는 차별화된 그만의 독특한 혁명 전략으로서 이후 그람시의 사상은 서구에서 좌파 세력의 전략 지침서로서 막강한 영향력을 끼치게 되었다.

여기에 프로이드의 제자인 빌헬름 라이히는 한 사회의 성적인 변화 과정이 항상 그 사회의 문화적 변화 과정의 핵심이라는 사실을 간파하였다. 그는 6천 년 동안의 성적 억압이 전 세계적으로 인류를 병들게 했다고 확신하면서 아무런 제약 없이 성욕을 충족시킬 수 있다면 인생의 모든 재앙은 사라져 버릴 것이라고 주장하면서 성적 억압의 제거에 주력하였고, 이를 실천하기 위해 일부일처제 결혼과 자녀 양육의 도구로서 전통적 가족을 해체시키는 데 강조점을 두었다.

그는 자신의 저서 '성 혁명'에서 성적 억압을 제거하고 부모 자녀 관계를 해체시키는 것이 가장 중요하다고 말하면서 일단 이것이 동력을 얻으면 체제 전복을 위한 나머지 목표들은 (기독교 교회와 국가 공동체의 말살) 저절로 실현된다고 주장하였다. 라이히는 한때 공산당에 가입하여 성 정치 운동을 조직하기도 하였지만 그의 이론은 당대에는 별로 주목받지 못하였다.

그러다가 성도덕을 붕괴시키는 그의 이론이 68 혁명의 돌파구를 제공하면서 세계정신을 파행적으로 뒤바꾸어 놓은 패륜적 성 혁명의 도화선이 되었다.

또한 좌파들의 지적인 무장을 위한 핵심 브레인이자 네오막시즘과 동일한 사상적 흐름에 속하는 프랑크푸르트학파가 지성인들을 사로잡으면서 성규범 해체, 가정 해체, 기독교 해체를 정당화하는 이론적 사상적 체계가 구축되었다. 대표적인 학자로는 호르크하이머, 아도르노, 마르쿠제, 하버마스 등이다. 이러한 현상은 글로벌 성 혁명으로 불리울 만하다. 이 영향으로 퀴어 신학이라는 학문성이 의심되는 이단적 신학 분파까지 출현하게 되었다.

이 프랑크푸르트학파의 주장은 미국에도 영향력을 끼쳤으며 정치적 올바름이라는 이름으로 미국의 지식인들을 오염시켜 왔다.

7. 전망과 대책

포괄적 차별금지법 제정 시도는 앞으로도 계속될 것이다. 미래 세대가 과연 이런 도전을 감당할 수 있을까 생각해 보면 현재의 청년 복음화율이 한 자릿수임을 생각해 볼 때 이 부분을 우려하지 않을 수 없다.

따라서 교회가 깨어나야 한다. 그리고 앞으로 미래 세대를 충분히 교육해서 이것을 막을 수 있을 정도의 능력을 키워야 한다.

그런데 또 문제는 그 청년들을 둘러싼 환경이다. 이 세상은 눈에 보이는 세상이 있지만 'www'라는, 인터넷으로 움직이는 또 하나의 세상이 있다. 필자가 현역 국회 의원 시절에 기독교인으로서 정체성을 나타내려고 하면 보좌진들이 극구 말렸다. 이유를 물으니 인터넷상의 기독교에 대한 여론이 무척 좋지 않다는 것이다. 따라서 기독교인이라고 할 경우에 고집스러운 보수의 잘못된 선입견이 씌워져서 의원님의 이미지에 부정적인 영향을 미칠까 봐 두렵다는 이야기들을 하였었다.

또한 교육 환경이 그렇다. 지금 자라나는 세대의 초중고 그리고 대학교 교육의 내용이 대부분 동성애 친화적이다. 그것은 이미 학생 인권 조례가 제정이 되어서 초중고교 시절 동성애도 정상적인 사랑의 일부라고 가르치는 성경적 관점에 어긋난 교육을 받은 결과라고 생각된다. 판단 능력이 부족한 청소년 시절 이러한 교육 내용이 무의식적으로 자신에게 내면화되었을 것이다. 그런데 이와 전혀 다른 이야기를 하는 교회는 전혀 낯선 이질적인 집단이 되는 것이다.

또한 언론도 마찬가지다. 진보적인 성향의 노조의 영향력 아래에 있는 언론도 이러한 사조를 받아들여서 분위기 자체가 그러하다.

이러한 사조들은 하나님을 대적하는 반기독교적인 세력이고 포괄적 차별금지법의 제정 시도는 이러한 영적 싸움의 시작이다. 이를 감당해야 할 곳은 교회다.

그렇기 때문에 우리들은 이러한 사실을 직시하고 청년 세대를 교육하고 뿐만 아니라 이 청년 세대를 둘러싸고 있는 환경을 변화시키는 데도 제도적인 노력을 해야 한다.

대한민국이 하나님이 주신 소명, 즉 제사장 국가와 선교의 소명을 감당하는 국가가 될 수 있도록 교회 안의 전문가 집단을 깨우고 연합하여서 포괄적 차별금지법을 꼭 막아 내야 한다. 이것을 위해 기도하고 연합하고 수고해야 한다.

동성애차별금지법에 대한 한국 교회의 복음적 대응과 시대적 사명

조영길[322] 변호사

322) 필자는 사법연수원 24기 변호사로서 1995년 서울지방법원 판사로 법조인 업무를 시작한 후 2000년에 법무 법인 아이앤에스를 설립하여 대표 변호사로서 현재까지 운영해 오고 있다. 2012년 장로로 안수받아 선한열매교회를 섬겨오고 있다. 2015년 동성혼 합법화 요구 소송을 막는 변론을 한 이래 한국 교회가 동성애차별금지법을 막아서는 일에 대하여 전문이론적 강좌를 제공하는 '기독교 동성애 대책 아카데미 (2017-현재)', '차별금지법 바로 알기 아카데미(2020-현재)'를 설립 운영하는 것을 섬겨 오고 있다. 2023년 2월부터 합동신학대학원 목회학과에서 수학 중이다.

1. 서론

현재 세계 복음주의 교회의 신앙을 가장 위협하는 교회 외부의 문화와 법 제도일 뿐만 아니라, 복음주의적 한국 교회가 연합하여 가장 강력하게 저항하고 있는 사안은 동성애 등을 법제화하는 포괄적차별금지법[323)제정 운동과 소위 성 혁명 운동이다. 성 혁명을 지향하는 포괄적차별금지법은 동성 성행위, 성전환 행위, 조기 성행위[324), 낙태 행위 등(이하 이러한 모든 행위를 포괄하는 용어로 '동성 성행위 등'으로만 사용하기로 한다)과 같이 성경적 성·생명 윤리에 반하는 행위들을 법률적으로 정당화한다. 나아가, 이들 비성경적 행위들에 대하여 부정적 의견을 표현하는 행위를 차별 행위로 규정하여 민사·행정·형사 등 가능한 모든 법적 책임을 부과한다. 구체적으로는 차별 금지 사유들에 동

---

323) 이하 줄여서 '차별금지법'이라고만 사용할 때 다른 의미를 특정하지 않는 한 포괄적 차별금지법을 의미하기로 한다.

324) 조기 성행위 혹은 조기 성애화는 early sexualization의 번역어로서, 유아·청소년 성행위를 정당화하기 위해 이를 포괄하며 저항감을 유발하지 않도록 하기 위해 사용하는 개념인데 유치원부터 시행되는 조기 성행위 정당화 교육의 위험한 실태에 대하여 가브리엘 쿠비가 그의 저서 『글로벌 성 혁명』에서 언급하고 있다. Gabriele Kuby, *The Global Sexual Revolotion*, 정소영 역, 『글로벌 성 혁명』(서울: 밝은 생각, 2018), 301-347.

성 성행위를 포함하는 성적 지향(sexual orientation)과 성전환 행위(젠더, gender)를 의미하는 성별 정체성(gender identity)를 넣는 것이 핵심 내용이다[325]. 차별금지법을 제정하면 성 혁명이 법제적으로 완성되는데, 성혁명 운동은 동성 성행위 등을 지지·수용하도록 강요하는 동성애 독재 사회를 만들려는 것을 목표로 하는 사회 변혁 운동이다[326].

대한민국은 2007년부터 국회에서 포괄적 차별 금지 법률안이 계속 제안되어 왔는데, 한국 교회가 강력하게 연합하여 분열 없이 그 제정을 반대하며 저항을 계속해 왔고, 그 결과 2023년 현재까지 무려 17년간 차별금지법은 제정에 성공하지 못하고 있다.

반면, 소득이 높고 기독교 복음화율이 상당히 진척된 나라들인 서유럽, 북유럽, 북미의 캐나다, 미국, 남반구 선진국들은 모두 포괄적차별금지법 제정에 성공했고, 성 혁명이 완성 단계로 진행 중이다[327]. 그 나라들에서 차별금지법 제정을 저지하지 못한 이유는 교회 외부의 거의 모든 영역의 전문 학문 이론들과 실천 분야들에서 유물론 진화론에 기초한 동성애·차별금지법 정당화 학문 이론들이 지배권을 가지고 장악했기 때문이다. 한편, 이를 막아서야 할 기독교회는 성경적 입장에서 단합하여 이를 반대하지 못하고 찬성하는 측과 반대하는 측이 상당한 규모로

---

325) 차별 금지 사유에 정당한 차별 금지 사유들인 남녀(sex), 인종, 민족, 사회적 신분 등과 함께 성적 지향과 성별 정체성(젠더 정체성)을 제시하는 포괄적차별금지법 형태를 사용하는데, 그 핵심 사유를 정당한 사유들처럼 보이게 하고, 이들 성적 지향과 젠더 정체성만을 차별 금지 사유로 할 경우의 저항을 피하기 위한 술책이다. 따라서 동성애차별금지법으로 부르는 것이 적절하다. 조영길, 『동성애차별금지법에 대한 교회의 복음적 대응』(서울: 밝은 생각, 2020), 26-30.

326) 성 혁명과 차별금지법이 유럽 각국과 북미 등에 동성애 등을 반대하는 사람들을 탄압하고 있는 **동성애 전체주의**가 되고 있다고 가브리엘 쿠비가 그의 저서 『글로벌 성 혁명』에서 언급하고 있다. 가브리엘 쿠비 지음, 정소영 옮김, 『글로벌 성 혁명』(서울: 밝은 생각, 2018), 22-25, 398-413. 이에 대하여 필자는 관련 저서와 논문들에서 '동성애 독재'라는 용어를 사용하며 성 혁명과 차별금지법의 자유 침해성을 설명해 오고 있다. 조영길 『동성애차별금지법에 대한 교회의 복음적 대응』 34.

327) 조영길, 『동성애차별금지법에 대한 교회의 복음적 대응』 44-53.

분열되었고, 오히려 찬성하는 교회들이 많아졌기 때문이다.

교회의 이러한 분열의 원인은 신학에서 복음주의와 자유주의가 분열했기 때문이다. 오늘날 전 세계 교회에서 지배적인 영향력을 발휘하고 있는 신학은 자유주의 신학이다. 이 자유주의 신학에 대항하여 역사적 기독교의 전통을 충실히 따르려는 신학은 복음주의 신학이다. 자유주의 신학과 복음주의 신학의 분기점은 성경관의 차이다[328]. 성경을 하나님 말씀으로 보고 성경에 완전무오의 절대적 권위를 인정하는 것이 복음주의고, 성경을 인간 저자의 작품들로 보고 오류가 있음을 전제로 인간의 이성을 가지고 비평하려는 것이 자유주의다[329]. 현재 서구 기독교 선진국에서는 복음주의적 교회들이 교계의 주도적 영향력을 상실한 반면, 신학적으로 자유주의적 교회들이 뒤에서 보는 바와 같이 주요 개신교단인 성공회, 루터교, 감리교, 장로교 등의 주도권을 장악했다[330]. 이들 자유주의적 교회들은 성 혁명·차별금지법을 겉모습만 보고 차별을 막는 인권법으로 이해하고 지지한 결과, 소수의 복음주의적 교회들만의 반대로는 막을 수 없었기 때문

---

328)　Francis A. Schaeffer, *The Complete Works of Francis A. Schaeffer Vol.4 A Christian View of the Church*, 『프란시스 쉐퍼 전집 IV, 기독교 교회관』(서울: 생명의 말씀사, 1994), 173면, 200면, 쉐퍼는 성경의 신적 권위의 절대성을 인정하지 않으면(확고한 성경관을 견지하지 않으면) 복음주의가 될 수 없다고 강조하면서 많은 지역의 교회, 많은 신학교, 많은 교회 단체, 복음주의 자로 알려진 많은 사람들조차 성경에 대한 온전한 입장을 견지하지 않고 있음을 슬퍼했다.

329)　자유주의와 복음주의의 구별 기준에 관한 가장 바른 기준은 성경의 신적 권위 인정 여부로 하여야 한다는 것이 프란시스 쉐퍼, 마틴 로이드 존스, 존프레임 등의 견해다. John Frame, *A History of Western philosophy and theology*, 『서양철학과 신학의 역사』, 조계광 역, (서울: 생명의 말씀사, 2018), 337.

330)　II. 단원 참조

이다[331].

반면, 한국 교회는 압도적 다수 교단과 교회가 신학적으로 복음주의를 견지하고 있는 것으로 평가되며, 복음주의 기독교회가 연합한 상태에서의 강력한 반대로 차별금지법을 성공적으로 저지해 오고 있다. 최근 2022 개정 교육 과정 수립 과정에서, 한국 교회는 공교육 과정에 들어와 있고 더욱 들어오려는 성 혁명 교육에 대하여 완전 삭제와 중단을 요구하는 강력한 저항 운동을 전개하여 주요 선진국 중 처음으로 성 혁명·차별금지법 교육을 하지 못하게 하는 2022 교육 과정 고시가 선포되도록 견인하는 성과를 거둔 바 있다.

그러나 아직도 성 혁명·차별금지법 제정 확산으로 인한 복음적 교회에 대한 탄압과 성경적 변질과 배도 문제들에 대하여는 정확히 알고 복음적으로 대응하는 교회들이 해외에서나 한국에서나 충분하지 않은 편이다. 심지어 복음주의자들 중에는 성 혁명·차별금지법에 대해 장기간의 외면 또는 침묵하고 있는 경우가 많다. 그 원인에는 차별금지법의 실체에 대한 정확한 인식이 없거나, 성경적인 성경관에 기한 복음주의적 신학을 확고하게 유지하지 못하는 데 그 원인이 있다고 필자는 판단하고 있다. 성경무오성을 굳게 잡는 한국의 복음주의적 관점에서 성 혁명·차별금지법의 정확한 실체와 복음적 대응 방안과 한

---

331) 조영길, 『동성애차별금지법에 대한 교회의 복음적 대응』 44-53. 필자는 위 저서 저술 당시에는 교회의 표면적인 차별금지법 찬반 분열상만 파악했는데, 그 교회의 찬반 분열이 신학적 분열에 그 원인이 있었다고 가르쳐 준 미국 반동성애 복음주의 신학자 피터 존스(Peter Jones)의 견해에 따라 더 조사를 해 보니, 신학적 자유주의의 서구 교회의 장악이 그 원인임을 발견하게 되었다. 필자는 2016년 피터 존스를 영국의 반동성애 운동 지도자 안드레라 윌리암스가 운영하는 윌버포스 아카데미에 참석하면서 그 강사로 온 피터존스 교수와 만나 교제하였고, 그해 10월, 미국 샌디에고에서 웨스트민스터 신학교 신학과 교수인 피터 존스가 개최한 반동성애 학술 회의 truth exchange conference에 참석하여 교제하였다. 이어 2017년 1월 백석대학교(천안)에서 개최한 기독교 동성애 대책 아카데미 강사로 피터 존스를 초대하며 교제하면서 서구 교회가 신학적 자유주의화로 진행된 것이 차별금지법을 막지 못한 주된 원인임을 분명히 알게 되었다. 개인적으로 신학적 통찰을 가르쳐 준 피터 존스 교수에게 감사한다.

국 교회가 담당해야 할 시대적 사명을 살펴보고, 한국 교회가 국내 및 국외 복음주의 성도들과 교회들에게 요구해야 할 마땅한 입장이 무엇이어야 하는가에 대하여도 살펴보고자 한다.

2. 기독교 선진국 복음주의 교회들의 성 혁명·포괄적 차별금지법 제정 반대 실패와 성경적 가르침으로부터의 심각한 일탈

앞의 서론에서 살펴본 바와 같이 성 혁명·포괄적 차별금지법 제정 운동은 동성 성행위, 성전환 행위, 조기 성행위, 낙태 행위 등을 법적으로 정당화하고, 이를 반대하는 의견 표현 행위를 차별행위로 규정하여 민사·행정·형사 등 가능한 모든 법적 책임을 부과하여 금지시킴으로써 동성 성행위 등을 지지·수용하도록 강요하는 동성애 독재 사회를 만들려는 사회 운동이다.

소득이 높고 기독교 복음화율이 높다는 소위 기독교 선진국들로 평가되는 서유럽, 북유럽의 주요 국가들(영국, 독일, 스웨덴, 네덜란드, 노르웨이, 스위스 등), 북미의 캐나다와 미국, 남반구 선진국들인 호주, 뉴질랜드, 남아공 등은 모두 포괄적 차별금지법 제정에 성공했다[332]. 현재 전 세계 30-40여 개 국가에서 포괄적 차별금지법이 제정에 성공한 것으로 파악되고 있는데, 주로 기독교 선진국에서 제정되고 있는 현실이 크게 우려스럽다.

기독교 선진국들의 교회가 성 혁명·차별금지법 앞에서 찬반으로 분

---

332) 조영길, 『동성애차별금지법에 대한 교회의 복음적 대응』, 44-53.

열되어 그 제정을 막지 못한 가장 큰 이유는 신학적으로 복음주의적 교회들이 교계의 주도적 영향력을 상실하고, 자유주의 신학을 수용하는 교회들이 주요 개신교단들인 성공회, 루터교, 감리교, 장로교 등의 주도권을 장악했기 때문이다[333].

자유주의화된 교회와 교단들은 헌법을 개정하여 동성애자들의 목사 안수를 허용했고, 동성애, 성전환 등이 성경에서 금지하는 죄가 아니라는 반성경적 거짓 가르침을 복음의 이름으로 가르치며, 동성 결혼 주례를 거룩한 교회에서 거행하게 하는 등 동성애와 성전환 문제에 있어서 심각한 배도적 행동들을 보여 주고 있다[334]. 동성애 문제를 놓고 동일한 교단 내에서 자유주의화된 교회들과 복음주의를 유지하는 교회들 간의 분열과 대결은 매우 심각하다.

영국의 성공회가 동성애자 사제들을 임명하고, 캔터베리 대주교가 동성 결혼을 지지하는 의견을 보여 주는 기사는 쉽게 검색된다. 반면, 아프리카, 아시아 등 저개발국 나라들의 성공회 교단들은 동성 결혼을 지지하는 영국 성공회의 입장을 따르지 않고 반대한다. 제4차 세계성공회미래회의는 전 세계 성공회 대표들 1,300명이 모인 자리에서, 2023년 4월 21일, 동성 커플을 축복하도록 한 영국 교회 결정을 거부하고 동성애를 수용하기로 한 영국성공회 교단의 권위도 거부하기로 한 것처럼 동일 교단 내에서도 국가 간 분열이 나타난다[335].

유럽 각국의 루터교단과 신자 500만의 미국 루터교단은 동성애를 수용하는 독일 루터교단의 입장을 동일하게 따르고 있다[336].

---

333) 조영길, 『동성애차별금지법에 대한 교회의 복음적 대응』, 46-52.
334) 조영길, 『동성애차별금지법에 대한 교회의 복음적 대응』, 47.
335) "영국 성공회 동성 커플 축복 인정 못해", 2023년 4월 26일 자 더 미션 기사
336) 신원하(고려신학대학원 교수), "성경, 동성애 그리고 기독교 윤리", 기독교동성애대책아카데미(부산), 2017.9., 299.

미국 내 최대 기독교단인 미국 연합감리교회(UMC)는 헌법이 동성 결혼과 동성애 성직자 안수를 금지하고 있으나 교단 내 진보(자유주의 신학) 진영이 공개적으로 이를 따르지 않고 거부하자, 동성 결혼을 반대하는 교회들의 집단 탈퇴가 이어지며 분열하고 있다[337].

미국 내 가장 규모가 큰 연합장로교회(PCUSA)는 동성애자 목사 안수를 허용하다가 2015년 교단 헌법을 개정하여 동성 결혼을 합법화를 승인했다[338]. 이에 저항하는 복음주의적 장로교회들의 탈퇴나 반대가 심각하다.

어느덧 성경에 충실하게, 동성애 수용과 동성 결혼 인정을 거부하는 복음주의 교회들은 유럽과 북미 남반구 기독교 국가들에서 소수가 되어 버렸다. 현재 전 세계 주요 기독교단 중 복음주의적인 신학을 따르며 동성 결혼, 차별금지법, 성 혁명을 단호하게 반대하는 교단들은 성령의 강력한 체험을 강조하는 오순절 교단, 보수적 복음주의를 견지하는 미국의 남침례 교단, 그리고 복음주의의 영향력이 압도적으로 높은 한국의 복음주의적 교단들뿐인 것으로 보인다.

차별금지법이 제정되고, 동성 결혼을 수용하는 등으로 거룩의 능력을 잃어버린 기독교의 교회들은 급격하게 교세들이 위축되어 교회 예배 인원들이 급감되고 있고, 예배자들이 사라진 예배당들은 매각되어 교회가 아닌 술집, 전시상, 심지어 게이바 등과 같은 상업용 부동산으로 사용되고 있는 실정이다.

차별금지법 제정이 확산되는 것은 기독교회들의 신학이 성경적인 복음주의를 떠난 것이 큰 책임이지만, 그 외부적 주된 원인은 교회 외

---

337) "미 연합감리교회 탈퇴 가속화… 264개 교회 탈퇴 합류", 2023년 4월 25일 자 국민일보 기사
338) 신원하, "성경, 동성애 그리고 기독교 윤리", 299.

부의 세상이 성 혁명·차별금지법을 정당화하는 각종 거짓 학문들에 의하여 미혹되어 이를 따른 각 영역의 사람들이 집요하게 이를 추진하고 있는 것도 또 다른 큰 원인이다.

3. 포괄적 차별금지법의 인권 보호를 내세워 인권을 침해하는 독재성과 이로 인한 복음적 교회의 성도들이 받는 부당한 억압들

1) 포괄적 차별 금지의 위장술

포괄적 차별금지법이 가지는 신앙·양심·학문·언론의 자유 침해성은 일반인에게 잘 알려져 있지 않고 있다. 그 자유 침해성을 정확히 알리지 않고 이름만으로 찬반을 물으면 여론 조사 결과는 찬성이 압도적으로 많게 나온다. 반면, 그 실제의 독재성과 폐해를 정확하게 알리고 찬반 의사를 물으면 반대가 압도적으로 많게 나오고 있는 상황이다[339].

포괄적 차별금지법 추진론자들은 이 법이 동성애자들이나 성전환자들에 대한 부당한 차별을 막기 위한 것으로 선전하며 이 법이 제정되어야 이들에 대한 고용, 경제, 교육, 공적 업무 영역들에서의 부당한 차별을 막을 수 있다고 주장한다. 이와 관련하여 분명하게 인식해야 하는 것은 포괄적 차별금지법이 제정되지 않은 현재에도 우리나라는 동성애자라는 이유로 고용상 불이익을 받지 않도록 노동법이 보호하

---

339) 국민일보, "포괄적 차별금지법 찬반 주장 설명하고 물어보니 국민 77% 입법 불필요, 2020년 9월 3일 자 기사 등

고, 경제의 자유가 침해되지 않도록 관련 민법, 공정거래법 등이 보호하며, 교육의 기회가 침해되지 않도록 교육관련법이 보호하고 있다는 사실이다. 동성애자나 성전환자들에 대한 부당한 차별은 차별금지법이 없어도 충분히 법률적으로 금지되고 있다. 포괄적 차별금지법은 사람에 대한 부당한 차별 금지를 내세우지만 실제로는 동성 성행위와 성전행위에 대한 자유로운 반대 의견이나 신념의 표현을 금지시키는 것이 그 핵심 목표다. 사람 차별 금지가 아니라 행위 분별을 금지시키는 것이다.

교회가 차별금지법을 반대한다고 하면, 그 정확한 이유를 모르는 사람들은 교회는 그러면 동성애자들에 대한 차별을 지지하는 것이냐고 반문하여 비난하거나 교회의 차별금지법 반대 입장을 이해하기 어려워한다. 이에 대해 한국 복음주의적 교회들은 사람 차별을 금지하는 복음(로마서, 골로새서, 야고보서)의 가르침에 따라 동성애자와 성전환자들에 대한 부당한 차별을 반대한다는 것을 분명히 밝혀야 한다. 그러나 한국 교회는 사람을 차별하는 것이 아닌 동성 성행위나 성전환 행위에 대하여는 성경의 신념에 따라 반대하는 분별의 자유를 박탈하는 차별금지법은 반대할 수밖에 없다고 분명히 말해 주어야 한다.

포괄적 차별금지법은 동성애자나 성전환자뿐만 아니라 20여 가지 이상 다른 차별 금지 사유들 모두를 포괄하는 법인데 왜 동성애와 성전환만 문제 삼느냐는 반론이 자주 제기된다. 이와 관련하여 주목해야 할 사항은 포괄적 차별금지법은 그 핵심 사유가 성적 지향과 성별 정체성(젠더 정체성)이고, 이것이 빠진 포괄적 차별금지법의 제정이 추진된 바 없고, 그렇다고 다른 정당한 사유를 뺀 성적 지향이나 젠더 정체성만을 차별 금지 사유로 하는 개별적 차별금지법(예를 들면 장애인 차별금지법, 남녀고용차별금지법 등)으로 추진된 바도 없다는 점이다. 포괄적 차별금지법의 국제문헌적 근거는 소위 욕야카르타 원칙인데 그 정식 명칭은 "성적 지향 및 젠더 정체성에 대한 국제인권법 적용원칙"이다. 따라서 위 2가지 핵심 사유 이외에 나머지 정당한 차별 금지 사유들은 부당한 차별 금지 사유들인 성적지향과 젠더 정체성을 포함시키기 위해 소위 들러리로 이용되고 있는 것이다[340].

차별금지법은 인권 보호, 차별 금지라는 양의 옷을 입었지만 그 속에는 무섭게 자유를 빼앗는 이리가 있으므로 삼가 잘 살피고 경계해야 마땅하다(마7:15).

2) 성적 지향(동성 성행위)과 성별 정체성(성전환 행위)을 차별 금지 사유로 삼을 때 초래되는 무서운 자유 침해적 독재성

무엇보다도 차별금지법이 과연 동성 성행위와 성전환 행위에 대한 반대 의견 표현조차 금지하는 자유 침해성을 가지고 있다는 주장이 충분히 타당한 근거들을 가지고 있는지 여부가 가장 중요한 쟁점이다.

차별 금지를 선언하는 최고 권위를 가진 규범들에는 우리나라 헌법이나 UN 헌장, 세계 인권 선언 등이 있다. 이들이 인정하는 정당한 차별 금지 사유들은 인종, 남녀 성별, 민족, 언어, 종교, 정치적 또는 기타 견해, 사회적 신분 등이다. 모두들 인간이 자유로이 선택할 수 없거나 선택이 어려운 상태거나, 자유롭게 선택할 수 있어도 내면의 신념(종교, 견해)으로서 외부적으로 행동화되지 않은 것들이다. 자유롭게 선택할 수 있어서 사람의 가치관에 따라 달라지는 외부적 행동을 차별 금지 사유로 하면 찬성하여 선택한 사람은 자유롭지만, 반대하

340) 조영길, "포괄적 차별금지법의 반성경성과 자유침해성-소위 욕야카르타 원칙의 내용을 중심으로", 《한국복음주의실천신학회 제42회 정기학술대회》(2022), 21.

여 선택하지 않는 사람은 차별로 몰려서 억압받게 되므로 정당한 차별 금지 사유가 될 수 없다[341].

성적 지향은 선택 가능한 외적 행동인 동성 성행위가 포함되는 용어다[342].

젠더 정체성도 선택 가능한 외적 행동인 성별 전환 행위나 성별 선택 행위를 포함하는 용어다[343].

따라서 이들은 일반 법리상 정당한 차별 금지 사유가 될 수 없는 것이다. 이들을 차별금지사유로 정하는 차별금지법은 동성 성행위나 성전환 행위를 반대하여 선택하지 않는 사람들의 선택의 자유인 신앙·양심·학문·언론의 자유를 박탈하는 자유 침해성을 가지게 되는 것이다[344].

실제로 차별금지법이 제정되어 실행되는 국가들에서 동성 성행위와 성전환 행위에 대한 반대 의견 표현으로 인해 차별금지법 위반으로 법적 책임을 지는 사례들은 수없이 많다. 2013년 영국 도로상에서 동성애를 반대하는 설교를 한 것을 이유로 체포 조사받은 토니 미아노 (Tony Miano) 목사 사례, 2002년 영국 보도 위에서 동성애는 부도덕하다는 팻말을 들고 있었다는 이유로 수백 파운드 벌금을 부과받은 해

---

341) 조영길, "포괄적 차별금지법의 반성경성과 자유 침해성- 소위 욕야카르타 원칙의 내용을 중심으로", 25.

342) 정의당의 장혜영 의원이 2020년 6월에 대표 발의한 차별금지법안 제2조 제4호에서 "성적 지향"이란 이성애, 동성애, 양성애 등 감정적·호의적·성적으로 깊이 이끌릴 수 있고 친밀하고 성적인 관계를 맺거나 맺지 않을 수 있는 개인의 가능성을 말한다고 규정하고 있다. 동성 성행위라는 외부적 행동을 포함하는 개념이다. 욕야카르타 원칙의 용어 정의와 동일하다.

343) 정의당의 위 차별금지법안 제2조 제5호는 "성별 정체성"이란 자신의 성에 관한 인식 또는 표현을 말하며, 자신이 인지하는 성과 타인이 인지하는 성이 일치하거나 불일치하는 상황을 포함한다고 규정하고 있다. 성전환 행위라는 외부적 행위를 포함하는 개념이다. 욕야카르타 원칙의 용어 정의와 동일하다.

344) 복음법률가회, 『평등법(차별금지법) Q&A』(서울: 밝은 생각, 2022), 42-45.

리 해몬드(Harry Hamond) 성도 사례, 2003년 스웨덴 교회 회중에게 동성애는 사회적 암과 같다는 설교를 한 것을 이유로 기소되어 1심에서 징역형 선고받았다가 항소심에서야 무죄를 받은 아케 그린(Ake Green) 목사 사례는 많이 알려져 있다. 또한 2012년 미국에서 동성 결혼 축하 메시지를 담은 케이크 판매를 거절하였다가 소송에 시달린 빵집 운영자 사례, 동성애 중단을 심리 상담하여 준 상담사들, 의사들의 면허를 박탈한 사례들, 동성애 유해성을 가르친 교사들이 징계받은 사례들은 모두 차별금지법의 가치관 표현의 자유를 박탈하는 독재성을 보여 주는 사례들이다[345]. 차별금지법 제정을 지지하는 자들은 이에 대해 무조건 가짜 뉴스로 매도하지만, 진실은 차별금지법이 사람 차별이 아닌 의견 표현 행위를 차별로 모는 것을 도저히 부인할 수 없을 정도로 증거들이 많다.

또한 국가인권위원회가 공식 발주하여 발간한 2차례의 보고서의 결론들도 '동성애가 비정상적이라는 상담'이나 '이성 간의 혼인이 정상이다'라는 의견 표현들조차 차별 사례로 예시함으로써, 차별금지법이 사람 차별이 아니라 행위에 대한 자유로운 신념 표시를 억압하는 독재성을 가지고 있음을 명백히 보여 주고 있다[346].

한편, 동성 성행위와 성전환 행위에 대한 반대 의견 표시가 상대방에게 정신적 고통을 주는 소위 혐오 표현이므로 금지시켜야 한다는 논리도 동원된다. 소위 정신적 고통 금지를 내건 혐오 표현 규제론이다. 사람들에 대한 명예 훼손이나 모욕적 표현을 통한 정신적 고통은 금지되어야 마땅하므로 형법상 금지된다. 그러나, 서로 다른 가치관을

---

345)   조영길, 『동성애차별금지법에 대한 복음적 대응』, 34-38.
346)   조여울, "국가 인권 정책 기본 계획 수립을 위한 성적 소수자 인권 기초 현황 조사"(2005), 80, 92, 93, 103. 홍성수, "혐오 표현 실태 조사 및 규제 방안 연구"(2016), 13면

표현하여 의견을 주고받는 과정에서의 유발되는 정신적 고통은 법률상 금지 대상이 결코 아니다. 사회 구성원들의 자유로운 가치관 표현을 보장하기 위하여 마땅히 상호 간에 수인해야 할 고통들이다. 정신적 고통을 이유로 자유로운 가치관 표현을 중단시키면 자유 민주주의는 무너진다. 법률이 특정 행동에 대하여 부정 관념 표시를 금지시키면 국가가 특정한 가치관을 강요하는 전체주의적 독재가 되어 자유 민주주의가 크게 훼손되는 것이어서 자유 민주주의 국가에서 결코 허용될 수 없다는 것이 헌법 재판소의 확고한 입장이다[347].

특히, 모든 정신적 고통을 금지시키면, 고통스러운 회개를 통해 구원하려는 하나님의 구원이 법률적으로 금지되게 되는 어처구니없는 결과를 초래한다.

3) 독재적 차별금지법의 시행이 초래하는 심각한 육체적·영적 폐해들

차별금지법이 동성 성행위와 성별 전환 행위에 대한 자유로운 반대 의견 표현을 금지시키는 억압이 적용되는 영역은 고용, 재화·용역의 공급, 교육, 국가 정책 등 사회 거의 모든 영역에 이른다. 동성애와 성전환에 대한 복음적 진리의 표현이 말로도 행동으로도 사회에서 일체 사라지게 되는 것이다. 사회 각 영역들에서 동성애와 성전환에 대한 지지, 찬성, 긍정만 들리고, 그 보건적, 윤리적, 영적 폐해에 대한 경고가 완전히 사라지면 그 사회에는 동성애 성행위 성전환 행위의 만연과 확산이 초래되고, 사람들은 동성애 등의 폐해들에 그대로 노출되게 되는 것이다.

---

347) 헌법재판소 1998년 4월 30일 선고 95헌가 16 전원재판부 판결

먼저, 동성 성행위, 성전환 행위가 초래하는 보건적 폐해는 심각하다. 가장 불결한 배설 기구에 성행위를 함에 따라 수많은 감염병을 유발한다. 특히, 치료되지 않는 에이즈의 가장 많은 감염 경로는 남성 간 동성 성행위다. 성전환과 관련하여 타고난 육체와 배치되는 호르몬 주사로 인한 부작용, 외성기의 복원 불가능한 절단과 새롭게 부착한 인위적 조직의 부작용, 관련된 정신적 질환들과 수명 감소 효과 등은 심각하다[348].

동성애 등 비정상적 성행위 확산과 유·소년기부터의 문란한 성행위의 만연은 건강한 가정들을 해치고 사회와 국가의 건강성을 훼손한다.

특히, 기독교 성 윤리와 성 복음을 파괴하는 폐해는 심각하다. 가입이 강제되는 공적 단체에서는 특정한 신앙과 가치관이 강요될 수 없으나, 각자 가치관에 따라 결성되는 임의 단체는 다른 가치관을 가진 사람들을 배제할 수 있어야 신앙의 자유, 양심의 자유가 유지된다. 다른 가치관, 적대적 가치관을 가진 사람들의 가입이 강요되면 신앙·양심의 자유가 유지될 수 없다. 차별금지법은 동성 성행위를 금지하는 신앙적 신념을 가진 기독교회와 신학교에 동성애를 지지하는 가치관을 가진 사람들의 가입, 지도자 임명(목사 안수), 신학교 학생 입학, 신학 교수 임명을 강요하게 된다. 보편타당한 인권의 핵심인 신앙의 자유를 파괴하는 것이다.

또한, 젠더 정체성 차별금지론은 육체적으로 남성의 외성기를 그대

---

348) 동성 성행위와 성전환행위의 보건 의학적 폐해들에 대하여 한국성과학연구협회(회장, 민성길)의 연구자들은 지속적으로 전문적이고 객관적인 의료적 근거를 가지고 발표해 오고 있다. 대표적 저서로는 김지연, 『덮으려는 자, 펼치려는 자』(서울: 도서 출판 사람, 2019), 대표적 논문은 김준명, "동성애와 에이즈", 기독교학문연구회 추계 학술 발표 동성혼과 한국교회의 과제, 2016. 11. 25.

로 유지한 채 여성이라고 주장하는 사람들에 대하여 여성 인정을 거부하는 것을 금지한다. 남성의 하체를 가진 채 여성이라고 주장하는 자들의 여성 전용 화장실, 탈의실, 공중목욕탕, 찜질방 등의 출입을 거절할 수 없어 여성의 안전권을 침해한다. 또한 이들이 여성들만의 스포츠에 대한 참여를 막을 수 없어 스포츠의 공정성을 해하게 되는 큰 혼란이 발생하는 것이다.

유치원부터 거의 모든 교육기관에서 동성애 등에 대한 부정 관념 표현이 금지되고 이에 대해 정당화하는 표현만 허용되는 결과, 차별금지법이 제정 시행되는 국가들에서는 분별력이 약한 미성년 학생들 사이에서 동성애와 성전환이 급격히 증가함으로써, 그 유해한 결과를 감당하는 학생들이 늘어나고 있는 것이다.[349]

신앙적인 측면, 특히 영적인 해악은 심각하다. 동성 성행위에 대한 성경의 금지 명령과 경고는 명확하다. 특히, 회개 없이 옳다고 주장하고 계속 남색 하고 탐색하는 등 동성애를 행하는 경우 하나님 나라의 유업을 받을 수 없다(고전 6:9, 10). 차별금지법이 시행될 경우, 사회 전반적인 동성애 등 정당화 및 그 반대금지 교육과 문화 정책 등으로 성도들의 자녀들이 성경이 금하는 동성애 습관에 오염될 가능성이 폭증한다. 실제로 차별금지법의 시행이 오래된 국가들일수록 동성애 등에 오염된 청소년들이 급증하고 있다. 우리 사랑하는 자녀들이 하나님의 무서운 진노의 대상이 되어 예수님이 여러 번 경고한 영원한 지옥 형벌의 대상이 될 수 있는 것이다. 단지 사회적 해악을 초래하는 하나의 악법을 막는 이상의 깊은 영적 의미를 가진 것이다. 차별금지법은 우리 자녀들의 육체적 정신적 건강을 위해서 뿐만 아니라 그 영혼의 구

---

349) 복음법률가회, 『정의당 차별금지법안의 반성경성과 위험성』(서울: 밝은 생각, 2020), 75-83.

원을 받아, 하나님의 영원한 심판을 피하기 위해서도 반드시 막아서야 할 악법인 것이다.

4. 차별금지법에 대한 한국교회의 강력한 연합저지의 성공과 차별금지법교육을 배제하게 만든 2022 개정 교육과정 고시

1) 한국 교회의 성공적인 차별 금지 법률 제정 저지와 동성혼 합법화 헌법 개정의 저지

한국에서 2007년부터 포괄적 차별 금지 법률 제정 시도가 있었다. 역대 거의 모든 정부들에서 보수, 진보를 불문하고 국회에서 차별금지법 제정이 시도되었다. 해외의 기독교회들은 이 법 앞에서 찬성과 반대로 교회가 분열되었고, 차별금지법 제정을 지지하는 교회들이 더 많아져서 그 제정을 저지하지 못했음은 앞서 본 바와 같다. 그런데 한국 교회는 분열 없이 연합하여 강력하게 반대하며 저항을 계속해 왔다. 그리고, 차별금지법이 가지는 반대 의견 표출 금지라는 독재성과 그 보건적 사회적 폐해들을 국민들께 꾸준히 알려 왔다. 그 결과 2023년 현재까지 오랜 기간 차별금지법은 국회를 통과하지 못하고 있는 제정 저지에 성공하는 모습을 보여 오고 있다.

특히, 2017년에는 성적 지향 차별 금지가 포함될 수 있는 여지를 가진 차별 금지 조항을 헌법 개정안에 넣고, 헌법에서 남녀 혼인의 근거가 되는 양성평등을 삭제하여 동성혼 합법화의 헌법적 근거를 마련하고, 젠더 개념을 담은 성평등 조항을 신설하려는 소위 동성혼 합법화

개헌이 추진된 바 있다. 한국 교회는 이에 대해 더욱 강력한 연합 반대로 이를 저지시켰다. 2017년에 광주광역시에서만 4-5만 명이 운집하는 반대 집회를 개최하여 동성혼 개헌을 강력 반대 했고, 이어 대전에서도 3만 명이 운집하는 집회를 열어 반대하는 등 전국적으로 대규모의 강력 저항 집회를 개최했다. 한국 교회 지도자들은 정부 담당자들에 대해 적극적 반대 소통을 계속했다. 동성혼 합법화 개헌에 강력하게 저항하는 국민들의 규모에 충격을 받은 당시 여당은 동성혼 개헌안 추진을 중단했다.

21대 국회에서는 민주당, 정의당 등 소위 진보적 성향의 국회의원들이 180석 가까이 되는 의석을 차지하여 역대 어느 국회보다 차별금지법 제정 우려가 매우 높았다. 그러나 한국기독교회는 연합하여 계속하여 강력 반대를 견지하며 각 지역의 교회 지도자들이 해당 지역의 국회 의원들을 수차례 면담하면서 차별금지법이 가지는 자유 침해성, 특히 신앙의 자유 침해성을 알려 주는 한편, 교회의 결연한 반대 입장을 강력히 피력했다. 전국 교회의 일치된 강력한 반대를 확인한 여야의 국회 의원들은 대부분 차별금지법 제정 추진에 동의하지 않고 있다. 소수당인 정의당의 당론일 뿐, 민주당이든, 국힘당이든 어느 당도 차별금지법 제정을 당론으로 채택하지 못하고 있다. 그 결과 차별금지법은 현재까지 국회를 통과하지 못하고 있는 것이다.

2) 한국 교회의 성공적인 성 혁명·차별금지법 교육 과정 도입의 저지 및 성 혁명 교육 배제 결정 도출 견인

공교육 교과서의 근간이 되는 교육 과정 개정이 2022년에 추진되었는데, 그 개정안에는 성 혁명·차별금지법을 정당화하는 교육 내용들

이 대폭 강화되도록 하는 내용이 있었다. "성적 자기 결정권", "성 인지", "사회적 성", "성 평등", "섹슈얼리티", "재생산 중단", "정상 가족 신화", "가족은 정서적 몰입 공동체", "혐오·차별 언어, 표현 금지" 등과 같은 용어들은 바로 성 혁명·차별금지법을 정당화하는 개념 용어들이다. 보건·가정뿐만 아니라 국어, 사회, 도덕, 수학, 독어 등 많은 과목들의 교육 과정안에 위험한 개념 용어들이 광범위하게 포함된 시안이었다. 주요 기독교 선진국에서 이미 시행된 지 오래되는 이른바 포괄적 성 교육이라는 내용을 그대로 답습하여 한국의 교육도 성 혁명의 도구화하려는 시도가 본격화된 것이다.

차별금지법을 강력히 반대해 온 한국 교회는 2022년 9월부터 개정 교육 과정에 들어오려는 성 혁명 교육·차별금지법 교육을 반대하기 위해 'STOP 성 혁명 교육'을 내걸고 강력히 반대하는 운동을 전개하기 시작했다. 특별히 성 혁명 교육이 자녀들에게 미치는 악영향을 차단하기 위해, 한국 교회는 깨어난 학부모들과 연합하여 성 혁명 교육 과정 개정을 강력히 반대하는 저항 운동들을 본격화하였다. 서울을 비롯한 전국 각 지역에서 대규모 규탄 집회를 개최했다. 성 혁명·차별금지법 교육 과정을 반대하는 전문가들인 교수, 변호사, 의사, 교사, 활동가들의 긴급 학술 세미나들도 여섯 차례나 개최하며 방대한 반대 자료들을 교육부 등 관계 당국자들에게 제출했다. 성 혁명 교육을 반대하는 학부모들이 유소년·청소년들의 무분별한 성행위를 부추기는 포르노성 성교육 교재의 실태를 그대로 폭로하며 반대하는 피켓 시위 운동 및 기도회 등을 수없이 진행했다.

한국 교회의 강력 저항을 확인한 교육부는 의견 수렴 과정에서 성 혁명을 담은 용어들을 점차 삭제하기 시작했다. 그러나 교육부는 2013년 이전에 이미 도입된 성 혁명 용어들을 유지한 채 신설된 국가

교육위로 교육 과정 개정안 심의를 넘겼다. 국가교육위는 2022년 12월 14일 2022 개정 교육 과정안을 심의할 때, 2013년 이전에 도입된 성 혁명 용어인 섹슈얼러티 용어도 삭제하고, 성 혁명의 가장 핵심 용어인 성적 자기 결정권의 용어를 본래적으로 강압으로부터의 자유 보호 개념 이외에 성 혁명 교육을 정당화하는 다른 의미(성 전환, 조기 성애자가 발생하지 않도록 교육적으로 충분히 안내한다)로 해석되지 않도록 하라고 결의했다. 한국 교육에서 성 혁명·포괄적 차별금지법 교육을 배제하는 놀라운 결의였다. 국가교육위의 결의를 송부받은 교육부는 국가교육위의 결정 취지를 반영하여 12월 22일 자로 개정 교육 과정을 개정하는 고시를 할 때, 성적 자기 결정권의 의미에 성 혁명이 정당화하는 다른 내용들(동성애, 성전환, 조기 성행위, 낙태 등)이 포함되지 않도록 한다는 자세한 성취 기준 해설을 확정하여 공표하였다.

이러한 교육 과정 고시는 기독교 복음화율이 상당한 선진국들의 국가 교육 최고 결정 기관들 중 처음으로 성 혁명·차별금지법 교육을 배제하겠다고 결정한 사례로 평가되는 바, 성 혁명·차별금지법 교육을 반대해 온 한국 교회가 이룩한 놀라운 성취라고 평가하지 않을 수 없다.[350]

이 성 혁병 배제 고시의 효과로, 동성애 등을 정당화하는 포괄적 성교육을 행하던 성교육 강사들이 학부모들의 진정과 항의에 의하여 예정된 강의가 취소되고, 강사들이 교체되면서 실제 성교육 현장들에서 성 혁명 교육들이 점차 사라져 가고 있다. 아울러 도서관에 비치된 성 혁명 정당화 교재들도 학부모들의 저항으로 점차 사라져가는 성과를

---

350) 조영길, "12. 22. 확정·고시된 2022 개정 교육 과정 내의 성 혁명 용어들의 삭제와 성적 자기 결정권 의미 수정의 의의와 남은 과제들"에 《복음법률가회, 6차 긴급세미나, stop 성 혁명 교육(2022. 12. 28)》에 그 자세한 경위와 의의가 정리되어 있다.

내고 있다.

그러나 아직도 전국 교육 현장에서는 성 혁명·차별금지법 교육이 광범위하게 시행되고 있다. 한국 교회의 학부모들은 오랜 기간 부모들에게 알려지지 않은 채 시행되어 온 성 혁명·차별금지법 교육을 막기 위한 학부모 운동이 더욱 대규모로, 더욱 지속적으로 전개할 필요가 있다.

5. 성 혁명·차별금지법을 성공적으로 저지해 오는 한국 기독교의 힘의 원천과 한국 교회가 받아야 할 시대적 사명

1) 한국 교회가 성 혁명·차별금지법을 성공적으로 저지해 온 동력의 원천: 절대다수인 복음주의 신앙!

전 세계 기독교 선진 국가들과 그 나라 기독교회가 반성경적이고 복음주의 교회를 탄압하는 차별금지법 제정을 저지하는 데 모두 실패해 오는 상황에서, 유독 대한민국만 현재까지 오랜 기간 차별금지법을 성공적으로 저지해 오는 성과를 거두고 있다. 또한 주요 기독교 선진국들 중에서 처음으로 공교육 과정에서 성 혁명·차별금지법 교육을 하지 못하게 하는 거룩한 교육 정책 결정이 나오도록 하는 큰 성과를 거두고 있다. 그 이유는 무엇일까? 특별히 한국 교회들이 성 혁명·차별금지법을 막아서는 데 서구 교회들의 분열과 달리 강력한 연합을 하게 한 가장 큰 원인이 무엇일까?

이것은 한국 기독교회를 이끄는 지배적 신학이 복음주의 신학이기 때문이다. 이로 인해 지역의 차이, 지지 정당의 차이에도 불구하고, 한국 교회는 복음을 충실히 따르는 입장을 견지하며 한 목소리로 반복음적인 성 혁명·차별금지법을 강력하게 반대하고 있는 것이다.

한국 교회에서 대부분의 교단들이 참여한 것으로 알려진 한국교회총연합회(한교총)과 기타 교단 연합 단체인 한국교회연합(한교연), 한국장로교총연합(한장총) 등은 일관되게 차별금지법을 반대해 오고 있다. 한국의 장로교단, 감리교단, 성결교단, 침례교단, 순복음교단 등 한국의 주요 교단들은 거의 모두 성 혁명·차별금지법을 강력하게 반대해 오고 있다. 교세가 많아도 3%에 미치지 못한다는 소수 교단으로 자유주의를 표방하는 교단인 한국기독교장로회(기장)만 차별금지법 제정을 공식 지지한다. 그러나 기장 교단 내에서도 절반 가까운 목회자들과 성도들은 교단의 차별금지법 지지 입장에 강력 반대하며 대부분의 다른 복음주의적 교단들과 같이 차별금지법을 반대하고 있다.

세계 기독교 신학의 주류가 서구 유럽, 북미, 남반구 선진국들에서 모두 자유주의 신학이 과반 이상이 되어 교단들의 지배권을 장악하고 있는 상황에서 유독 한국 교회만 복음주의 신학을 따르는 비율이 압도적으로 대다수인 것이 한국 교회의 강력한 연합 반대로 인한 차별금지법 장기간 저지 성공 및 성 혁명·차별금지법 교육의 공교육 배제라는 놀라운 성공을 만들어 내는 직접적 원인이 되고 있는 것이다.

2) 한국 교회가 복음주의 신앙을 150여 년간 유지해 온 동력은?

자유주의 신학이 주요 기독교 선진국 신학을 지배력을 발휘하는 있는 이 시대에 한국 교회가 복음주의 신학을 견고하게 유지하고 있는 과정을 살펴보면 이례적이고 기적적이다.

17세기 후반에 발흥한 자유주의 신학과 이어진 신자유주의 신학은 현재까지 기독교 선진국 교회들의 신학적 주도권을 강력하게 장악해 갔다. 영국, 스코틀랜드, 미국, 캐나다, 호주 등의 주요 기독교 신학교들이 급격히 자유주의화되어 가던 시기에 한국에 선교사들을 파송하기 시작했다. 1874년 스코틀랜드 교회의 존 로스의 만주에서의 조선 선교, 1884년 이후의 미국 장로교, 감리교의 본격 선교사 파송 등으로 시작된 한국 교회의 초기 역사를 살펴보면 놀랍게도 성경 비평을 반대하고, 성경의 완전무오성을 확고하게 믿는 복음주의적 선교사들만이 집중적으로 파송되었다. 이들은 이례적으로 복음주의 신학교들을 일찍 건립하여 복음주의적인 목회자들을 집중 육성해 갔다. 장로교회의 평양 신학교, 감리교회의 협성 신학교 등이 일찍부터(장로교 신학교의 선교가 본격화된 지 채 20년이 되지 않은 1901년부터) 건립되어 운영되었다.

특히 한국 기독교에서 압도적 다수를 차지하는 장로교의 경우, 평양장로회 신학교 교수진들은 신학교 첫 25년간은 성경 비평과 자유주의 신학을 단호하게 경계하며, 성경의 무오성을 확고하게 믿는 엄격한 청교도와 복음주의를 따르는 맥코믹 신학교, 구 프린스턴 신학교 등 출신의 선교사들이 신학을 주도했다[351].

감리교 역시 1920년대 이후 신학교가 일부 자유주의화되기 전까지는 복음주의적 웨슬리안들인 선교사들만이 집중 파송 되었다[352].

성결교를 개척한 선교사들, 침례교회를 개척한 선교사들도 역시 한결같이 성경 완전무오성을 굳게 믿는 복음주의적 선교사들이 주도했

---

351) 박용규, 『한국기독교회사 I』(서울: 한국기독교사연구소, 2020), 510-516.
352) 박용규, 『한국기독교회사 I』(서울: 한국기독교사연구소, 2020), 523-533.

다.[353]

당시 선교사를 파송하는 본국의 주요 신학교들이 예외 없이 자유주의 신학을 수용하는 것이 급격히 확산되어 가던 상황에 비추어 보면, 한국에 파송되어 기독교를 개척한 거의 모든 선교사들의 신학 노선이 성경 완전무오성에 충실한 복음주의였다는 사실은 한국 주변의 일본, 중국, 인도의 선교사들 중 자유주의 선교사들이 상당수였고 일본은 다수가 자유주의 신학자들이였음과 비교해 보아도 얼마나 특별하고 이례적인 은혜인지를 확인할 수 있다.

평양의 장로회 신학교는 1915년에 이미 신학생들이 230명이 되도록 급성장하여 당시 세계 최대의 장로교 신학교로 평가받을 정도로[354] 급성장하는 기적을 보였다.

한편, 성령의 초자연적 회심과 치유의 기적들이 풍성하게 동반하는 대각성 또는 대부흥의 은혜들이 한국 교회 초기와 성장 과정에 집중적으로 부어졌다. 감리교의 원산 대부흥(1903), 장로교회의 평양 대부흥(1907)에 이은 길선주, 김익두 목사 등이 이끈 1920년대의 부흥, 1930년대 부흥을 주도한 성결교단의 부흥, 1950년대 이후 부흥을 이끈 오순절계의 순복음교단의 부흥 1970년대 이후의 복음주의 교회들의 급성장이 계속 이어졌다[355].

특히, 한국의 주류 교단인 장로교회는 1930년대 아빙돈 단권주석사태로 인한 자유주의 신학 교류 금지 결정과 1947-53년 사이에 기독교

---

353) 박용규, 『한국기독교회사 I』(서울: 한국기독교사연구소, 2020), 534-542.

354) 박용규, 『한국기독교회사 II』(서울: 한국기독교사연구소, 2022), 39. Rhodes, ed., History of the Korea Mission, PCUSA Vol. I. 1884-1934, 440. 에서 재인용함.

355) 한국 교회사를 이러한 관점으로 설명하고 있는 대표적인 교회사 서적은 박용규, 『한국기독교회사 I』(서울: 한국기독교사연구소, 2020), 『한국기독교회사 II』(서울: 한국기독교사연구소, 2019), 『한국기독교회사 III』(서울: 한국기독교사연구소, 2020)이다.

장로회가 예수교 장로교회로부터의 교단 분리 과정에서 자유주의 신학과 복음주의 신학 사이의 큰 대결[356]을 한 바 있다.

그런데 가장 큰 교단인 장로교단은 복음주의 신학을 따르는 대부분의 교회들이 교단 총회를 주도하면서 자유주의신학을 따르며 성경 무오성을 거부하는 목회자들과 교수들을 단호하게 치리하였고, 그 치리를 거부하는 경우 목사안수를 취소하고 교단 출교 결정을 하는 등 자유주의 신학과의 교제를 단절하는 확고한 입장으로 대응했다. 그 결과 성경의 완전무오성을 믿지 않는 자유주의 신학을 따르는 자들은 복음주의적 주류 교단을 떠나 별도의 자유주의적 교단을 만들고, 복음주의적 주류 교단들의 교회들과는 교제가 단절되었다.

이렇게 된 이후 현재까지 150년이 흐르며, 복음주의 신학을 따르는 교단들이 압도적 다수가 되도록 지켜진 것이다. 21세기 전 세계를 휩쓸고 있는 포괄적 차별금지법 제정과 성 혁명 운동을 한국 교회가 분열 없이 강력하게 막아서고 있는 가장 큰 동력은 이렇게 형성된 것이다.[357]

한국 교회사에서 신학의 차이로 인한 교단의 분열을 기술하고 평가할 때, 자유주의 신학과 복음주의 신학의 분열에 대하여 교회의 연합을 해친 것에 대하여 부정적으로 평가하는 경우가 많다. 그러나, 현

---

356) 필자는 개인적으로 온라인 유튜브 강좌를 개설하여 '차별금법을 이기는 성경 말씀 증언 선교회(차이성)' 이름으로, 한국 교회가 자유주의 신학적 도전을 복음주의 신학을 따르는 연합된 입장으로 성공적으로 방어해 낸 것이 차별금지법을 막아 내고 있는 주된 원인이라는 점을 30여 회 넘는 관련 강의들을 통해 계속 알려 왔다.

357) 한국 교회사를 자유주의 도전에 대한 복음주의의 응전의 관점으로 설명하고 있는 책은 박용규, 『한국기독교회사 I』(서울: 한국기독교사연구소, 2020), 『한국기독교회사 II』(서울, 한국기독교사연구소, 2019), 『한국기독교회사 III』(서울: 한국기독교사연구소, 2020)이다. 한국 교회를 지난 150년간 성경적 복음주의 신학을 따르도록 하고, 자유주의 신학의 오염으로부터 지켜 주신 것은 근현대의 전 세계 신학적 동향에 비추어 볼 때마다 필자는 하나님께서 놀라운 기적과 은혜로 한국 교회를 구별하여 예비하셨다는 감사와 감동을 고백하지 않을 수 없다.

재, 전 세계 교회에서 자유주의 신학과 복음주의 신학이 명백히 분리되지 않고 교제를 계속한 해외의 주요 기독교단들은 모두 동성애를 옹호하고 동성 결혼을 합법화하며, 동성애에 대한 성경적 반대를 금지시키는 차별금지법을 수용하며 무너지고 있음을 주목해 보면, 자유주의 신학과 결별한 것에 대해 교단을 분열시켰다는 비난에 주목하는 역사적 평가는 변화되어야 할 것이다. 한국 교회가 성경 무오성을 수용하지 않는 자유주의 신학을 성경에 기하여 단호히 치리하고 치리를 거부하는 자를 교단에서 출교한 그 결정이, 오늘날 전 세계에서 가장 강력하게 성 혁명·차별금지법을 막는 신앙적 동력이 되고 있다[358]는 점에서 자유주의와 복음주의의 교단 분열은 성경적 복음주의를 수호하기 위한 필요한 결정이었다고 평가하는 것이 마땅할 것이다.

3) 복음주의 내에서 확고한 성경관(성경 완전무오성 수용하는 신학)과 모호한 성경관이 만들어 내는 동성애차별금지법에 대한 대응의 중대한 차이

① 확고한 성경관과 모호한 성경관과 교회의 동성애차별금지법 반대 여부와의 관계

복음주의는 성경의 완전무오성을 믿는 것이 원칙이지만 이 점에 대해 확고한 성경관을 견지하는 교회와 모호한 성경관을 가지는 교회로 나뉘어진다. 축자영감, 완전영감을 믿는 성경관을 프란시스 쉐퍼는 확고한 성경관이라고 표현했다. 고등 비평을 배제하지 않는 제한영감적

---

358) 세계 복음주의 교회를 현재 가장 해롭게 하고 있는 교회 외부의 성 혁명·차별금지법 제정 운동과 교회 내부의 자유주의 신학의 배도를 주목할 때, 한국 교회에서 성경적 복음주의를 지켜내기 위한 자유주의와의 단호한 결별로 인한 교단 분열의 결과는 안타깝지만 긍정적으로 평가하여야 할 것이다.

성경관을 확고하지 않은, 모호한 성경관이라고 할 수 있다.

성 혁명·차별금지법에 대하여 강하게 경계하고 단호하게 반대하는지 여부와 이를 경계하지 않고 우호적으로 보고나 수용하는지 여부는 자유주의 신학과 복음주의 신학 사이에도 입장의 차이고 뚜렷함은 앞서 본 바와 같다.

그러나, 복음주의 내에서도 분명한 경계와 강력 반대와 경계 없음과 우호적 지지 사이를 가르는 것은 성경관의 차이다. 성경에 오류를 조금이라고 인정하는 모호한 성경관을 가지는 경우에, 성경이 동성애를 지지한다는 반성경적, 퀴어 신학적 주장을 신학적으로 반대할 힘을 상실하게 되는 것이다.

성경관과 동성애 또는 차별금지법에 대한 태도의 차이와의 관계를, WCC와 국제 로잔의 입장을 통해 살펴볼 필요가 있다.

② WCC의 동성애·차별금지법에 대한 입장과 성경관

세계적인 교회 연합 단체 중에서 동성애와 포괄적 차별금지법 문제에 대하여 경계하지 않고 우호적인 입장을 견지하는 대표적인 단체는 WCC(World Counsel of Churches)이다[359].

WCC 신학은 알려진 바와 같이 자유주의 신학을 그대로 반영하고 있다. 예수님의 대속과 신성보다 예수님의 도덕성과 인성이 강조하며 윤리 종교화 되었고, 영적인 죄와 전도보다 사회 구조적 악과 사회 개

---

359) 2013년 부산 WCC 총회에서는 동성애를 죄로 규정한 루마니아 정교회 주교에 대한 비난이 쏟아졌고, 동성 커플 아이 입양 등은 성경 가르침과 다르다는 발언을 한 러시아 정교회 대주교 발언에 많은 의원들이 반대를 했다. WCC 참여 교단 대다수는 동성애를 죄라고 여기지 않는 것으로 해석된다고 참관한 노충헌은 평가했다. 박영호, "WCC 부산총회에 대한 신학적 평가", 이동주 편집, 『WCC와 카톨릭의 종교연합운동 연구』(서울: 선교신학연구소, 2015) 235, 236.

혁을 주력했다. 기독교 구원의 유일성을 포기하고 타 종교에도 구원이 있다는 종교적 혼합주의와 다원주의를 택했다. 1990년 스위스 바르 문서는 하나님이 타 종교 속에서도 구속 역사가 나타내셨다는 혼합주 의를 명확히 드러냈다. 비성경적 보편구원론을 택했다[360]. 1971년 벨 지움 루뱅대학에서 결정된 WCC 문헌은 역사 비평을 동원하여 성경 을 해석하며, 성경의 절대적 권위를 인정하지 않는다. 성경의 온전한 영감과 무오성을 받아들이지 않고 최대한으로 말해야 성경은 하나님 말씀을 증언하는 독특한 문서라고 주장한다. '성경은 하나님의 객관적 인 말씀이 아니라 특정한 경우에 대하여 말씀하시는 하나님의 음성' 이라는 바르트의 성경관도 지지하는데, 이는 신정통주의적 성경관[361] 을 나타내는 진술이다[362]. 칼 바르트는 성경 비평의 자유를 옹호하였 고 성경은 하나님 말씀이 아니라 하나님 말씀을 포함하고 있다고 주 장했다. WCC 문헌들에서는 발견되는 성경이 하나님 말씀이라는 복 음주의 확고한 성경관 진술을 하는 대신, '성경은 하나님 말씀을 증언 하는 수단이나 경험하는 수단'이며, 무오한 말씀이 아니라 '문학서 및 역사서와 마찬가지로 오류 있는 인간의 책'이며, '오직 성경의 권위를 강조하여 성경에 절대성을 부여하면 교회 일치를 방해한다'는 표현들 을 사용한다. 복음주의의 확고한 성경적 성경관이 아니라, 자유주의

---

360) 김학유, 『변하지 않는 성경적 선교』(서울: 합동신학원출판부, 2019), 231.

361) 프랜시스 쉐퍼, 『프랜시스 쉐퍼 전집 VI 기독교 교회관』, 181; 존 프레임, 『서양 철학과 신학의 역사』, 539-553에서 신정통주의 칼 바르트(Kark Barth)의 모호한 성경관의 위험성을 자세히 설명하고 있다.

362) 이승구, 『WCC, 참된 교회연합운동인가』(서울: 영음사, 2012), 17. 이 교수는 WCC 초대 총무 (1948-1985)를 지낸 비세르 후프트(Willen A. Visser't Hooft, 1900-1985)가 바르트주의자고, 바르트 자신이 1948. 초대총회 준비위원회 참여하고 1차 총회 기조 발제를 담당하였으며, 1954년 총회 주제제안위원회 위원으로 참여하여 주제 작성을 돕기도 한 것을 주목했다. 이 교수는 1963년 몬트리올 보고서, 1967년 브리스톨문서, 1971년 루뱅문서, 1993년 산티아고 문서를 보면, 자유주의 신학의 성경해석방법론을 제시하는 성경관, 신정통주의 성경관 등을 나타내고 있다고 분석하고 있다(이승구, 『WCC, 참된 교회연합운동인가』), 53.

신학, 신정통주의 신학, 급진주의 신학의 성경관을 나타내는 표현들이다[363].

세계의 복음주의 진영 내에서도 상당한 지지자를 확보하고 있는 신정통주의 성경관이 바로 동성애를 정당화하는 데 이용되고 있다는 것을 주목할 필요가 있다. 이안 머레이(Iain H. Murray)는 복음주의였던 스코틀랜드 교회가 교회의 연합을 추진하면서 신조에서, '모든 성경은 하나님 말씀이다'라는 성경관 진술을 '성경에 하나님 말씀이 포함되어 있다'라고 변경하면서 성경에 대한 믿음을 잃게 되었다고 판단했다[364]. 그 결과 동성애자를 목회자로 임명하는 것이 어떻게 가능하냐고 물을 때, "성경에는 하나님 말씀이 아닌 오류도 포함되어 있다"라는 대답으로 신조 위반이 아니라는 주장의 근거가 되었다고 분석했다[365].

모든 성경은 하나님 말씀으로 오류가 없다는 확고한 성경관과, 성경에 하나님 말씀이 포함되어 있고 비평을 통하여 발견할 수 있는 역사적·과학적 오류가 있다는 모호한 성경관은 오늘날 동성애차별금지법에 대한 단호한 반대 입장과 침묵 입장을 가르는 분수령이 되고 있는 것이다.

프란시스 쉐퍼는 성경 완전무오성을 인정하는 확고한 성경관과 실존주의적 모호한 성경관을 단호하게 구별했고, 이것이 복음주의와 비복음주의의 진정한 구별이 되어야 한다고 주장했다[366]. 그는 성경 무오성을 확고하게 믿는 성경관이 성경적이기도 하고, 앞으로 인본주의, 상대주적 사고에 바탕을 둔 문화적 압력을 이기기 위해서는 절대주의

---

363) 이승구, 『WCC, 참된 교회연합운동인가』, 53.
364) 이안 머레이, "스코틀랜드 교회가 성경에 대한 믿음을 잃게 된 경위", 조계광 역, 『성경 무오성에 대한 도전에 답하다』(서울: 생명의 말씀사, 2017), 202, 203.
365) 이안 머레이, "스코틀랜드 교회가 성경에 대한 믿음을 잃게 된 경위", 205면.
366) 프란시스 쉐퍼, 『프란시스쉐퍼 전집 II 기독교 성경관』, 201, 202.

적 가치관의 기초인 확고하고 강경한 성경관이 필요하다고 역설했다[367]. 이 확고한 성경관을 포기하면 우리의 영적 육적 자녀들을 지키기 어려울 것이라고 강력하게 경고했다[368].

③ 국제 로잔의 성경관 진술의 틈과 차별금지법에 대한 장기간 침묵의 원인

복음주의 교회들의 대표적인 국제적 연합단체인 국제 로잔은 선교뿐만 아니라 관련 신학들에 대하여도 세계 복음주의자들의 연합 활동의 중심으로 평가되고 있다. 그런데 국제 로잔은 성 혁명·차별금지법 제정 확산으로 인하여 초래되고 있는 복음주의 교회와 성도들에 대한 그 수 많은 강압적 탄압들과 복음주의 교회의 심각한 변질과 배도 문제들에 대해서는 침묵하고 있다.

국제 로잔을 이끌었던 존 스토트는 동성애 문제에 대하여 동성애는 성경상 명확히 죄에 해당한다는 복음적인 답변을 제시하는 한편, 동성애자만 죄인이 아니므로 인간적 차별은 금하면서도 동성애자들에 대하여 복음적 전도와 보살핌을 계속해야 한다고 기본 방향을 제시했다[369].

그러나 존 스토트는 동성애에 대한 그의 저술에서 동성애 정당화 이론가들에게 이용당할 수 있는 위험한 표현들을 사용하여 논란을 일으킨 바 있다. 그는 "대다수의 동성애자들이 자신의 상태에 대한 책임이 없을지 모른다는(물론 자신의 행위에 대한 책임은 있지만) 사실을 간

367)   프란시스 쉐퍼, 『프란시스쉐퍼 전집 II 기독교 성경관』, 173, 201.
368)   프란시스 쉐퍼, 『프란시스쉐퍼 전집 II 기독교 성경관』, 201.
369)   John R. W. Stott, *Issues Facing Christinas Today*, 정옥배 역, 『현대 사회 문제와 그리스도인의 책임』(서울: 한국기독학생회출판부, 2011), 503-547.

과한다. 이 사람들은 고의적인 성도착자들이 아니기 때문에 이해와 관심을 받아야 마땅하며, 이들을 거부하는 것은 타당하지 않다"고 주장했다[370]. 성경적 죄의 책임을 거론할 때, 존 스토트와 같이 상태 책임과 행위 책임을 분리하는 사고가 과연 성경적일까? 동성 성행위는 모든 인간이 하거나 하지 않을 수 있는 선택이 가능한 외적 행동이고, 모든 동성 성행위자는 고의적인 행위자이기 때문에 윤리적, 성경적 책임을 물을 수 있다는 것이 복음주의적 입장이다. 상태 책임이 없다거나, 고의적 행위자가 아니라는 주장과 논리는 이상하기도 하고 결론적으로도 부당하다. 존 스토트와 같이 동성 성행위자의 기독교 윤리적 책임 문제 부분에서 모호한 진술을 하면 동성애를 신학적으로 정당화하려는 자들에게 이용당할 수 있다.

존 스토트는 동성애에 대한 복음적 반대 의견 표현을 억압하는 차별금지법과 동성애 등을 정당화하는 교육을 강요하는 성 혁명·차별금지법의 폐해들에는 침묵하였고 현재까지 국제 로잔은 존 스토트와 동일한 입장을 견지하고 있다.

2010년 케이프타운 국제 로잔 대회에서 동성애자 문제를 다룬 에드벤스 페이퍼가 작성 발표 되었는데 존 스토트의 입장과 완전히 동일하다. 동성애 원인에 대하여 선전척이라는 주장은 거부하지만 행위에 대한 책임이 흩어지는 발전 이론을 채택하여 심리, 환경, 자신의 선택의 복합적 결과라는 입장을 취한다. 교회는 정죄할 것이 아니라 잃어버린 자로 보고 사랑으로 돌보고 은혜 안에서 돌이키도록 도와야 한

---

370) 존 스토트, 양혜원 역, 『존 스토트의 동성애 논쟁』(홍성사: 2011), 83.

다는 입장을 천명했다[371]. 그러나, 차별금지법의 무서운 동성애 반대의 자유를 박탈하는 독재성과 복음주의자들에 대한 탄압하는 실태에 대하여는 장기간 침묵으로 일관하고 있다[372].

반면, 동시대의 복음주의 지도자 프란시스 쉐퍼는 동성애가 비성경적이며 목회적 돌봄과 선교의 대상임을 명확히 하면서도 동성애에 대한 성경적 가르침을 금지시키는 차별금지법과 성 혁명 교육으로 그 수용을 강요하는 문화를 반대하며 이를 막아서도록 경고하였다[373].

존 스토트와 국제 로잔이 견지해 온 차별금지법이 초래하는 동성애 전체주의 사태에 대한 장기간의 침묵의 원인은 무엇일까? 필자는 존 스토트와 국제 로잔의 확고하지 않은 성경관에 그 원인이 있는 것으로 판단하고 있다.

먼저 국제 로잔의 성경관에 있는 틈을 살펴본다. 프란시스 쉐퍼가 이를 여러 차례 지적했다. 국문 번역으로는 그 틈을 알기 어렵다. 먼저 국제 로잔 운동 영문 홈페이지의 공식 번역문을 본다.

"We affirm the divine inspiration, truthfulness and authority of both Old

---

371)   김승호, "로잔 운동 관점으로 본 차별금지법과 동성애: 한국 교회 어떻게 대처해야 하는가?", 개혁논총(2016), 354-363. 김승호 교수도 차별금지법이 가지는 성경적 진리 표현의 자유를 박탈하는 자유침해적 독재성에 대하여는 주목하지 못해 이 점에 대한 한국 교회의 입장을 제시하지 못하고 있다.

372)   김승호, "로잔 운동 관점으로 본 차별금지법과 동성애", 368. 김승호는 국제 로잔이 동성 성행위를 성경에 기하여 분명하게 반대하니, 성적 지향을 담은 차별금지법을 반대하는 입장을 취하고 있음이 분명하다고 단정하나 국제 로잔이 차별금지법을 반대한다는 객관적 근거는 제시하지 않는다. 차별금지법 독재성에 대하여는 장기간의 일관된 침묵과 외면이 정확한 입장으로 보인다.

373)   프란시스 쉐퍼, 『프란시스 쉐퍼 전집 IV, 기독교 교회관, 제8권 위기에 처한 복음주의』, 435-438., 프란시스 쉐퍼는 그의 유언적 저서, 『위기에 처한 복음주의』에서, 서구의 공교육에서 성경적 성교육이 금지되고, 문화적으로 동성애 등이 정당화되고 수용을 강요당하는 성 혁명·차별금지법에 대한 강한 경고와 교회의 치열한 영적 전쟁의 사명을 다해야 한다고 시종일관 역설했다.

and New Testament Scripture in their entirety as the only written Word of God, without error in all that it affirms, and the only infallible rule of faith and practice."

"우리는 신구약의 성경이 하나님의 영감으로 기록되었음을 믿으며, 그 진실성과 권위를 믿는다. 성경 전체는 기록된, 하나님의 유일한 말씀으로서, 그 모든 가르치는 바에 전혀 착오가 없으며, 신앙과 실천의 유일하고도 정확 무오한 척도임을 믿는다."

그러나, 프란시스 쉐퍼 전집 1권의 국문 번역문은 이렇다.

"우리는 신구약 전체의 신적 영감성과 진실성과 권위와 성경이 하나님의 유일한 기록된 말씀으로서 그것이 단언하는 모든 사실에는 오류가 없으며 신앙과 행위의 유일하고 무오한 법칙임을 단언한다."[374]

프란시스 쉐퍼는 "그것이 단언하는(affirm, 믿는) 모든 것"이 가지는 틈이 있다고 판단했다. 즉, 성경(그것)과 성경이 단언하는 모든 것은 동일하지 않을 수 있는 것이다. 성경이 단언하지 않는 것이 성경 안에 있다는 것이 전제된 것이며, 성경 안에 있는 것 중 성경이 단언하지 않는 것은 착오(오류)가 있을 수 있다는 것이 전제된 문장인 것이다. 누가 성경에서 누가 단언하는 것인지, 단언하지 않는 것인지 판단할 수 있는가? 성경 각자가 판단할 수 있다는 것이다. 이 로잔 성경관의 틈에 대해 프란시스 쉐퍼는 이렇게 판단하고 있다. "그것이 단언하는 모든 사실에는 오류가 없으며"라는 짧은 문구는 나 때문에 들어간 부

---

374)   프란시스 쉐퍼, 『프란시스 쉐퍼 전집 II, 기독교 성경관』, 204.

분이 아니었음을 말해야만 하겠다. 그 문구가 로잔 언약에 포함된 사실을 내가 안 것은 그것이 최종적으로 인쇄되어서 나온 것을 본 다음이었다. … 그 인쇄된 글을 보았을 때 나는 그것이 오용될 것임으로 즉시 알았다." 동일한 취지의 우려를 빌리 그래함도 프란시스 쉐퍼에게 나타냈다. "1978년 8월 빌리그레이엄 박사는 내게 다음과 같은 편지를 보냈다. "나는 그것이 단언하는 모든 사실에는"에 대해 짧은 책을 쓰려고 생각하고 있소. 유감스럽게도 이 문구는 많은 사람들에게 어떤 빠져나갈 구멍이 되고 있소.375)" 프란시스 쉐퍼의 분석이다. "안타깝게도 '그것이 단언하는 모든 사실에는'이라는 문구는 실제로 모든 사람에게 빠져나갈 수명이 되었다. 어떻게 그것이 뒷구멍이 되었을까? 성경은 가치 체계와 성경에 나타난 특정한 종교적 사실들을 단언한다고 말하는 실존주의 방법론을 통해서 그렇게 되었다. 그러나 실존주의 방법론을 바탕으로 해서 이들이 설령 로잔 언약에 서명은 할지라도 마음 한구석에는 이렇게 말한다. "그래도 성경은 역사와 우주의 영역에 대한 가르침에서는 오류가 있는 진술을 한다"라고 말이다376). 프란시스 쉐퍼는 몇몇 복음주의 교회들에서 널리 인정되고 있는 실존주의 방법론377) 탓에 무오, 무류, 오류가 없다는 말은 무의미해졌으므로 다음과 같은 몇개 문구를 덧붙여야 한다고 제시했다. "즉, 성경은 가치나 의미 체계, 종교적 사실들에 대하여 말할 때에 오류가 없을 뿐만 아니라 역사와 우주에 대하여 말할 때에도 오류가 없다."378).

---

375) 프란시스 쉐퍼, 『프란시스 쉐퍼 전집 II 기독교 성경관』, 204.
376) 프란시스 쉐퍼, 『프란시스 쉐퍼 전집 II 기독교 성경관』, 204.
377) 프란시스 쉐퍼, 『프란시스 쉐퍼 전집 II 기독교 성경관』, 202. 쉐퍼는 실존 철학을 따르는 신학은 요즘 유행하는 자유주의 신학인데, 성경이 이성의 영역, 즉 역사와 우주에 대하여 다루는 부분에서 오류가 있지만, 종교적 체험을 기대할 수 있다고 주장하는 철학으로, 실제로는 자유주의 신학인데 많은 곳에서 복음주의라는 이름으로 활동하고 있다고 분석하고 있다.
378) 프란시스 쉐퍼, 『프란시스 쉐퍼 전집 II 기독교 성경관』, 205.

존 스토트의 성경관에서도 확고하지 않은 성경관이 발견된다. 그는 성경의 완전무오성을 믿는다는 표현보다 선호한다고 애매한 표현을 하였다[379]. 고등 비평을 단호하게 거부하지 않았고, 특히, 신정통주의 성경관을 나타내는 표현들을 그대로 사용하는 경우가 많았다. 그는 성경을 하나님 말씀이라고 하면서도 '성경을 그리스도를 증거하는 표지판', '성경이 아니라 그리스도가 우리의 신앙의 대상'이라고 하면서 '성경 숭배자들이 되지 말라'는 견해를 주장했다.[380] '성경에 구원이 있다는 미신적 견해를 가지지 말아야 한다'고도 주장했다. 성경의 목적은 그리스도이므로 그리스도를 보아야 하지 성경 자체를 보아서는 안 된다고 주장했다[381]. 존 스토트가 성경책이라는 물질을 숭배하고, 성경책에 신비한 힘이 있다는 미신적 견해를 경고한 것은 옳다. 그러나, 성경이 하나님 말씀인데 성경을 단지 증거하는 표시판이라거나 숭배 대상이나 신앙 대상이 아니라거나 성경이 목적이 아니라는 표현들을 사용하는 것은 성경의 권위를 훼손할 수 있는 표현들이다. 오히려 성경은 말씀 자체를 하나님과 동일시하므로(요:11), 하나님의 말씀 자체는 경배 대상임을 인정하고(시 56:4, 10, 119:48, 161), 성경이 하나님 말씀이므로 구원을 주시는 하나님의 신비한 능력이 있음을 고백하는 것이 복음주의자들의 기본 입장이며, 성경의 신적 권위를 훼손할 수 있는 표현을 사용하지 않는다[382].

스토트의 이와 같은 성경관 진술들은 자칫 성경 모두 하나님의 말

---

379) John R. W. Stott, David Edwards, 김일우 역, 『복음주의가 자유주의에 답하다』(서울: 포이에마, 2010), 184.

380) John R. W. Stott, *Christ the Controversialist,* 윤종애 역, 『변론자 그리스도』(서울: 성서유니언, 1997), 73.

381) 존 스토트, 『변론자 그리스도』, 75.

382) 존 프레임, "스코틀랜드 교회가 성경에 대한 믿음을 잃게 된 경위", 조계광 역, 『성경 무오성에 대한 도전에 답하다』(서울: 생명의 말씀사, 2017), 238, 243.

쓺이 아니라 성경이 증거하는 것, 성경이 목적하는 것이 하나님의 진정한 말씀이라는 모호한 성경관에 빠질 위험이 있는 표현이다. 신정통주의가 성경이 하나님 말씀이 아니라 성경을 통해서 인식하는 하나님 말씀이 하나님 말씀이라고 주장하며 성경이 하나님 말씀이 아니라 성경에 하나님 말씀이 포함되어 있다고 표현했다. 이러한 성경관 진술은 곧 WCC가 채택하는 성경관, 즉, 자유주의 신학자들도 동의할 수 있는 모호한 성경관 진술이 되었던 것이다. 모호한 성경관에 따르면, 성경이 증거하는 것, 성경이 목적하는 것을 누가 어떻게 파악하는가? 성경과 하나님 말씀을 분리하는 순간, 기록된 말씀을 읽어 내는 인간의 주관이 객관적 말씀 위에 서게 되는 것이다. 이것이 모호한 신정통주의 성경관의 위험이다.

바빙크는 계시와 계시 문서, 하나님 말씀과 성경 사이를 구분하면 사실상 성경의 권위 전체를 혼동시킬 수 있다고 일찍이 경고했다. 왜냐하면 성경 가운데 있는 하나님 말씀, 종교적, 윤리적인 것, 계시 또는 사람이 뭐라고 부르던 그것이 권위를 가진다면 각 사람은 성경 안에 있는 그 하나님의 말씀이 무엇인지를 결정해야만 하며, 각 사람은 이것을 자기 나름대로 제한하기 때문이다. 그래서 무게 중심이 객관에서 주관으로 옮겨진다. 성경이 인간을 비평하는 것이 아니라 인간이 성경을 판단하는 것이다. 성경의 권위가 인간 재량에 달린 것이다. 그래서 성경은 단지 인간이 인정하는 범위에서 존재하고 결국 완전히 파괴된다고 바빙크는 강력하게 경고했던 것이다[383].

존 스토트는 바빙크가 경계한 바, 성경과 복음 핵심인 그리스도가 분리되는 듯한 성경관을 나타냈다. 존 스토의 이러한 성경관의 틈은

---

383)   Herman Bavink, 박태현 역, 『개혁교의학 1권』(서울: 부흥과 개혁사, 2020), 604, 605.

그가 '지옥에서 악인의 영원한 형벌에 대한 성경의 말씀이 명확함에도 불구하고 도저히 자신이 이해되지 않는다며 그대로 믿지 않았고, 악인의 영혼 불멸이라는 성경적 명확한 근거에도 불구하고 악인의 영혼의 소멸설을 주장했다[384]. 그리고 그는 일평생 악인이 받을 영원한 형벌(마25:46)인 지옥의 심판이 실제로 영원한 고통이라는 것을 경고하는 공개적으로 설교를 단 한 번 하지 않았다고 고백했다[385]. 본인은 성경 무오성을 선호한다고 하지만, 성경 무오성을 확고하게 믿지 않는 사람들도 복음주의자가 아니라고 부를 자유가 우리에게는 없고, 단지 잘못된 복음주의자가 아니라 단지 일관성 없는 복음주의자일 뿐이라고 하며[386] 완전무오성을 거부하는 신학자들을 경계하지 않았다.

성경에 오류가 있다는 확고하지 않은 성경관을 가졌다면 자유주의로 간주하고, 단호하게 선을 긋고 경고하며 경계하는 삶을 실천했던 다음에서 보는 찰스 스펄전이나 메이첸, 프란시스 쉐퍼나 마틴로이드 존스와는 확연한 차이가 있었다.

국제 로잔을 신학적으로, 문서로 주도했던 존 스토트의 이와 같은 확고하지 않은 성경관이 본인이나 국제 로잔이 차별금지법이 초래하는 복음주의 교회의 거룩성 훼손과 복음적 성도들의 동성애를 반대할 신앙의 자유를 억압하는 실체를 보지 못하거나, 차별금지법을 단호하게 경계하지 못하게 한 원인으로 판단된다. 그가 경계하지 않은 자유주의 신학자들 대부분이 차별금지법을 지지한 것도 단호한 반대를 하지 않은 이유가 될 수도 있었을 것이다. 존 스토트가 복음주의를 지도했던 영국 기독교가 차별금지법 반대 운동을 의미 있게 하지

---

384) 존 스토트, 『복음주의가 자유주의에 답하다』, 542-554.
385) 존 스토트, 『복음주의가 자유주의에 답하다』, 545.
386) 존 스토트, 『복음주의가 자유주의에 답하다』, 182.

도 못하고, 평등법이라는 이름의 차별금지법이 제정을 저지하지도 못했다. 그 결과 영국에서는 성경을 따라 동성 성행위에 반대하는 복음적 신념을 표현하는 사람들은 법으로 신앙의 자유를 억압당하고 있다. 모호한 성경관을 견지하는 것이 차별금지법 반대를 위해 얼마나 위험할 수 있는 것인지 영국 사례는 분명하게 증언하고 있다.

4) 자유주의 신학을 경계하지 않을 때 올 위험을 경계한 신학자들

서구 복음주의 교회에서도 자유주의 신학을 강력히 경계하며, 복음주의 신학을 따른 성도들의 교제 중단을 요구한 복음주의 지도자들이 없었던 것일까? 그렇지 않다. 적지 않은 복음주의적 지도자들이 자유주의신학의 위험성을 강력히 경고하며 분리를 권했다.

① 찰스 스펄전
일찍이, 영국의 칼빈주의적 침례교회를 이끌었던 찰스 스펄전 (Charles Haddon Spurgeon)이 1887년 소속 교단 침례교 연맹이 자유주의화되는 것을 계속 경고하는 소위 내리막길 논쟁(the down grade controvercy)를 주도하였다[387]. 그는 성경 무오성을 믿는 성경관을 가지지 않는 자를 치리할 수 있는 신조 작성을 연맹에 요구하다가 거절당하자, 침례교 연맹을 탈퇴하여 성경 무오성을 믿는 복음주의적 교회들과

---

387) John F. MacArthur, Jr, 황성철 역, 『복음을 부끄러워하는 교회』(서울: 생명의 말씀사, 2010), 356-401는 그 논쟁을 자세히 다루고 있다.

만 교제하기로 한 바 있다[388]. 스펄전이 자유주의 신학을 경고하며 단행한 연맹 탈퇴 결정에 대해 당시 영국의 대다수 교회들은 작은 차이로 영국 침례교를 분열시켰다는 비난을 쏟아냈다. 그러나, 그 논쟁 후 100여 년이 지나서 영국의 거의 모든 기독교회가 자유주의화되어 교회들이 믿음의 파선하고, 차별금지법인 평등법을 전혀 저지 못하였으며, 차별금지법 시행으로 고통당하고 있는 복음주의자들은 이제는 당시 스펄전의 결정의 의미를 다시 배워야 할 것이다.

② 그레샴 메이첸

미국에서도 자유주의 신학과의 교제를 경고하며 분리를 요구한 목소리는 있었다. 기독교가 자유주의화되는 것을 저항하며, 성경의 신적 권위를 인정하지 않는 자유주의는 극심한 비성경성 때문에 역사적 기독교가 아니라고 그 실체를 밝히며, 복음주의 기독교는 자유주의 신학과 결별해야 한다고 촉구한 신학자는 구 프린스턴 대학의 메이첸 교수(J. Gresham Machen)였다. 메이첸이 1923년 저술한 기독교와 자유주의(Chritianity and Liberalism)는 자유의신학의 극심한 비성경성 내지는 반성경성을 정확히 밝히며, 복음주의 교회는 자유주의 교회와 교제를 단절하지 않으면 믿음이 오염되고 파선함을 강력히 경고했다. 복음주의 교회가 자유주의가 지배하는 교회들과 단호히 결별하는 것을 반드시 필요한 제2의 종교 개혁이라고까지 주장했다[389]. 메이첸의 강

---

388) Arnold Dallimore, 전의우 역, 『찰스 스펄전』(서울: 복 있는 사람, 2017), 337-401은, 스펄전의 목회 마지막은 자유주의 신학과의 치열한 믿음의 선한 싸움이었음을 정확하게 기술하고 있다. 필자는 유튜브 채널 "차별금지법 거짓 이론을 이기는 성경 말씀 증언" 제29회 (2022. 9. 30.), 제30회(2022. 10. 17.) 2회 강의를 통해 찰스 스펄전의 자유주의 신학과의 싸움이 차별금지법을 대적하는 교회가 배워야 할 모델로 제시한 바 있다.

389) J. Gresham Machen, 황영철, 원광연 역, 『기독교와 자유주의』(서울: 복 있는 사람, 2020), 253.

력한 경고에도 불구하고, 소속했던 연합장로교회(PCUSA)가 자유주의 신학자들에 의해 장악되고, 자신이 재직하던 프린스턴 신학교마저 자유주의 신학자들에게 운영권을 빼앗기자, 그는 복음주의를 수호하려는 소수의 신학교 교수들과 함께 따르는 50명의 학생들과 프린스턴을 떠나, 웨스트민스터 신학교를 설립했다. 또한 동일한 뜻을 가진 복음주의적 교회들을 모아 미국 정통장로교단(OPC)을 창립하여, 자유주의 신학으로부터의 오염을 막는 조치를 취했다.

성경적 교리를 수호하기 위해, 자유주의 신학과의 단호한 경계와 결별을 불사하라는 개혁주의적 복음주의 신학의 가르침을 한국의 장로교회들은 그대로 충실히 따랐다. 당시 한국에 파송되었던 초기 복음주의적 선교사들은 모두 메이첸과 같이 구 프린스턴의 보수적 개혁주의 신학 노선을 충실히 따르고 있었기 때문에 그들은 "메이첸파 선교사들"이라고 불렸다. 메이첸이 구 프린스턴 신학교 재직시와 웨스트민스터 신학교에 재직할 때 한국 교회의 복음주의 신학 교육을 주도했던 박형룡 교수와 박윤선 교수가 그 제자로 수학했다. 이들은 자유주의 신학을 강력히 경계하며 결별을 불사하며 투쟁하는 스펄전, 메이첸의 가르침을 충실히 따랐다. 앞서 본 바와 같이 한국 교회가 성경 무오성을 인정하지 않는 자유주의 신학의 도전을 단호한 치리로 대응하며, 자유주의 신학이 복음주의 신앙을 오염시키지 못하도록 1930년대, 1947-1953년에 성경 무오성을 믿지 않는 목사들을 단호히 파면 조치 한 것은, 당시 자유주의 신학과의 단호한 결별을 강조한 스펄전, 메이첸 등 복음주의적 가르침을 충실히 따르는 목회자들과 선교사들이 한국 기독교회의 주류를 형성하고 있었기 때문이다.

③ 마틴로이드 존스

메이첸 이후, 성경 무오성이라는 확고한 성경관을 견지하는 것이 복음주의의 핵심임을 강조한 대표적인 신학자로는 영국의 마틴 로이드 존스(Martyn Lloid-Jones)가 있다. 한편, 존 스토트는 성경 무오성을 믿지 않는 자라도 복음적 교제가 가능하다고 주장하며 모호한 성경관을 가진 학자들과 계속 교제했다. 마틴 로이드 존스는 확고하지 않는 성경관을 가진 사람들과 복음적 교제는 불가능하며 선을 그어야 한다고 단호하게 주장했다. 마틴 로이드는 1966년 10월 18일 제2차 전국 복음주의자 총회 개 연설에서 에큐메니컬 운동에 대해 복음주의가 취해야 할 단호한 교제 중단 태도를 역설한 반면, 이 대회 의장인 존 스토트는 자유주의를 경계하지 않고 교제해온 관점으로 이 연설을 공개적으로 반박했다. 이후, 마틴 로이드 존스는 복음주의 교회를 분열시켰다는 다수 성도들의 비난을 집중하여 받았다[390]. 찰스 스펄전과 동일했다.

④ 프란시스 쉐퍼

프린시스 쉐퍼는 대학 시절 메이첸의 책 『기독교와 자유주의』를 읽고 뜻을 같이하여 메이첸이 설립한 웨스트민스터에서 수학했다. 그의 마지막 유언적인 책 『위기에 처한 복음주의』에서 메이첸을 성경적 성경관을 버리는 자유주의가 확산되어 교회의 믿음을 파괴하던 시기에 '기독교의 빛나던 수호자'라고 평가했다[391].

---

390) Iain H. Murray, 오현미 역, 『Martyn Lloid-Jones』(서울: 복 있는 사람, 2016), 617-664. 성경 무오성을 믿지 않는 자유주의자들(자칭 복음주의자들)과의 교제와 연합에 대한 존 스토트와 마틴 로이드 존스의 분명한 차이와 이로 인한 갈등, 그리고 자유주의화된 영국 교회들 내에서 마틴 로이드 존스에게 쏟아진 비난들이 소개되어 있다.
391) 프란시스 쉐퍼, 『프란시스 쉐퍼 전집 IV, 기독교 교회관, 제18권 위기에 처한 복음주의』, 448.

그는 성경적 성경관을 흐리는 신정통주의의 모호한 성경관의 위험성을 용기 있게 비판하며, 성경의 신적 권위를 확고하게 붙들지 않으면 영적인 배도, 영적인 간음으로 이어진다고 강력한 경고를 거듭했다. 특히 성 혁명·차별금지법과의 단호한 믿음의 선한 싸움을 치열하게 하지 않고, 확고한 성경관을 가지지 않는 자유주의화된 교회와 교제를 계속하는 것은 복음주의 교회를 위기에 몰아넣을 것이라고 거듭 경고했다. 그의 마지막 유언적 저서인 "위기에 처한 복음주의"는 확고한 성경관을 가지지 않는 자유주의 신학과 싸우지 않고 잠들어 있는 복음주의 교회를 안타까워하는 마음을 반복해서 표현하고 있다[392].

⑤ 자유주의 신학에 대한 경계 여부와 차별금지법 제정 저지의 상호 관계

확고하지 않은 성경관이 초래하는 복음주의 신앙의 오염과 파괴 위험에 대한 정확한 통찰력을 가지고 용기 있게 경고한 스펄전, 메이첸, 마틴 로이드 존스, 프란시스 쉐퍼의 메시지에 귀를 기울이지 않은 서구의 복음주의 기독교들은 모두 자유주의 신학을 경계하지 않고 하나의 교단 내에서 교제를 계속했다. 그 결과 교단 운영의 주도권을 자유주의 신학자들에게 넘겨주었고, 자유주의화된 교단의 묵인 내지 지지로 인해 복음주의 교회의 성 혁명·차별금지법 저지는 실패했다.

특히 자유주의에 대한 경계 없이 하나의 교단 내에서 계속 교제하는 경우, 복음주의를 견지하는 성도들은 자유주의 신학을 따르는 성

---

392) 프란시스 쉐퍼, 『프란시스 쉐퍼 전집 IV, 기독교 교회관, 제8권 위기에 처한 복음주의』, 프란시스 쉐퍼는 그의 사망 직전 저술한 마지막 유언적 저서인 이 책 전반에서 확고한 성경관을 버릴 때 얼마나 심각한 기독교의 변질와 영적 간음과 배도가 발생하게 되는 것에 대하여 반복하여 강조하며 경고했다.

도들이 강력하게 지지하는 차별금지법 제정을 단호하게 반대하기가 어려워진다. 자유주의를 경계하지 않은 채 복음주의를 지도했던 존 스토트가 있던 영국의 복음주의 교회들은 차별금지법인 평등법을 조금도 저지하지 못하고 힘없이 무너졌다. 이후 영국에서 복음주의적 신앙을 견지하려는 성도들은 지금 동성애를 정당화하는 삶을 강요받으며 심각한 고통을 받고 있다.

반면, 자유주의 신학과에 대한 강력한 경계와 단호한 결별을 교회 역사에서 가장 충실하게 실천한 한국의 복음주의적 기독교는 현재 가장 오랫동안 교회의 분열 없는 연합된 힘으로 차별금지법 제정을 성공적으로 막아 오고 있다. 최근 선진국 중 유일하게 포괄적 차별금지법 교육·성 혁명 교육을 막아서는 저항운동이 성공하여 교육과정 고시(행정부 최고 규범) 속에 차별금지법·성 혁명 핵심 내용을 교육하지 못하게 하는 내용들을 반영시키는 큰 승리를 경험하고 있다.

5) 차별금지법을 성공적으로 막아 내는 최초의 나라와 교회가 되어야 할 한국 교회의 시대적 사명

성 혁명·차별금지법을 반대하는 해외의 복음주의적 신학자들과 법률가들, 목회자들과 필자가 개인적으로 교제를 해 보면, 깊은 탄식과 절망을 토로하는 한편, 한국 교회는 이 악법을 반드시 막아야 한다고 역설한다. 한국 교회의 방어 상황을 알려 주면, 상당한 희망을 가지면서 세계에서 이 강한 성 혁명·차별금지법 제정 운동을 막아낼 수 있는 복음주의적 교회 역량을 가진 국가와 교회는 한국과 한국 교회가 유일해 보인다는 의견을 보인다. 필자가 살펴보아도, 현재 전 세계 기독교 국가들 중 성 혁명·차별금지법을 막아낼 수 있는 복음주의 교회의 역량을 가진 나라는 한국의 복음주의 교회들 뿐이다.

하나님께서 한국 교회가 지난 150여 년간 복음주의 신앙을 순전하게 유지하도록 도와주셨고, 차별금지법, 성 혁명을 성공적으로 막아서도록 크게 돕는 은혜를 입은 한국 교회는 차별금지법·성 혁명을 성공적으로 완전히 막아서는 최초의 모범적인 거룩한 교회와 국가가 되는 것을 하나님이 한국교회에 부여한 시대적 사명으로 받아야 할 것이다.

차별금지법을 완전히 저지할 수 있는 올바른 방법은 자유주의신학, 퀴어 신학, 차별금지법의 반성경성과 그 위험성을 경계하고, 성경적인 복음주의 신앙을 확고하게 붙잡는 것이다. 자유주의신학이 따르지 않는 성경의 복음들, 특히, 성경의 완전무오성, 예수님의 신성, 예수님의 기적, 천국과 지옥의 실재, 개인적 심판과 세계적 심판, 부활과 승천과 재림 등 초월적 성경적 복음을 온전히, 가감 없이 선포하고 가르치며 확고하게 견지하는 것이다. 아울러, 성령께서 간절히 기도하는 가운데, 초자연적 은혜로 도우셔서 대대적인 회개와 회복하게 하시는 대부흥을 사모하며 경험해 가는 것이다. 모든 성경 말씀을 가감 없이 온전히 선포하고 간절한 기도의 응답으로 주시는 성령의 큰 각성과 부흥만이 한국 교회를 충분히 각성시켜 성 혁명·차별금지법을 온전히 막아 낼 수 있게 할 것이다.

성 혁명·차별금지법을 완전하게 뿌리 뽑는 최초의 교회와 나라가 되는 큰 은혜를 입는 한국의 복음주의 교회들은 하나님이 주실 성공과 승리의 은혜를 가지고, 차별금지법의 폐해로부터 회복하기를 원하고, 차별금지법 제정 위기로부터 막아서려는 서구 교회들과 해외 많은 나라들의 교회들까지 크게 돕는 선교에 헌신하는 제사장 나라의 역할을 감당하는 것까지를 한국 교회에 주어진 거룩한 사명으로 받고 헌신해야 할 것이다[393].

6. 교회가 각종 학문 분야에서 성경적 이론의 적극 대응(기독교 세계관 운동)의 필요성

1) 학문 이론들을 지배하는 차별금지법 정당화 학문 이론들

차별금지법이 제정되는 선진국에서는 차별금지법을 정당화하는 각종 학문 이론들이 대학의 주요 학문 분야를 장악했다는 점을 앞서 살펴보았다. 차별금지법을 정당화하는 이론·사상·이데올로기·이념들은 전문 학문의 이름으로 온 땅의 거의 모든 학문들에서 지배적 영향력을 발휘하고 있다.

이 이론들은 대략 다음과 같다. 철학의 유물론·진화론, 윤리학의 상대적 윤리론(포스트모더니즘 윤리학), 의학의 프로이드의 정신 분석 이론과 호르몬 요법 이론, 외성기 성형 수술 이론, 생물학의 동성애 유전자 이론, 사회 과학의 성 혁명 이론(신사회주의, 네오마르크스주의), 여성학의 마르크스주의적 페미니즘 이론과 젠더주의 이론, 언어학의 해체주의 이론과 신용어 조작이론, 정치학 및 언론학의 정치적 올바른 이론, 교육학의 포괄적 성교육 이론, 법학의 성적 지향·젠더 정체

---

393) 조영길, 『동성애차별금지법에 대한 교회의 복음적 대응』 148에서 필자는 차별금지법 막고 해외 교회들을 돕는 것이 한국 교회의 사명으로 설명하고 있다. 필자가 섬기고 있는, 2020년부터 온라인으로 제공되는 '차별금지법 바로 알기 아카데미'는 그 주제와 목표로 '차별금지법을 성공적으로 막아 내는 최초의 교회가 국가 대한민국 교회가 되어야 합니다'로 내세우고 있다.

성을 이유로 한 차별금지법 이론, 소위 욕야카르타 원칙, 신학의 자유주의 신학 및 퀴어 신학 이론 등이다[394].

이 각종 이론들의 가장 기초를 이루는 학문 이론들은 바로 유물론과 진화론 철학이다. 과학을 앞세워 기독교 세계관을 공격해 온 유물론과 진화론의 공격에 대해 교회는 방어에 실패했다. 그 결과 교회 외부의 공적 교육에서는 성경의 창조론이 아니라 유물 진화론만 독점적으로 가르쳐지고 있다.

공적 교육과 각 대학의 학문 이론들을 모두 유물론과 진화론이 장악하는 것을 서구 교회가 막지 못한 이유들로 여러 가지 원인들이 분석되고 있는데, 기독교의 신학에서 인본주의적이고 물질주의적인 그리스 철학으로 성경을 해석하려는 신학들의 영향으로 플라톤의 이원론적 전제를 역사적 기독교회가 오랜 기간 수용하였기 때문으로 분석하는 관점이 유력하다[395]. 그 결과 영적인 교회 영역만 성경적 가치관을 적용하며 살아야 하고, 교외 외부의 수많은 영역들은 육적인 것이므로 성경의 적용 대상이 아닌 듯한 잘못된 세계관이 오랫동안 교회를 지배해 온 것이 유물 진화론이 수많은 학문 영역들의 주도권을 가지도록 방치하는 원인이 된 것으로 본다.

2) 성경적 세계관에 의한 지성적 적극 대응의 필요성

이제 복음주의 교회는 성경적 복음이 가지는 총체성을 가지고 적극

---

394) 조영길, "포괄적 차별금지법의 반성경성과 자유침해성", 《한국복음주의실천신학회 제42회 정기학술대회》(2022), 37.

395) 낸시 피어스, 홍병룡 역, 『완전한 진리』(서울: 복 있는 사람, 2006), 저자는 프란시스 쉐퍼의 제자로 이와 같은 분석을 설득력 있게 제시하고 있다.

대응 하여, 사회의 모든 영역에서 복음적 세계관을 제시하려는 적극적 대응을 하도록 요구받고 있다. 이 과정에서 교회 외부 영역을 지배하는 유물론과 진화론과의 대결은 피할 수 없다. 특별히, 차별금지법을 막기 위해서도 교회는 차별금지법의 기초 이론으로서 공적 교육과정을 장악하여 교과서를 통하여 가르쳐지고 있는 유물 진화론에 대하여 성경적 세계관으로 대결하여 그 허구성을 드러내는 세계관 전쟁을 본격화해야 한다.

유물 진화론이 제시하는 증거들을 살펴보면 모두 과학적으로 채택될 수 없는 거짓 짓 증거들임이 명백하게 드러났다. 찰스 다윈이 들었던 증거들은 모두 종내 적응을 위한 변화일 뿐 진화론 핵심인 종간 변화를 가져오는 증거들이 아니고, 현재까지 종간 변화를 증거하는 증거들은 없으며, 생명의 자연 발생을 증거하는 증거들도 전혀 없다. 반면, 우주나 자연 세계, 특히 세포들에게 존재하는 정확한 질서, 방대한 정보와 지식 등을 고려할 때 많은 시간 속의 우연한 선택을 주장하는 진화론보다 고도의 지적 설계자에 의한 창조가 더 설득력이 있다는 과학이론인 지적 설계자론이 유력하게 등장하고 있다[396].

그런데, 유물 진화론은 그 과학적 증거가 전혀 없다는 점에서도 공격할 수 있으나, 그 기초의 전제(presuppositions)들의 허구성도 공격하는 것이 마땅하다. 전제는 모든 사상, 이론들이 가지는 가장 기초, 가장 최초, 가장 지배적인 믿음을 말한다[397]. 믿지 않는 사람들에게 기독교 진리를 변증할 때 믿지 않는 사람들과 공유할 수 있는 전제가 없으므로, 기독교는 기독교의 전제인 성경이 하나님 말씀이고 성경의

---

396) 낸시 피어스, 홍병룡 역, 『완전한 진리』(서울: 복 있는 사람, 2006), 298-449.
397) 존 M. 프레임 저, 김진운 역, 『개혁파 변증학』(서울: 개혁주의 신학사, 2019), 594.

하나님이 천지 만물을 창조하신 분으로 실재하신다는 것을 전제로 변증하는 소위 전제주의적 변증이 20세기 이후 유력한 성경적 변증으로 인식되고 있다[398].

이러한 방법론으로 살펴보면, 유물 진화론의 주요 전제들은 다음과 같다. ① 물질만이 존재의 전부고, ② 태초에 물질이 자존하였으며, ③ 물질이 삼라만상, 특히 생명을 가진 모든 식물, 동물, 인간의 영혼까지 산출할 창조 능력을 가졌고, ④ 인간의 이성으로 현재의 만물을 고찰하여 발견되는 법칙을 적용해 보면 만물의 기원을 알 수 있다는 인간 이성에 진리 판단의 최고 권위를 부여한다. 이러한 유물 진화론의 주요 전제들에는 과학적이고 객관적인 증거가 전혀 없다. 유물 진화론은 그 전제들이 우리의 신앙처럼 주관적 믿음뿐이다. 유물 진화론의 전제들이 객관적 증거가 아님을 충분히 공격한 후 이러한 기초적 질문들에 대한 성경적인 설명을 제공하는 것이 필요하다. 즉, ① 물질 이외에 보이지 않는 세계와 존재들이 존재하며, ② 태초에 자존한 것은 모든 만물을 존재하게 한 창조주만이고, ③ 생명도 없는 물질이 아니라 물질, 생명, 식물, 동물, 인간의 영혼 모두를 존재하게 하는 창조주에게만 만물 창조 능력이 있다고 보아야 하며, ④ 인간의 이성이 아니라 창조주가 인간에게 알려준 지식(성경)이 최고의 권위를 가진 인식 근거라는 성경적 진리를 성경의 신빙성에 대한 설명과 함께 제공하는 방법이 효과적이다[399]. 이러한 방법을 사용하여 유물 진화

---

398) 웨스트민스터 신학대학에서 오랜 기간 변증학을 가르친 코르넬리우스의 변증은 전제주의적 변증이다. 코르넬리우스 반 틸, 신국원 역, 『변증학』(서울: 개혁주의 신학사, 2017)에 자세히 설명되어 있고, 한국의 많은 개혁주의 신학교에서 이를 따르고 있다.

399) 필자는 2023년 4월 17일 유튜브 채널 "차별금지법 거짓 이론을 이기는 성경 말씀 증언" 제40회 강론으로 "유물론(진화론) 철학의 머리(전제)를 쳐서 깨뜨리는 성경 말씀"이라는 제목으로 강연을 하였고, 현재 그 채널에 업로드되어 있다.

론에 대항하여 효과적 변증과 전도에 활용한 프란시스 쉐퍼는 그의 스위스 라브리 사역을 통하여 이러한 전제주의적 변증이 유물 진화론자들을 회심시키는 데 상당한 효과성이 있음을 입증한 바 있다. 프란시스 쉐퍼의 변증 사역을 통하여 유물 진화론자들이 성경적 진리의 타당성을 확인하고 회심하고 그리스도의 제자들 된 사람은 상당히 많다.

성경의 진리로 각각의 모든 학문 분야들이 다루는 문제를 피하지 말고 적극 대응 하는 운동을 기독교 세계관 운동으로 부른다. 교회가 지성적으로도 차별금지법의 뿌리인 유물 진화론에 맞서 적극 대응 하는 것이 요구된다. 성 혁명·차별금지법을 정당화하는 각종 학문 이론들의 허구성과 부당성을 밝히는 각 학문 분야에 부름받은 복음적 정도들이 깨어 적극 대응 하는 것이 중요하다. 각 학문의 성취 중 성경적 진리에 부합하는 것을 연구 발견하여 복음주의 교회에 지속적으로 제공하여 복음주의 교회들이 차별금지법을 정당화하는 거짓 이론에 미혹되지 않도록 도와야 한다. 한국 교회에서는 차별금지법 거짓 이론에 대항하는 복음적 전문학자들 및 전문 실무가들의 이론적 대응도 계속되어 왔다. 복음적인 의학자들 및 의료인들이 한국성과학연구협회를 만들어 차별금지법을 정당화하는 거짓 의학 이론에 대응해 오고 있다. 복음적인 법학자들과 법률실무가들이 복음법률가회를 창립하여 차별금지법을 정당화하는 거짓 법학 이론에 적극 대응 해 오고 있다. 동일한 취지의 복음언론인회, 복음경제인회 등이 결성되어 활동 중이다. 바른여성인권연합, 동성애합법화반대교수연합(동반교연)도 결성되어 활동해 오고 있다.

한국 교회에서 차별금지법을 반대해 오는 교회 단체들은 2017년부터 성 혁명·차별금지법을 정당화하는 학문 이론들의 허구성과 반성경성을 객관적이고 타당한 증거와 근거를 가지고 밝히는 전문 강좌를 계속 제공해 왔다. 2017년부터는 한국교회동성애대책협의회는 "기독교 동성애 대책 아카데미"를 개설하여 전국적으로 운영해 왔다. 차별금지법을 반대해 온 기독교계 시민운동 단체들인 동성혼합법화반대국민연합(동반연), 동성혼합법화반대교수연합(동반교연), 복음법률가회는 공동 운영의 방식으로 2021년부터는 온라인 유튜브 강좌, "차별금지법 바로 알기 아카데미(차바아)"를 개설하여 매주 1회씩 법학, 의학, 사회과학, 윤리학, 여성학, 언어학, 신학 등에 대한 강좌를 지속적으로 제공해 오고 있다[400]. 현재까지 한국 복음주의 교회 내에서는 성 혁명·차별금지법을 반대하지 않고, 이를 정당화하는 반성경적 이론들은 공식적으로 일체 제공되지 않고 있다. 한국 교회는 차별금지법 정당화 이론들에 대항하여, 그 거짓 이론의 미혹으로 인한 교회의 분열을 막아 왔고, 각종 토론회나 학술 대회를 적극 개최 하여 일반 국민들도 동의할 수 있는 각종 객관적인 논거들을 제공하면서 일반 국민들도 깨우는 일들도 상당히 성공적으로 수행해 왔다.

지적인 방어가 실패하면 실천에서도 밀리기 마련이다. 한국 복음주의적 교회는 성 혁명·차별금지법 정당화 이론에 대한 성경적 복음적 이론적 대응을 현재까지 상당히 성공적으로 수행한 것을 기초로, 기타 다른 제반 학문과 실천 영역에서도 복음주의적 이론 대응을 계속하여, 사회의 제반 영역에서 복음의 진리의 빛이 비추어지도록 하는 일을 계속 수행해 가야 할 것이다.

---

400) 필자는 차아바의 행정담당운영위원으로 현재까지 섬기고 있다. 차바아와 유튜브 채널을 공유하여 위 강좌를 제공받는 교회 유튜브 채널의 수는 278개에 이르고 있다. 2023년 5월 9일 현재 158회 강좌를 제공해 왔다.

3) 복음주의 내의 반성경적 당파적 정의관의 미혹에 대한 한국 교회의
복음적 대응

세계의 복음주의자들 내에서 사회적 문제들에 대한 책임을 의논할
때, 성 혁명·차별금지법 제정 확산으로 인한 성도들에 대한 강압적 탄압
과 복음주의 교회의 변질과 배도 문제들에 대하여 충분히 주목하지 않
는 모습을 보여 왔다. 자유주의화된 교회들은 차별금지법이 가지는 편
향적 인권 개념에 미혹되어 차별금지법이 복음주의자들의 반대의 자유
를 편향적으로 억압하는 것에 대하여 심각한 문제의식을 가지지 못하
고 차별금지법 제정을 오히려 지지하는 경우가 적지 않다.

차별금지법을 정당화하는 가장 기초 철학이 유물론 진화론이며 또
변증법이다. 변증법적 유물론 철학을 역사 해석과 사회 변혁 이론에
적용한 마르크스주의가 제시하는 정의관은 당파성 원칙을 최고의 원
칙으로 삼는다[401]. 마르크스는 모든 철학, 모든 법률 등은 계급적 이
해관계를 반하는 당파성을 가지게 될 수밖에 없다고 주장했다. 이 당
파성(partiality) 원칙은 변증법적 유물론의 가장 큰 원칙으로 제시된다
[402].

공정한 정의 그 자체가 아니라 약자 편에 서는 것이 올바른 정의라
는 관점을 당파성의 원칙을 따르는 정의관이다. 성 혁명·차별금지법
이론인 사회주의, 신사회주의 이론은 모두 이 당파성의 정의관을 철저

---

[401] V.I. Lenin, 남성일 역, "마르크스주의의 세 가지 원천과 세 가지 구성 부분", 14, 15. 마르크스
엥겔스, 남성일 역, 『공산당 선언』(서울: 백산서당, 1989)에 수록된 논문. 계급 투쟁이 있는 사
회에서 무당파적(공평무사한, impartial) 사회 과학은 존재하지 않는다고 단언한다.

[402] 녹두편집부, 『세계철학사 I』, 『세계철학사 II』(서울: 도서 출판 녹두, 1985), 소련 고등학교 철
학 교과서를 번역한 것인데 당시 학생 운동의 이념 교육 교재로 광범위하게 사용되었다. 이
책 I, 92, 이 책 II 277은 당파성 원칙이 변증법적 유물론 철학에서 차지하는 최고의 권위를 분
명히 설명한다.

히 따른다. 이 정의관에 따르면 약자인 성 소수자의 인권 편에 서는 것이 정의이고, 이를 위해 강자인 기독교인들의 동성애 반대의 신앙·양심 자유를 박탈해도 정당화된다는 논리를 전개하는 것이다. 이러한 당파성의 정의관은 비성경적이다.

성경에서 말하는 하나님의 공의의 개념은 편파성 내지 당파성이 아니라 무당파적 공정성이다(신 1:16). 하나님은 재판할 때 외모를 보지 않으신다는 표현들의 원문들은 거의 모두 God shows no partiality로 표현된다. 신명기 1:17, 신 10:17, 신 16:19이 대표적이다. 마르크스의 최고 원칙인 당파적 정의관이 아니라 성경의 무당파적 공정성을 정의의 핵심 개념으로 보는 것이 올바른 정의관이다. 이러한 올바른 정의관을 회복하는 것이 사회의 많은 불의한 문제를 해결하는 근본적인 길이다[403].

동성애자들이 고용, 교육, 경제에서 차별을 받지 않아야 하는 것처럼, 복음주의자들도 자신들의 동성애 반대 신념의 표현했다는 이유로 고용, 교육, 경제 등에서 차별받지 않아야 함은 지극히 타당하다. 부자나 가난한 자나, 지배자나 피지배자, 강자나 약자나 모두 지켜야 할 정의와 공의 기준이 있고, 이를 위반하면 모두 심판을 받아야 한다는 무당파적 정의가 마르크스주의가 가장 강력하게 반대하며 훼손하고자 성경적 정의관이다.

동성애자, 성전환자의 차별 문제에만 주목하면, 이들의 보호를 내세워, 다수의 기독교인들의 신앙·양심·표현의 자유 등을 억압해도 정당화된다는 당파적 정의관을 가지게 되기 쉽다. 이렇게 되면 성경에서

---

403) 조영길, 『노사관계 개선의 바른길 I』(서울: 비봉출판사, 2010), 359-367. 필자의 이 책은 당파적 정의관을 따르는 것이 아니라 무당파적 정의관을 따르는 것이 노사 관계 악화 문제를 해결하는 유일한 길이라는 주제를 가지고 노사 관계 개선의 원리와 실제 방법을 제시한 책이다.

벗어나게 되는 것이다. 확고한 성경관을 견지하지 않고 본인들이 가장 주목하는 문제들에 과도하게 집착할 때, 기록된 성경 말씀 밖으로 나가는 미혹(고전 4:6)에 빠질 수 있게 되는 것이다. 동성애자들의 인권 침해적 차별에만 주목하면, 동성 성행위를 성경적 신념을 가지고 반대할 자유를 박탈당하는 그 반성경적 독재성을 간과하게 되고, 공정정이라는 성경적 공의 개념을 버리게 되며 약자 편에 서는 것이 정의라는 미혹된 정의관을 가지게 되는 것이다.

　사회의 불공정, 억압의 문제에 관심을 가지고 책임을 다하려는 복음주의자들은 마땅히 복음주의 성도들의 자유로운 신앙과 양심의 신념 표현을 법과 각종 지배적 문화, 학문들을 내세워 억압하는 성 혁명·차별금지법의 반성경성과 복음주의 교회 및 성도들에 대한 부당한 억압 문제에도 동일하게 주목하며 성경적으로 반대해야 한다. 그동안 관심을 가지고 다루어 온 빈자, 난민 등에 대한 부당한 억압을 다루는 것과 동일한 비중을 가지고 차별금지법의 복음적 성도들에 대한 자유억압 문제들도 공정하게 정면으로 다루어야 마땅하다. 그리고 성경에 충실하게, 참된 신앙적 자유 수호를 위해 자유를 침탈하는 차별금지법의 독재성에 대해 복음적 반대 입장을 분명해 내야 하는 것이 마땅하다. 그러기 위해서는 사회주의적 정의관에서 연원하는 당파적 정의관을 단호하게 경계하고, 성경적인 무당파적 정의관을 굳게 잡아야 한다.

　성 혁명·차별금지법의 반복음성, 자유 침해성을 직시하며, 이 위험성을 그대로 단호하게 알리며, 지금까지 오랜 기간 차별금지법 제정을 막고, 동성애를 반대할 복음 전도의 자유를 수호해온 한국 복음주의적 교회들은, 세계 각국의 복음주의적 성도들 및 복음주의적 교회연합기구인 국제 로잔에게도 차별금지법에 대하여 성경적 입장을 분명하게 취하도록 요구하여야 할 것으로 판단된다. 세계의 상당수의 복음주의자들과 국제 로잔이 성 혁명·차별금지법의 독재성에 대해 가져온 지금까지의 장기간의 침묵을 청산하고, 적극적 관심을 가지고 복음적 관점에서 정면으로 단호히 반대하는 대응을 본격화하여야 한다고 요구해야 한다. 그리하여, 한국의 복음주의적 교회와 동일하게, 국제 복음주의 교회 연합체 내에서도 성 혁명·차별금지법을 막는 국제 복음주의 운동이 일어나도록 호소하며 협력해야 할 것이다.

7. 결론

차별금지법이 동성애, 성전환 행위 등에 대화여 성경적 관점을 표현하는 행위조차 차별로 몰아 금지시키는 무서운 전체주의적 독재성을 가지고 있다는 점은 실제 사례로나, 논문들로나 명백하게 입증되고 있다. 해외 기독교 국가들이 이러한 복음적 성도들의 자유를 탄압하는 차별금지법 제정을 저지시키지 못한 주된 이유는 차별금지법을 지지하는 자유주의 신학이 해외 국가들의 주요 기독교 교단들의 주도권을 장악했기 때문이다. 그리고 동성애 등과 차별금지법을 정당화하는 학문 이론들이 세계 주요 대학들을 모두 지배하고 있기 때문이다.

그런데 한국 교회는 지난 150여 년간 자유주의 신학을 경계하며 교제를 단호하게 중단하여 복음주의 신앙이 압도적 다수가 되도록 지켜왔다. 그 결과 한국은 2007년부터 현재까지 무려 17년간 차별금지법 제정을 복음주의 교회들의 연합 반대를 주된 동력으로 성공적으로 저지해 오고 있고, 최근에는 교과서에 스며든 성 혁명·차별금지법 교육마저 공교육에서 배제시키는 교육 과정 개정의 성과를 주요 선진국 중 처음으로 이루어 내었다.

현재 세계 복음주의 교회의 가장 큰 위협이 되는 교회 외부의 문화는 성 혁명 정당화 문화고, 외부의 법률은 포괄적 차별금지법이다. 반면, 가장 큰 위협이 되는 내부의 적은 자유주의 신학이다. 확고한 성경관인 성경의 완전무오성을 굳게 잡고, 모호한 성경 관계와 자유주의 신학을 강하게 경계하는 것이 복음주의 교회가 성 혁명·차별금지법을 이길 수 있는 성경적 방법이다.

모호한 성경관을 견지하며 자유주의화 된 교회들과 경계하지 않고 계속 교제를 하면, 비성경적 주장들에 대한 경계감이 완화되고, 퀴어 신학과 같이 완전히 반성경적인 주장들에 대하여도 믿음의 선한 싸움을 할 능력을 상실한다. 서구 기독교회가 자유주의 신학에 대한 경계를 하지 않은 결과 동성애를 반대할 복음적 자유를 완전히 노략질하는(마7:15) 차별금지법 저지에 완전히 실패해 왔다는 점을 주목하고 한국의 복음주의 교회들은 이러한 전철을 따르지 말아야 한다. 자유주의 신학을 경계하지 않고 교제를 계속한 교단들이 속한 교회들마다 동성애자 사제들을 임명하고, 동성애를 성경적으로 정당화하며 동성결혼 주례를 교회가 진행하는 심각한 반성경적 배도의 길로 들어섰고, 그러한 교단들이 다수인 나라들마다 차별금지법이 통과되어 동성애와 성전환을 반대하는 복음주의자들을 탄압하는 동성애·성전환 독재사회가 되어 버렸다.

해외 및 국내의 복음주의를 따르는 성도들 중 적지 않은 사람들이 차별금지법의 독재성, 반성경성을 인식하지 못한 채 적극적 반대를 아직 나서지 않고 있다. 한국 교회는 한국의 복음주의적 성도들에게 성 혁명·차별금지법의 해악을 정확하게 지속적으로 알려 이를 막는 운동에 동참하도록 권면해야 한다. 특히, 모호한 성경관의 틈을 가지고 들어오는 신학적 자유주의가 초래하는 말씀의 가감과 변질을 경계하며 성경 무오성을 믿는 확고한 성경관에 기하여 말씀을 가감 없이 배우고, 가르치며 선포하는 운동이 일어나도록 해야 한다. 특히 자유주의 신학이 믿지 않는 성경의 초월적 진리들을, 특히 성경의 완전무오성, 예수님의 신성, 예수님의 기적, 천국과 지옥의 실재, 개인적 심판과 세계적 심판, 부활과 승천과 재림의 복음들을 모두 담대히 선포하고 가르치면 하나님께서 택하신 백성들의 영들이 깨어나 유물 진화론을 더 이상 믿지 않게 된다.

아울러 복음주의적 교회들은 성경적 세계관을 사회 각 영역을 비추어, 동성애 정당화하는 거짓 학문 이론들의 허구성을 밝히고 성경적 진리의 타당성을 설명해 내는 지적인 믿음의 싸움을 지속적으로 전개해 나가야 한다. 그리고 성령 안에서 하나님의 큰 은혜가 임하도록 간구해야 한다.

한국 교회가 온전한 말씀과 간절한 기도로, 성 혁명·차별금지법을 막아 내는 최초의 교회와 국가가 되는 은혜를 입으면서 다른 나라들이 이미 제정된 성 혁명·차별금지법을 폐기하거나 그 제정을 저지하는 것을 돕는, 성 혁명·차별금지법을 막는 선교적 사명까지 온전히 감당하기를 기도하며 헌신해 가야 할 것이다.

후기 기독교(Post-Christianity) 시대의 세계관 전쟁

정소영

미국 변호사/세인트폴 세계관 아카데미 대표

1. 지금은 후기 기독교(Post-Christianity) 시대

　요즘 유럽의 교회들이 점점 더 사회적 골칫거리가 되어가고 있다고 합니다. 이유는 오래된 교회 건물들이 방치되어 도시와 마을의 흉물로 전락해 버리고 있기 때문입니다.

　기독교인들의 숫자가 줄어들면서 고풍스럽고 아름다운 교회와 성당은 텅텅 비어 버리고, 매주 주일 예배에 참석하는 대부분의 성도들은 나이가 많은 노인들 몇 명밖에 없는 상황이라 교회 헌금이 거의 없습니다. 그렇다 보니 엄청나게 많은 돈이 들어가는 교회 건물의 수리비를 감당할 수 없어, 교회를 매각하려고 내어놓거나 그냥 방치해 버리기 시작했다고 합니다.

　유럽의 경우, 국가에서 오래된 교회 건물을 수리할 수 있는 문화재복원 비용을 보조해 주고 있지만 기독교의 역사가 유구한 탓에 500년 이상 되는 교회의 숫자도 많아서 그보다 연수가 낮은 많은 교회들은 정부의 도움도 받지 못하고 그저 몰락해 가고 있는 것입니다.

이렇게 비어 버린 교회는 도서관이나 미술관으로 전용되면 그나마 다행이지만 많은 숫자가 술집이나 나이트클럽으로 변하거나, 심지어 이슬람 사원으로 개조된다고 합니다. 십자가 대신 초승달만 바꿔 달면 이슬람 사원이 되는 것입니다. 전 세계에 기독교 문명을 전파하던 유럽이 왜 이렇게 변해 버린 것일까요?

사도행전에 나온 내용을 살펴보면 사도 바울의 원래 계획과 달리 유럽으로 전도의 방향을 바꾸신 하나님의 섭리로 당시 야만인들의 땅이었던 유럽은 이후 2천 년 동안 전 세계 문명의 중심지로서 강력한 영향력을 행사하게 되었습니다.

창조, 타락, 구속이라는 기독교 세계관적 토대 위에 유럽인들은 그 어느 대륙보다도 더 합리적이고 진보적인 발전을 이루어왔고, 문명을 꽃피웠습니다.

피조세계에는 반드시 하나님께서 정해 놓으신 변함없는 물리 법칙 또는 자연 법칙이 존재할 것이라 믿고, 이러한 하나님의 창조 질서를 발견하여 주님께 영광을 돌리고자 했던 결과, 과학이 발전하였고, 하나님의 도덕법에 기반하여 절대적인 가치 기준으로 모든 사람들을 공정하게 대우하는 법치주의를 확립하였습니다. 가정과 교회라는 하나님이 손수 세워 주신 제도를 모델로 다양한 사회 제도들도 만들어지게 되었습니다.

하나님의 축복을 받은 유럽의 교회들은 전 세계로 복음을 전파하기 시작했습니다. 세상의 역사가들은 유럽의 식민 지배와 제국주의를 비판하기도 하지만 하나님의 구속사의 관점에서 볼 때 유럽의 기독교는 당시 대부분 인권 의식이 부재했던 다른 대륙들에 인간의 영혼을 사랑하시는 하나님의 마음을 전해 주어 그곳 사람들의 눈을 뜨게 해 주었습니다. 처음으로 인간이란 하나님의 형상으로 지음받은 존귀한 존재라는 사실이 온 세상에 선포되기에 이릅니다. 역사의 주인이시고, 나라를 폐하기도 하시며 세우기도 하시는 하나님께서는 제국의 확장이란 역사를 통하여 복음을 편만히 전하도록 하셨습니다.

그러나 이렇게 하나님께 귀하게 쓰임받던 유럽의 기독교 국가들이 어느 순간 몰락하기 시작했습니다. 이제 유럽은 더 이상 기독교인들이 주류 세력인 땅이 아닙니다. 이미 그 땅에 사는 많은 사람들은 그들의 시대를 후기 기독교 시대라고 부르거나 탈기독교 시대가 도래했다고 선언합니다. 왜 이렇게 되었을까요?

2. 후기 기독교 시대에 나타나는 구체적인 현상들

오늘날 대한민국에 살고 있는 크리스천들이 대서양 건너편 유럽의 상황을 예의 주시하고, 경각심을 가져야 하는 이유는 무엇일까요?

그것은 '세계화' 때문입니다. 이제는 한 나라 안에서 수직적인 세대 간의 소통은 점점 힘들어지는 반면, 같은 나이, 같은 세대들 간의 글로벌한 소통은 동시다발적으로 언제나 가능한 시대가 되었습니다. 전세계의 젊은이들이 같은 음악에 열광하고, 같은 메시지에 감동하며, 같은 사상에 물들기 쉬운 세상이 되었다는 뜻입니다.

따라서 서구에서 기독교가 종교적으로 문화적으로 사회적으로 점점 영향력을 잃어가고 있다는 것은 곧 우리나라의 젊은이들에게도 기독교는 점점 더 매력을 잃게 될 것이라는 사실을 예상케 합니다.

지금 현재, 이 세상에서 구체적으로 어떤 현상들이 나타나고 있기에 우리 사회가 점점 더 탈기독교화 되는 것인지 살펴보겠습니다.

1) 세속주의: 생명나무에 손을 대기 시작하는 인간

2018년 중국의 허젠쿠이라는 과학자는 HIV 감염자 부부가 임신했던 아기들의 유전자를 검사하여 향후 잠재적으로 이 아이들에게 악영향을 미칠 수 있는 유전자를 크리스퍼 시저 기술을 이용해 잘라 내었고, 이후 건강하게 출산시키는 데 성공했다고 발표를 했습니다.

유전자를 잘라 내거나 붙일 수 있는 크리스퍼 시저(유전자 가위) 기술은 2020년 두 명의 여성 과학자인 미국 버클리 대학의 다우드나 교수와 독일 막스플랑크 연구소의 샤르팡띠에 연구원에게 노벨 화학상이란 영광을 안겨 주었습니다. 그러나 이들은 수상 소감에서 이 기술이 결코 인간에게 적용되어서는 안 될 것이라고 강조했습니다. 이런 기술이 무제한적으로 적용되면 인간 사회에 소설 속에서나 등장했던 프랑켄슈타인이 등장할지도 모른다고 경고하기도 했습니다. 전 세계 과학자들이 여기에 동의했었습니다만 중국의 허젠쿠이는 자신의 연구열과 호기심을 억제하지 못하고 선을 넘어 버렸습니다.

중국 당국은 허젠쿠이를 즉각 체포하여 구금하였고 이제 3년의 형기를 마친 그는 조만간 출옥할 예정이라고 합니다.

세속주의는 인간의 이성과 과학에 대한 깊은 신뢰와 낙관을 바탕으로 합니다. 이들은 인간의 과학적 진보가 인류에게 닥친 대부분의 문제를 해결해 줄 것이라 믿고 도덕적 한계를 넘는 일도 불사하려는 경향성을 보이고 있습니다. 선악과 사건 때문에 하나님으로부터 에덴동산에서 쫓겨난 인간들이 이번에는 불칼로 지키고 계신 생명나무를 넘보고 있는 것은 아닌지 심히 우려가 됩니다.

2) 마르크스주의: 경제 계급이 아니라 희생자 프레임으로 갈라치는 사회

마르크스주의 또는 공산주의는 사람들을 부자와 가난한 자라는 경제적인 계급으로 나누어 분노하게 만드는 사상입니다. 공산주의자들은 인간의 이기심의 토대가 되는 사유 재산과 가족을 부인합니다. 그렇게 모든 사람들이 생산물을 공유하고, 가족을 공유하고, 평등하게 되는 사회를 지상 천국이라고 말했습니다. 물론 역사는 그 반대임을 증명했지만 말입니다.

공산주의 유토피아를 천명했던 구소련, 중국, 캄보디아 등에서 실제로 1억 명 가까이 되는 사람들이 공산주의 사상에 적합하지 않은 계급이란 이유로 죽임을 당했습니다. 공산주의를 천명하지만 인간 신인 김씨 일가를 섬기고 있는 사이비 종교집단인 북한 정권하에서도 수백만이 굶어 죽기도 하고 기독교를 믿는다는 이유로 수많은 사람들이 숙청당하거나 정치범 수용소에서 최후를 맞이하고 있습니다.

그런데 이러한 공산주의 사상이 지금은 다른 옷으로 갈아입고 사람들을 가해자와 희생자로 나누어 갈라치기 하고 있습니다. 과거의 공산주의가 사회를 부자와 가난한 자로 갈라쳐서 서로를 증오하고 죽이게 만들었던 것처럼 지금의 공산주의 사상의 자양분도 동일하게 분노입니다. 남녀가 서로 미워하며 갈등하게 하고, 이성애자와 성 소수자, 흑인과 백인 등으로 사회를 나누어 증오를 부추깁니다. 어느 한쪽이 죽어 없어져야 끝날 싸움인 것처럼 말입니다. 특히 역사상 유리한 입장을 가졌거나 혜택을 입었다고 생각되는 부류를 기득권자들로 분류되어 없어지거나 해체되어야 할 대상이 되는데 서구 사회에서 기독교는 이러한 기득권 계층 중에서도 악질로 분류됩니다.

이렇게 새롭게 옷을 바꾸어 입고 나타난 공산주의를 네오막시즘이라고도 하는데, 이 사상을 가진 사람들은 역사적 기득권자들에게 불이익을 주고 핍박하는 것을 '사회적 정의(Social Justice)'라고 부릅니다.

이런 생각을 가진 사람들은 현재의 자기에게 아무런 해악을 입히지 않은 상대라도 자기 조상들에게 해를 미쳤다면 그 댓가를 자신과 동시대의 후손들이 모두 치루어야 한다는 입장입니다. 미국의 흑인 인권운동 Black Lives Matter 운동의 주동자들이 스스로를 '훈련된 마르크스주의자'라고 자부하며 흑백갈등을 부추기고 있는 것이 대표적인 예입니다.

3) 포스트모더니즘: 자아가 신이 되는 시대

포스트모더니즘은 신의 죽음을 선언하고 이제부터는 각자가 자기의 소견에 옳은 일을 선이라고 결정한다는 것이 핵심입니다. 선악과 사건에서 사탄이 인간을 유혹했던 그 달콤한 한마디 '너희가 하나님과 같이 되어'라는 말이 현실이 되는 시대인 것입니다.

이들은 성별 자기결정권을 통해 생물학적인 성별을 거부하고 자기의 주관적 감정이 이끄는 성별을 자기의 성별정체성이라고 주장합니다. 심지어 이러한 성별정체성은 아침 저녁으로 바뀌기도 하고 그 종류도 수 십 가지가 넘습니다.

또한 성적 자기결정권이라고 하여 자신의 성관계 대상은 자기가 원하고 상대가 합의한 경우라면 누구든지 괜찮다고 주장합니다. 동성간 성관계 뿐 아니라 소아성애, 수간, 시체성애 등, 지금까지 사회가 부도덕하고 음란한 것으로 간주하던 모든 범주를 다 선택지의 하나일 뿐이며 이는 도덕의 문제가 아니라 개인의 취향이니 존중해야 한다고 주장합니다.

신체적 자기결정권이라는 것도 있습니다. 자기 몸에서 일어나는 일은 자기 마음대로 하는 것이 인권이라는 것입니다. 그래서 태아살해 또는 낙태를 임신중단이라는 단어로 바꾸어 말하면서 여성인 어머니가 자신의 아기를 죽일 수 있는 권리를 당당하게 요구합니다.

이들은 모든 가치들을 상대화하고, 그것을 다 포용하는 것을 이상적인 사회라고 말하고, 그러한 자신들의 관용을 전통적인 도덕이라는 잣대로 비판하는 사람들을 '혐오분자'라고 말하며 사회적으로 침묵시키고 탄압합니다. 한마디로 모든 가치들이 상대적이라고 말하는 포스트모더니즘 철학이외에는 다른 어떤 것도 관용하지 않는 전체주의적인 세상으로 한 걸음씩 더 다가가고 있는 것입니다.

4) 뉴에이지: 생태주의로 스며드는 범신론

21세기에 범신론이라는 것이 받아들여질까 싶지만 21세기에 가장 매력적인 사상이 바로 범신론입니다. 모든 자연 만물에는 다 영성이 있다는 믿음입니다. 이들은 인간만이 특별한 창조물이 아니라 모든 것들이 다 비인격적인 우주의 알 수 없는 힘에 연결되어 있는 영적인 존재라고 믿습니다.

인격적인 유일신인 하나님을 버린 인간들은 그 텅빈 마음의 진공상태를 또다른 영적인 존재로 채우기 원합니다. 인간은 하나님의 형상으로 지음받았기 때문에 하나님을 삶에서 배제해 버리고서는 살아갈 수가 없습니다. 이때 이들은 새로운 영성(New Spirituality)을 대안으로 제시하게 되었는데 그것이 바로 힌두교, 불교, 도교, 무속신앙 등이 서양의 라이프 스타일 속으로 파고 든 뉴에이지 세계관입니다.

뉴에이지 세계관을 가지고 있는 사람들은 모든 사물에 영성이 깃들어 있다는 자신들의 믿음에 따라 동물과 인간을 동등한 가치로 매깁니다. 인간에게는 지구상의 다른 존재를 지배하거나 다스리거나 관리할 특별한 능력도 지위도 없습니다. 그러니 함께 겸손히 살아가는 법을 배우자는 것입니다. 이런 생각들은 애완동물을 반려동물이라 부르며 가족과 같다고 생각하고 심지어 반려동물에게 유산을 상속하는 경우 등에서 나타나기도 합니다.

뉴에이지 신봉자들은 이렇게 범신론적 영성, 우주적인 영성에 자신을 접목시키기 위한 방법으로 요가나 명상 등을 자주 사용하며 자연에 대해서도 '어머니 지구'라 의인화 시켜 단순히 자연환경을 잘 보호하자는 차원을 넘어, 채식주의, 생태주의적 생활 방식을 추구하는 것이 깨어 있는 지성인들이 지향해야 할 만한 매력적인 라이프 스타일이라고 선전하고 있습니다.

3. 기독교의 복음은 더 이상 세상에 빛이 될 수 없는가?

이상과 같은 세상의 속삭임들은 모두 하나님의 절대적인 주권과 창조의 섭리를 정면으로 거스르고 있는 현상들입니다. 그럼에도 불구하고 이러한 메시지들은 스마트폰을 통해 여과없이 무차별적으로 우리의 머릿속에, 그리고 우리 아이들의 머릿속에 주입되고 있습니다.

그러나 인간의 힘으로 이 땅에서의 천국을 꿈꾸고, 그것을 현실화시키려 했던 모든 시도들이 가장 잔혹한 지옥을 낳은 반면, 오직 영원한 천국만을 소망했던 초대 교회 성도들 사이에서 진정한 이 땅에서의 천국이 실현되었던 사실은 참으로 유토피아주의의 역설이라고 하지 않을 수 없습니다.

이 지점에서 우리는 다시 한 번 오직 예수 그리스도를 '주님'로 고백하는 기독교만이 인류에게 진정한 소망을 줄 수 있다는 사실을 세상에 선포해야 할 것입니다.

특히 신학의 갱신이 필요한 때인 것 같습니다.

20세기에는 자유주의 신학, 민중 신학, 해방 신학 등등 성경에 대한 새로운 해석들이 많이 시도되던 시기였습니다. 이러한 학문들이 성경을 보다 풍성하게 이해하는 데 어떤 도움을 주었는지는 잘 모르겠지만 불행히도 이러한 신학들의 풍요 속에 진정한 '복음'이 사라져 버린 것 같습니다. 현학적인 신학이 아니라 성육신하신 예수 그리스도를 통한 하나님의 사랑의 구속을 선포하는 '날것 그대로의' 순수한 복음이 절실히 그리워지는 시대이기도 합니다.

결론: 교회, 이제 어떻게 할 것인가?

지난 5년간은 대한민국이 한 번도 경험해 보지 못한 나라를 경험하였습니다.

부분적으로는 정치적인 문제도 있었고, 코로나 사태도 있었지만 궁극적으로는 이 모든 일들이 역사의 종말을 향해 가는 과정가운데 필연적으로 발생하는 큰 흐름 속에 들어 있는 일들이 아닌가 합니다.

특히 경제적인 불안이 폭증하는 시대를 살다 보니 자신의 영혼을 부동산에 묻어 버리는 젊은이들, 주식 투자를 고민하는 선교사님들, 코인 열풍에 넋을 뺏긴 군인들도 보게 됩니다. 우리나라만의 일이 아닙니다. 매년 수만 명의 이스라엘 청년들이 영혼의 방황을 끝내고 싶어 힌두교와 불교의 성지인 네팔에서 몇 달씩 수행을 하는 일들이 지금 일어나고 있습니다.

이렇게 방황하는 영혼들, 추수를 기다리는 영혼들이 기독교가 아닌 다른 곳에서 구원을 찾고 있습니다.

이 시대, 목사님들의 소명 의식 회복이 필요합니다. 이 시대를 어떻게 살아낼 것인가에 대한 대답을 제시해 줄 수 있는 영적인 지도자들이 필요합니다.

그리스도인의 삶의 목적은 거룩을 회복하는 것이라고 생각합니다. '내가 거룩하니 너희도 거룩하라' 하신 하나님의 명령이 우리 삶 속에서 구체적인 순종으로 나타날 때, 후기 기독교 사회라는 이 시대에 다시 한번 교회가 빛과 소금의 역할을 감당할 수 있을 것이라 기대해 봅니다.

13강

공교육에서 이루어지는 반기독교적 성교육 실태와 대처 방안

김지연

영남신대 겸임 교수

급진적 성교육에 반대하며 등교 거부 운동을 벌이는 학부모들

　필자는 그간 강연을 해 온 교회나 기독교 시민 단체들의 요청으로 성경적 성교육 강사 양성 프로그램을 구축하여 강사를 교육하고 교회와 학교로 파송하는 일을 해 오고 있다. 작년 여름 국제 성 가치관 세미나 강연 요청을 받아 마닐라를 다녀왔다. 그곳에서 공동 강사로 온 이진아 전도사를 만났다. 그는 미국 캘리포니아에서 외설적 성교육 정책과 싸우고 있는 단체의 대표이며 두 자녀의 엄마였다. 올해 2월 그가 주도했던 급진적 성교육 반대를 위한 등교 거부 운동(Sit Out 캠페인)을 주도했던 이 대표는, "동성 간이든 이성 간이든 합의하에 한 성행위라면 전부 정상이라며 청소년에게 성관계할 권리가 있다고 가르치는 성교육이 캘리포니아 공교육 현장을 덮고 있다. 윤리와 도덕은 배제한 채 학생들에게 피임약 복용과 콘돔 착용을 대대적으로 독려하며 차세대를 정신적 육체적으로 망치는 성교육을 일삼고 있는 것이다. 아이들에게 성교육의 명분으로 포르노를 가르치다시피 하고 있는 캘리포니아 공립 학교에 더 이상 자녀를 보낼 수가 없다. 우리는 우리의 아이들을 보호하고 지키기 위해 행동해야 한다."라고 말하며 성경적 성 가치관 교육의 활성화가 시급하다고 목소리를 높였다.

패륜적이고 외설적인 성교육에 항의하고 있는 캘리포니아 학부모들
출처: https://www.ocregister.com/2019/05/17/parents-opposed-to-comprehensive-sex-education-
pull-children-out-of-schools-stage-rallies-across-southern-california/

"너희 몸은 너희가 하나님께로 받은 바 너희 가운데 계신 성령의 전인 줄
을 알지 못하느냐 너희는 너희 자신의 것이 아니라 값으로 산 것이 되었
으니 그런즉 너희 몸으로 하나님께 영광을 돌리라" (고린도 전서 6장 19-20
절)

성경은 우리에게 우리의 몸이 성령의 전이며 하나님이 독생자이신
예수님의 피값으로 사신 바 된 것임을 말하고 있다. 크리스천은 자신
을 자신의 주인이라고 말하지 않는다. 예수님을 "주(主)"라고 부르며
그의 주되심을 시인한다. 그러나 세상의 성교육은 내 몸은 온전히 내
가 주인 노릇을 해야 하며 내가 마음대로 하는 것에 대해서 그 어떤
존재도 이래라저래라 개입할 수 없으며, 특히 성적자기결정권에 따라
"동의"를 구하여 "성병 예방과 피임"만 잘 해내면 어떤 종류의 성행위
도 보장받을 수 있어야 한다고 갈수록 목소리를 높이고 있다.

우리나라의 성교육이 성애화(sexualization)로 치닫고 있다

  2년 전 서울 D동에 위치한 어느 중학교의 여학생을 둔 학부모들로부터 제보가 떠올랐다. 학교 측이 청소년의 성문화를 다루는 센터에 의뢰하여 중3들을 대상으로 성교육을 실시했는데 그 교육이 너무 선정적이고 외설적이어서 실제로 교육받았던 자녀들의 상당수는 성적 수치심을 느끼거나 성적 죄책감을 느끼거나 혹은 성애화(sexualization)을 겪게 되었다'는 것이었다. 성교육을 받은 여학생들의 증언에 따르면, 해당 성교육 시간에 남성 성기 모양의 구조물에 직접 콘돔을 씌워보라는 강요를 받았고, 그에 따라 구조물에 콘돔을 씌우자 그것을 본 남학생들 중 일부는 환호성을 지르며 "콘돔 잘 씌우네! 쟤는 밝히는 앤가 봐!"라고 외치기도 하더라는 것이다. 결국 상당수의 여학생은 수치심을 느꼈고, 또 어떤 여학생은 '내가 이 나이에, 나는 아직 청소년인데 이런 행위를 해도 되는 건가. 죄를 짓는 건 아닌가.'라는 죄책감이 들기도 했다는 것이다.

  결국, 학부모들은 해당 학교에 전화를 하여 사실 여부를 확인하게 되었고, 학교 측에 항의 전화를 하게 되었다. 몇 명의 학부모는 해당 센터에 실제로 어떤 것을 전시 교육하고 있는지 '항의 방문'을 하게 되었다. 그런데 놀라운 것은 그 센터에는 동성애를 옹호하는 각종 전시물과 집단 난교를 상징하는 '상징물들이 있었고, '정액은 맛있나요?', '딸 치면 키가 안 크나요?' 등 자극적인 문구가 도배되어 있는 게시판이 있었다. 또한 실제로 성교육 진행 과정에서 아이들에게 조별 활동을 시키기도 했는데, 조 이름을 '처녀막조', '동성애조'라고 짓는 등 민망한 단어로만 만들어서 활동을 진행했다는 것이다. 동성애나 문란한 성 행동의 문제점에 대해서는 전혀 가르치지 않고 그것을 옹호하는 교육으로 도배해 놓은 것도 지적되었다. 청소년의 성문화를 위한 센터라는 그곳은 '내 남자 친구의 설렘을 배려한 질 수축 광고'라는 문구가 버젓이 적힌 전단지를 비치해 두기까지 했다. '이곳이 도대체 청소년들이 드나드는 곳이 맞는가?' 하는 의구심이 생길 정도로 외설적이었으며, 포르노에 가까운 전시물은 학부모들의 낯을 뜨겁게 했다고 한다. 학생 대상 성교육이 있었던 당일에는 동성애를 받아들이고 다양성으로 인정하자는 동영상을 아이들에게 보여 주기도 했다고 학생들이 증언했다.

출처 https://ahacenter.tistory.com/590

문제는 이런 외설적이고 급진적인 성교육이 D 동네에 있는 중학교에서만 이루어진 것이 아니라는 것이다. 대전의 어느 중학교도 이러한 강사들을 불러 1년에 수차례 강의를 듣게 했는데, 외설적인 성교육을 받은 아이들이 어느 날 여자 교사가 들어온 수업 시간에 모두 바지를 내리고 집단 자위를 하였다는 충격적인 기사가 보도되기도 했다.

잘못된 성교육은 인간을 개조할 수 있고, 사람의 인생을 바꿀 수도 있다. 청소년들을 성적으로 자극해서 피임 시장 등 돈이 되는 성교육, 음란물을 보게 만드는 성교육, 포르노나 다름없는 성교육을 하고 있는 많은 다수의 성교육 강사들의 교육 내용을 보면 우려를 표하지 않을 수 없다.

자위 도구를 살 돈이 없으면 채소를 이용하라는 캘리포니아 공교육 현장

미국에서 벌어지고 있는 급진적인 성교육은 많은 학부모들의 저항을 받고 있다. 가주 아동 건강 법안은 캘리포니아 공립 학교에서 포괄적인 성교육과 함께 에이즈 예방에 대한 정보를 공유시켜야 한다며 2016년에 만든 법이다. 가주 아동 건강 법안(California Healthy Youth Act)에 따르면 7학년 이상, 즉 중고등학교에서 최소한 한 번씩 성교육을 받게 되며 11번에서 13번에 걸쳐 포괄적 성교육을 이수하도록 되어 있다. 여기서는 동성애도 자연스러운 것으로 가르친다. 캘리포니아는 별도의 성교육 지침서 개정을 2019년 5월에 발표하고 개정하였다. 주 정부 측은 최근 통계에서 '9, 10, 11, 12학년 중 성관계를 갖는 학생이 32%라면서 더 이상 성 문제를 방치해서는 안 된다'고 하며 한층 구체화된 피임 방법, 성 정체성, 성적 취향 등에 대해 가르치는 내용을 지침서에 추가하였다. 이 교육 과정이 동성애, 섹스 파티, 구강성교와 항문 성교를 가르칠 뿐 아니라 자위 도구를 구매할 여유가 없으면 '바나나나 오이, 당근을 사용할 수 있다'고 소개하고 있을 정도로 외설적이다. 결국 캘리포니아의 학부모들 중 일부는 이 사태를 파악하고 등교 거부 운동(Sit Out 캠페인)을 통해 강력히 저항했다.

캐나다도 조용하지는 않았다. 동성애자 총리가 동성애 옹호 등 외설적인 성교육을 공교육에 도입한 후 각종 부작용이 나타나자 결국 2,000명 가까운 초등학생들이 무더기로 공립 학교를 떠나게 되었다는 2016년 보도는 충격적이다. 2명도 20명도 아닌 2,000명이 성교육 때문에 전학을 가거나 자퇴를 선택한 것은 보통 문제가 아니다. 2015년 9월 캐나다 초등생 성교육 과정이 17년 만에 개정되었는데, 이 과정에서 과도한 자유주의 교육이 포함되게 되었다. 전체 교과목 중 성교육이 차지하는 비율이 높지 않으나 결국 이 짧은 성교육 시간에 성품 자체를 망가뜨리는 일들이 벌어지다 보니 학부모들은 복불복 자퇴나 비싼 사립 학교로의 전학을 선택하게 된 것이다. 자신의 성기를 수시로 들여다보고 만져 보고 느껴 보라고 가르치는 책을 성교육 책이랍시고 사용하고 결국 그 책의 내용대로 한 아이들은 음란물을 보며 자위하는 것, 친구와의 성관계에 빠지는 등 심각한 성애화를 겪더라는 것이다.

전학이라는 것은 그리 간단한 일이 아니다. 정든 친구들과 교사, 익숙한 교정을 떠나는 일일 뿐 아니라 경우에 따라 이사를 해야 하는 경우도 발생하는 것이 전학이다. 그런데 일 년에 몇 차례 실시된 성교육이 우려스러워 전학을 선택해야 할 정도였다면 얼마나 심각한 성교육을 했을지 우리는 쉽게 가늠하기도 어렵다.

성 윤리와 도덕을 배제한 체 음란물 수준으로 전락한 성교육을 공교육의 이름으로 시행하는 것은 아동의 성적 학대 혹은 성적 착취에 해당된다. 아이들을 성에 중독되고 탐닉하게 만드는 조기 성애화(SEXUALIZATION) 성교육을 받은 아이들은 생명의 출발이 된 자신의 부모를 오히려 대적하고 하나님을 대적하며 유물론적인 인간관을 가지게 된다. 뿐만 아니라 '프리 섹스를 일삼지 말고 사랑하는 이성을 만나 결혼을 하고 이땅에 번성하고 충만하자'고 말하는 부모들과 및 기존 기독교적 성질서를 대적하게 함으로써 세대를 이간하며 하나님과의 관계를 이간한다. 성적 쾌락과 방종한 성문화를 일반화하는 성교육을 받은 아이들은 그 나이에 마땅히 성화(SANCTIFICATION)되어야 할 부분, 성장해야 할 부분들을 모두 상실하게 된다. 지금 전 세계는 이러한 선정적인 성문화와 그것을 옳다고 마지막 쐐기를 박는 성교육으로 몸살을 앓고 있는 것이다. 초등학교도 안 들어간 아이들에게 정확한 외부 성기의 명칭과 그 사용법, 성관계하는 법을 가르쳤던 덴마크는 고도의 인간 성애화를 겪었다.

남자와 여자 외에도 수십 가지 성별이 있다고 배우게 된 차세대

중고등학교에서 타고난 성별은 남자와 여자만 있는 것이 아니라 스펙트럼처럼 셀 수 없이 많고 자신이 결정한 성 인식대로 성의 개념을 확장시키고 다양화를 추구하라는 황당한 교육을 받고 있다.

"하나님이 자기 형상 곧 하나님의 형상대로 사람을 창조하시되 남자와 여자를 창조하시고(창 1:27)"이 구절은 완전 틀린 성경 구절이라고 가르치는 셈이다.

아래 그림은 미국의 아이들이 성교육 시간에 자신의 성별이 어디쯤

인지 적도록 암묵적인 강요 속에 교육받고 있는 모습이다. 남자로서
혹은 여자로서 비교적 질서와 바른 정체성을 찾아가던 아이들이 저런
성교육을 받은 후에는 송두리째 자신의 성별 정체성을 의심하도록 만
들게 된다.

　올해 초 필자는 성교육 실태를 탐방하러 캘리포니아를 방문했었다.
필자가 가본 그곳 공교육 속의 성교육은 가관이었다. 성교육을 현지
에서 하고 있는 강사가 보여 준 다트 모양의 성교육 자료는 스펙트럼
혹은 무지개의 색깔처럼 무한한 종류의 성별을 결정하는 기준으로 성
적 표현, 성별 정체성, 성적 지향 등을 강조하며 이들을 통해 자신의
성별을 추측(guess)해 보라는 교육을 위한 매우 치밀한 도구로 활용되
고 있었다.
　타고난 성별을 의심하게 만들고 성별은 남녀만 있는 것이 아니라 트
랜스젠더를 포함해 수십 가지가 있으니 자신의 성별 정체성을 잘 탐
색해 보고 선택하라고 종용하는 교육의 결과는 끔찍하게 드러나고 있
다. 2018년 9월, 영국의 언론 〈선데이 익스프레스(Sunday Express)〉가

매우 놀라운 뉴스를 보도했다. 영국 국내에서 호르몬 주사와 같은 '성전환 시(gender treatment)'에 관해 묻는 청소년이 2009~2010년에는 97명에 불과했으나 2017~2018년 사이에 2,519명으로 늘어나 약 4,415% 증가세를 보였다는 것이다.

실제로 2008년만 해도 40명의 여학생이 성전환 시술을 받았지만, 2018년에는 1,806명으로 늘어나 4,515%나 증가한 상황이다. 같은 기간에 남학생은 56명에서 713명으로 증가했다. 더욱 심각한 것은 2017년에서 2018년까지 성전환 시술을 언급한 아동 중 45명이 6세 이하였으며 그중에는 4살짜리도 있었다는 사실이다.

여성평등부 페니 모돈트 장관은 대중 매체의 영향으로 아동이 성전환에 관심을 보이는 일이 급증한다고 보고, 그 원인을 면밀히 조사할 것을 당부했다. 교육 전문가들은 학교에서 성전환 이슈를 홍보하는 것이 청소년들에게 혼란을 준다고 경고한 바 있다. 학교가 어린 학생들에게 자신의 타고난 성을 의심하도록 교육한다는 지적이다.

또한 《페미니즘은 전쟁이 아니다》의 저자 조안나 윌리엄스는 아이들에게 타고난 성을 의심하도록 부추기는 것이 일종의 '산업(industry)'

이 되었다고 질타했다. 성전환 수술을 받고, 평생 에스트로겐이나 테스토스테론 주사를 맞으며 심지어 보정 수술까지 받아야 하는 인구가 늘어나는 것은 확실히 돈이 된다는 것이다. 실제로 2017년 한 해에만 800명의 아동이 성전환을 위해 사춘기가 오는 것을 막는 약물을 투여받았다. 그중에는 10살밖에 안 된 어린 학생도 포함돼 있었다. 2017년 4월 캘리포니아 중학교 1학년 학부모들은 이렇게 타고난 성별을 의심하게 만드는 비과학적이고 혼돈을 주는 성교육 커리큘럼에 반대하는 투쟁을 했고 1,600명 이상의 부모들과 지역 주민들이 해당 성교육 커리큘럼 폐지 서명에 동참했다.

성경적 성교육을 교회와 가정이 담당해야 한다

원래 성교육이란 일대일로, 즉 가정에서, 생활 속에서 필요에 따라 반드시 알아야 하는 내용을 보호자가 가르치는 것이 가장 안전하다. 즉, 진정으로 그 아이의 인생과 그 아이의 영육 간의 강건함을 위해 기도하고 애쓰는 자가 성교육을 담당하는 것이 맞다. 그러므로 성경적으로 바른 성교육을 하기 위해 부모가 먼저 알아야 한다. 가장 건강한 성교육은 아이들을 키우는, 청소년을 가르치는 부모와 교사의 바른 성 가치관과 성 지식 교육에서 시작되어야 한다. 부모가 일차적으로 성경적 성교육을 받고, 이차적으로 아이들과 생활하는 가운데 자연스럽게 일대일로 개인의 상황과 수준에 맞게 가르치는 성교육은 굉장히 중요하다. 아이들 가운데는 성에 일찍 눈을 뜬 아이도 있고 그렇지 않은 경우도 있다. 그런데 집단적으로, 고도로 성애화시키는 급진적 성교육을 실시하는 것은 현재의 교육에 굉장한 부작용을 낳고 있다. 필자가 주관하는 성경적 성교육 강사 양성 프로그램에 대해서도 거의 매일 문의가 온다. 현재 8개 도시에서 양성 중이며 목회자와 교사 학부모 할 것 없이 동참 열기가 높다. 기존 성경적 성교육과는 달리 많은 과학적 근거와 통계로 중무장한 성경적 성교육이다 보니 교회 밖에서도 요청이 오기도 한다. 크리스천 학부모들은 제대로 된 성경적 성교육의 필요성을 깨우쳐 가고 있다. 기존 세상 성교육에 성경 구절을 얹어 넣는다고 해서 성경적 성교육이 완성된다는 것은 굉장한 착각이다. 정통 성경적 성교육은 가정을 치유하고 개인의 영적 자산을 폭발적으로 증가시키며 바른 그리스도인의 성품을 갖게 만들어 준다. 지난주 필자의 성경적 성교육 연수 과정을 수료한 기독교 보건 교사로부터 가정을 치유해 주어서 고맙다는 인사를 받기도 했다. 무늬만 성경적 성교육이 아닌 제대로 된 정통 성경적 성교육은 죄악적인 성문화의 쓰나미를 넘어서는 중요한 무기이며 치유, 회개, 자유, 질서, 평강, 용서, 분별력을 안겨 준다. 그리고 무엇보다 영성을 높여 주고 실천적인 그리스도인의 삶을 살도록 도와준다.

성관계는 "결혼"이라는 지평 안에서 남녀 부부 간에만 이루어지도록 하나님은 창조 때부터 질서를 주셨고 그 질서 속에서 인간은 자녀 생산으로서의 성, 부부 간의 희락으로서의 성, 부부 간 서로의 정조의 약속을 선포하는 성의 기능을 누릴 수 있다. 이것은 하나님이 자신의 형상대로 창조하신 하나님의 자녀들에게 주신 질서다. 즉, 성관계는 인간 모두가, 누구나와 하는 것이 아니다. 성관계는 성경적으로 부부만이 할 수 있는 것이며 침소를 더럽혀서는 안 된다. 그러나 세상은 결혼 이외의 얼마든지 간음해도 되는 성을 말하며 대안으로 성매매나 음란물 혹은 심지어 성관계용 로봇까지 만들겠다고 하고 있다.

우리는 하나님의 말씀에 기반한 성경적인 성 가치관을 다시 한 번 정비하고 이성 교제나 결혼, 출산, 임신, 생명과 가족, 이른바 성에 관련된 모든 것들에 대하여 성경에 입각하여 먼저 가르치고 양육해야 한다. '성경적 성 가치관 교육'을 통해 아이들에게 창세기 1장부터 순종하는, "이 땅에 번성하고 충만하며 이 땅을 다스리고 경영" 하는 그 시작을 주님 안에서 시작함으로써 생명의 소중함과 하나님의 사랑 그리고 가정의 가치, 부부의 사랑, 형제 사랑, 인간 전반에 걸친 성품과 관련한 거룩한 담론을 세워가야 한다. 교회와 가정에 의해서, 바로 신적인 기관에 의해 이 교육이 이루어질 때 많은 영혼들이 옳은 데로 오는 것을 현장에서 목도한다.

인권이라는 이름으로 광명한 천사처럼 다가온 외설적인 성교육은 차세대의 영혼을 먹잇감으로 삼고 "네 영혼육의 온전한 주인은 반드시 바로 너 자신이니 더 이상 예수님을 네 삶의 주인이라고 고백하지 말아라."라는 메시지를 주입한다. 그러나 성경은 정확히 불완전한 우리가 우리의 삶의 주인이 아니라 온전하신 하나님이 우리 영혼육의 주인이심을 선포하시는 참사랑을 드러내신다. 우리는 성경적 성교육을 위한 전문 훈련을 받고 우리의 차세대를 주님을 위한 선한 군사로 양육해야 할 것이다.

"너는 두려워하지 말라 내가 너를 구속하였고 내가 너를 지명하여 불렀나니 너는 내 것이라" (사 43:1)

기독교 문화와 위기

최정훈 목사

전 한동대 교목실장, 영국 에딘버러 Ph.D.

1. 이 시대의 총체적 위기의 실체 형태와 원인

총체적 위기들 가운데 첫째 개인의 실존적 위기가 있다. 개인의 실존적 위기는 많은 사람들의 자살률의 확산과 우울증과 같은 문화병이 일반화되어 가고 있는 현상을 통해 실감하고 있다. 절망감과 고통으로 인하여 스스로의 죽음을 선택한다. 왜 자살을 하는가? 엄밀히 말하면 생명의 본질과 죽음의 본질을 모르기에 자살한 것이다. 둘째, 우리는 도덕적 위기의 시대에 살고 있다. 근본 문제는 도덕성이 도둑맞은 데 있다. 무엇보다 심각한 것은 도덕성이 도둑맞은 것을 인식하지 못하고 그것을 인권과 자유의 이름으로 합리화시킴에 있다. 즉, 도덕성이 상대화되고 그 기준이 무너진 것은 도덕의 원리를 모르기 때문이다.

셋째, 문화적 위기는 어떠한 형태로 나타나고 있는가? 세계가 글로벌 시대를 맞이하여 각 국가의 문화와 인종, 종교, 사상 등등의 다양함이 교류하면서 모든 가치관들과 세계관들이 상대화되어 가고 있다. 다양함 속에서 상대화되어야 하는 것이 있고 상대화되면 안 되는 것들이 있다. 무엇보다도 상대화를 주장하는 자들은 스스로 상대성 자체의 모순을 범하고 있다.

진정한 상대성이란 절대성의 가능성도 인정해야 하는 것이다. 정치적 위기는 정치적 이념의 갈등과 권력의 쟁탈전, 정치이념을 빙자한 정치가들의 권력 싸움과 그들의 이해타산적인 속내를 알아차리지 못하고 그들의 거짓말에 속는 국민들, 여기에 언론사와 미디어들이 살아남기 위해 정치가들에게 아부하거나 협력하는 상황들이 당당하게 합리화된 세대다. 정치 이념 자체도 문화적인 상대성과 같이 상대화되었다.

경제적 위기: 정치적인 것과 맞물려서 정치적인 이슈나 국가 간의 이해타산적인 관계에 의해서 항상 요동치고 그로 인한 지속적인 경제적 불황과 불안으로 인한 위기감이 고조되고 있다. 빈부 간의 차이에 대한 원망. 자본주의 역사 흐름을 파악하지 못함. 종교적 위기: 이미 21세기 과학 기술과 인공 지능 등의 고도화된 발전으로 인해 종교의 무종교화, 탈종교화를 외치고 있다. 포스트모던 문화의 세례를 받고 성장한 이들은 무의식적으로 혹은 의식적으로 종교에 대한 이해를 달리하고 있다. 생태학적 위기: 영국의 산업 혁명과 더불어 유럽 국가들의 공업화의 열기가 시작되었고 그로 인한 자연의 파괴는 특히 설명할 필요가 없다. 서구 국가들의 공업화로 인한 비약적인 기술 문명을 지켜본 오늘날의 미개발 국가들 역시 그 뒤를 부지런히 쫓고 있다.

총체적 위기의 원인

한마디로 본질을 모르기 때문이다. 그러면 본질이란 무엇인가? 본질이 왜 중요한가? 데이빗 웰스(David Wells) 교수는 본질의 두 가지 속성을 말한다. 그것은 '본질적인 속성'과 '우연적 속성'이다. 본질적 속성이란 한 개인이 인간으로서 지녀야 할 속성이다. 본질적 속성이 없으면 인간으로 존재할 수 없다. 즉 인간의 정체성을 지키기 위한 필수적인 요소라고 볼 수 있다. '우연적 속성'이란 인간으로서 지녀야 할 필수적인 요소는 아니지만 가끔씩 나타나는 것들이다. 예를 들면 어떤 이가 손가락을 잃게 되었다고 해서 인간됨을 상실하는 것은 아니다. 한마디로 총체적 위기의 핵심은 본질의 상실 본질의 상실은 '절대적 진리의 상대화'고 동시에 '상대적 진리의 절대화'다.

총체적 위기의 사상적 배경: 계몽주의 사상의 특성

1) 합리주의: 서구의 계몽주의가 준 영향력 중에 하나는 계몽주의가 이성의 이름으로 종교의 권위를 무너뜨렸다는 사실이다. 합리성을 추구하는 과정에서 합리성이 극대화되면서 합리주의가 된 것이다. 토머스 머튼은 서구에서 불교의 선(禪)을 추구하는 이유가 개념을 구체화하고 반성 의식에 심취하는 4세기에 걸친 데카르트주의에서 전승된 유산에 몹시 짜증이 나 있기 때문이라고 한다.

2) 논리적/과학적 실증주의: 합리적 증거나 논증에 기대어 기독교의 진리를 판단한다. 이성 중심과 인본주의 사상의 실체다. 이렇게 합리주의적인 중심에서 진리나 신의 존재를 추구하게 되면 그 과정에서 진리와 이성의 관계의 특수성을 상실하게 된다. 즉, 이성의 한계를 모르고 신을 이성적 틀 안에서 이해하고 해석하려는 논리적 실증주의에 빠지게 된다. 그 결과 현대 사상의 핵심인 절대성의 상대화와 상대성의 절대화가 이루어졌다.

계몽주의 사상의 특성과 결과

　계몽주의의 합리주의적인 자세와 특성은 크게 두 가지 결과를 초래하였다. 첫째는 '무신론적 인본주의'고 둘째는 '유신론적 인본주의'다. '무신론적 인본주의' 특성은 '비신비화 Demystification'이다. 우주와 자연/인간의 삶의 신비하고 초월적인 요소를 부정하고 모든 것이 우연이나 진화론적 결과로 생각한다. '유신론적 인본주의' 특성은 '비신화화 Demythologizing'이다. 신의 존재를 믿고 성서를 믿지만 성경의 많은 부분들, 특히 성경의 기적을 신화로 해석하면서 신화의 원인은 성격의 진리를 표현하기 위한 방편이며 꼭 사실일 필요가 아님을 주장한다. 신화는 당대의 시대적 사상과 세계관에 의해서 형성이 된 것이므로, 현대인에 맞는 합리적 해석해야 함을 주장한다. 계몽주의로 인하여 시작된 성서 고등 비평을 도구로 신학의 자유주의가 시작되었다. 결국 그것의 연속 선상에 있는 현대 사상의 공통적 특성들은 합리주의, 회의주의, 과학만능주의, 자연주의, 역사주의, 세속주의, 낙관주의 등이 있다.

인본주의 사상과 현대 사상에 대한 현대인의 반응:

　1) 일반인들의 반응: 대부분의 사람들은 무비판적으로 수용한다. 거기에는 몇 가지 원인이 있다. 먼저 사상에 대한 분별력이 부족하며 시대적 사상에 흐름에 대한 무지와 무관심 때문이다. 또한 군중 심리적 인식 체계에 함몰된 이유가 있다. 스스로 진리를 분별하기보다는 대중의 흐름과 인식의 조류에 따라간다. 이러한 현상들이 나타나는 이유는 진리에 대한 심층적이고 실존적인 경험의 부재와 그 결과 기

독교 진리에 대한 피상적 이해와 무관심을 불러오게 하였다.

2) 교회와 신학자들의 반응: 이렇게 근대적이고 자유주의적인 신학
에 풍조에 대한 반응으로 여러 가지 신학적 다양함에 연속선상에 있
다. 각 시대마다 일어나는 당대의 사상적 조류 안에서 기독교의 본질
을 찾고자 노력했다. 그 흐름들은 16세기 종교 개혁을 시발점으로 크
게 개혁주의 신학/신정통주의 신학/근본주의 신학/복음주의 신학/자
유주의 신학/종교다원주의 신학 등이다.

3) 그룹 Discussion 주제 제안:

1. 기독교 진리와 인본주의 사상의 차이점들을 비교/연구하며 가르칠 수 있는 구
   체적인 방식은?

2. 현재 한국 교회가 당면하고 있는 여러 가지 문제점들을 해결하기 위하여 교단
   과 신학교들과 함께할 수 있는 방안은?

2. 위기 극복의 길:

진리 인식과 인식의 틀

현대 사상에 대한 위기를 극복하기 위해서는 크게 진리 인식의 문
제와 그러한 인식을 형성하는 인식의 틀 문화에 문제가 있다. 진리 인
식의 문제 해결을 위해서는 무엇보다 기독교 진리의 특성을 알아야

한다. 기독교 진리의 특성들은 진리의 총체성/연관성/근본성/문화성 등이 있다. 이러한 진리의 특성상 진리를 이해하기 위해서는 진리를 총체적으로 접근해야 한다. 진리의 총체적 접근은 진리 자체를 연구하는 방법에 있어서 진리를 근본적으로 그리고 사회 문화적으로 접근해야 한다.

다른 하나는 이러한 현대 사상을 형성하는 사회와 문화의 특성, 즉 인식의 틀을 연구해야 한다. 이러한 연구를 위해서 인본주의적이고 현대적인 문화와 그것의 근원이 되는 사상 자체를 연구해야 하고 동시에 그것을 기독교의 진리와 연관시켜서 연구해야 한다.

인식 vs 인식의 틀

인간은 각자의 마음에 혹은 생각의 창문을 가지고 사물과 사람과 사건과 사회와 사랑을 경험하는 것이다. 칸트철학이 인간 인식의 문제를 삼은 이유가 바로 여기에 있다. 인간은 사물 자체를 인간의 인식의 범주라는 틀 속에서 경험하고 해석할 수밖에 없다는 사실이다. 따라서 인간은 자신의 인식 내용의 뿌리와 근원을 알아야 한다. 인식하는 것은 인간의 이성적 행위이다. 머리로 하는 것이다. 그런데 인간의 인식은 인간의 관념의 체계에서 온다. 그러면 인간의 관념체계는 어디서 오는가? 관념체계는 인식론적인 틀을 의미한다. 이러한 인간의 관념 체계는 실존적이고 총체적 속성을 지닌다. 따라서 인식의 틀은 개인적인 것에서부터 문화적인 것, 정치적인 것, 종교적인 것 등등을 포함한다. 그리고 그러한 구성의 요소들은 다차원적이며 삶의 현장에서 온다.

구성주의 vs 구조주의

구성주의:

구성주의는 인간이 어떻게 지식을 구성하느냐에 일차적인 관심을 갖는다. 지식을 구성하는 것은 어떠한 일이나 사건들을 해석하는 데 사용하는 인간의 사전 경험, 정신 구조, 신념 등의 기능에 의해서 가능하다. 우리는 외부 세계에서 지각된 경험을 해석하는 정신적인 활동을 통하여 실재를 구성한다. 구성주의에 따르면, 사고란 물리적 경험과 사회적 경험의 지각을 토대로 하며 정신에 의해서 인식된다. 구성주의에 있어서 중요한 인식론적 가정이 있다. 인간은 인간의 외부 세상에 대한 독특한 경험에 의해서 모든 외부의 실재를 다르게 받아들인다는 점이다. 심리학자인 피아젯(Piaget)은 인간의 인식 기능에 있어서 중요한 것 중에 하나로 뇌의 인지 구조의 변화를 주장했다. 그는 학습을 인지 구조의 재구성이라고 보면서 인지구조를 재구성할 때 요인으로는 개인의 경험을 결정하는 사회 문화적 요인, 개인 특유의 경험, 생물학적 요인 등이 있다고 말한다.

구조주의:

우리는 각자가 생각하고 느끼고 하는 것이 자신이 주체적인 선택으로 하는 것 같으나 그렇지 않다. 결국은 각 개인이 속한 사회 문화라는 집단이 수용한 것 안에서 생각하고 느끼고 선택하는 것이다. 사회학자 뒤르켐의 말과 같이 "개인의 사고(思考)는 그 개인이 속한 사회의 결과로서의 사고"인 것이다. 한걸음 나아가 개인의 생각에 영향을 주는 문화나 사회의 구조 역시 하나의 틀이다. 그리고 그러한 틀 역시 시대나 역사적 상황이나 혹은 그 이전의 전통이나 다른 문화나 사회의 관계 속에서 형성이 된다는 사실이다.

16세기 서구의 개혁들: 인식과 인식의 틀의 혁명

서구 16세기에 근대 시작을 여는 여러 가지 개혁과 혁명들 나타남: 대표적인 것들 1) 마르틴 루터의 종교 개혁, 2) 데카르트의 철학적 혁명, 3) 코페르니쿠스의 천문학적 혁명, 4) 레오나르도 다빈치의 인문학적 혁명, 5) 아이작 뉴턴의 과학적 혁명, 6) 콜롬부스의 아메리카 대륙 발견에 의한 지리학적 혁명, 7) 구텐베르크의 인쇄술 혁명 등 총체적 사건들이 일어났다. 위의 혁명들은 크게 다섯 가지 분야의 영역에서 일어났다. 그것들의 혁명의 특성들은 1) '종교적 인식의 반전', 2) '철학적/이성적 인식의 반전', 3) '과학적인 인식의 반전', 4) '인문학적 인식의 반전' 그리고 5) '문화적 인식의 반전' 등이다. 이러한 혁명들이 지닌 공통적인 특성을 알아야 한다. 종교적 인식에 의한 교리/진리에 의식의 변화, 천문학적 인식에 의한 세계관의 전환, 인문학적 반전에 종교/인간과의 인식의 변화 등등이 일어났으며 각 영역들은 이들은 서로 연결되어 상호 보완적 역할을 하였다.

인식과 공간
이스라엘이 광야로 간 까닭은?

1) 인식의 반전과 전환 그리고 그것에 의한 노예 의식으로부터의 자유와 존재적 변화와 발전을 위함이다. 2) 하나님 말씀에 의한 인식의 변화, 말씀에 의한 의식화, 말씀의 실존적 의미를 경험케 하기 위함이다. 3) 이집트 문화로부터의 탈출로 인한 문화 인식에 전환을 위하여

그리고 그로 인한 세계관의 변화를 가지게 하기 위함이다. 4) 광야라고 하는 불가능한 삶의 공간에서 역설적인 말씀의 진리를 체험케 하게 하기 위함이다. 그들이 광야에 있었기에 불기둥과 만나를 경험할 수 있었다. 그보다는 광야에서 먹을 것이 없어서 하나님께서 이스라엘 민족에게 만나를 주신 것보다는 만나를 경험케 하기 위해 광야로 인도하신 것이다. 5) 그리고 출애굽(세상 문화)한 후에 다시 가나안(세상 문화)에 들어가기 위함이다.

   2) 그룹 Discussion 주제 제안:

   1. 16세기 종교 개혁을 바라보면서 한국 교회가 받아들여 시도해야 할 과제와 도전: 한국 사회와 교회의 신학적/문화적 배경 속에서 기독교의 본질을 찾는 방식?

   2. 21세기의 새로운 패러다임의 시대의 특성들: 현대의 상대주의적 가치관/기술 문명/탈종교성/해체주의 속에서 무엇을 수용하며/어떻게 분별하여/어떻게 변화와 발전을 이루어 낼 수 있을까?

신학적 진리 이분화의 극복: 긍정 신학 vs 부정 신학

기독교 교회와 신앙 그리고 신학에는 크게 두 가지 전통이 있다. 하나는 '긍정 신학 Kataphatic theology'이고 다른 하나는 '부정 신학 Apophatic theology'이다. 이 두 가지 신학과 신앙은 신앙의 두 날개다. 이 두 가지가 균형을 이루지 못할 때에 교회나 개인의 신앙이 방향성을 잃고 추락하게 된다. 추락하는 것에는 날개가 있다는 말이 있다. 비행기에 날개가 없으면 날 수도 없고 비행을 하다가도 추락한다.

또 하나 비행기가 날개와 관련하여 추락하는 이유는 두 날개의 균형을 잃게 되는 경우다.

긍정 신학이란 간단히 설명하면 우리가 하나님을 일상적인 신앙의 삶에서 경험하여 어는 것에 기초하여 얻은 지식에 의한 신학이다. 즉, 하나님을 사랑의 하나님으로, 인격적인 하나님으로, 우리의 문제와 고난을 해결해 주시는 하나님, 우리의 기도를 들으시고 음성으로 우리와 대화하시는 하나님, 등등에 대한 하나님을 아는 지식이다. 우리의 삶의 경험 속에서 하나님을 만나서 알게 되는 하나님에 대한 신앙과 지식이다. 다른 하나는 신앙과 신학에 있어서 부정 신학이다. 이것은 간단히 말하면 하루에 있어서 밤과 같은 것이다. 그리기에 부정 신학을 '어둠의 신학'이라 불리기도 한다. 밤이 되면 어두워서 앞이 보이지 않는 것이다. 사람과 사물과 사건 등등이 없는 것이 아니라 보이지 않는 것이다. 이것은 인간의 존재성에서 오는 것이다. 이런 의미에서 부정 신학이란 앞이 보이지 않는 영적인 상태를 의미한다. 영혼의 어두운 밤이다. 하나님이 임재가 느껴지지 않는 것이다. 심리적으로는 신앙의 감정이 메마르는 상태다. 지성적으로는 이제껏 믿던 하나님을 이해할 수가 없는 것이다. 따라서 '부정 신학'은 '긍정 신학'만으로는 알 수 없는 신학적 인식의 영역을 다루는 신학이다. 부정 신학은 신학 자체를 부정하는 것이 아니다. 인간이 하나님에 대해서 알고 있다는 지식과 그러한 인간 인식에 한계점을 지적하는 신학이다. 우리가 알고 있는 지식 뒤에 모르는 것이 있다는 것을 알게 하기 위한 신학이다. 한마디로 비움의 신학이다. 따라서 '부정 신학'은 '긍정 신학'에 대한 균형을 이루려는 기독교의 전통적 신학 체제의 하나다. 부정 신학은 여러 가지 관점에서 그 특성을 나타낸다. 심리적인 면과 신학적인 면, 그리고 지성적인 면과 실존적인 면이 있다. 심리적인 면은 기독교인들이 겪는 '영혼의 밤'과 같은 것이다. 지성적인 면에서는 하나님과 하나님의 역사를 이해 못 하는 것이다. 신학적인 면에서는 하나님의 무한하심에서 오는 인간의 한계적 인식이다. 실존적인 면에서는 삶의 현장에서 경험하는 고난의 삶이다.

예를 들면 욥의 고난이다. 지성적인 면에서 보면 하나님께서 욥에게 끝까지 욥의 고난의 구체적인 이유를 분명하게 말씀하시지 않는다는 사실이다. 하나님께서는 욥의 고난과 욥의 자녀들의 죽음에 대해서 끝까지 침묵하신다. 바로 이것이 부정 신학의 핵심 내용이다. 왜 하나님은 침묵하시는가? 여러 가지 이유를 들어서 우리는 설명하며 스스로 이해하려 하며 위안을 얻고자 한다. 그러나 냉정히 말하면 우리는 모른다. 왜냐하면 그 이유가 없어서가 아니라. 그 이유를 우리는 인간의 이성으로 다 이해할 수 없기 때문이다. 여기에 인간의 지식의 한계가 있고, 동시에 하나님의 무한한 지성의 섭리와 계획이 있다. "우리가 지금은 거울로 보는 것같이 희미하나 그때에는 얼굴과 얼굴을 대하여 볼 것이요 지금은 내가 부분적으로 아나 그때에는 주께서 나를 아신 것같이 내가 온전히 알리라." (고전 13:12).

3) 그룹 Discussion 주제 제안:

1. 한국 교회 안에 내재되어 있는 기복주의적이고 포용주의적이며 배타적이고 개인주의적으로 구성되어 있는 신학적이고 실재적인 요소들을 어떻게 비움을 통한 탈바꿈을 할 수 있는가?

2. 긍정 신학과 부정 신학의 균형을 위한 구체적 방식은?

LGBT 의학

민성길

연세의대 명예 교수

I. 서론

LGBT는 lesbian, gay, bisexual, transgender를 의미한다. 이에 더하여 이미 제안되었거나 앞으로 제안될 온갖 성 관련 정체성들의 개념들을 포함하는 경우 LGBT+라고 하는데, 이때 "+"의 의미는 다양한 성 정체성들이 추가될 수 있다는 의미다. 예를 들어 젠더퀴어(gender-queer), 젠더 의문(gender-questioning), 간성(intersex), 무성애(asexual), 범성애(pansexual) 등등인데, 이 경우 LGBTQQIAP+로 표시된다. 이 리스트는 계속 확대되고 있다. (이 논문에서는 LGBT로 표시하겠다.) 이들은 모두 합하여 성 소수자(sexual minority)라고도 불리운다. 최근 성 소수자 전체를 "queer"라고 부르는 경향이 나타나고 있다. (Queer란 "괴상"한이라는 의미가 있다)

이 논문은 LGBT+에 대한 "성 혁명적" 차별 금지 논리가 의학적으로 사실이 아니라는 것을 설명하고자 한다. 현대 의학을 근거중심의학(evidence-based medicine)이라 하는데, 이는 모든 의학적 주장은 연구 논문으로 뒷받침되어야 한다는 의미다.

II. 동성애

1. 개념

성 혁명적 주장: 동성애는 동성 간 사랑이다.
의과학적 사실: 동성애는 동성(homo-) 간 성교 행위(sex)다.

    동성애는 성적 지향(sexual orientation 전에는 성적 지남이라고 번역했다)의 행동 중 하나인데, 성적 욕망이 동성의 사람에게로 향하는 경우다.[404)]

    한국어 동성애에 애(愛 love)자가 들어 있지만, 원래 동성애는 homo-sexuality로서, 동성 간 사랑이 아니라 섹스(성행위)다. "사랑"에는 성교도 포함되지만, 사랑은 지속적인 관계와 케어(돌봄)와 책무와 헌신이 포함된다는 점에서 단순한 성교와 다르다. (인간의 사랑과 섹스는 생식만을 목적으로 하는 동물의 짝짓기와도 다르다.)

    즉, 동성애의 정의는 다음과 같다. ① 동성 간 성적 끌림(homosexual attraction, 동성에 대해 성적으로 욕망하고 (생리적으로) 흥분한다는 의미), ② 동성 간 성적 행동(homosexual behavior, 즉 성교 행위를 하는 것)[405)], ③ 동성애자로서의 정체성(homosexual identity). 추가적 기준으로 동성애 공동체(homosexual community)에 소속하는 것, 동성 섹스 파트너 있음 등이 있다.

---

404) 성적 지남은 성적 선호(sexual preference)라고 불러서 혼란이 있었는데, 동성애자들은 성적 선호는 개인이 선택한다는 의미가 있다고 해서, 생물학적 의미가 강한 성적 지남(orientation)이라는 용어를 더 선호한다.

405) 동성 간(homo) 성애(sexuality)의 핵심은 항문 성교(anal intercourse)다. (4. 증상 참조)

성적 지향에는 기본적으로 이성애(heterosexuality), 동성애 및 양성애(bisexuality) 등 세 가지가 있다. 그러나 최근 새로이 무성애, 다성애, 상대가 트랜스젠더인 경우 등등 여러 행태가 제안되고 있다.[406]

우정의 성화(sexualization)- 최근 미국의 심리학회 같은 학술단체는 동성애를 정의함에 있어, 동성애를 사랑으로 포장하려 한다. 즉, 언제인가부터 성적 끌림을 감정적 및 로맨틱 끌림(emotional and romantic attraction)으로 슬쩍 확대하고 있다. 이로써 동성 간 우정, 형제애, 전우애, 브로맨스, homosociality(남자들끼리 친한 것) 등등이 homosexuality인 것처럼 은연중에 암시하고 있다. 그러나 이처럼 "우정을 성화(sexualize)" 하는 것은 이론적으로나 윤리적으로 옳지 않다.

2. 역학- 얼마나 많은가?

성 혁명적 주장: 동성애자는 많다. 그래서 정상이다.
의과학적 사실:

---

406) 기타 성 지남에는 asexuality(무성애), 다성애(polysexuality), 무낭만적 성애(aromantic), 회색 성애(gray-sexual), 반성애(demisexual), 리스로맨틱(lithromantic 상호 관계 전에 끌림이 사라짐), skoliosexuality(시스젠더의 상대가 남녀 젠더가 아닌 경우), ceterosexuality(비남녀 젠더가 비남녀 젠더에 끌림), pansexuality(상대가 모든 종류의 젠더인 경우) 등이다. 즉, "N명의 사람들에겐 N가지의 섹스가 있다"는 것이다. 최근 새로운 방식의 분류도 등장하고 있는데, 주체와 상관없이 상대 섹스 파트너에 따라 지남을 말한다. Androsexual이란 상대 섹스 파트너가 남자인 경우, gynesexual이란 상대가 여자인 경우, massexuality이란 상대가 트랜스 남성인 경우, femmesexuality이란 트랜스 여성인 경우 등등이다.

① 동성애자는 인구 중 2% 내외다.[407] 미국의 대표적 정신의학 교과서는, 동성애 유병률을 2-3%라고 말하고 있다.[408]

② 동성애의 3가지 조건, 동성 끌림, 동성애 행위, 동성애자로서의 정체성 모두 갖춘 동성애자는 더욱 적어 남자 인구의 0.6%, 여자 인구의 0.2%이다.[409]

동성애자가 인구 중 10%라는 신화(10% myth)는 거짓이다.[410] 그래도 최근 사회적 분위기가 변화함에 따라 자신이 동성애라고 말하는 사람들의 수가 증가하고 있다.[411] 여하튼, 동성애자 수가 많다고 해서 비정상이 정상이 되는 것은 아니다.* 게이들에서 레즈비언보다 전적인 동성애자가 많다. 그 외에도 게이들이 레즈비언보다 유전적 경향성이 크고, 섹스 파트너가 많고(문란하고), 유동성이 적고, 전환 치료에 잘 반응하지 않는다. 즉, 게이와 레즈비언은 같은 동성애가 아닌 것처럼 보인다.

---

407) Whitehead N, Whitehead B. My Genes Made Me Do It! Homosexuality and the scientific evidence. Layfayette, Louisiana: BK Huntington House. 2010. p.43-45.

408) Sadock BJ, Sadock VA, Ruiz P. Synopsis of Psychiatry. Behavioral Science/Clinical Psychiatry. the 11th edition. NY: Wolters Kluver. 2015.

409) Laumann EO, Gagnon JH, Michael RT, Michael S. The Social Organization of Sexuality. Sexual practices in the United States. The complete Findings from America's most comprehensive survey of sexual behavior. Chicago; The University of Chicago Press. 1994.

410) "10% 신화"의 근거는 아마도 1948년 Alfred Kinsey 연구 때문인 것 같다. 그는 동성애자가 많을수록 정상이라는 주장을 하고 싶었는데, 죄수, 동성애 매춘자, 동성애자 자원자등의 사람들을 표본의 1/4 이상을 차지하게 함으로 통계에서 "자원자 오류" 현상을 야기했다고 비판 받는다. 그러나 이 10% 신화는 이후 수많은 동성애 옹호집단에서 홍보용으로 사용되었다.

411) Bailey JM, Vasey PL, Diamond LM, Breedlove SM, Vilain E, Epprecht M. Sexual Orientation, Controversy, and Science. Psychological Science in the Public Interest. 2016;17(21):45-101. doi:10.1177/1529100616637616.

3. 원인

성 혁명적 주장: 동성애는 동성애는 유전된다. (선천적이다) 그래서 정상
이고, 평생 변할 수 없고, 고칠 수도 없다.

의과학적 사실:
① 동성애 유전자는 발견되지 않았다. 기타 동성애가 타고난다는 주장
은 입증되지 않은 가설 수준이다. 성적 지남이 자연적으로 변한다는 사
실(유동성)도 동성애가 유전되지 않는다는 것을 증거한다.
② 동성애가 정신 역동적 원인, 또는 소아기 역경 또는 성적 트라우마
원인론 등, 정신 사회적 원인에 의한 문제 행동이라는 연구가 여전히 발
표되고 있고, 더 설득력이 있다. (모든 인간의 행동은 자연히 변할 수 있고 또
노력으로 변화시킬 수 있다.)

1) 생물학적 연구

1990년대 초 사상하부의 INAH3라는 구조가 동성애자에서 이성애
자보다 작다는 뇌 구조 가설[412], X-염색체의 Xq28 부위에 동성애 유
전자가 있다는 연구[413], 일란성 쌍둥이에서의 동성애 일치율이 높다
는 연구[414] 등이 연속으로 발표되었다. 그리하여 동성애는 타고난다

---

412) LaVey S. A Difference in Hypothalamic Structure Between Heterosexual and Homosexual Men.
      Science Magazine 1991;258:1,034-1,037.
413) Hamer DH, et al. A linkage between DNA markers on the X chromosome and male sexual ori-
      entation, Science 1993;261(no. 5119):321-327.
414) Bailey JM, Pillard RC. A Genetic Study of Male Sexual Orientation, Archives of General Psychia-
      try 1991;48:1089-1094.

는 기사가 미디어에 대서특필되었다. 이 때문에 항간에 동성애는 유전 된다는 오해가 널리 퍼졌다. "Gay is born that way"라는 말이 대중에 게 각인되었다. 그러나 뇌 구조설은 오랫동안 반복된 동성 성애 행동 이나 에이즈 때문일 수 있다는 신경 가소성(neuroplasticity) 이론에 대 해 반박하지 못하는 바람에 인정받지 못하였다. Xq28 이론은 추후 연구에서 재현되지 못하여[415] 인정받지 못하였다. 일란성 쌍둥이 연 구도 연구 방법을 엄밀히 함에 따라 일치율이 10% 수준으로 떨어졌 다.[416] 즉, 유전적 원인이 아닌 원인, 즉 정신 사회적 원인으로 동성애 자가 될 가능성이 90%라는 의미다. 그 외 태내 반대성 호르몬 과도 노출 가설[417], 면역 가설 또는 출생 순위(birth order) 가설[418](어머니가 아들을 임신했을 때마다 항체가 생기고 또 누적되어 나중에 임신된 남자 동생

415) Rice G, et al. Male Homosexuality: Absence of Linkage to Microsatellite Markers at Xq28, Science 1999;284(no. 5414):665-667. Mustanski BS, Chivers ML. Bailey JM. A critical review of recent biological research on human sexual orientation. Annual Review of Sex Research 2002;13, 89-140. Ramagopalan SV, Dyment DA. Handunnetthi L, Rice GP, Ebers GC. A genome-wide scan of male sexual orientation. Journal of Human Genetics 2010;55:131-132. Mustanski BS, Dupree MG, Nievergelt CM, Bocklandt S, Schork NJ, Hamer DH. A genome-wide scan of male sexual orientation. Hum Genet 2005;116:272-278.
Sanders AR, Martin ER, Beecham GW, Guo S, Dawood K, Rieger G, Badner JA, Gershon ES, Krishnappa RS, Kolundzija AB, Duan J, Gejman PV, Bailey JM. Genome-wide scan demonstrates significant linkage for male sexual orientation. Psychol Med 2015;45(7):1379-88.

416) Bailey JM, Dunne MP, Martin NG. Genetic and Environmental Influences on Sexual Orientation and Its Correlates in an Australian Twin Wample, Journal of Personality and Social Psychology 2000;78:524-36. Långström N, Rahman Q, Carlström E, Lichtenstein P. Genetic and Environmental Effects on Same-Sex Sexual Behavior: A Population Study of Twins in Sweden. Archives of Sexual Behavior 2008;39(1):75-80. Bearman PS, Brückner H. Opposite-Sex Twins and Adolescent Same-Sex Attraction. American Journal of Sociology 2002;107(5):1179-1205.

417) Bao AM, Swaab D. Sexual Differentiation of the Human Brain: Relation to Gender Identity, Sexual Orientation and Neuropsychiatric Disorders. Frontiers in Neuroendocrinology 2011;32:214-226. McCormick CM, Witelson SF, Kingstone E. Left-handedness in homosexual men and women: neuroendocrine implications. Psychoneuroendocrinology 1990;15:69-76.

418) Ellis L, Blanchard R. Birth order, sibling sex ratio, and maternal miscarriages in homosexual and heterosexual men and women. Personality and Individual Differences 2001;30:543-552.
McConaghy ND, Hadzi-Pavlovic C, Stevens V, Buhrich MN, Vollmer-Conna U. Fraternal birth order and ratio of heterosexual/homosexual feelings in women and men. J Homosex 2006;51:161-74.

의 뇌를 공격한다는 가설), 후성 유전설[419](어떤 이유로 DNA 표현에 변이가 생겨 동성애자가 된다는 가설), 왼손잡이 가설[420] 등이 있으나, 직접적인 인간관계를 입증하는 연구는 없다. 순수히 가설 수준이다.

이러한 모든 "생물학적" 연구들을 검토(review)한 결과 동성애가 타고난다는 연구들은 입증되지 않았다고 평가된다.[421] Whitehead 등 [422]은 여러 연구들을 종합하여 동성애에 대에 대해 어떤 간접적인 방법으로 유전이 기여하는 확률이 10% 수준이라고 보는 것이 타당하다고 하였다. (아래 GWAS 참조) 어떤 학자[423]는 이러한 10%도 어려서부터의 가족이나 형제들의 영향이라 해석한다.

인간 전 유전체 연관 연구(Genome-Wide Association Study, GWAS) GWAS는 인간의 유전자 약 23,000개 전체를 통해 어떤 특성(trait)과 관련된 특정 유전적 변이를 비교함으로 그 관련성을 연구하는 것이다. 동성애와 관련된 유전자 변이를 발견하기 위한 GWAS는 현재 3편

---

419) Rice WR, Friberg U, Gavrilets S: Homosexuality as a consequence of epigenetically canalized sexual development. The Quarterly Review of Biology 2012;87(4):343-368.

420) Blanchard R. Review of Theory and Handedness, Birth Order, and Homosexuality in Men. Laterality 2008;13: 51-70. Blanchard R, Cantor JM, Bogaert AF, Breedloe SM, Ellis L, Interaction of Fraternal Birth Order and Handedness in the Development of Male Homosexuality. Hormones and Behavior 2006;49:405-514.
Blanchard R, Lippa RA. Birth Order, Sibling Sex Ratio, Handedness, and Sexual Orientation of Male and Female Participants in a BBC Internet Research Project. Archives of Sexual Behavior 2007;36:163-76.
Bogaert AF, Blanchard R, Crosthwait LE. Interaction of Birth Order, Handedness, and Sexual Orientation in the Kinsey Interview Data. Behavioral Neuroscience 2007;5:845-53.

421) Whitehead NE. My Genes Made Me Do It! Huntington House Pub. 1999.
길원평. 동성애는 과연 타고나는 것일까? 동성애 유발 요인에 대한 과학적 탐구. 서울; 라온 누리. 2014. Mayer LS, McHugh PR. Sexuality and Gender. Findings from the Biological, Psychological, and Social Sciences. The New Atlantis 2016;50:4-143.

422) Whitehead NE. My Genes Made Me Do It! Huntington House Pub. 1999.

423) Beard KW, et al. Brother-brother incest: Data from an anonymous computerized survey. Sexual Addiction & Compulsivity 2013;20:217-253.

이 보고되고 있다.

2012년, 23andMe Holding Co.를 포함한 Drabant 등[424]의 연구는 약 20,000명을 대상으로 한 GWAS이다. 연구 결과 동성애와 통계적으로 유의한 상관성을 보이는 유전자 변이를 발견하지 못하였다.

2017년 Sanders 등[425]은 통계적으로 유의하지는 않았지만(p-value 10-7 수준) 상당한 관련이 있는 유전자 변이 두 개, 즉 13번 염색체의 rs9547443 및 14번 염색체의 rs1035144를 확인하였다. 전자는 인간에서 정신 장애들과 관련된 것(SNP)이고, 후자는 갑상선 장애와 관련된 것으로 알려져 있다. (이 유전자들이 포함되어 있다는 것은 동성애가 비정상적 행동일 가능성을 시사하는 것이다.)

결정적으로 2019년 Ganna 등[426]은 46만 명이라는 대규모의 연구 대상으로 GWAS를 시행한 결과 "동성 성행위"와 관련된 "단일한 동성애 유전자(single homosexual gene)"는 발견하지 못하였다. 그러나 연구자들은 "동성 성행위"와 통계적으로 유의하게 관련된 5개 유전자 변이를 확인하였다. 그들은 각각 우울증, 조현병(정신분열병), 양극성 장애(조울증), 대머리, 및 후각에 관련되는 것들이었다.[427] 그리고 이 5개 유전자 변이를 다 가지고 있다 하더라도 그들이 동성 성행위의 발생

424) Drabant EM, Kiefer AK, Eriksson N, Mountain JL, Francke U, Tung JY, Hinds DA, Do CB 23andMe, Mountain View, CA. Genome wide association study of sexual orientation in a large, web-based cohort. Presented at the American Society of Human Genetics annual meeting. Nov 6-10, 2012, San Francisco.

425) Sander AR, et al. Genome-Wide Association Study of Male Sexual Orientation. Scientific Reports. 2017; 7:16950. doi:10.1038/s41598-017-15736-4.

426) Ganna A, et al. Large-scale GWAS reveals insights into the genetic architecture of same-sex sexual behavior. Science 2019;365(6456):eaat76930.

427) 연구자들은 직접 말하지 않았지만, 이 결과는 동성애가 정신 장애일 가능성을 시사하는 것이다. 연구자들은 이럴 가능성에 신경이 쓰였는지, 이 연구 전체의 계획 단계에서부터 논문을 발표함에 있어 동성애자 공동체와 의사소통하였다고 한다. 참고로 조현병(정신 분열병)이나 우울증에 관련된 유전자 변이는 약 100여 개 이상 발견되고 있다.

에 대한 기여도는 1% 이내였다. (참고로 조현병 발생에 관련된 유전자 변이는 현재까지 100여 개 발견되고 있다) 이는 동성 간 성 행동은 여러 특성(trait)들의 조합에 의해 나타난다는 의미이다. 이러한 특정 조합에 의해 어떤 특성이 나타난다는 메커니즘은 지능, 성격 같은 다른 모든 정상적 인간 행동이나 조현병, 우울증, 양극성 장애 등 병적 행동과 마찬가지다. 키나 피부색에도 수많은 유전 인자들이 간여한다.

유전과 행동과 그리고 병

모든 인간의 행동에는 유전적 요소가 있다. 예를 들어 미소 띤 얼굴은 전 인류 공통이다. 즉, 모든 인종의 인간에게 미소 띠게 하는 얼굴의 근육을 조절하는 프로그램이 유전되어 있기 때문이다. 아기들도 가르쳐 주지 않아도 기분 좋으면 어른과 같은 모습으로 미소를 띤다. 그리고 누구나 이 미소의 의미를 알아본다. 화를 내는 경우처럼 부정적 감정에서도 마찬가지다. 따라서 어떤 한 행동이 유전(선천적)된다고 해서 반드시 정상은 아니다. 유전되는 질병도 있다. 어떤 행동이 병인가 정상인가 하는 기준은 그 특정 행동이 자신과 타인과 사회에 해가 되는가 하는 것이다. 또한 유전되는 병이라 해서 치료될 수 없는 것도 아니다. 동성애가 유전되므로 정상이고 치료되지 않는다는 주장은 잘못된 것이다.

2) 정신 사회적 원인

정신 사회적 이론(psychosocial theory)은 인간 행동이 환경과의 상호 작용을 통해 심리적 내지 발달적으로 형성된다는 이론이다. 정신 의학에서 대표적 정신 사회적 이론은 정신 역동 이론(psychodynamic theory)인데, 이는 정신 분석에 근거한 심리학 이론이다.[428] 전통적으로 정신 의학은 동성애가 정신 역동적으로 발달한다고 보았다. 그러나 Wikipedia는 이런 사실을 무시하고, 동성애가 정신 사회적으로 생긴다는 것을 입증하는 "과학적 연구"(empirical studies or peer-reviewed research)는 언급하지 않고 있다.[429]

정신 분석- 일부 엘리트들은 정신분석 이론들은 환자를 치료하는 과정에서 "추론" 한 것으로 본다. 그래서 엄밀한 의미에서 과학이 아니라고 말한다. 그러나 동성애 옹호자들은 프로이트가 동성애가 "정상적 변이"라고 말한 것을 진지하게 인용하고 있다. 그러면서 그 제자들이 동성애를 병으로 보고 치료한 사실에 대해서는 무시하고 있다.

프로이트는 동성애가 노이로제에서와 같이, 정신성 발달(psychosexual development) 내지 인격 발달(personality development)에서의 중지(arrest) 때문에 발생한다고 말하였다.[430] 그는 인간은 태생적으로는 양성애적인데, 출생 후 사회의 생식을 위한 이성애적 압력에 따라 동성애를 억압하고 이성애자로 자란다고 하였다. 즉, 소아는 정신성 발달 과정 중 이성애적 문화의 압력에 의해 트라우마를 받는다. 그 결과 오이디푸스 콤플렉스, 그리고 그로 인한 이성에 대한 무의식적 부정적

---

428) 정신 역동 이론은 인간 마음의 여러 요소들이 역학적으로 서로 영향을 미쳐 최종 행동이라는 결과를 나타낸다는 것이다. 그 요소에는 구조적으로 의식과 무의식이 있고, 위상적으로는 이드, 자아, 초자아가 있다. 행동의 가장 기초적인 원인은 과거 경험에 따른 감정 반응(불안)이다. 이 불안을 자아가 현실적 환경을 고려하여 여러 기제로 방어한 결과 정상 행동, 병적인 행동, 심지어 창조적 행동이 나타난다. 가장 중요한 방어 기제는 억압, 투사, 합리화, 대치, 상징화, 승화 등등이다. 정신 분석은 자유 연상, 꿈의 해석 등을 통해 환자의 무의식을 환자가 통찰하게 하는 것이다. (참고 문헌 민성길, 김찬형. 최신정신의학, 제7 개정판, 일조각 2023.)

429) https://en.wikipedia.org/wiki/Homosexuality

430) Freud S. The Basic Writings of Sigmund Freud. Three Contributions to the Theory of Sex, Collected Papers, Vol. 11. Freud S. Certain Neurotic Mechanisms in Jealousy, Paranoia, and Homosexuality. London: Hogarth Press. 1949.

감정이 발생한다. 성인이 되어 가는 동안 과거 트라우마에 대응하는 "무의식적" 과정에서 성적 표현이 이성을 피해 동성에게로 향하게 된다. 내면적 갈등들이 이후 섹스 파트너를 결정하는 데 영향을 미친다. 동성이 아니더라도 근친. 소아, 다른 동물, 물건, 등으로 향해 나타나기도 하는데, 이들 모두 도착된 성으로 정신 장애들이다. 동성애도 성도착증의 하나로, 그 발생 과정은 다른 "노이로제"적 장애들과 기본적으로 일치한다.[431] 동성애는 다른 여러 노이로제와 인격 장애와 마찬가지로 삶의 스트레스에 대한 하나의 대응 전략으로 나타난다는 것이다. 이런 연유로 동성애자들이나 성도착자들에게 우울증, 불안 장애, 자살, 약물 남용 등이 흔히 병발하는 것이다. 그래서 동성애자의 우울증을 정신 분석으로 치료하면 동성애 행동도 호전할 수 있다.[432]

그러면서도 프로이트는 30년대 한 동성애자의 어머니에게 보낸 한 사적인 편지에서 동성애는 발달의 중지 때문이지만, 하나의 정상적 변이(normal variation)이며, 고칠 수는 있으나(노력하면 이성애의 씨를 살려낼 수 있으나) 어렵다고 한 바 있다. 이 편지가 1951년 공개되면서,[433] 프로이트가 동성애를 정상으로 보았다고 대대적으로 선전되었다. 그러나 이 편지도 그렇고, 프로이트의 전체 저작물을 보면 이는 곡해다.

한편 프로이트의 딸 안나 프로이트와 기타 제자들은 한결같이 동성

---

431)   Fitzgibbons R. The origins and healing of homosexual attractions. Life Research & Communications Institute, 1999. http://www.catholicculture.org/culture/library/view.cfm?id=3112.
       Sandfort TGM, et al. Sexual Orientation and Mental and Physical Health Status: Findings From a Dutch Population Survey. Am J Public Health 2006;96(6):1119-1125.
       Rubinstein G1. Narcissism and self-esteem among homosexual and heterosexual male students. J Sex Marital Ther 2010;36(1):24-34. Gershman H. Psychopathology of compulsive homosexuality. Am J Psychoanal 1957;17:58-72. https://doi.org/10.1007/BF01875219.

432)   Shechter RA. Treatment parameters and structural change: Reflections on the Psychotherapy of a male homosexual. International Forum of Psychoanalysis 1992;1:197-201.

433)   Letter from Sigmund Freud: Amer. J. Psychiat., 107, 1951, No. 10, 787-788.

애를 노이로제로 보고 동성애를 성공적으로 정신 분석 치료를 하여 왔다.[434] 이에 대해 프로이트도 반대하지 않았다.

가족 이론- 정신 분석 내지 정신 역동 이론은 가족들 간의 관계에 중점을 두는 가족 이론(family theory)으로 발전하였다.[435] 동성애와 관련하여서도 가족, 특히 부모와의 관계가 원인으로 지목되어 왔다. ① 동성애자의 어머니는 "밀접하게 결합된 친밀한 어머니(close-binding-intimate mothers)"로서 아들에 대해 유혹적(seductive)이며 과도하게 통제(overcontrolling)하며, 억압적(inhibiting)이었다. ② 동성애자의 아버지는 동떨어져 있거나(detached), 적대적이거나(hostile) 또는 거부하는(rejecting) 아버지였다. 특히 게이 아들은 소아기 시절 아버지를 미워하거나 두려워하였다. 최근의 한 논문은 청소년의 동성 끌림이 아버지와의 관계가 나빴기 때문임을 입증해 주고 있다.[436] 유사하게 동성애자인 부모들은 그 자녀들에게 영향을 미쳐 동성애자로 양육할 가능성이 크다는 연구가 있다.[437] 그런 의미에서 Nicolosi는 동성애는 아버지와의 관계에서 온 일차적인 젠더 외상(gender trauma)을 수리(repair)하

---

434) Stekel W. Homosexual Neurosis, 1922. Rado S. A critical examination of the concept of bisexuality. Psychosom Med 1940;2:459-467. Bieber I, et al. Homosexuality: A Psychoanalytic Study. New York: Basic Books. 1962. Bergler E. Homosexuality: Disease or Way of Life. New York: Hill and Wang. 1956.

435) Bieber I, et al. Homosexuality: a Psychoanalytic Study. New York: Basic Books, 1962.

436) Bos HMW, Sandfort TGM, De Bruyn EH, Hakvoort EM (2008). Same-sex attraction, social relationships, psychosocial functioning, and school performance in early adolescence. Dev Psychol 44:59-68.

437) Cameron P, et al. The longevity of homosexuals: before and after the AIDS epidemic. Omega J Death and Dying 1994;29(3):249-272.
Schumm WR. Children of homosexuals more apt to be homosexuals? A reply to Morrison and to Cameron based on an examination of multiple sources of data. Journal of Biosocial Science 2010;42(6):721-42.

려는 증상이라 하였다.[438] 가족 이론은 소아기 학대 경험 이론으로 연결된다.

소아기 학대 경험

정신 의학은 소아 시절의 부정적 경험, 즉 부정적인 부모 자식 관계, 성적 트라우마, 가난, 불우한 가정 환경 등이 이후 정신장애를 일으키는 요인이 된다고 보는데, 동성애도 그러하다는 연구들이 매우 많다.[439] 뉴질랜드의 한 연구는 13,000여 명의 성인을 대상으로 성 지남과 소아기 과거력과의 관련을 연구하였다.[440] 그 결과 동성애자들에게 소아기 학대 경험은 이성애자의 경우보다 3배로 많았다. 장차 동성애자가 될 남자는 어릴 때 지배적이고 난폭한 또는 과도히 의존적인 어머니, 여성의 거부 등을 경험하였다고 한다[441]. 특히 학대받은 결과로 오는 낮은 자존심과 비정상적으로 높은 자기애가 문제라고 하였다

438)   Nicolosi J (2016). The Traumatic Foundation of Male Homosexuality. December 19.
        https://www.crisismagazine.com/2016/traumatic-foundation-male-homosexuality.

439)   Andersen JP, Blosnich J (2013): Disparities in adverse childhood experiences among sexual
        minority and heterosexual adults: results from a multi-state probability-based sample. PLoS one.
        DOI: 10.1371/journal.pone.0054691.
        Robert AR, Glymour MM, Koenen KC. Does maltreatment in childhood affect sexual orietation
        in adulthood?. Arch Sex Behav 2013;42:161-171.

440)   Wells JE1, McGee MA, Beautrais AL (2011) Multiple Aspects of Sexual Orientation: Prevalence
        and Sociodemographic Correlates in a New Zealand National Survey. Arch Sex Behav. 2011
        Feb;40(1):155-68.

441)   Nicolosi J. What is reparative therapy? Examining the controversy. 2015.
        http://www.narth.com/#!important-updates/c19sp.
        Fitzgibbons R. Same-Sex Attractions in Youth and their Right to Informed Consent. Institute for
        Marital Healing. 2015. http://www.childhealing.com/articles/ssayouth-if-imh.php.
        Sandfort, T.G., et al. Same-sex sexuality and quality of life: findings from the Netherlands Mental.
        Health Survey and Incidence Study. Arch Sex Behav 2003;32:15-22.

442). 2012년 시행한 미국 National Longitudinal Study of Adolescent, Wave 3[443])에서, 젊은 동성애자들(227명)은 이성애자들(13,490명)보다 과거 소아기 학대, 불우한 주거 문제를 더 많이 가졌었고, 양성애자들(245명)은 더 심한 학대를 경험했다고 하였다. 최근의 2019년의 한 연구[444])와 2020년대 대규모 인구 연구[445])도 소아기 역경 경험(adverse childhood experiences. ACEs)이 LGBTQ+ 젊은이들에 많았다고 보고하고 있다.

442)   Rubinstein G. Narcissism and Self-Esteem Among Homosexual and Heterosexual Male Students. Journal of Sex & Marital Therapy 2010;36:24-34.

443)   McLaughlin KA, Hatzenbuehler, Xuan, Z., Conron, K.J. Disproportionate exposure to early-life adversity and sexual orientation disparities in psychiatric morbidity. Child Abuse Neg .2012;36(9):645-55.

444)   Schnarrs PW, Stone AL, Salcido R Jr, Baldwin A, Georgiou C, Nemeroff CB. Differences in adverse childhood experiences (ACEs) and quality of physical and mental health between transgender and cisgender sexual minorities. J Psychiatr Res. 2019 Dec;119:1-6. doi: 10.1016/j.jpsychires.2019.09.001.

445)   Craig SL, Austin A, Levenson J, Leung VWY, Andrew D Eaton AD, D'Souza SA. Frequencies and patterns of adverse childhood events in LGBTQ+ youth. Child Abuse Negl 2020;107:104623. doi: 10.1016/j.chiabu.2020.104623.

여자 동성애- 남성에 대한 불신, 아버지와의 갈등, 다음으로 어머니와의 불안전한 관계에서 유해하는 약한 여성적 정체성(a weak feminine identity), 빈약한 신체상, 이성 교제가 없음, 외로움, 도피의 기제 등이 관련된다고 한다[446]. 레즈비언의 아버지는 전형적으로 분노에 찬, 학대하는 매우 자기애적인 알코올 중독자인 아버지라 한다.

어려서의 성적 학대- 이는 논란이 많은 이론이다. 미국과 캐나다의 37개 논문들을 메타 분석 한 연구에서도 동성애자의 과거력에서 비동성애자에 비해 성적 학대 3.8배, 부모의 신체적 학대 1.2배, 친구들의 따돌림 2.4배 많았다[447]. Rothman 등(2011)[448]도 75개 연구 논문들을 체계적으로 review 한 결과, 과거 소아기에 성적 학대를 매우 많이 겪었을 사실을 발견하였다고 하였다. 남자 동성애자의 경우, 16세 전에 동성의 성인으로부터 받은 성폭력(homosexual molestation)에 의한 트라우마와 관련 있다는 연구들이 있다[449]. 이는 아버지 상(father figure)에 의한 상처 중 가장 가혹한 것이다. 이 경우 동성애의 원인은 수치스러운 자기(shameful self)와 증오다.

---

446) Fitzgibbons R. Same-Sex Attractions in Youth and their Right to Informed Consent. Institute for Marital Healing. 2015. http://www.childhealing.com/articles/ssayouth-if-imh.php.

447) Friedman MS, Marshal MP, Guadamuz TE, Wei C, Wong CF, Saewyc E, Stall R, A Meta-Analysis of Disparities in Childhood Sexual Abuse, Parental Physical Abuse, and Peer Victimization Among Sexual Minority and Sexual Nonminority Individuals. Am J Public Health. 2011;101(8):1481-1494. doi: 10.2105/AJPH.2009.190009.

448) Rothman EF, Exner D, Baughman A. The prevalence of sexual assault against people who identify as Gay, Lesbian or Bisexual in the United States: A systematic review. Trauma Violence Abuse. 2011 Apr; 12(2): 55-66. doi: 10.1177/1524838010390707.

449) Parkes, A., et. al. Comparison of teenagers' early same-sex and heterosexual behavior: UK data from the SHARE and RIPPLE studies. Journal of Adolescent Health 2011;48:27-35.
Tomeo ME, Templer D, Anderson S, Kotler D. Comparative date of childhood and adolescence molestation in heterosexual and homosexual persons. Arch Sex Behav 2001;30: 535-41.

동성애자들의 반발- 동성애자들은 동성애에 대한 정신 역동적 설명을 "시대에 뒤떨어진 낡은 것"이라 비판하고, 다음과 같이 반대한다 [450]: ① 이 이론은 부모를 탓함으로 그들을 악마화함으로 온당하지 않다. ② 냉담한 아버지나 과잉보호적인 어머니 같은 설명은, 후향적 기억에 근거하여 치료자가 주관적으로 추정한 것이다. 즉, 객관적 내지 과학적이 못 된다는 것이다. 그러나 정신 역동적 설명은 그런 "부정적 기억"이 문제라고도 본다. 또한 이러한 논리에 따르면, 동성애자들이 어릴 때부터 동성애를 느꼈다는 기억을 근거로 선천성을 주장하는 것도 마찬가지로 과학적이 아니라고 보아야 한다.

과거 상처 때문이라는 이론에 대해 최근 동성애 옹호자들은 대안을 제시하였다. 즉, 어릴 때의 젠더 비순응성(gender nonconforming, 즉 트랜스젠더)이 동성애 원인이라는 것이다. 즉, 여서 젠더 비순응의 "이상한" 느낌이 나중 동성애로 발전한다는 것이다, 이를 "exotic becomes erotic"이라 한다,[451] 비순응이라는 특성(trait)은 동성애자들의 기억에 의하면 유전되는 것 같다고 한다.[452] 그리고 이 젠더 비순응성 때문에 남자아이가 여자처럼 행동한다거나 반대로 여자아이가 남자처럼 행동하면, 이러한 행동 때문에 부모의 학대를 받았을 가능성이 있다 (그래서 결국 동성애자가 된다)고 주장하는 것이다.

이 반론에 대한 반론- Robert 등[453]는 통계분석을 통해 어린 시절의

---

450) Bailey JM, Vasey PL, Diamond LM, Breedlove SM, Vilain E, Epprecht M. Sexual Orientation,Controversy, and Science. Psychological Science in the Public Interest 2016;17(2):45.

451) Bem D. Exotic Becomes Erotic: A Developmental Theory of Sexual Orientation. Psychological Review, 1996;103(2):320-335. https://doi.org/10.1037/0033-295X.103.2.320.

452) Bailey JM, Vasey PL, Diamond LM, Breedlove SM, Vilain E, Epprecht M. Sexual Orientation, Controversy, and Science. Psychological Science in the Public Interest 2016;17(2):45-101.

453) Robert AR, Glymour MM, Koenen KC. Does maltreatment in childhood affect sexual orietation in adulthood?. Arch Sex Behav 2013;42:161-171.

역경이 먼저 있었고 이후에 젠더 비순응성이 나타났음을 입증하고 있다. 동성애가 역경의 원인이 아니라, 역경이 동성애 원인이라는 것이다. 또한 젠더 비순응성도 타고난다는 증거가 없다. 또한 동성애자들도 인정하는 타고나는 신경증성(neuroticism)[454]은 동성애 자체의 정신병리를 인정하는 것이다.

학습 이론(learning theory)

쾌락과 중독- 동성애적 성적 쾌락에 한번 발을 들여놓으면, 이후 이에서 쉽게 벗어나지 못한다. 이는 학습 이론(learning theory)[455]에서 행동의 형성을 설명하는 기전 중 하나인 재강화(reinforcement)로 설명할 수 있다. 즉, 한 번 행동해서 결과가 만족스러우면 그 행동을 반복한다는 것이다. 물질 중독이든 성 중독이든 모든 중독 현상의 근저에는 보상 회로(reward circuitry)라는 공통적 뇌 기전이 있는데, 반복 행동 하면 이 회로가 강화된다. 그러면 치료하기 어렵다. 따라서 모든 잘못된 행동은 예방이 중요한데, 이를 위한 훈육은 어려서 시작되어야 한다.

결정적 시기- 어려서 어떤 결정적 시기(critical period)에 경험한 것이 성인기의 행동을 결정한다는 것이다. 따라서 형제 또는 남매 간 성관계를 경험했을 때, 이러한 경험이 각인(imprinting)되거나 조건화(conditioning)라는 현상을 통해 어른이 되었을 때의 동성애로 이어질 수 있

---

454) Bailey JM, Vasey PL, Diamond LM, Breedlove SM, Vilain E, Epprecht M. Sexual Orientation, Controversy, and Science. Psychological Science in the Public Interest 2016;17(2):45-101.

455) Watson JB. Psychology as the Behaviorist Views it. Psychological Review. 1913;20:158-177.

다.[456] 이런 주장들은 쌍둥이에 동성애 일치 비율이 다소 높은 것을 설명한다.

3) 사회적 원인

가족, 학교, 동네, 사회, 등 사회 문화는 특정 행동(또는 병)의 원인이기도 하고, 이를 고착시키기도 하고, 또 바꾸기도 한다.

동성애에 대한 사회 문화의 영향에 대해서는 아직 과학적 증거가 부족하다. 그러나 동성애가 농촌 지역보다 대도시에서 성장한 사람,[457] 수입이 많은 사람,[458] 또는 교육 수준이 높은 사람들[459], 대학 도시 거주자[460] 등에서 많다. 이는 동성애에 대한 문화의 영향을 시사한다. 현대 도시에서 범람하고 있는, 영화나 드라마, 예능, 미디어, 그

456) Beard KW, et al. Brother-brother incest: Data from an anonymous computerized survey. Sexual Addiction & Compulsivity 2013;20:217-253.

457) Laumann, E. O. J. H. Gagnon, R. T. Michael, and S. Michaels, *The Social Organization of Sexuality* (Chicago: University of Chicago Press, 1994).
"National Health and Social Life Survey," Population Research Center of the Univer sity of Chicago, 1985. http://popcenter.uchicago.edu/data/nhsls.shtml.
Frisch M, Hviid A. Childhood family correlates of heterosexual and homosexual marriages: a national cohort study of two million Danes. Arch Sex Behav. 2006;35(5):533-47. doi:10.1007/s10508-006-9062-2. PMID 17039403.

458) Danielle Kurtzleben, US News March 1, 2013, at 3:34 p.m.
https://www.usnews.com/news/articles/2013/03/01/gay-couples-more-educated-higher-income-than-heterosexual-couples.

459) Kardiner A, Linton R. Homosexuality: The Psychosocial Dimension. Journal of American Academy of Psychoanalysis 1939;6:479-496.
Hendin H. Homosexuality: The psychosocial dimension. J Am Acad Psychoanalysis 1978;6(1):479-496.
Michael. R., Gagnon, J. H., Laumann, E. O., and Kolata, G. (1994). Sex in America: A Definitive Survey. Boston: Little, Brown and Co., p. 182.

460) Black D. et al. Demographics of the Gay and Lesbian Population in the United States: Evidence from Available Systematic Data Sources. Demography, 2000;37(2):139-154. https://doi.org/10.2307/2648117.

리고 광고에 동성 간의 관계를 성화(erotization, sexualization)하는 동성
애 옹호 코드가 숨어 있어, 동성애를 자극하고 있다.

서구 사회 문화에서의 성 윤리의 이완, 동성애를 옹호하고 심지어
자극하는 분위기. 기회 제공, 사회 사상들[461], 성 해방 풍조, 자기 결
정권 이론, 다양성 이론, "정치적 올바름(political correctness)"이라는 이
데올로기 등이 동성애를 조장할 수 있다. 또한 현대 청년 문화에서,
반권 위주의 또는 기성 체제에 대한 저항 정신(reactance)[462]이 동성애
발생이나 그 옹호를 조장할 수 있다. 마약, 히피 운동, 사탄 숭배 등 모
든 해방과 저항 운동들이 동성애를 자극하고 있다.

학교 성교육의 영향 - 성적 정체성을 아직 확립하지 못한 불안정한 상
태에 있는 어린 소아들이 어릴 적부터 자라온 다양한 환경 속에서 혹
시 동성에 대한 호기심과 매력을 느끼게 될 때 동성애자가 될 가능성
이 크다. 동성애를 미화하는 영화, 비디오, 동성애 포르노 등의 문화
를 쉽게 접할 수 있거나 특히 동성애를 인정하는 사회 풍토가 있거나
특히 친동성애 교육의 영향이 매우 크다. 미국 매사추세츠의 한 공립
학교에서 친동성애적 교육을 실시하기 이전과 실시한 이후에 동성애
를 경험한 학생의 비율이 50% 이상 올라갔다는 보고가 있다[463].

---

461) 역사적인 인본주의와 계몽주의, 근대의 Freudo-marxism 내지 네오막시즘, 성 혁명 사상, 그리
      고 현대의 히피 풍조, 포스트모던 해체주의 철학, 구성주의 철학, 페미니즘 등등.

462) Hensley CL. Social reactance towards homosexuality: an analysis of college student's attitudes.
      MS degree dissertation paper, Mississippi State University. Department of Sociology, Anthropol-
      ogy and Social Work. 1995.

463) Camenker B. What same-sex "marriage" has done to Massachusetts, It's far worse than most peo-
      ple realize, MassResistance October 2008. Updated June 2012,
      https://illinoisfamily.org/wp-content/uploads/2013/06/What-SS-Marriage-Did-to-MASS.pdf.

4) "선택(choice)"

　동성애자들은 동성애는 타고나기 때문에 결코 개인의 의도적인 "선택(choice)"의 결과가 될 수 없다고 주장한다.[464] 그러나 그렇게 말하는 것에는 과학적 근거가 없다. 그들의 신념일 뿐이다.

　동성애가 선택이라는 생각의 근거는 다음과 같다: 여러 과학적 연구들을 종합할 때, 동성애는 선천적이지 않다, 또한 전환·회복할 수 있다는 증거들이 많다. 정신 분석적으로는 내면의 갈등을 해결하기 위해, 무의식적으로 동성애라는 노이로제적 행동 방식을 선택했다고 볼 수 있다. 따라서 동성애를 치유하기로 선택할 수 있다. 그런데다가 그 무엇보다도 인간은 기계적인 동물과 달리, 의지(will)라는 덕목이 있다. 인간은 자기 의지의 힘(Power of Self-Will)으로, 동성 간 섹스를 할 수도 있고, 그만둘 수도 있고 바꿀 수도 있다. 실제로 많은 동성애자들은 결심에 따라 가끔 또는 자주 이성과 성관계를 갖기도 하고 금욕하기도 한다.이제 동성애자들 중에서도 동성애가 자신의 선택의 결과라는 주장이 나타나고 있다.[465] 앞서 말한 예에서 보듯 이성애자가 어떤 정치적 목적을 위해 동성애자로서의 정체성을 표방하기도 한다.[466]

464)　Bailey JM, Vasey PL, Diamond LM, Breedlove SM, Vilain E, Epprecht M. Sexual Orientation, Controversy, and Science. Psychological Science in the Public Interest 2016;17(2):45-101.

465)　Witchel A. Life After 'Sex,'" The New York Times Magazine, January 19, 2012, http://www.nytimes.com/2012/01/22/magazine/cynthia-nixon-wit.html.
　　　Ambrosino BI. Wasn't Born This Way. I Choose to Be Gay. The New Republic, January 28, 2014. http://newrepublic.com/article/116378/macklemores-same-love-sends-wrong-message-about-being-gay.

466)　http://women.timesonline.co.uk/tol/life_and_style/women/relationships/article2002552.ece.

최근의 동성애 옹호 연구자들의 입장 변화

동성애의 선천성을 입증할 수 없고, 한편에서는 정신 사회적 원인에 대한 연구 논문은 계속 발표되고 있어, 이제 연구자들은 "타협적으로" 생각하기 시작하였다. 가장 최근, 동성애 연구자들은 한 review 논문 467)을 통해 "동성애 원인에 대한 임시적 요약(The causes of sexual orientation: An interim summary)"에서, 유전, 성호르몬, 환경 이론, 발달 이론 등 동성애 원인에 대해 우세한 결정적 하나의 이론은 없다고 하였다. 동성애 옹호자들은 최근 동성애 유동성(sexual orientation fluidity)이 확실히 인정됨에 따라, 동성애 정체성은 바꿀 수 있음은 인정하지만 동성 끌림은 바꿀 수 없다고 주장한다.468)

4. 증상

성 혁명적 주장: 동성애는 건강한 라이프스타일이다.
의과학적 사실:
1) 동성애자는 생식 능력을 가지고 있으나, 동성애는 결과적으로 불임의 행동이다.

---

467) Bailey JM, Vasey PL, Diamond LM, Breedlove SM, Vilain E, Epprecht M. Sexual Orientation, Controversy, and Science. Psychological Science in the Public Interest 2016;17(2):45-101. DOI: 10.1177/1529100616637616

468) APA Task Force on Appropriate Therapeutic Responses to Sexual Orientation. (2009). Report of the Task Force on Appropriate Therapeutic Responses to Sexual Orientation. Washington, DC: American Psychological Association. https://www.apa.org/pi/lgbt/resources/therapeutic-response.pdf

2) 동성애는 많은 비정상적인 성행위들[469]을 보인다.

동성애자들은 전형적으로 항문 성교를 한다. 실제로는 구강성교와 애무가 가장 흔한 행태다. 기타 성행위로 intercrural sex, 상호 자위, tea bagging, 입과 항문 접촉(rimming, analingus), 극단적인 주먹 넣기(fisting)이나 가학피학증(sadomasochism, SM) 그리고 분변애(fecal sex)도 보인다. 모두 비위생적이지만, 분변 섹스가 가장 비위생적이다.

3) 동성애에는 많은 부정적인 행동 특성들이 동반된다.

예를 들면 잘 운다, 운동을 적게 한다, 독신이 많다, 여행 적게 한다, 군대 경험이 적다, 모험심이 적다, 낙관성이 적다, 스트레스가 많다, 냄새 맡는 능력 뛰어나다, 수학 능력이 뒤진다, 성형 수술과 지방 제거를 많이 한다 등이다.[470]

4) 동성애자들에게 행동 장애들이 많다.[471] 기타 불안정한 인간관계

469) Klamecki BJ. Medical Perspective of the Homosexual Issue. In Yamamoto (ed). The Crisis of Homosedxuality. Wheaton, Il: Victoria Books. 1990. p.116-17.
Van de Ven, P. Pamela Rodden, June Crawford, Susan Kippax. A Comparative Demographic and Sexual Profile of Older Homosexually Active Men. Journal of Sex Research 1997;34:354.

470) Drabant EM, et al. Genome wide association study of sexual orientation in a large, web-based cohort. Presented at the American Society of Human Genetics annual meeting, Nov 6-10, 2012, San Francisco.

471) 동성애자들에서 이성애자들보다 통계적으로 유의하게 많은 유전과 관련되는 행동 특성들은 위험행동, 흡연, 대마초 사용, 불행감, 조현병(정신분열병), 조현병(정신분열병), 양극성장애, ADHD, 주요우울증, 외로움, 경험에의 개방성, (여자) 첫출산시 나이, 섹스파트너 수(문란하다는 의미) 등이었다. 동성애자들에서 이성애자들보다 통계적으로 유의하지 않지만, 더 많이 가지는 증상들은 음주, 식욕감퇴, 불안, 자가평가 건강 문제, 자폐증, 신경증성(neuroticism), (남자) 첫출산시 나이, 폐경시 나이, 초경시 나이, 등이었다. 별 차이 없는 특성들은 자녀 수, 키, 허리/둔부 비례, 체중, 손가락의 2D/4D 비례 등이었다. 참고문헌 - Ganna A. et al. Large-scale GWAS reveals insights into the genetic architecture of same-sex sexual behavior. Science 2019;365(6456):eaat76930.

472), 위험 행동473), 충동성474), 폭력성475) 등이 많다.

5) 동성애자들에 신체적 합병증들이 많다.

즉, 각종 성병, 에이즈, 소화기계 장애, 간염, 이질, 항문 손상, 암, 최근에는 원숭이 두창(monkey pox) 등이 신체적 합병증으로 알려져 있

472) Strohm C, et al. Couple Relationships among Lesbians, Gay Men, and Heterosexuals in California: A Social Demographic Perspective. Paper presented at the annual meeting of the American Sociological Association, Montreal Convention Center, Montreal, Canada, Aug 10, 2006. http://www.allacademic.com/meta/p104912_index.htmlVan de Ven P. et al. A Comparative Demographic and Sexual Profile of Older Homosexually Active Men, Journal of Sex Research 1997;34:354.Alan P. Bell and Martin S. Weinberg, Homosexualities. New York: Simon and Schuster, 1978. p.308.Isaacson W, Hunting for the Hidden Killers. Time. 4 July 1983, 51.

Zipter Y, The Disposable Lesbian Relationship," Windy City Times (Chicago), 25 December 1986, 18.

Kurdek L. Are Gay and Lesbian Cohabiting Couples Really Different from Heterosexual Married Couples? Journal of Marriage and Family 2004;66:893.

Lee R. Gay Couples Likely to Try Non-monogamy, Study Shows, Washington Blade. August 22, 2003.

Solomon SE, Rothblum ED, Balsam KF, Money, Housework, Sex, and Conflict: Same-Sex Couples in Civil Unions, Those Not in Civil Unions, and Heterosexual Married Siblings. Sex Roles 2005;52:569.

473) Nicolosi J. The Traumatic Foundation of Male Homosexuality. December 19, 2016. https://www.crisismagazine.com/2016/traumatic-foundation-male-homosexualityFreeman GA, In Search of Death. Rolling Stone. January 23, 2003 https://web.archive.org/web/20061116220955/http://www.rollingstone.com/news/story/5939950/bug_chas/print

474) Sandfort TGM, et al. Same-sex sexuality and psychiatric disorders in the second Netherlands Mental Health Survey and Incidence Study (NEMESIS-2). LGBT Health 2014:4:292-301.

475) Letellier P. Men Who Beat the Men Who Love Them: Battered Gay Men and Domestic Violence. New York: Haworth Press. 1991. p.14.

Lockhart LL, et al. Letting out the Secret: Violence in Lesbian Relationships. Journal of Interpersonal Violence 1994;9:469-492.

다.[476] 매독이 치료되지 않으면 나이가 들면 뇌 손상으로 뇌매독은 general paresis라는 치매와 정신병을 야기한다. 에이즈도 치료되지 않으면 치매가 나타날 수 있다.

476) http//www.cdc.gov/nchhstp/newsroom/msmpressrelease.html.
http://www.cdc.gov/hepatitis/hav/afaq.htmhttps://www.cdc.gov/shigella/pdf/msm-factsheet-508.pdf.
http://www.cdc.gov/hepatitis/Populations/PDFs/HepGay-FactSheet.pdf.
WHO. Hepatitis A outbreaks mostly affecting men who have sex with men European Region and theAmericas. 2017. http://www.who.int/csr/don/07-june-2017-hepatitis-a/en/Morin J. Anal Pleasure and Health: A Guide for Men and Women. San Francisco: Down There Press, 1998. p. 220.
Lemp G et al. Sero-prevalence of HIV and risk behaviors among young homosexual and bisexual men. JAMA 1994;272:449-445. Kazal HL, Sohn N, Carrasco JI, Robilotti Jr JG, Deleany WE (1976). The Gay Bowel Syndrome: Clinico-Pathologic Correlation in 260 Cases. Ann Clin Lab Sci 6(2)
Gudel JP. Homosexuality Facts and Fiction. The Christian Research Institute. Article ID: DH055-1. 2009. http://www.equip.org/article/homosexuality-facts-and-fiction/Boehmer U, et al. Cancer Survivorship and Sexual Orientation. Cancer 2011;117:3796-3804.
D'Souza, G., Rajan, S., Bhatia, R., Uptake and Predictors of Anal Cancer Screening in Men Who Have Sex With Men. Am J Public Health 2013;103(9):e88-e95. 질병관리본부 (2015). HIV/AIDS 관리 지침세계일보 (2009). 12월 1일 '에이즈 6개월 내 사망자 비율 급증'http://www.segye.com/newsView/20091130003911헤럴드미주판. [사설] 급증하는 에이즈 환자, 전문병원 지정 관리 시급
http://www.aids0.or.kr/view/bbs/board.php?bo_table=notice&wr_id=12&page=3국민일보. (2016). 에이즈 환자 진료비 연 800억 원… 전액 국민 주머니에서. 11. 30.

6) 동성애자들에 정신 건강 문제가 많다.[477] 즉, 우울증, 불안장애, 자살, 약물 남용 등이 많다.

동성애자들의 반박

동성애 옹호자들은 동성애가 정상이라는 이유를 미국정신의학회가 1973년 동성애가 정신 장애가 아니라고 결정한 바를 들고 있다. 그러

477) Meyer IH. Prejudice, Social Stress, and Mental Health in Lesbian, Gay, and Bisexual Populations: Conceptual Issues and Research Evidence. Psychol Bull 2003;129(5):674-697.
Cochran SD, Mays VM. Relation between psychiatric syndromes and behaviorally defined sexual orientation in a sample of the US population. Am J Epidemiol 2000;151:516-523.
Frisell T, Lichtenstein P, Rahman Q, Langstrom N. Psychiatric morbidity associated with same-sex sexual behaviour: influence of minority stress and familial factors. Psychol Med 2010;40:315-324.
Zietsch BP, et al. Do shared etiological factors contribute to the relationship between sexual orientation and depression? Psychol Med 2011;42:521-532. [
Cochran SD, Sullivan J, Mays VM. Prevalence of mental disorders, psychological distress, and mental services use among lesbian, gay, and bisexual adults in the United States. J Consult Clin Psychol 2003;71:53-61.
Meyer IH. Prejudice, social stress, and mental health in lesbian, gay, and bisexual populations: Conceptual issues and research evidence. Psychol Bull 2003;129:674-697.
Mills TC, Paul J, Stall R, Pollack L, Canchola J, Chang YJ, et al. Distress and depression in men who have sex with men: The urban men's health study. AmJ Psychiatry 2004;161:278-285.
King M, Semlyen J, Tai SS, Killaspy H, Osborn D, Popelyuk D, et al. A systematic review of mental disorder, suicide, and deliberate self harm in lesbian, gay and bisexual people. BMC Psychiatry 2008;8:70.
Phelan JE, Whitehead N, Sutton PM. What Research Shows: NARTH's Response to the APA Claims on Homosexuality. (The National Association for Research and Therapy of Homosexuality) Journal of Human Sexuality 2009;1:1-171. Gilman SE, Cochran SD, Mays VM, Hughes M, Ostrow D, Kessler RC. Risk of psychiatric disorders among individuals reporting same-sex sexual partners in the National Comorbidity Survey. Am J Public Health 2001;91:933-39.
O'Hanlan KA. Top 10 Things Lesbians Should Discuss with their Healthcare Provider. San Francisco: Gay & Lesbian Medical Association. 2010.
http://www.glma.org/_data/n_0001/resources/live/Top%20Ten%20Lesbians.pdfHaas AP, Drescher J. Impact of Sexual Orientation and Gender Identity on Suicide Risk: Implications for Assessment and Treatment. Psychiatric Times December 2014;31:2014Stall R, et al. Association of Co-Occurring Psychosocial Health Problems and Increased Vulnerability to HIV/AIDS Among Urban Men Who Have Sex With Men. Am J Public Health 2003;93(6):941. Paul JP, et al, Suicide Attempts among Gay and Bisexual Men: Lifetime Prevalence and Antecedents, Am J Public Health 2002;92:1338. Fergusson D, Horwood L, Beautrais A. Is sexual orientation related to mental health problems and suicidality in young people? Archives of General Psychiatry 1999;56(10):876-888.
Bailey JM. Homosexuality and Mental Illness. Archives of General Psychiatry 1999;56:883-884.

나 그 결정은 동성애자들의 시위 때문이었다. 그 과학적 근거는 빈약한데, 예를 들어 미국심리학회[478]는 동성애자들이 건강하다는 근거로 1957년 E. Hooker의 심리 검사 연구[479] 한편을 들고 있다. 이 논문은 출판 당시부터 Marslow[480]의 연구 대상 모집 방법상 오류, 결과의 평가상 오류 등 치명적인 오류로 신뢰할 수 없다는 비판을 받았었다. 동성애 정상화에 영향을 끼친 킨제이 보고서도 연구 대상 선정의 오류, 연구 윤리 위반 등으로 그 신뢰성이 부정되고 있다.[481]

최근 어쩔 수 없이 동성애자들은 그들에게 정신 건강 문제가 많다는 것을 인정한다. 동성애자로 구성된 미국 동성애 게이 및 레즈비언 의학회(homosexual Gay & Lesbian Medical Association)도 동성애자들에게 여러 정신 장애가 많다는 것은 인정하고 있다.[482] 삶의 질도 낮다.[483] 우리나라의 경우 백상현[484]이 우리나라의 현재 동성애자들의 실상과 특히 에이즈 실태 그리고 그들의 불안, 공포, 고립무원감(동성애 커뮤니티에 매달림), 자포자기감, 분노, 피해 의식 등에 대해 실태 조사를 보고하였다.

그러나 그들은 동성애자들의 정신 건강 문제를 주류 사회의 동성애

---

478) American Psychological Association, Being Gay Is Just as Healthy as Being Straight. May 28, 2003. https://www.apa.org/research/action/gay

479) Hooker E. The adjustment of the male overt homosexual. Journal of Projective Techniques 1957;21:18-31.

480) Maslow AH, Sakoda,J (1952). Volunteer error in the Kinsey study, Journal of Abnormal Psychology 47(2):259-262.

481) Reisman JA, Eichel EW, Kinsey, Sex and Fraud: The Indoctrination of a People. Lafayette, LA: Huntington House Publishers. 1990.
Cameron P. Cameron K. Re-Examining Evelyn Hooker: Setting the Record Straight with Comments on Schumm's (2012) Reanalysis. Marriage & Family Review 2012;48:491-523.

482) https://www.glma.org/

483) Rubinstein G(2010). Narcissism and Self-Esteem Among Homosexual and Heterosexual Male Students. Journal of Sex &Marital Therapy, 36:24-34.

484) 백상현. 동성애 is. 서울, 미래사, 2015.

에 대한 혐오, 차별, 거부, 폭력 때문이라고 탓한다.[485] 즉 이를 "소수자 스트레스"에 의한 정신 건강 문제라고 말한다.

차별 때문만이 아니라는 근거

동성애 자체가 원인일 가능성- Fergusson 등[486]은 LGBT 청소년들의 자살 행동과 정신 건강 문제를 21년간 추적 조사하였다. 그 결과 "동성애 자체"가 정신 건강 및 자살의 원인이었다고 결론지었다. 이는 동성애는 일종의 노이로제라는 주장과 일치한다. 저자들은 흔히 알려진 동성애 혐오(homophobic attitudes)와 사회적 편견 등이 정신 건강 및 자살의 원인이라는 것은 연구 방법, 연구 디자인, 연구 도구 등에 의한 인위적 결과일 수 있다고 하였다. 또는 오히려 반대로 정신과적 문제 때문에 동성 끌림이나 동성 접촉을 경험하려 한다는 것이다. 또한 LGBT 청소년들이 선택한 라이프 스타일이 그들로 하여금 역경적 사건의 위험에 더 처하게 만들어, 성 지남과는 상관없이 정신 건강 문제 및 자살을 야기했을 가능성이 있다고도 하였다.

스트레스받는다고 다 병이 되는 것은 아니다- 인간은 스트레스를 받아 각성하고 대처함으로 인격이 성숙해질 수 있다. 차별 및 스트레스는 반드시 병만 야기하지 않는다. 그런 의미에서 소수자 탄력성 가설 (minority resilience hypothesis)[487]은 스티그마가 소수자의 정신건강을 손상하지 않을 수 있다는 이론이다. 예를 들면 인종적 스티그마를 가

---

485) Bailey JM, Vasey PL, Diamond LM, Breedlove SM, Vilain E, Epprecht M. Sexual Orientation, Controversy, and Science. Psychological Science in the Public Interest 2016;17(2):45.

486) Fergusson DM et al. Is Sexual Orientation Related to Mental Health Problems and Suicidality in Young People? Arch Gen Psychiatry 1999;56(10):876-880.

487) Gray-Little B, Hafdahl AR. Factors influencing racial comparisons of self-esteem: A quantitative review. Psychological Bulletin 2000;126:26-54.

지고 차별도 받는 흑인이 백인보다 정신장애가 많지 않다. 따라서 차별이라는 "사회적" 스트레스가 오히려 긍정적이고 창조적인 행동으로 표현될 수도 있다.

주관적 예민성- 스트레스에 대해 주관적 관점과 객관적 관점이 있다. 객관적 스트레스란 실제 편견을 받은 사건(prejudice events) 같은 구조적 차별에 의한 스트레스를 의미한다. 주관적 스트레스란 자신이 느낀 스트레스를 의미하는데, 이는 당사자의 예민성, 책임감, 탄력성(resilience), 대응 능력, 의지, 인간적인 면 등에 따라 달라진다. 이 주관적 및 객관적 스트레스 평가 간의 구별은 동성애 소수자 스트레스 연구에서 중요하다.[488] 동성애 과학자들도 동성애자들이 원래 신경증성(neuroticism) (노이로제적 성향)을 타고났기 때문에 스트레스에 취약하다고 설명한다.[489] 이 때문에 환경으로부터 오는 스트레스를 주관적으로 예민하게 평가함으로 정신 건강 문제 및 자살 같은 정신장애가 잘 생겨날 수 있다. 즉, 차별 탓이라기보다 그 대응이 비적응적(maladaptive)이라는 것이다.

동성애를 인정하는 선진국에서도 여전히 동성애자들에게 정신 건강 문제가 많다- 네덜란드는 일찍이 동성애에 대한 스티그마를 없애기 위해 노력해 온 나라로 동성애가 가장 허용적인 "gay-friendly"인 나라다. 따라서 실질적으로 사회에 동성애에 대한 소수자 스트레스는 감소되어 왔을 것이다. 그럼에도 불구하고 1996년도 조사에서 2009년도 조사에 이르기까지 동성애자들의 기분 장애, 불안 장애, 약물 남

---

488) Meyer IH. Prejudice as stress: Conceptual and measurement problems. American Journal of Public Health 2003;93:262-265.

489) Ormel J et al. Neuroticism and common mental disorders: Meaning and utility of a complex relationship". Clinical Psychology Review 2013;33(5):686-697.

용 등의 유병률이 예상과 달리 감소하지 않았다.[490] 자살에서도 마찬 가지였다.[491] 이것이 뜻하는 바는 동성애에 대한 사회의 시각이 호전 하였어도, 동성애자들의 정신 건강은 여전히 나빴다는 것이다.

청소년 자살- 청소년 중에 자살 시도가 많지만, 특히 동성애 청소년 들에게 사회적 스티그마에 의해 자살률이 더 높다.[492] 이와 관련하여 Remafedi 등[493]은 동성 끌림과 동성애 행동이 있으나 동성애자라는 정체성을 부인하는 청소년들은 자살율이 낮아 이성애 청소년과 비슷 하다고 하였다.[494] 즉 동성애는 다 같지 않다.

그렇다면 결국 동성애자의 내면 상태가 문제일 것

1977년도 조사에서 많은 정신과 의사들이 말한 것처럼, 동성애자들 에게 스스로 해소하여야 할 "내면의 갈등"이 많다면,[495] 이는 정신 역 동 이론에서 말하는 무의식적 갈등일 것이다. 동성애자들이 겪는 갈

490) Sandfort TGM, et al. Same-sex sexuality and psychiatric disorders in the second Netherlands Mental Health Survey and Incidence Study (NEMESIS-2). LGBT Health 2014;11;1(4):292-301.

491) Mathy, R. et al. The Association between Relationship Markers of Sexual Orientation and Suicide: Denmark, 1990-2001. Social Psychiatry and Psychiatric Epidemiology 2011;46:111-117)

492) Haas AP et al. Suicide and Suicide Risk in Lesbian, Gay, Bisexual, and Transgender Populations: Review and Recommendations. Journal of Homosexuality 2010;58(1):10-51. Johnson RB, Oxendine S. Taub DJ. Robertson J. Suicide Prevention for LGBT Students. New Directions for Student Services 2013: 55-69. Proctor CD. Groze VK. Risk Factors for Suicide among Gay, Lesbian, and Bisexual Youths. Social Work. 1994;39(5):504-513. Russell ST. Joyner K Adolescent Sexual Orientation and Suicide Risk: Evidence From a National Study. Am J Public Health 2001;91(8):1276-1281. Hammelman TL. Gay and Lesbian Youth. Journal of Gay & Lesbian Psychotherapy. 1993;2(1):77-89. Bagley C, Tremblay P. Elevated rates of suicidal behavior in gay, lesbian, and bisexual youth. Crisis. The Journal of Crisis Intervention and Suicide Prevention 2000;21(3):111-117.

493) Remafedi G, Farrow J, Deisher RW. Risk factors for attempted suicide in gay and bisexual youth. Pediatrics 1991;87(6):869-875.

494) Zhao Y. Montoro R, Thombs IK. Unsure sexual identity or heterosexual identity plus same-sex attraction or behavior: Forgotten groups? Journal of the American Academy of Child and Adolescent Psychiatry 2010;49(2):104-113.

495) Time. Sick Again? Psychiatrists vote on gays. February 1978 Vol. 111 Issue 8, p.102AB

등은 사회의 동성애 차별에 의한 것이라기보다 욕망하는 쾌락을 자유로이 즐긴다는 명분으로도 해결할 수 없는 깊은 내면의 갈등일 것이다. 아마도 그 갈등은 어린 시절의 성폭력 같은 심각한 트라우마와 관련된 것일 수 있다. 동성애자들이 동성애 공동체의 열렬한 옹호와 환영을 받음으로 얻는 것이 너무나 많음에도 불구하고, 그 깊은 좌절은 피할 수 없는 것 같다. 그들이 과도할 정도로 권익을 주장하는 것도 그런 좌절감을 극복하기 위한 것이 아닌가 생각된다.

7) 동성애로 인한 사회적 문제가 많다

동성애자들에 범죄[496]와 소아성애[497]의 빈도가 높다. 동성애자들이 청소년 모집(recruitment)한다는 주장도 있다. 이에 대해 동성애자들은 강력히 반발한다. 그러나 다른 일부 동성애자들은 소아와 청소년도 동성애의 성욕이 있고, 즐길 권리가 있기 때문에, 동성애 어른들이 이를 보장해 주는 것이 옳다는 주장을 하기도 한다. 예를 들면 The North American Man/Boy Love Association(NAMBLA)은 미국의 남자 소아성애(pedophilia and pederasty)를 증진하는 단체다. 또한 사회가 동성애자들을 지원하기 위해 사람들은 세금을 더 내야 할 것이다. 학교는 동성애 관계와 이성애 관계와 같다고 가르쳐야 할 것인데, 이는 청소년들로 하여금 무모한 성적 모험을 하게 만들 가능성이 있다. (이러한 교육은 결국 청소년 동성애 모집 행위다.) 동성애 차별 금지로 양심의 자유, 학문

---

496)   Cameron P. Positive correlation between homosexual sex abuse and acceptance of homosexuality: study. LifeSite News. Oct 15, 2014https://www.lifesitenews.com/news/positive-correlation-between-homosexual-sex-abuse-and-acceptance-of-homosex

497)   Freund K, Watson R, Rienzo D. Heterosexuality, homosexuality, and erotic age preference. Journal of Sex Research 1989;26(1):107-117.

의 자유 그리고 종교적 자유가 위협받을 것이다.

장기적으로 전통적 일부일처제의 관행과 성 윤리는 훼손될 것이다. 이혼 증가, 동성혼, 일부다처제, 다부다처제, polyamori 등이 초래될 것이다. 따라서 전통적 가족 체제는 붕괴하게 될 것이고 부모 개념 없이 자라는 아이들이 많아질 것이다. 궁극적으로 출산율이 떨어질 것이다.

수명

최종적으로 신체적 합병증들과 정신 건강 장애, 자살, 폭력의 피해 등으로 동성애자들의 수명이 일반인에 비해 짧다.[498] AIDS가 창궐한 이후 수명이 39세로 10% 더 짧아졌다. 그러나 동성애 옹호자들은 그 연구 방법이 잘못되었다고 비판한다. 그러나 동성애자들의 수명이 이성애자와 같다는 연구는 내어놓지 못하고 있다.

8) 비이성애와 자폐증

최근 동성애자와 양성애자들에게 자폐증적 증상들이 많이 동반된다는 사실이 밝혀지고 있다. Attanasio 등[499]에 의하면, 자폐장애자들(Autistics)은 정상적 신경전형자들(neurotypicals)에 비해, 동성애, 양성애, 무성애(Asexuality), 기타 비이성애자일 가능성이 크다. George 등

---

498) Cameron P, et al. The longevity of homosexuals: before and after the AIDS epidemic. Omega J Death and Dying, 1994;29(3):249-272.
Hogg RS, et al. Modelling the impact of HIV disease on mortality in gay and bisexual men. Int J Epidemiol 1997 Jun;26(3):657-61.

499) Attanasio M, Masedu F, Quattrini F, Pino MC, Vagnetti R, Valenti M, Mazza M. Are Autism Spectrum Disorder and Asexuality Connected?Arch Sex Behav. 2021;15.

에 의하면, 309명의 ASD 환자를 조사한 결과 69.7%가 비이성애자였다. (뚜렛장애자 30.3%도 비이성애자였다.) Weir 등[501])에 의한 한 온라인 조사에서 성인 ASD 환자(1,183명)와 비자폐증적 대조군(1,203명)을 대상으로 설문 조사 하였을 때, ASD 환자군에 무성애자와 동성애자가 더 많았다. 자폐증은 현재 의학에서는 자폐증 스펙트럼 장애(autism spectrum disorder)라 부르며, 신경 발달의 장애의 하나로 본다. 이 신경 발달의 미숙 상태가 어떻게 동성애(및 트랜스젠더)와 연결되는지, 즉 원인인지 결과인지 장차 많은 연구를 요한다.

* 동성애자들에게 창조적 인물이 많다? Freud도 인정했듯이, 예술적 창조자들 중에 동성애자들이 많다는 것은 사실이다. 그러나 이성애자 창조자들에 비해 얼마나 더 많은지 통계적으로 비교한 연구는 없다. 일반적으로 창조적 예술가는 창조적 재능에 소위 "광기"가 동반되는 수가 많다고 하는데, 그 광기는 양극성 장애인 수가 많다. 또한 천재성이 자폐증과 관련된다는 연구들도 있다.[502] 이 광기(정신 장애)와 동성애와 창조성 간의 관련은 더 많은 연구를 요한다.

500)   George R, Stoles MA. Sexual Orientation in Autism Spectrum Disorder. Autism Res. 2018;11(1):133-141.

501)   Weir E, Allison C, Baron-Cohen S. The sexual health, orientation, and activity of autistic adolescents and adults. Autism Res. 2021;14(11):2342-2354.

502)   Pennisi P. et al. Autism, autistic traits and creativity: a systematic review and meta-analysis. Cognitive Processing volume 2021;22:1-36. https://link.springer.com/article/10.1007/s10339-020-00992-6

5. 진단

성 혁명적 주장: 동성애는 정신 장애가 아니다. "정상"이다.

의과학적 진실:

① 1973년 동성애가 미국 정신 장애 진단 통계 편람 제3판에서 빠진 것은 과학적 근거에 의해서가 아니라 동성애 운동가들의 폭력적 시위 때문이었다.

서구에서는 동성애는 거의 2000년간 종교적 죄 또는 범죄로 인식되었다. 그러나 19세기 서구 사회는 동성애를 뇌의 병으로 보다가, 20세기에는 인격 장애 내지 도착증으로 보았다. 그러다가 갑자기 1973년 미국정신의학회(APA)가 동성애자들의 수년간에 걸친 폭력적 시위에 굴복하여 동성애라는 병명을 DSM-III에서 제거(declassification)하였다. 이로써 동성애는 합법적으로 정상화하였다.

그러나 논쟁은 끝나지 않았다. 워낙 이 사건이 유명하여 다시 1977년 무작위적인 여론 조사가 있었다. 동성애가 병인지에 대해 1만여 명의 미국정신의학회 회원들에게 설문 조사 하였다. 2,500명이 답한 결과가, 1978년 2월 Time에 "Sick Again? Psychiatrists Vote on Gays"라는 헤드라인으로 다음과 같이 기사로 나왔다.[503] ① 응답자의 69%가 동성애는 정상적이라는 것에 반대하고, 하나의 "병리적 적응(usually a pathological adaptation, opposed to a normal variation)"이라 답하였고, 18%가 병적이 아니라 하였고, 13%가 불확실하다고 하였다. ② 73%의 응답자가 동성애자들은 일반적으로 이성애자들보다 더 불행하다고 보았다. ③ 60%의 응답자들이 동성애자들이 성숙한 사랑의 관계

---

503)   Time (1978). Sick Again? Psychiatrists vote on gays. February 1978 Vol. 111 Issue 8, p. 102AB

를 맺는 능력이 부족하다고 말하였다. ④ 70%의 정신과 의사들은 동성애자들이 사회의 낙인에 대해 해결하려고 노력하기보다 동성애의 원인이 되는 "자신의 내면의 갈등" 해결을 위해 더 많이 노력해야 한다고 보았다. ⑤ 일부 정신과 의사들은 동성애자들이 적절한 직업을 맡길 만큼 믿음직스럽지 않다고 하였다. 요약하면 다수 정신과 의사가 여전히 동성애는 병적으로 본다는 의미다.

② 어떤 행동이 병(또는 병적)인가 아닌가 하는 것은 자신과 상대방 그리고 사회 전체에 해를 끼치는가 아닌가 하는 것으로 판단할 수 있다.

어떤 특정 행동이 자신과 상대와 전체 사회에 해를 끼친다면 그런 행동은 바람직하지 않게 되거나, 정신 장애로 간주되거나, 범죄가 된다. 따라서 동성애가 병명은 아니더라도 동성애 행위는 자체 증상들, 신체적 합병증, 정신 장애 병발증, 사회적 문제 등으로 보아 병적이라 할 수 있다.

동성애 정상화의 후유증

1973년 동성애가 정상이 되면서, 2003년 미국 대법원에 의해 sodomy law가 폐기되면서 항문 성교가 합법화되었다. 동성혼도 2001년 네덜란드에서 세계에서 처음으로, 그리고 미국에서는 2004년 한 주에서 시작하여 2015년(오바마 정부 때) 모든 주에서 합법화되었다. 동성애 차별금지 운동이 벌어졌고, 서구 각국에 차별금지법 내지 평등법들이 제정되기 시작하였다. 전환을 위한 전문 치료나 탈동성애를 위한 신앙적 시도가 비윤리적이라는 주장이 대두되기 시작하였다. 일부 소수의 각급 공립 학교에서 LGBT를 정상시하는 개방적 성교육이 시작되었다. 동성애 "정상화"에 이어, 다른 성 도착증들도 정상화하자는 움직임이 나타나기 시작하였다. 먼저 소아성애와 가학-피학증에 대해 정상화 운동이 나타났다. 향후 수간이나 근친 간의 정상화, 그리고 결혼과 가족 제도에서 일부일처제가 붕괴하고 개방 결혼, 다자연애 등등이 제안될 것으로 예상된다. 동성애 정상화는 낙태와 안락사를 허용하는, pro-choice 운동의 한 표현이다. 이런 정치적 운동은 비생산(불임)과 죽음을 지향하는 인간의 모습이기도 하다.

6. 경과와 예후

성 혁명적 주장: 동성애는 타고나기 때문에 변할 수 없다.

의과학적 사실:

① 성적 유동성(sexual fluidity)이 있다는 많은 과학적 증거들이 있다.

② 동성애는 전환 치료 또는 신앙으로 치유될 수 있다.

③ 동성애는 의지로 그만둘 수 있다.

성적 유동성(sexual fluidity)

이는 성적인 욕구, 끌림, 행동 그리고 심지어 정체성까지 시간이 지

남에 따라 변할 수도 있다는 것이다.[504] 이는 동성애가 변하지 않는다

504) National Health and Social Life Survey. Population Research Center of the University of Chica-go. https://www.uchicago.edu/search/?q=National+Health+and+Social+Life+Survey#gsc. tab=0&gsc.q=National%20Health%20and%20Social%20Life%20Survey&gsc.page=1Beckstead AL. Can We Change Sexual Orientation? Archives of Sexual Behavior 2012;41(1):128,Laumann EO, et al., The Social Organization of Sexuality: Sexual Practices in the United States. Chicago: University of Chicago Press. 1994. Michael RT, et al. Sex in America: A Definitive Survey. New York: Warner Books. 1994.

Udry JR, Chantala K. Risk Factors Differ According to Same-Sex and Opposite-Sex Interest, Journal of Biosocial Science 2005;37(4):481-497,Savin-Williams RC, Ream GL, Prevalence and Stability of Sexual Orientation Components During Adolescence and Young Adulthood, Archives of Sexual Behavior 2007;36(3):385-394,Savin-Williams RC, Joyner K, The Politicization of Gay Youth Health: Response to Li, Katz-Wise, and Calzo. Archives of Sexual Behavior 2014;43(6):1027-1030.Ott MQ, et al. Repeated Changes in Reported Sexual Orientation Iden-tity Linked to Substance Use Behaviors in Youth. Journal of Adolescent Health 2013;52(4):465-472.Savin-Williams RC, Joyner K, The Dubious Assessment of Gay, Lesbian, and Bisexual Ado-lescents of Add Health. Arch Sex Behav 2014;43(3):413-22.Li G, Katz-Wise SL, Calzo JP, The Unjustified Doubt of Add Health Studies on the Health Disparities of Non-Heterosexual Adoles-cents: Comment on Savin-Williams and Joyner (2014)," Archives of Sexual Behavior 2014;43(6):1023-1026,Russell ST, et al. Being Out at School: The Implications for School Vic-timization and young AdultAdjustment, American Journal of Orthopsychiatry 2014;84(6):635-643,

Rosario M, Schrimshaw EW, Hunter J,Braun L. Sexual identity development among gay, lesbi-an, and bisexual youths: consistency and change over time. J Sex Res 2006;43:46-58.

Kinnish KK, Strassberg DS, Turner CW, Sex differences in the flexibility of sexual orientation: a multidimensional retrospective assessment. Archives of Sexual Behavior 2005.;34:173-183.

Mock SE, Eibach RP. Stability and change in sexual orientation identity over a 10-year period in adulthood. Arch Sex Behav 2012;41(3):641-648.

Jones SL, Yarhouse MA. A longitudinal study of attempted religiously-mediated sexual orienta-tion change. Journal of Sex and Marital Therapy 2011;37:404-427.

Katz-Wise SL, Hyde JS. Sexual fluidity and related attitudes and beliefs among young adults with a same-gender orientation. Archives of Sexual Behavior 2015;44:1459-1470.

는 선천성 가설에 위배된다. 유동성은 게이보다 레즈비언에서[505] 그리고 청소년에서[506] 더 크다. 따라서 소아 청소년에 대한 올바른 성교육이 중요하다는 것을 알 수 있다. 잘 교육하면 청소년들의 일시적, 모험적, 호기심적, 또는 반항적 동성애 행동은 쉽게 그만둘 수 있다.

7. 치료

성 혁명적 주장: 동성애는 정상이기에 치료할 필요가 없고, 또한 타고

505) Diamond LM. Sexual identity, attractions, and behavior among young sexual-minority women over a 2-year period. Dev Psychol 2000.;36:241-50.
Diamond LM. Was It a Phase? Young Women's Relinquishment of Lesbian/BisexualIdentities Over a 5-Year Period, Journal of Personality and Social Psychology 2003;84(2):352-364,Diamond, LM. Sexual Fluidity (Cambridge, Mass.: Harvard University Press, 2008, p.52.
Diamond LM. The Desire Disorder in Research on Sexual Orientation in Women: Contributions of Dynamical Systems Theory. Arch Sex Behav 2012;41:73-83.Baumeister RF. Gender differences in erotic plasticity: the female sex drive as socially flexible and responsive. Psychological Bulletin 2000;126(3):347-374.Rust PCR. Bisexuality: A contemporary paradox for women. Journal of Social Issues 2000;56(2):205-221.
Ott MQ, Corliss HL, Wypij D. Rosario M, Austin SB. Stability and change in self-reported sexual orientation identity in young people: application of mobility metrics. Archives of Sexual Behavior 2011;40: 519-532.

506) Fay RE, Turner CF, Klassen AD, Gagnon JH. Prevalence and patterns of same-gender sexual contact among men. Science 1989;243(4889):338-348.
Remafedi G, Resnick M, Blum R, Harris L. Demography of Sexual Orientation in Adolescents. Pediatrics 1992;89:714-721Diamond LM. Sexual identity, attractions, and behavior among young sexual-minority women over a 2-year period. Dev Psychol 2000;36:241-50.
Rosario M. Schrimshaw EW, Hunter J, Braun L. Sexual identity development among lesbian, gay and bisexual youth: consistency and change over time. The Journal of Sex Research 2006;.43(1):46-58.Diamond L. Was it a phase? Young women's relinquishment of lesbian/bisexual identities over a 5-year period. Journal of Personality and Social Psychology 2003;84 (2):352-364.Savin-Williams RC, Joyner K. The Dubious Assessment of Gay, Lesbian, and Bisexual Adolescents of Add Health. Archives of Sexual Behavior 2014;43(3):413-422,Savin-Williams RC, Ream GL. Prevalence and stability of sexual orientation components during adolescence and young adulthood. Archives of Sexual Behavior 2007;36(3):385-394.

나기에 치료될 수도 없으며, 따라서 치료를 권하는 것은 차별(트라우마)을 의미하기 때문에 비윤리적이다.

의과학적 사실:

① 동성애는 자연히 변화하기도 한다. (성적 유동성)

② 동성애는 치료로서 변화할 수 있다는 증거들이 있다.

③ 동성애는 신앙으로 벗어날 수 있다는 증거들이 있다.

역사적으로 동성애는 하나의 노이로제라는 전제로 정신 치료로 치료하여 왔다. 그 치료에는 정신 분석(전환 치료),[507] 혐오 치료,[508] 및 집단 치료[509] 등이 있다.

그러나 행동 과학, 사회 과학, 의학, 정신 건강 등에 관련된 전문 학술 단체들[510]은 동성애 자체는 정상적인 변이고, 정신장애가 아니라는 장기간의 합의(consensus)를 가져왔다고 주장한다. (합의 내용이 반드시 과

---

507) Hadfield JA, The Cure of Homosexuality, British Medical Journal 1958;1(5083):1323-1326.
Hatterer L, Changing Heterosexuality in the Male: Treatment for Men Troubled by Homosexuality. New York: McGraw-Hill. 1970.
MacIntosh H. Attitudes and Experiences of Psychoanalysts, Journal of the American Psychoanalytic Association 1994;42(4):1183-1207.

508) Freeman W, Meyer RG, A Behavioral Alteration of Sexual Preferences in the Human Male. Behavior Therapy 1975;6:206-212.
McConaghy N, Subjective and Penile Plethysmograph Responses to Aversion Therapy for Homosexuality: A Follow-up. British Journal of Psychiatry 1970;117:555-560.
Is a Homosexual Orientation Irreversible? British Journal of Psychiatry 1976;129:556-563. MacCulloch MJ, Feldman MP, Aversion Therapy in Management of 43 Homosexuals, British Medical Journal 1987;2:594-97.

509) Birk L, Group Psychotherapy for Men who are Homosexual. Journal of Sex and Marital Therapy 1974;1:29-52. Pittman FS, DeYoung CD. The Treatment of Homosexuals in Heterogeneous Groups, International Journal of Group Psychotherapy 1971;21:62-73.
Munzer J, Treatment of the Homosexual in Group Psychotherapy, Topical Problems of Psychotherapy 1965;5:164-169. Truax RA, Tourney G, Male Homosexuals in Group Psychotherapy, Diseases of the Nervous System 1971;32:707-711.

510) the American Psychiatric Association, American Psychological Association, American Counseling Association, National Association of Social Workers 등등.

학적 진실이라 할 수 없다.) 그리고 성적 지남을 바꾸려는 노력(Sexual orientation change efforts)이 효과가 있다는 결론을 내리게 하는 적절한 과학적 증거가 없다고 단언하고 있다. 그래서 신앙에 기초하여 동성애를 치유하고자 하는 조직과 활동은 비윤리적이라 비판한다. 심지어 학회 회원들에게 금지를 권고하고 있다.[511] 또한 그들은 콕 집어서 크리스천의 주장, 즉 동성애는 선택의 문제라는 주장을 반대한다.[512] 이들은 또한 보수적 종교 단체들이 동성애의 전환이 가능하다고 주장함으로 동성애에 대한 스티그마를 강화하고 있다고 비판하며, 동성애 전환 노력에 대해 경고하고 있다.[513] 이렇게 그들이 동성애를 옹호하는 것은 이데올로기에 근거한 편향성(bias) 때문으로 보인다.

그러나 최근 미국심리학회는 성 지남 자체는 치료는 안 되지만 성 지남 정체성은 정신 치료, 지지 집단, 생활 사건 등으로 바뀔 수 있다고 인정하고 있다.[514] 그러면서도 게이 확인 정신 치료(Gay affirmative psychotherapy)를 권장한다. 그러나 전환 치료가 가능하다는 증거들이 많다.

511) American Psychological Association: Resolution on Appropriate Affirmative Responses to Sexual Orientation Distress and Change Efforts

512) American Psychological Association. Answers to Your Questions. For a Better Understanding of Sexual Orientation & Homosexuality. Retrieved 20 December 2010.

513) Expert affidavit of Gregory M. Herek, PhD. Archived from the original (PDF) on 25 August 2010. Retrieved 24 August 2010.

514) American Psychological Association: Resolution on Appropriate Affirmative Responses to Sexual Orientation Distress and Change Efforts

1) 전환 치료(conversion therapy)

정신분석적 전환 치료의 시작은 프로이트이지만, 그는 성공적인 사례를 보고하지 못했다. 이후 초기의 많은 정신 분석가들에 의해 전환 치료가 성공적으로 시행되어 왔다. 그 대표적인 정신 분석가들은 다음과 같다: Wilhelm Stekel(1868-1940), Sándor Ferenczi(1873-1933), Abraham Brill(1874-1948), Melanie Klein(1882-1960), Helen Deutsch(1884-1982), Sandor Rado(1890-1972), Anna Freud(1895-1982), (Edmund Bergler 1899-1962)[515], Irving Bieber(1909-1991)[516], Charles Socarides(1922-2005)[517] 등등. Jung도 꿈 분석과 부정적 소아-어머니 관계를 해소함으로 동성애자를 이성애자로 전환시켰다고 한다.[518] 그 외에도 정신 분석으로 동성애를 치료했다는 사례 보고를 낸 분석가들도 많다[519]. 1980년대 이후에도 정치적 압력에도 불

515) Bergler E. Homosexuality: Disease or way of life? New York: Collier Books. 1956.

516) Bieber I, et al. Homosexuality: A Psychoanalytic Study of Male Homosexuals. NY: Basic Books. 1962.
Bieber I, Bieber T. Male homosexuality. Canadian Journal of Psychiatry 1979;24(5):409-421.

517) Socarides CW. How America Went Gay. America November 18, 1995. pp. 20-22
http://theroadtoemmaus.org/RdLb/22SxSo/PnSx/HSx/SocrdsHowAmerGay.htmSocarides CW.
The overt homosexual. New York: Grune and Stratton. 1968.
Socarides CW. The Sexual Deviations and the Diagnostic Manual. American Journal of Psycho-therapy 1978;32:414-426.

518) Smith M. Rates of Cure for Homosexuality. Malcolm's Musings: Miscellaneous. Saturday, 22 December 2012
http://malcolmsmiscellany.blogspot.kr/2012/12/rates-of-cure-for-homosexuality.html

519) Gordon (1930), London and Caprio (1950), Curran and Parr (1957), Robertiello (1959), Monroe and Enelow (1960), Coates (1962), Cappon (1965), Mintz (1966) , Kaye et al.'s (1967), Jacobi (1969), Berger (1994)

구하고 치료에 대한 논문은 간간이 발표되었었다.[520] 저자도 80년대
에 정신 역동적 기법으로, 전환을 원하는 동성애자를 성공적으로 치
료한 경험이 있다.

2) 회복 치료(Reparative Therapy)

1980년대, 동성애가 정상화되면서 전환 치료가 부정되는 상황이 벌
어졌다. 이에 대응하여 심리학자들과 정신과 의사들이 정신 역동적
이론에 인지 행동 기법 등을 통합한 치료법으로 회복 치료를 개발하
였다. 최근 회복 치료는 학술 단체들의 압박에 대응하여 전환 또는
회복이라는 단어를 빼고 Sexual attraction fluidity exploration in

---

520)　Cappon D. Toward an Understanding of Homosexuality. Englewoord Cliffs NJ: Prentice-Hall.
　　　1965. Clippinger J. Homosexuality can be cured. Corrective and Social Psychiatry and Journal of
　　　Behavior Technology Methods and Therapy 1974;21(2):15-28.
　　　Elizabeth J. Treatment of Homosexuality: A Reanalysis and Synthesis of Outcome Studies
　　　(unpublished PhD dissertation) Brigham Young University, 1976.
　　　Kronemeyer R. Overcoming Homosexuality. NY: Macmillian. 1980. Kaye H, et al. Homosexu-
　　　ality in Women. Archives of General Psychiatry 1967;17:626-634. Lesse S, Editorials, American
　　　Journal of Psychotherapy, 1973'27:151-154, and 1974;28:1-3. Phelan JE, Whitehead N, Sutton
　　　PM. What Research Shows: NARTH's Response to the APA Claims on Homosexuality. A
　　　Report of the Scientific Advisory Committee of the National Association for Research and Thera-
　　　py of Homosexuality. J Human Sexuality 2006;1:1-121. Clippinger JA. Homosexuality can be
　　　cured. Corrective and Social Psychiatry and Journal of Behavioral Technology, Methods, and
　　　Therapy 1974;20(2):15-28.
　　　James EC. Treatment of homosexuality: A reanalysis and synthesis of outcome studies. Unpub-
　　　lished doctoral dissertation, Brigham Young University, Provo, Utah. 1978.
　　　James EC. Treatment of homosexuality: A reanalysis and synthesis of outcome studies. Unpub-
　　　lished doctoral dissertation, Brigham Young University, Provo, Utah. 1978.
　　　Goetze, R. Homosexuality and the possibility of change. 2001. http://web.archive.org/
　　　web/20050404162902MacIntosh H. Attitudes and Experiences of Psychoanalysts, Journal of the
　　　American Psychoanalytic Association 1994;42(4):1183-1207.

therapy (SAFE-T)라는 이름으로 바꾸고 있다.[521] 즉, 학술적으로 인정 받는 "성적 끌림의 유동성"을 탐구하는 치료라는 의미다.

3) 탈동성애 사역(Ex-gay Ministry)

기독교회 내에서 동성애에서 벗어나려는 사람들을 돕는 사역이 일 찍부터 나타나기 시작하였다. 이는 상담, 집단 모임, Pentecostal fellowship(성령 집회) 등으로 나타났다. 사역자들은 성경 말씀에 따라, 금욕, 유혹을 줄임, 남성성 또는 여성성의 정체성을 강화함, 이성 또는 동성과의 관계 맺음에 있어 왜곡된 스타일을 교정함 등에 있어, 동기, 용기, 인내, 노력, 영적 성장, 등을 지원한다.[522] 효과를 증명하는 연구 들도 출판되고 있다.[523] 한편 이러한 사역에 대한 악의적 공격도 있다. 예를 들어 동성애자들을 신앙으로 치료한다는 청소년 캠프에 학대가 자행된다는 폭로 기사가 있었다.[524]

521) Rosik C. Sexual Attraction Fluidity Exploration in Therapy (SAFE - T). Creating a clearer impression of professional therapies that allow for change. Anglican Mainstream. Dec. 2, 2016. http://anglicanmainstream.org/sexual-attraction-fluidity-exploration-in-therapy-safe-t/

522) https://web.archive.org/web/20060628162325/http://www.exodus.to/content/view/44/87/

523) Schaeffer KW, Nottebaum L, Smith P, Dech K, Krawczyk J. Religiously-motivated sexual orientation change: A follow up study. Journal of Psychology and Theology 1999;27(4):329-337.
Schaeffer KW, Hyde RA, Kroencke T, McCormick B, Nottebaum L. Religiously-motivated sexual orientation change. Journal of Psychology and Christianity 2000;19:61-70.
Jones S, Yarhouse M. Homosexuality: The Use of Scientific Research in the Church's Moral Debate. Downers Grove: InterVarsity Press. 2000.
https://www.cccu.org/~/media/filefolder/2005-2007/Jones-Homosexuality_pdf.pdfJones SL, Yarhouse M. Ex-gays? A Longitudinal Study of Religiously Mediated Change in Sexual Orientation. Downers Grove, Ill: IVP Academic. 2007. p.333-344.

524) ABC News. Undercover at a so-called gay conversion camp. Oct. 3, 2017. https://abcnews.go.com/GMA/video/undercover-called-gay-conversion-camp-46038064

4) 기타

킨제이는 자신이 동성애자면서도, 그에게 도덕적인 지지를 받기 원하는 동성애자들 편이 아니라고 볼 수 있다. 심지어 그는 동성애자들을 대상으로 전환 치료를 시도하기도 하였다.[525]

혐오치료(Aversion therapy)- 1970년대 동성애자들이 이 전기충격이 비인간적이라 하여 대대적으로 미국정신의학회를 공격하였지만, 당시 치료 효과는 60% 정도로 긍정적으로 보고되고 있었다.[526] 혐오 치료의 효과에 대한 다양한 보고들이 있다.[527]

Sex therapy- 성 생리학자인 William H. Masters 및 Virginia E. Johnson은 그들만의 성 치료 기법으로 60-80%에서 성공적으로 전환시킬 수 있었다고 주장하고 있다.[528]

525) Wardell B. Pomeroy, Dr. Kinsey and the Institute for Sex Research (New York: Harper & Row, 1972. p.76.

526) Davison GC, Wilson GT. Attitudes of behavior therapists toward homosexuality. Behavior Therapy 1973;4:686-696.

527) Adams HE, Sturgis ET. Status of behavioral reorientation techniques in the modification of homosexuality: A review. Psychological Bulletin 1977;84(6):1171-1188. Freeman W, Meyer RG, A Behavioral Alteration of Sexual Preferences in the Human Male. Behavior Therapy 1975;6:206-212.
McConaghy N, Subjective and Penile Plethysmograph Responses to Aversion Therapy for Homosexuality: A Follow-up. British Journal of Psychiatry 1970;117:555-560.
Is a Homosexual Orientation Irreversible? British Journal of Psychiatry 1976;129:556-563. MacCulloch MJ, Feldman MP, Aversion Therapy in Management of 43 Homosexuals, British Medical Journal 1987;2:594-97.

528) Masters WH, Johnson VE, Homosexuality in Perspective. Boston: Little, Brown and Company. 1979. Schwartz MF, Masters WH., The Masters and Johnson treatment program for dissatisfied homosexual men. American Journal of Psychiatry. 1954;141(2):173-181.

집단 치료[529])가 효과 있었다는 보고도 있다.

  * **치료 효과에 대한 연구**- 회복 치료의 효과에 대한 논문들이 Dr. Nicolosi를 중심으로 많이 출판되었다.[530]) 가장 유명한 논문은 동성애를 DSM-III에서 뺄 때 주도적 역할을 하였고 이후 장기간 DSM 위원장을 역임하였던 Dr. Spitzer의 연구[531])다. 그는 동성애자인 200명(남자 143명, 여자 57명)에 대해, 전환 치료 전후에 전화, 구조적 면담, 등으로 same sex attraction, fantasy, yearning, 및 overt homosexual behavior를 평가하였다. 그 결과, 남자 동성애자 중 64%, 여자 동성애자 중 43%를 이성애자로 전환하였다고 하였다. 또한 치료 후 우울증도 호전하였다고 한다. 그러나 이후 동성애자들은 집요한 비판과 공

---

529) Birk L, Group Psychotherapy for Men who are Homosexual. Journal of Sex and Marital Therapy 1974;1:29-52.
   Pittman FS, DeYoung CD. The Treatment of Homosexuals in Heterogeneous Groups, International Journal of Group Psychotherapy 1971;21:62-73.
   Munzer J, Treatment of the Homosexual in Group Psychotherapy, Topical Problems of Psychotherapy 1965;5:164-169.
   Truax RA, Tourney G, Male Homosexuals in Group Psychotherapy, Diseases of the Nervous System 1971;32:707-711.

530) Nicolosi J, Byrd A, Potts R. Towards the Ethical and Effective Treatment of Homosexuality. Encino CA: NARTH. 1998.
   Nicolosi J, Byrd, D, Potts RW. Beliefs and Practices of Therapists Who Practice Sexual Reorientation Psychotherapy, Psychological Reports 2000;86:689-702.
   Nicolosi J, Byrd AD, Potts RW. Retrospective self-reports of changes in homosexual orientation: A consumer survey of conversion therapy clients. Psychol Rep 2000;86:1071-1088.
   Phelan JE, Whitehead N, Sutton PM. What Research Shows: NARTH's Response to the APA Claims on Homosexuality. Journal of Human Sexuality 2009;1:23-30. Byrd AD, Nicolosi J. A Meta-Analytic Review of Treatment of Homosexuality. Psychol Rep 2002;90(3_suppl):1139-1152. Karten EY. Wade JC. Sexual Orientation Change Efforts in Men: A Client Perspective. The Journal of Men s Studies 2010;18(1):84-102. Former APA President Dr. Nicholas Cummings describes his work with SSA clients. Retrieved April 2, 2007, from http://www.narth.org/docs/cummings.html

531) Spitzer RL. Can Some Gay Men and Lesbians Change Their Sexual Orientation? 200 Participants Reporting a Change from Homosexual to Heterosexual Orientation. Archives of Sexual Behavior 2003;32(5):413.

격과 더불어 논문 출판 철회를 요구하였다. 그는 자신의 논문이 동성
애자들의 마음에 트라우마를 주었다면 미안하다는 사과의 말을 했지
만, 연구 당시 응답자들이 거짓말하였는지 알 수는 없다고 부언하였
다.[532] 학술지 측에서 끝내 그 논문을 철회하지 않았다.

  * 전문 학술 단체들의 SOCE(sexual orientation change effort) **반대 입장
의 근거와 그에 대한 반박**
  동성애 옹호자들은 전환 치료나 탈동성애 사역을 금지하려는 법을
제정하여 통과시키려는 활동도 하고 있으며, 정치적으로 성공을 거두
고 있다.[533]
  ① 미국심리학회[534]는 1960-2007년 사이에 출판된 동성애 치료에
대한 논문들 중 최소한의 규정을 지킨 그런대로 과학적인 연구는 극
소수였으며, 과학적으로 인정되는 연구는 단 한 편 Tanner(1974)[535] 뿐
이었다고 하였다. 이에 대한 반론으로, 단 한 편이라도 입증이 되는
논문이 있다는 것은 전혀 없다는 말과는 질적으로 틀리다고 할 수 있
다. 또한 과거 논문들은 당시 나름대로의 심사 과정을 거쳐서 출판되
었을 것이기 때문에 의미가 없는 것이 아니다. 오히려 그런 옛 연구들
은 어쨌든 전환 가능성을 보여 주었고, 현재의 첨단 방법으로 다시 연
구해 볼 수 있는 기초 자료를 제공한다는 데서 그 기여도를 인정할

---

532) Spitzer RL. Spitzer Reassesses His 2003 Study of Reparative Therapy of Homosexuality. Arch Sex
      Behav 2012;41(4):757.
533) DeLeon PH. Proceedings of the American Psychological Association for 1997. American Psychol-
      ogis 1998;53:882-939.
534) Report of the American Psychological Association Task Force on Appropriate Therapeutic
      Responses to Sexual Orientation (2009)
      https://www.apa.org/pi/lgbt/resources/therapeutic-response.pdf
535) Tanner BA. A comparison of automated aversive conditioning and a waiting list control in the
      modification of homosexual behavior in males. Behavior Therapy 1974;5:29-32.

수 있다.

② 전환 치료가 "실제로 해로울 수 있다"는 증거로 주로 일화적인 사례들을 제시하고 있다.[536] 가장 유명한 선전거리로 회복 치료 중에 자살한 한 성 전환자 사례를 들고 있다. 이에 대한 반론으로, 우울증이나 조현병(정신 분열병) 환자들이 치료 중에 자살하는 경우가 있는데, 그러하다고 치료를 금지할 수는 없다는 것이다.

③ 동성애를 옹호하는 정신 치료자들과 그들의 학회는 전환 치료를 하지 말고, 게이 확정 치료(gay-affirming therapy)를 하라고 권장하고 있다.[537] 그러나 이 게이 확정 치료가 제시되고 있을 당시 효과를 임상적으로 검정하는 연구가 없었다고 한다.[538] 현재도 동성애 옹호 연구자들은 한 세기를 통해 연구되어온 "정신적 원인"(정신 분석적 내지 정신 역동적 원인)에 대해서는 아예 언급하지 않으며, "선택"이라는 가설에 대해서는 근거도 없이 분명하게 반대하고 있다. 이 역시 그들의 "과학적" 태도가 편파적임을 보여 준다.

5) 확인 치료

게이 확인 정신 치료(gay affirmative psychotherapy)는 1982년 임상 심

---

536) Finally Free: Personal Stories: How Love and Self-Acceptance Saved Us from "Ex-Gay" Ministries (Washington, DC: Human Rights Campaign Foundation, July 2000); online at: http://www.hrc.org/documents/finallyfree.pdf
Bob Davies with Lela Gilbert, Portraits of Freedom: 14 People Who Came Out of Homosexuality. Downers Grove, Ill.: InterVarsity Press. 2001.

537) DeLeon PH. Proceedings of the American Psychological Association for 1997. American Psychologist 1998;53:882-939.

538) Cochran SD. Emerging Issues in Research on Lesbians' and Gay Men's Mental Health: Does Sexual Orientation Really Matter? American Psychologist 2001;11:932-947.

리학자 Alan K. Malyon이 제안한 기법[539]으로, 그는 동성애자였다. 이는 동성애자나 양성애자들의 성 지남에 관련하여, 동성 끌림에 대해 이성애로 바꾸려 하지 말고 제거(금욕)하지 말고, 동성애 욕구나 행동을 줄이려 하지 말고, 자신을 그대로 받아들이게 하고, 본인의 평안함에 초점을 둔 정신 치료 기법이다.[540] 결론적으로 동성애를 옹호해 주는 치료다.[541] 확인 치료에서 확인이란 동성애나 양성애는 정신 장애가 아니라는 것을 말해 주는 것이다. 게이 확인 치료자는 동성애자가 동성애에 관련된 스티그마, 편견, 차별, 폭력 등을 극복하도록 돕는다. 기법적으로는 일반 정신 치료 기법이 사용되나, 특히 인지 행동 치료 기법들이 권장되고 있다.[542] 특히 커밍아웃을 지지하고 격려한다. 게이 퍼레이드, 시위, 국회에 보내는 이메일 운동 등등은 가치 있는 노력으로, 이에 참여하라고 조언한다. 자신이 게이임을 긍정적으로 보는 마음을 다른 사람들에게 보여 주라고 한다. 동성애자들이 느끼는 힘이 사회에서 인정받도록 하기 위해 노력하도록 권한다. 멘토가 되고, 자원봉사자가 되고 나아가 자신을 세상을 더 보다 좋은 것으로 만들기 위한 도구로 사용하라고 권고한다. 가족에 대해서도 확인해

---

539) 캘리포니아 심리학회의 임상 및 전문심리학 분과의 회장이었고, 미국심리학회의 the Society for the Psychological Study of Lesbian and Gay Issues의 창설자(차기 회장)이었다. 동성애 내담자 치료 가이드라인 개발 특별위원회(task force for developing guidelines for working with lesbian and gay clients) 공동 위원장이었다.

540) American Psychological Association. Guidelines for Psychological Practice with Lesbian, gay, and Bisexual Clients. 2011. https://www.apa.org/about/policy/psychological-sexual-minority-persons.pdf

541) DeLeon PH. Proceedings of the American Psychological Association for 1997. American Psychologist 1997;53:882-939.

542) Iwamasa, Gayle I. Culturally responsive cognitive behavior therapy: Practice and supervision., 2nd ed. American Psychological Association. 2019. p.287-314. Craig S. Gay Affirmative Cognitive Behavioral Therapy for Sexual Minority Youth: A Clinical Adaptation. Clinical Social Work Journal. 2012;41(3):258-266.
Safren S. Cognitive-behavioral therapy with lesbian, gay, and bisexual youth. Cognitive and Behavioral Practice 2001;8(3):215-223. doi:10.1016/S1077-7229(01)80056-0.

주는 치료를 한다.[543]

확인 치료자는 동성애에 가해지는 스티그마가 얼마나 동성애자에게 해로운지 깊이 이해해야 하고, 다른 사람들도 이해시켜야 한다.

문제는 이 게이 확정 치료는 논리와 윤리의 이름으로 주장되고 있을 뿐[544] 그 효과를 임상적으로 검정하는 연구가 드물다.

III. 트랜스젠더

1. 성(sex)과 젠더(gender)

트랜스젠더를 이해하려면 우선 젠더 개념을 알아야 한다. 옥스퍼드 사전에 의하면, 젠더(gender)란 원래 언어학에서 남성형 명사 여성형 명사 같은 경우에 쓰였던 용어이다. 그런데 젠더는 최근 성 관련 용어로서의 의미가 확대되었다. 즉, 젠더는 남성다움, 여성다움 같은, 해당 사회에서 통념으로 생각하는 성(젠더)에 따른 행동 특성이나 마음가짐을 의미한다. 젠더 개념은 해당 사회의 사회적 통념이기 때문에 젠더는 "사회적으로 구성(construct)된다"고 말한다. 쉽게 말하면 사회적 합의로 성 정체성을 정의하는 것이다. 즉, 인위적인 개념이다. (우리나라에서도 gender에 해당하는 말이 없다. 그래서 번역이 어렵다. 저자는 적절한 번

543) Pachankis J. Handbook of Evidence-Based Mental Health Practice with Sexual and Gender Minorities. Oxford University Press. 2019. pp. 115-145.

544) Harrison N. Gay affirmative therapy: A critical analysis of the literature. British Journal of Guidance & Counselling 2010;28:37-53 https://doi.org/10.1080/030698800109600

역어가 합의되기까지 "젠더"라고 표기하려 한다.)

당연히 이 젠더 개념에는 생물학적(의학적) 근거가 전혀 없다. Gender 주장자들은 젠더와 구별하기 위해 태어날 때 보이는 생물학적 성을 "성(sex)"이라고 부르고 젠더의 하위 개념으로 본다. 그러나 우리는 성이 먼저이고 그 하위 개념 속에 있는 젠더가 포함된다고 본다.

역사적 고찰- 옛날부터 이성 복장자 같은 트랜스젠더에 해당하는 사람이 있다는 것은 알려져 있었다. 그들은 발견되면 혐오 대상이었으므로 자신을 숨기고 살았다. 그런데 19세기 산업화와 도시화에 따라 증가한 많은 인구 중에 "반대되는 성을 나타내는 이상한 사람들"이 발견되기 시작하였다. 19세기 후반 서구에서 법정에서 재판을 받던 남자 동성애자들 중에 자신을 여자로 인격화하는 사람들이 발견되었다. 당시 정신과 의사들은 이들에 대해 이성 복장 도착증(transvestism)이라 하였다.[545]

1900년대 최초로 성전환 수술이 이루어졌는데, 이는 성기 제거 수준이었다. 진정한 의미의 성전환 수술(성재지정수술, gender reassignment surgery)은 1950년대 내분비학과 성형 수술 기술 및 항생제의 발달로 가능해졌다.

미국에서는 1956년 존스 홉킨스 의대의 외과 의사들이 새로이 조직된 젠더 정체성 클리닉(gender identity clinic)에서 male-to-Female (MtF) 성전환 수술을 하였다.[546] 여기서 일하던 임상 심리학자 존 머니(John

---

545) Janssen, DF. Transgenderism Before Gender: Nosology from the Sixteenth Through Mid-Twentieth Century. Archives of Sexual Behavior 2020;49(5):1415-1425. doi:10.1007/s10508-020-01715-w.

546) 1975년 새로이 부임한 주임 교수 Paul McHugh(1931-)는 성전환 수술이 성을 전환하지 못할 뿐 아니라 정상적인 몸을 해친다는 윤리적 고려에 근거하여 이 클리닉을 폐쇄하였다.

Money, 1921-2006)가 젠더 개념을 처음 제안하였다.[547] 그는 1965년 생후 8개월 때 성기 손상을 받은 리머(Reimer)라는 남자아이를 부모의 동의를 받아 성전환 수술을 한 후 여성 호르몬을 투여하면서 여자아이로 키웠다. 머니 교수는 이 사례를 정상적으로 남자로 타고난 사람을 인위적인 성전환 시술과 양육으로 여성으로 전환하였다 하여 이런 성을 젠더(gender)라고 부르자고 제안하였다. 그의 연구는 매스콤을 타며 유명해졌고 그 자신은 젠더 개념의 창시자로 세계적인 성학자가 되었다. 그러나 그 아이는 14세 때 자신의 성 정체성을 깨닫게 되어 도로 남자로 성을 바꾸고 이후 결혼도 하고 가정을 이루고 살았다. 그러나 머니 교수는 그의 실험의 실패를 숨겼다. 리머는 자신과 같은 불행을 겪는 어린이들이 더 이상 없어야 한다는 결심에서 1997년 자신의 이야기를 폭로하였다, 머니 교수의 실험적 연구는 허위로 판명되었고 국제적 스캔들이 되었다. 이후 리머는 삶의 고통 속에 살다가 2004년 38세 때 자살하였다. 그 이전 2002년 리머의 쌍둥이 형제였고 머니 실험의 대조군이었던 브라이언도 자살하였다. 리머 형제의 부모는 리머 형제의 비극을 머니 교수 탓이라 하였다.

그러나 젠더라는 개념은 이미 1970년대에 페미니스트들이 성(sex)은 이미 전통적으로 가부장적 의미가 내포되어 있으므로, 대신 새로운 젠더라는 용어로 대체하였다. 그리고 다른 사회 단체에 제안하였다. 사회학회, 문화인류학회, 심리학회, 교육학회 등이 동조하고 미디어도

547) Money J. Hermaphroditism, gender and precocity in hyperadrenocorticism: psychologic findings. Bull Johns Hopkins Hosp 1955;96(6):253-64. https://pubmed.ncbi.nlm.nih.gov/14378807/

Downing L. Fuckology: critical essays on John Money's diagnostic concepts. 2014. p. 21. ISBN 978-0-226-18658-0. OCLC 902609808. Archived from the original on 17 February 2022. Retrieved 5 September 2021.

동조함에 따라 섹스 대신 젠더가 그 자리를 차지하게 되었다.

오늘날 젠더 평등주의자들이 고수하고 있는 젠더 이론은 하나의 이데올로기가 되었다. 젠더 개념을 이론적으로 옹호하기 위해 사회구성주의(social constructionism)라는 철학이 이용되었다. 이 철학과 관련하여 주디스 버틀러(Judith Butler)가 젠더 개념을 옹호하는 "퀴어" 이론을 제안하고 트랜스젠더의 정상화(depathologization of transgender people)를 주장하였다. 버틀러에 따르면, 한 사람의 정체성은 유연하며 변할 수 있고 다양하다는 것이다.

의학적 진실- 생물학적으로 남자와 여자는 서로 다르다.

우리는 남녀 차별에는 반대하지만, 남녀는 엄연히 다르다. 남녀는 신체 외형뿐 아니라, 유전인자와 성염색체의 구성, 성호르몬, 세포와 분자 수준에서도 다르다. 차별을 없애기 위해 차이를 부정하는 것은 자연을 부정하는 것이다. 특히 인간 행동을 주관하는 뇌도 남녀 간 다르다.[548] 젠더 또는 남자의 남자다움(masculinity) 또는 여자의 여자다움(femininity)이라는 "stereotype"도 결국 신경생물학적으로 결정된다는 증거들이 충분히 있으며, 이는 상식적으로도 당연한 소견이다.[549] 예

---

548) Ristori J, et al. Brain Sex Differences Related to Gender identity Development: Genes or Hormones? Int J Mol Sci. 2020;21(6): 2123. doi: 10.3390/ijms210621231948-2019년 사이 출판된, 116편의 논문을 종합 분석한 결과, 남자의 뇌가 여자의 뇌보다 8-10% 정도 크고, 회백질과 백질의 비율도 남자에서 여자보다 4% 크다. 회백질은 뇌세포들의 군집이고, 백질은 그 군집들 사이를 연결하는 축색 돌기들의 묶음이다. 그 비율이 다르다는 것은 남녀 간 행동 방식의 차이에 대해 시사하는 바가 크다. (즉, 남자는 사고에 뛰어나고 여자는 소통에 뛰어나다.) 그 이외에도 작은 규모의 편도(감정의 중추), 해마(기억의 중추), 시상하부(자율신경계의 중추)의 일부 부위들의 크기가 남녀 사이에 다르다. 보다 중요한 것은, 이러한 뇌의 차이가 이후 개인의 어려서부터의 남녀 각각의 정신성 발달의 기반(substrate)이 된다는 것이다. 이는 소위 "젠더"가 생물학적 기반 위에 있다는 의미다.

549) Brizendine L. The Female Brain. Morgan Road/Broadway Books. 2006.
Brizendine L. The Male Brain. Three Rivers Press/Crown Publishing. 2010.

를 들면 여자다움이라고 알려진 양육과 먹임(nurturing), 케어(caring), 부드러움, 감수성(sensitivity), 정서적임, 등의 특성들은 훈육 이전에 여성 호르몬에 기반한 것이다(태어나는 것이다). 반면 남성은 남성 호르몬에 따라 공격성, 진취성, 논리적임 등의 특성을 가진다.

성차의학- 남자와 여자는 신체적으로 다르기 때문에 의학의 적용도 달라진다. 예를 들면 같은 질병도 증상과 경과에 차이가 있고, 어떤 약물의 효과나 부작용도 남녀 간에 다소 차이가 난다. 인체를 구성하는 모든 세포의 염색체와 성에 따라 차이가 나는 모든 단백질들을 바꾸지 않는 한 성은 바뀌지 않는다. 따라서 성전환 수술을 한다고 하더라도 성은 결코 바뀌지 않는다.

따라서 우리는 혼란을 피하기 위해 젠더 대신 성이라는 용어를 사용하여야 한다.

남녀 간 상호 보완성

남녀가 다름으로 남성성과 여성성이 상호 보완적임을 통해 인간성이 완성된다고 볼 수 있고, 이것이 자연이고 하나님의 창조 섭리다. 따라서 여성은 마땅히 고유의 여성성을, 남자는 남성 고유의 남성성을 주장하고 실현하는 것이 자연스럽다. (이런 견해는 당연히 급진적 여성주의자들은 반대한다.)

2. 트랜스젠더(transgender) 개념

이는 출생시 주어진 생물학적 성(sex)과 반대인 젠더정체성 또는 젠더표현을 가지는 사람들이다.[550] 트랜스젠더는 일반 명칭이다, 의학적으로는 과거에는 성 정체성 장애(sexual identity disorder)로 그리고 그 이후에는 젠더 정체성 장애(gender identiuty disorder)로 불리었다. 현재 병명은 젠더 불쾌증(gender dysphoria)이다. 생물학적 성(sex)은 여자인데 자신을 남자로 생각하는 사람을 transman, 생물학적 성은 남자인데 자신을 여자로 생각하는 사람을 transwoman이라 부른다. 한편 생물학적 성과 젠더가 일치한다고 생각하는 사람은 시스젠더(cisgender)라 부른다. 어떤 트랜스젠더는 다른 성으로 바꾸기 위해 의료적 도움을 받기를 원하기도 하는데 이들은 특히 성전환자(transsexual)라고 부른다.

* 동성애와 다른 점- 성 지남 장애, 즉 동성애는 성행위를 하는 상대방이 누구인가 하는 것이고, 트랜스젠더는 자신의 성(젠더) 정체성이 무엇인가 하는 것이다.

* 소위 제3의 젠더는 비서구 문화권에서 발견되는 트랜스젠더, 젠더 퀴어, 간성, 고자 등을 의미한다고 본다. 현재 서 사회에서 등장하고 있는 소위 제3의 젠더는 남자도 여자도 아닌 성을 의미하는 것 같다. (이론적으로 제4, 제5의 젠더도 있을 수 있다.)

---

550) Altilio, Terry; Otis-Green, Shirley (2011). Oxford Textbook of Palliative Social Work. Oxford University Press. p. 380. ISBN 978-0199838271. Archived from the original on December 1, 2016. Retrieved April 12, 2016.

3. 역학

  인구 중 트랜스젠더는 매우 적어, 인구 중 약 0.1% 이하다. 성전환자는 더욱 적다. 최근 "개방적" 성교육 때문인지, 소아 청소년들 중에서 트랜스젠더가 증가하고 있는 것 같다.

4. 원인

1) 생물학적 연구

  트랜스젠더는 정체성의 문제로서 생물학적 근거가 반드시 필요하지도 않다. 더구나 젠더 개념 자체가 인위적인 것이다. 그러나 LGBT 옹호자들은 동성애의 경우처럼, 트랜스젠더가 타고나는 것으로 생물학적 근거가 있다고 주장하고 싶어 한다. (그러면 동성애의 경우처럼, "정상"이라고 주장하기 용이하다고 보기 때문이다.) 그러나 트랜스젠더가 유전된다는 것, 성호르몬 등 생물학적 원인도 가능하다는 것 등 주장이 있으나, 아직 입증된 것은 없다. 게놈 연관 연구(Genome-wide association study, GWAS) 상에서도, 성의 분화(sexual differentiation)에 관련되는 SRY 같은 유전자들 중에 트랜스젠더에 관련되는 유전자 변이는 발견되지 않는다.[551] 뇌 구조상의 차이에 대해서도 연구들이 있지만,[552] 이는 트랜스젠더 행동의 원인인지 또는 결과인지 구별할 수 없다. 트랜스젠더의 가족력 같은 유전적 요소도 있다는 연구가 있으나,[553] 연구대상 숫자가 너무 적어 일반화에 한계가 있다.

2) 정신 역동적 원인

Freud는 성 정체성 장애가 성장 과정 중 오이디푸스 콤플렉스가 주가 되는 남근기 상태에 고착된 현상으로 설명하였다. 즉 이성의 부모를 과도하게 동일시하면 이후 성 정체성 장애가 생긴다는 것이다. 더욱 세밀한 정신 분석적 설명[554]은 성(젠더) 정체성 장애(트랜스젠더, 젠더퀴어)는 동성애와 더불어 "노이로제"와 같은 정신 장애와 같은 비슷한 정신성 발달 과정으로 발생한다는 것이다. 즉, 소아기 때 동성의 부모나 친구들과의 안전한 애착 관계 형성의 실패, 자기-거부, 환상에의 중독, 왜곡된 신체상(body image) 그리고 부모의 과도한 분노와 그에 대한 자식의 반항 그리고 그에 따라 발달하는 정신 병리 등으로 성 정체성에 장애가 온다는 것이다. 쉽게 말하면 성적 갈등이 심하다거나

---

551) Lombardo F, et al. Hormone and genetic study in male to female transsexual patients. J Endocrinol Invest 2013;36(8):550-7.

552) Rametti G, et al. The microstructure of white matter in male to female transsexuals before cross-sex hormonal treatment. A DTI study. Journal of Psychiatric Research 2011;45(7):949-954.

553) Saraswat, Aruna; Weinand, Jamie; Safer, Joshua). Evidence Supporting the Biologic Nature of Gender Identity. Endocrine Practice 2015;21(2):199-204. doi:10.4158/EP14351.RA. PMID 25667367.

554) Zucker KJ, Bradley SJ, Ben-Dat DN, Ho C, Johnson L, Owen A. Psychopathology in the parents of boys with gender identity disorder. J Am Acad Child Adolesc Psychiatry 2003;42:2-4.
Bradley S. Affect Regulation and the Development of Psychopathology, NY: Guilford Press., 2003. p.01-202.
Korte A, et al. Gender Identity Disorders in Childhood and Adolescence. Dtsch Arztebl Int 2008;105(48):834-841.

학대를 받은 경험이 있을 때 '다른 성이었다면 괜찮지 않았을까' 하는 심리가 이 장애를 야기한다는 것이다.

다른 식으로 설명하면, 인격 발달 과정은 원초적 신체 자아(body ego), 초기 신체 이미지, 또는 원시적 자기에서 시작하는 하나의 위계적 시리즈이다. 신체 자아는 장차 성적 및 생식적 차원으로 확대되어 간다. 성장 과정 동안 젠더 정체성은 수시로 닥치는 이별-개인화(separation-individuation)의 과정을 통해 점차 확고해져 간다. 이 과정 중에 환경으로부터의 트라우마가 과하여 자아가 방어하기에 역부족이 되면 자아가 혼란 상태에 빠져 더 이상의 발달이 중단되거나(발달 중단 또는 퇴행) 또는 드물게 트라우마에 대응하는 과정을 회피하고 뛰어넘을 수도 있는데, 이는 조숙하는 것이다. 조숙(prematurity)도 장애다.

5. 증상

트랜스젠더는 정상이라고 주장되고 있지만, 의과학적 사실로서

① 젠더 불쾌증(gender dysphoria)이라는 병명에 따라 특징적 증상들이

있다.[555]

② 트랜스젠더들에게 우울증, 불안, 자살 등 병발 장애가 많다.[556] 앞서
성 정체성 장애의 발생에 대한 정신분석적 설명에서 말한 바, 성 정체
성 장애와 우울증과 불안장애 등 노이로제들이 공통적 원인에서 발
생한 것으로 본다면, 이러한 병발증은 이해될 수 있다. 어려서부터 시
시 보이나 말괄량이 소녀들은 또래들에게 놀림의 대상이 되기 쉬워,
자라는 동안 사회적 적응과 발달에 장애를 겪기 쉽다. 고립과 배척감
은 자존심을 저하시키고 학교를 혐오하게 만든다. 부모와 가족과의

---

555) **소아기 젠더 불쾌증**(gender dysphoria in childhood)- 다른 성이기를 소원하고 다른 성이라고
주장한다. 자신의 해부학적 성을 강하게 싫어하고, 자신이 경험하는 성과 일치하는 일차적
또는 이차적 성징을 강하게 소원한다. 다른 성의 옷 입기나 흉내 내기를 강하게 선호하고, 같
은 성의 옷 입기를 강하게 거부한다. 다른 성의 친구를 강하게 선호한다. 놀이에서 다른 성의
소아가 전형적으로 사용하는 또는 노는 장난감, 게임 또는 활동들을 강하게 선호하고, 같은
성의 아이들이 주로 노는 장난감, 게임, 활동을 강하게 거부한다.
청소년과 성인의 젠더 불쾌증(gender dysphoria in adolscents and adults)- 개인의 표현된 성
(gender)과 일차적 또는 이차적 성징들(어린 청소년의 경우 예견되는 이차 성징들) 사이의 현
저한 불일치가 있다. 그러한 불일치 때문에 자신의 일차적 또는 이차적 성징들을 없애고자
하는 강한 소원, 다른 성의 일차적 또는 이차적 성징들을 갖고자 하는 강한 소원, 다른 성이
되고자 하는 강한 소원, 다른 성으로 대우받는 것에 대한 강한 소원, 다른 성의 전형적인 느낌
과 반응을 가졌다는 강한 신념 등이 있다. 이런 상태가 임상적으로 유의한 고통과 사회적, 직
업적 그리고 기능의 중요한 영역에서의 장애들과 관련된다.

556) Heylens G, et al. Psychiatric characteristics in transsexual individuals: multicentre study in four
European countries. The British Journal of Psychiatry 2014;204(2):151-156. Becerra-Culqui T, et
al. Mental Health of Transgender and Gender Nonconforming Youth Compared With Their
Peers. Pediatrics 2018;141(5):e20173845Johansson A, Sundbom E, Höjerback T, Bodlund O. A
five-year follow-up study of Swedish adults with gender identity disorder. Arch Sex Behav
2010;39:1429-1437.
Sørensen T, Hertoft P. Male and female transsexualism: the Danish experience with 37 patients.
Arch Sex Behav 1982;11:133-155.
Reisner, S.L., et al. Mental Health of Transgender Youth in Care at an Adolescent Urban Com-
munity
Health Center: A Matched Retrospective Cohort Study. J. Adolesc Health 2015;56: 274-9.
Toomy RB, Syverstsen AK, Sharmko M. Transgender adolescent suicide behavior. Pediatrics.
2018. http://pediatrics.aappublications.org/content/early/2018/09/07/peds.2017-4218Becerra-
Culqui, T et al. Mental Health of Transgender and Gender Nonconforming Youth Compared
With Their Peers. PEDIATRICS 2018;141:e20173845
Sven C. Mueller, et al.. Transgender Research in the 21st Century: A Selective Critical Review
From a Neurocognitive Perspective. Am J Psychiatry 2017;174,(12):1155-1162.

관계 역시 심각하게 손상되어 있다. 그들의 생활은 이 장애로 인한 고통을 줄이기 위해 고립이나 혼자 하는 활동만을 하는 수가 많다.소아 트랜스젠더에서는 분리 불안 장애, 범불안 장애, 우울 증상이 동반되는 수가 많고, 사춘기에서는 특히 우울증, 자살하려는 생각 및 자살 시도의 위험이 높다. 성인에서는 불안, 우울 증상이 있으며 삶의 질이 나쁘고 특히 트랜스젠더의 자살율이 높다는 연구들이 많다.[557]

성인이 되어서도 그들은 대개 트랜스젠더임에 대해 스스로 갈등과 죄의식과 수치감을 느끼기도 하고, 사회적 스티그마나 처벌 때문에 괴로워한다. 그들은 사람들에 대해 자신을 숨기거나 거짓말을 해야 하는 것에 대해 갈등을 느낀다.젠더퀴어 사람들은 흔히 차별과 억압, 그리고 스티그마의 표적이 됨으로써 정신 건강이 나빠진다.[558] 그러나 그들은 그런 "소수자 스트레스(the Minority Stress)"에 대해 이겨 내는

557) Haas AP., et al. Suicide Attempts among Transgender and Gender Non-Conforming Adults: Findings of the National Transgender Discrimination Survey (PDF). American Foundation for Suicide Prevention and the Williams Institute on Sexual Orientation and Gender Identity Law and Public Policy. 2014. pp. 2-3, 11.Johansson A, Sundbom E, Höjerback T, Bodlund O. A five-year follow-up study of Swedish adults with gender identity disorder. Arch Sex Behav 2010;39: 1429-1437.
Sørensen T, Hertoft P. Male and female transsexualism: the Danish experience with 37 patients. Arch Sex Behav 1982;11:133-155.
Toomy RB, Syverstsen AK, Sharmko M. Transgender adolescent suicide behavior. Pediatrics. 2018. http://pediatrics.aappublications.org/content/early/2018/09/07/peds.2017-4218

558) Bockting WO, et al. Stigma, mental health, and resilience in an online sample of the US transgender population. Am. J. Public Health 2013;103:943-951. 10.2105/AJPH.2013.301241Scandurra C, et al. Internalized transphobia, resilience, and mental health: applying the psychological mediation framework to Italian transgender individuals. Int. J. Environ. Res. Public Health 2018;15:E508. 10.3390/ijerph15030508Hendricks ML, Testa RJ. A conceptual framework for clinical work with transgender and gender nonconforming clients: an adaptation of the minority stress model. Prof. Psychol. Res. Pract 2012; 43:460-467. 10.1037/a0029597

상당한 정도의 회복력(resilience)도 있음이 발견된다.[559]

③ **신체적 합병증**- 트랜스젠더는 정상적인 성기를 가지고 있지만, 비정상적 성행위를 하는 경우가 많고 그래서 그에 따른 신체 장애가 흔히 발견된다. 트랜스젠더와 젠더퀴어 사람들은 정상적인 성기를 가지고 있지만, 비정상적 성행위를 하는 경우가 많고 그래서 그에 따른 성병 같은 신체 장애가 흔히 발견된다. 특히 도시 지역에서 일부 남성들은 매춘 행위에 참여하여 성병이나 AIDS에 걸릴 위험성이 증가된다.[560]

④ 성전환 시도를 한 경우 그 부작용들이 발견된다.

⑤ 남녀 모두에서 1/3~2/3에서 동성애가 동반된다. 동성애는 생물학적 여성인 경우보다는 생물학적 남성에서 더 흔하게 나타난다.

⑥ 성인이 되면 사회적·직업적 기능의 손상이 흔하게 동반된다. 그에 따라 사회의 주변부로 밀려난다.

3) 트랜스젠더와 자폐증

자폐증 환자 중에 트랜스젠더가 많다.[561], 큰 규모의 연구[562]로서 약

559) Amodeo AL, Vitelli R, Scandurra C, Picariello S, Valerio P. Adult attachment and transgender identity in the Italian context: clinical implications and suggestions for further research. Int. J. Transgend. 2015;16:49-61. 10.1080/15532739.2015.1022680Testa RJ, Habarth J, Peta J, Balsam J, Bockting WO. Development of the gender minority stress and resilience measure. Psychol. Sex. Orientat. Gend. Divers. 2015;2:65-77. 10.1037/sgd0000081

560) Spink M, et al. Comprehensive HIV Prevention for Transgender Persons, Am J Public Health 2017;107(2):207-212.

561) Janssen A, Huang H. Duncan C. Gender variance among youth with autism spectrum disorders: a retrospective chart review. Transgender Heal 2016;1:63-68.
May T, Pang K, Williams KJ. Gender variance in children and adolescents with autism spectrum disorder from the National Database for Autism. Research. Int J Transgenderism 2017;18:7-15.
Strang JF. et al. Increased gender variance in autism spectrum disorders and attention deficit hyperactivity disorder. Arch. Sex. Behav 2014;43:1525-1533.

562) Hisle-Gorman E. et al. Gender dysphoria in children with autism spectrum disorder. LGBT Heal 2019;6:95-100.

300,000명의 소아를 대상으로 한 연구에서 자폐증 스펙트럼 장애 (autism spectrum disorder. ASD) 소아에서 트랜스젠더의 빈도가 비ASD 소아 집단에서의 빈도보다 약 4배 많았다. 연구에 따라 차이가 있지만, 종합적으로 자폐증 소아에 트랜스젠더가 5.7-7.7 배 많다는 것은 확실하다.

또한 트랜스젠더 사람들 중에 ASD가 많다.[563] 소아 청소년 트랜스젠더 중[564] 그리고 성인들에서[565] 전체적으로 평균 4.8-26%에서 자폐

563) Heylens G. et al. The co-occurrence of gender dysphoria and autism spectrum disorder in adults: an analysis of cross-sectional and clinical chart data. J. Autism Dev. Disord. 2018;48:2217-2223.

Cheung AS. et al. Sociodemographic and clinical characteristics of transgender adults in Australia. Transgender Heal3 2018;229-238.

Jones RM. et al. Brief report: female-to-male transsexual people and autistic traits. J. Autism Dev. Disord 2012;42:301-306).

Kristensen ZE. Broome MR. Autistic traits in an internet sample of gender variant UK adults. Int. J. Transgenderism 2015;16:234-245.

Pastersk V, Gilligan L. Curtis R. Traits of autism spectrum disorders in adults with gender dysphoria. Arch. Sex. Behav 2014;43:387-393.

Shumer DE, Roberts AL, Reisner SL, Lyall K. Austin SB. Brief report: autistic traits in mothers and children associated with child's gender nonconformity. J. Autism Dev. Disord. 2015;45:1489-1494.Sven C. Mueller, et al.. Transgender Research in the 21st Century: A Selective Critical Review From a Neurocognitive Perspective. Am J Psychiatry 2017;174,(12):1155-1162.

564) de Vries ALC, et al. Autism spectrum disorders in gender dysphoric children and adolescents. J Autism Dev Disord 2010;40:930-936.

Kaltiala-Heino R, Sumia M, Työläjärvi M. Lindberg N. Two years of gender identity service for minors: overrepresentation of natal girls with severe problems in adolescent development. Child Adolesc. Psychiatry Ment. Health 2015;9:9.

Shumer DE, Reisner SL, Edwards-Leeper L. Tishelman A. Evaluation of asperger syndrome in youth presenting to a gender dysphoria clinic. LGBT Heal. 2016;3:387-390.

565) Heylens G. et al. The co-occurrence of gender dysphoria and autism spectrum disorder in adults: an analysis of cross-sectional and clinical chart data. J. Autism Dev. Disord. 2014;48:2217-2223.

증이 발견되었다. 일반 인구 중 1-2%가 자폐증을 가진다고 하므로[566], 트랜스젠더 중에 자폐증이 많은 것은 확실하다. Varun Warrier 등[567]은 5개의 독립된 논문을 review 한 결과, 시스젠더에 비해 트랜스젠더와 gender-diverse 사람들은 ① 평균적으로 시스젠더에 비해 자폐증적 (autistic)인 경우가 3.03-6.36배 많았고, ② 자폐증적 사람들처럼 공감 (empathy) 능력이 떨어졌고, ③ ASD 또는 다른 신경 발달 장애 및 정신과적 장애로 진단받는 경우가 많았고, ④ 자신들도 자폐증이 진단되지 않을까 하고 의심하고 있었다. 부모나 교사들의 평가에서도 트랜스젠더들이 자폐증적 특성들을 많이 가지고 있다고 말한다.[568]

자폐증은 신경 발달 장애로 알려져 있다. 따라서 자폐증이 많다는 것은 이전에 정신 역동적 이론에서 말하는 인격 발달 장애와 "발달"이라는 의미에서 어떤 관련이 있을지 향후 연구가 필요하다.

566) Elsabbagh M. et al. Global prevalence of autism and other pervasive developmental disorders. Autism Res. 2012;5:160-179.
Baio J. et al. Prevalence of autism spectrum disorder among children aged 8 years—autism and developmental disabilities monitoring network, 11 Sites, United States, 2014. Mmwr. Surveill. Summ 2018;67:1-23.

567) Warrier V, Greenberg DM, Weir E. et al. Elevated rates of autism, other neurodevelopmental and psychiatric diagnoses, and autistic traits in transgender and gender-diverse individuals. Nat Commun 2020;11:3959.

568) Skagerberg E, Di Ceglie D. Carmichael P. Brief report: autistic features in children and adolescents with gender dysphoria. J. Autism Dev. Disord. 2015;45:2628-2632.
Zucker KJ. et al. Intense/obsessional interests in children with gender dysphoria: a cross-validation study using the Teacher's Report Form. Child Adolesc. Psychiatry Ment. Health 2017;11:51.

5. 진단

　트랜스젠더 현상은 오래전부터 병으로 인정되어 왔다. 과거의 병명은 성 정체성 장애(sexual identity disorder)에서 젠더 정체성 장애(gender identity disorder)로 바뀌어 왔다. 지금도 미국정신의학회는 여전히 트랜스젠더에 대해 젠더 불쾌증(gender dysphoria)이라는 병명을 두고 있다. 그러나 WHO는 2019년 개정된 "국제질병분류" 제11판(ICD-11)에 젠더 불일치(gender incongruence)라는 명칭으로 정상 상태로 분류하고 있다. 그 이유는 성전환 시술을 의료 보험을 해 주기 위함이다. (수술을 해 주어야 한다면 이는 병이 아닌가?) 성전환증(transsexuality)은 트랜스젠더 중 성전환을 시도하는 경우다.

　우리나라에서 현재 사용 중인 한국 표준 질병 사인 분류는 ICD-10을 번역하여 사용 중이다. (이는 ICD-11이 한국 표준화되면 교체될 것이다.) 여기에는 "F64 성 주체성 장애(Gender identity disorders)"들이 포함되어 있다.

6. 경과

　트랜스젠더로서의 정체성은 유동적(fluid)이며, 특히 청소년 트랜스젠더는 사춘기 이후 자연스럽게 시스젠더로 바뀌는 수가 많다. (따라서 사춘기 차단이라는 호르몬 시술은 비윤리적이다.) 트랜스젠더는 "전환 치료"로 치유될 수도 있다.

7. 치료

전환 치료

대체로 소아기 트랜스젠더에 대해서는 전환 치료가 가능하나, 나이가 들수록 전환 치료가 힘들어진다. 대부분의 성인 환자들은 확고한 생각을 갖고 있으므로 이를 회복시키려는 치료는 복잡하고 어려우며 치료율이 낮다. 의사들이 환자에 대해 불편을 느끼는 역전이(counter-transference) 현상도 치료의 걸림돌이 될 수 있다. 트랜스젠더에 동반되는 우울증, 불안, 자살 생각 등 정신 건강 문제는 표준적 정신 의학적 치료를 해 주면 된다.

확인 치료

미국심리학회는 전환 치료를 금하며 확인 치료(affirmation therapy)를 권한다.[569] 대개 확인 치료는 성전환 시술로 이어지기 마련이다.

성전환 시술

① 사춘기 차단

사춘기 변화를 지연시키기 위해 9-10세 전후에 gonadotropin releasing hormone agonists(GnRHas) 또는 LHRH analogues를 투여한다. 위험이 없다고 하지만, 영구 불임의 위험이 있다. 특히 미숙한 10여 세 소아의 "성적 자기 결정권"을 존중하여 (informed consent를 받지만) 시술한다는 것은 윤리적으로 문제다. 또한 최근 이 시술을 받은 후 나이 들어 후회하는 경우가 증가하고 있다.

---

569) American Psychological Association. Ethical principles of psychologists and code of conduct. Retrieved 2010. from http://www.apa.org/ethics/code/

윤리적 문제- 어린 나이에 성호르몬을 투여하면 불임을 초래하기 쉽다. 비록 informed consent를 받는다고 하지만, 이는 비윤리적일 수 있다. 그런데 현재 미국 사회 분위기는 윤리적 문제에 대한 토론마저 억압하는 상황이다.[570] 최근 트랜스남자(transman)가 시술한 병원(영국 Tavistock clinic)를 상대로 고소하는 사건이 일어나고 있다.[571] 그리하여 현재 미국의 여러 주득[572]과 영국에 소아에게 사춘기 차단 시술을 엄격하게 제한하는 법이 제정되고 있다.

② 반대 성호르몬 투여

남자 몸을 갖고 싶어 하는 여자(FtM)에게 남성 호르몬 테스토스테론을 투여하고, 여자 몸을 갖고 싶어 하는 남자(MtF)에게 여성 호르몬 에스트로겐을 투여한다. 반대성의 호르몬을 투여함으로 인체가 원하는 방향으로 변화하지만, 몸에 대사 장애 같은 여러 부작용이 나타난다. 따라서 정기적 검사가 필요하다.

여성화 호르몬(estrogen)을 투여받은 남자 환자는 투여 즉시 만족을 보이고 성적인 충동도 감소한다. 몇 개월 후에는 전체 체형이 여성처럼 부드러워지고 유방도 커지며 고환의 크기가 줄어들고 몸의 털이 소실된다. 그러나 목소리는 변하지 않는다. 여성화 호르몬의 주된 위험은 혈액 응고 장애, 담석증, 간 수치 증가, 체중 증가, 중성 지방 증가, 심혈관 질환, 고혈압, 프로락틴 증가 등이다.

---

570) Cretella M. Gender dysphoria in childhood and suppression of debate. Journal of American Physicians and Surgeons. 2016;21(2):50-54.

571) Cohen D, Barnes H. Transgender treatment: Puberty blockers study under investigation. BBC Newsnight. 22 July 2019. https://www.bbc.com/news/health-49036145

572) Ghorayshi A. England Limits Use of Puberty-Blocking Drugs to Research Only. The New York Times June 9, 2023. https://www.nytimes.com/2023/06/09/health/puberty-blockers-transgender-children-britain-nhs.html

남성화 호르몬(testosterone)을 투여받은 여자 환자는 여자는 음핵이 커지며 몇 개월 후에는 월경이 없어지고 목소리가 변하고, 체모도 증가하고 체형도 남성다워진다. 주된 위험은 적혈구 증가, 체중 증가, 여드름, 대머리, 수면 무호흡증, 당뇨병, 고혈압 등이다. 기타 혈액 응고 지연, 간 기능 저하, 고지혈증, triglyceride 농도 증가 그리고 불임의 위험 등의 부작용이 있다.

③ 성전환 수술(sex reassignment surgery)

용모나 성징을 다른 성으로 변경하는 외과 수술이다. 다른 표현으로 성 확인(affirmation) 수술, 생식기 재건 수술(genital reconstruction surgery, GRS) 등이 있다. 그러나 아직까지 실제로 성을 바꾸는 것이 불가능하기 때문에 성전환이란 틀린 용어다. 성 소수자들은 성전환 수술보다는 성 확인 수술로 명칭을 변경할 것을 요구하고 있다. 이 수술은 유아의 간성 치료에도 사용된다.

이 수술은 원치 않는 성징을 제거하고, 반대 성 성징들을 성형 수술해 주는 것이다.[573] 복잡하고 비싼 최고급 성형(미용) 수술이다. 여성화 성전환 수술은 남성 성기 제거 및 질 형성술, 유방 확대술 등이다. 남성화 성전환 수술은 음경 재건술(Phalloplasty), 음핵을 키워 음경의 기능을 하는 수술(Metoidioplasty) 등이다.

환자는 단기적으로 만족한다. 단기 부작용으로 수술 흉터, 요도 협착, 직장-질 사이의 누공(rectovaginal fistula) 등이 있다. 그러나 장기적 부작용은 심각하다.

---

573) 여성화 성전환 수술로 남성 성기 제거 및 질 형성술, 유방 확대술, 자궁 제거, 등의 수술을 받는다. 남성화 성전환 수술로 음경을 만들기 위하여 다른 조직의 세포를 이식하거나(음경 재건술, Phalloplasty) 음핵을 키워 음경의 기능을 하는 수술(Metoidioplasty)을 하기도 한다.

장기적 후유증 연구- 성전환 수술 후 사람들은 우울증과 자살 시도를 많이 보이고 삶의 질도 낮다는 사실들은 오래전부터 논의되어 왔다.[574] 결정적인 연구로 2011년 한 스웨덴 인구 연구[575]는 SRS 받은 300명을 30년간 추적하여, 일반 인구에 비해, 놀랍게도 높은 사망률을 발견하였다. MtF, FtM 모두 일반 인구에 비해, 자살률이 높았고, 정신 병원 입원 비율이 높았고, 범죄율도 높았다. 범죄율은 특히 Female-to-males에서 높았다. 결론은 SRS는 비록 젠더 불쾌증을 경감시키나 transsexualism 치료라기에는 맞지 않다는 것이며, SRS 이후에도 정신학적 내지 의학적 케어를 요한다는 것이다.

최근 흥미 있는 사건이 있었다. 2019년 한 연구[576]가 세계에서 가장 큰 성전환 수술자 dataset(N= 2,679)에 대한 연구를 통해 호르몬 치료는 아니더라도 성전환 수술이 정신 건강상의 유익을 가져다준다고 주장하였다. 그러나 이 논문이 발표된 후 이 연구에 통계 방법이 잘못되었다는 편지가 편집자에게 쇄도하였다. 그 결과 2020년 8월 1일 판에 수정(correction)이 출판되었다.[577] 즉, 올바른 통계 방법으로 자료를 다

574) Eldh J, Berg A, Gustafsson M. Long-term follow up after sex reassignment surgery. Scand J Plast Reconstr Surg Hand Surg 1997;31:39-45.
De Cuypere G, T'Sjoen G, Beerten R, Selvaggi G, De Sutter P, et al. Sexual and physical health after sex reassignment surgery. Arch Sex Behav 2005;34:679-690.
Newfield E, Hart S, Dibble S, Kohler L. Female-to-male transgender quality of life Qual Life Res 2006;15:1447-1457.
Kuhn A, Bodmer C, Stadlmayr W, Kuhn P, Mueller MD, et al. Quality of life 15 years after sex reassignment surgery for transsexualism. Fertil Steril 2009;92:1685-1689 e1683.

575) Dhejne C, Lichtenstein P, Boman M. Johansson ALV, Långström N, Landén M. Long-Term Follow-Up of Transsexual Persons Undergoing Sex Reassignment Surgery: Cohort Study in Sweden. PLOS 2011. https://doi.org/10.1371/journal.pone.0016885

576) Bränström R, Pachankis JE. Reduction in Mental Health Treatment Utilization Among Transgender Individuals After Gender-Affirming Surgeries: A Total Population Study. Am J Psychiatry Published Online:4 Oct 2019. https://doi.org/10.1176/appi.ajp.2019.19010080

577) Correction to Bränström and Pachankis. Am J Psychiatry. Published Online: 1 Aug 2020. https://doi.org/10.1176/appi.ajp.2020.1778correction

시 분석한 결과, 성전환 수술은 정신 건강에 유익을 가져다주지 않았다는 것이다.이러한 수술법의 장기적인 연구 과제는 줄기세포로 자궁 등을 배양하거나 면역 거부 반응을 극복하고 다른 사람의 생식 기관을 이식하는 것이다.

성전환 시술의 문제점

① 성전환 시술은 결코 성을 바꾸어 주지 못한다. 정신적 문제를 수술(신체적)로 해결할 수 없다. 그러면서 건강한 몸을 훼손한다. ② 단기적으로는 젠더 불쾌증을 경감시켜 주지만, 호르몬 제제나 수술의 부작용이 있다. ③ 성전환 수술이 등장한 지 오래되면서, 그 장기적 부작용이 증명되고 있다. 이들은 시술 후에도 SRS 이후에도 지속적인 정신학적 내지 의학적 케어를 요한다. ④ 영구적 불임을 초래한다. (임신 능력을 박탈한다.) ⑤ 소아기 트랜스젠더가 증가함에 따라, "자기 결정권"에 근거하여 사춘기 차단제를 복용하는 소아 청소년이 증가하고 있다. ⑥ 성전환 시술 받은 것을 후회하는 사람들이 나타나고 있다.

존스 홉킨스 의대 정신과의 전 주임 교수였던 Dr. Paul McHugh는 젠더 불쾌증은, 신경성 식욕 부진증(anorexia nervosa) 또는 신체 변형 장애(body dysmorphic disorder)처럼 보아야 한다고 주장한다.[578] 즉, 젠더 불쾌증은 신체에 대한 잘못된 인지·가정(망상, 강박 관념 등)에 의한 병들 중 하나다. 따라서 치료는 수술이나 호르몬 투여 같이 치료를 신체로 향할 것이 아니라, 정신으로 향해야 한다고 주장한다. 비유하자면 성전환 시술은 비만 공포를 가진 섭식 장애 환자를 지방 흡입으로 치료하는 것과 같이 궁극적으로 효과가 없다. 또한 성전환 시술 후

---

578)   McHugh P. Transsexual Surgery isn't the solution. Wall Street Journal. June 12, 2014.

에도 여전히 높은 자살율, 사망률, 정신 건강 문제들을 보인다는 사실은 성전환 시술을 해야 하는지를 의심케 한다. 그럼에도 불구하고 사람들은 진지한 정신 의학적 고려 없이 성전환 확인(affirmation)으로 곤두박질하듯 몰려가고 있다. 그는 성전환 수술을 인권처럼 생각하는 것은 망상이라 하였다. 특히 판단 기능이 아직 미숙한 어린 사람에게 시행하는 informed consent도 문제며, 부모들도 무지해서 휩쓸려 가고 있다고 비판한다.

최근 소아에게 사춘기 차단 요법을 시행할 경우 informed consent를 받을 때 반드시 자폐증을 평가하라고 한다. 그 이유는 트랜스젠더에 자폐증 증상이 있는 경우가 많아, 판단에 장애가 있을 수 있기 때문으로 보인다.

후회하는 경우

많은 연구들이 성전환 수술 후 남성 환자의 70%, 여성 환자의 80% 등 수술 후 만족을 보인다고 주장한다.[579] 성전환 수술을 통해 유명해지는 사람들이 있다. 그러나 한편 성전환 수술 후 후회하는 사람이 생겨나고 있다.[580]

버밍검대학의 Aggressive Research Intelligence Facility (Arif)는 2004년 국제적으로 출판된 성전환 시술에 대한 연구 논문 100여 편을 review 하여 다음과 같은 결론을 내렸다[581]: 아무 연구도 성전환 시술이 유익하다는 증거를 보여 주지 못하고 있다. 오히려 상당수 환

579) https://www.nytimes.com/2007/02/01/garden/01renee.html

580) Batty D. Mistaken identity. Guardian. 31 Jul 2004. https://www.theguardian.com/society/2004/jul/31/health.socialcare

581) Batty D. Sex changes are not effective, say researchers. The Guardian. 30 Jul 2004. https://www.theguardian.com/society/2004/jul/30/health.mentalhealth

자가 수술 후에도 여전히 심각하게 정신적 고통을 받고 있었으며, 자살 기도마저도 있었다. 대부분의 연구는 잘못 디자인되어 결과가 성전환 시술이 유익하다는 방향으로 왜곡되고 있었다. 특히 추적 연구에서 연구 대상의 반 이상이 탈락하였다. 탈락은 수술 결과에 대한 불만족 때문 또는 자살 때문이라고 추정할 수 있다. 결국 수술 결과에 만족하는 대상만 선택적으로 연구하게 될 가능성이 크다. 따라서 성전환 수술이 얼마나 많은 사람에게 불행을 가져다주는지, 또는 얼마나 심각하게 나쁜지 알 수 없다. 수술에 의한 외상(트라우마)이 오래가는 경우도 많았다. 그래서 수술 후 언제인가 자살하는 것이 아니겠는가 하였다.

재전환(detransition)- 성전환 수술을 후회하고 도로 이전으로 돌아가고 싶어 하고, 그래서 다른 사람에게 전환 수술을 말리는 활동을 하는 경우도 있다.[582] 어떤 트랜스젠더들은 (특히 30세 이상인 transwomen인 경우) 성전환을 한 후 후회하고 원래 성으로 다시 되돌아가려는 (detransition) 욕구에 괴로워하기도 한다. 그 후회는 공개하지 말아야하는 터부로 남아 있다고 한다.[583]

582) https://www.nytimes.com/2007/02/01/garden/01renee.html
583) Shute J. The new taboo: More people regret sex change and want to 'detransition', surgeon says. Natiºnal Post. Postmedia. 2001.
https://nationalpost.com/news/world/the-new-taboo-more-people-regret-sex-change-and-want-to-detransition-surgeon-says

8. 젠더퀴어(Genderqueer)

원래 퀴어(Queer)는 "이상한", "색다른" 등을 나타내는 단어였지만, 현재는 젠더퀴어뿐 아니라 다른 성 소수자들 전체(레즈비언, 게이, 양성애자, 트랜스젠더, 젠더퀴어, 간성 등)를 포괄하는 단어로 사용되고 있다.

젠더퀴어(gender queer)는 남성과 여성 두 가지로만 분류하는 기존의 이분법적인 성 구분(Gender binary 또는 cisnormativity)을 벗어난 모든 종류의 젠더 정체성을 포괄적으로 지칭하는 용어이다. 비이원성(non-binary) gender라고도 한다.

현재 여러 종류의 젠더퀴어가 제시되고 있다. 젠더 정체성이 두 개 이상이거나(bigender, trigender, polygender, pangender), 젠더가 없다고도 한다(agender, nongendered, genderless, genderfree, neutrois). 또는 양쪽 젠더의 중간에 있거나, 젠더가 유동적이기도 한다(genderfluid). 자료에 의하면 현재 약 50여 개 이상의 젠더퀴어가 제안되고 있다.[584]:

역학- 대체로 트랜스젠더 중 35%[585] 또는 52%[586]가 젠더퀴어라 한다. 젠더퀴어는 binary 트랜스젠더보다 비이성애자일 가능성이 크

---

584) NonBinary.org. 예를 들면 gendersea, genderfuzz, genderfractal, genderspiral, genderswirl, gendervex, gyaragender, libragender, ogligender, queerplatonic relationships, zucchini, ambigender, demiflux, ambigender, bigender, blurgender, collgender, conflictgender, cosmicgender, crystagender, deliciagender, duragender, demiflux, domgender, fissgender, gemelgender, gendercluster 등 등. 제3의 젠더라는 개념도 있다.

585) James SE, et al. The Report of the 2015 U.S. Transgender Survey. Washington, DC: National Center for Transgender Equality. 2016. https://www.transequality.org/sites/default/files/docs/USTS-Full-Report-FINAL.PDF

586) Government Equalities Office. National LGBT Survey: Research Report. 2018. https://assets.publishing.service.gov.uk/government/uploads/system/uploads/attachment_data/file/721704/LGBT-survey-research-report.pdf

다.[587) 젊은 층에 많다.

원인- 트랜스젠더에 생물학적 원인이 밝혀져 있지 않듯이, 젠더퀴어에 대한 생물학적 원인도, 검색 결과, 연구된 바가 발견되지 않는다. 트랜스젠더의 정신 사회적 내지 정신 역동적 원인에 대해서는 연구는 다소 있지만, 독립적으로 젠더퀴어에 대한 연구는 매우 드물다.

그러나 다른 정신 장애의 발생 과정으로 유추해 볼 수 있다. Saleem 및 Rizvi(2017)[588)은 최근 문헌 review를 통해, 성 정체성 장애(트랜스젠더)는 선천성(산전 호르몬 영향, 뇌 구조적 변화), 유전, 소아기 역경, 태만(돌봄을 못 받음), 그리고 정신 장애(조현병, 자폐증 등)와의 관련성 등을 종합하여 복합적이라고 추론하였다. 즉, 트랜스젠더의 원인도 상호작용하는 생물-정신-사회적 모델에 따른다. 따라서 일반적으로 생물학적 소인과 정신 사회적 소인이 작용하여 Gender Identity Disorders(트랜스젠더)를 발생시킨다고 추론한다[589).

젠더 정체성을 스스로 선택한다는 견해도 있는데, 그러면 왜 그런 비규범적인 선택을 하는가 하는 정신 사회적 내지 정신 역동적 원인을 밝혀야 한다.

성 정체성 장애는 인격 발달 장애의 하나다. 트랜스젠더 사람이 자신은 남자 몸에 갇혀 있는 여자라고 말한다면, 이는 내면의 갈등과 소원이 투사된 상태다. 이것이 프로이트 정신 분석의 이론이다.

---

587) Harrison J, Grant J, Herman JL. A gender not listed here: genderqueers, gender rebels, and otherwise in the national transgender discrimination survey. LGBTQ Public Policy. J. Harv. Kennedy Sch. 2012;2:13-24.

588) Saleem F, Rizvi SW. Transgender Associations and Possible Etiology: A Literature Review. Cureus. 2017;9(12):e1984. doi: 10.7759/cureus.1984

589) BradleySJ et al, Gender Identity Disorders. International Encyclopedia of the Social & Behavioral Sciences, 2001. https://www.sciencedirect.com/topics/psychology/gender-identity-disorder

정신 건강

최근 연구 관심사가 되고 있지만, 다른 성 소수자들에 비해 연구는 아직 드물다. 흔히 트랜스젠더 연구에 포함되나 젠더퀴어를 구분하지 않고 진행하여, 젠더퀴어의 상황을 알기 어렵다.

젠더퀴어 역시 사회적으로 주변화되고 억압받고 차별을 받아[590] 불안, 우울증, 약물 남용, 자살 시도, 낮은 삶의 질, HIV/AIDS, 홈리스, 범죄 피해(victimization), 부정적 경찰 관련 일 등등 정신 건강이 나쁘다.[591] 그러나 자살 시도는 낮다고 한다.[592] 이들의 정신 건강 문제는 차별, 지지 자원의 부족, 내면화된 스티그마 등으로 더 악화된다. 그러나 그들은 차별의 공포, 문화적 무능력, 재피해의 가능성 등 때문에 치료나 경찰의 도움을 받는 것을 주저한다.

---

590) Hendricks ML, Testa RJ. A conceptual framework for clinical work with transgender and gender nonconforming clients: an adaptation of the minority stress model. Prof Psychol Res Pract 2012;43:460-467.

591) Bockting WO, et al. Stigma, mental health, and resilience in an online sample of the US transgender population. Am J Public Health 2013;103:943-951.
Bradford J, et al. Experiences of transgender-related discrimination and implications for health: results from the virginia transgender health initiative study. Am J Public Health 2013;103:1820-1829.
Scandurra C, et al. Minority stress, resilience, and mental health: a study of Italian transgender people. J Soc Issues 2017;73, 563-585.
Fiani CN. Beyond the binary: Gender identity and mental health among transgender and gender non-conforming adults (Doctoral dissertation). John Jay College, The City University of New York, New York, NY, United States. 2018.
Matsuno E, Budge SL. Non-binary/Genderqueer Identities: a Critical Review of the Literature. Current James SE, Herman JL, Rankin S, Keisling M, Mottet L, Anafi M. The Report of the 2015 U.S. Transgender Survey. Washington, DC: National Center for Transgender Equality; 2016. https://www.transequality.org/sites/default/files/docs/USTS-Full-Report-FINAL.PDF-Government Equalities Office. National LGBT Survey: Research Report. 2018. https://assets.publishing.service.gov.uk/government/uploads/system/uploads/attachment_data/file/721704/LGBT-survey-research-report.pdfSexual Health Reports 2017;9(3). DOI: 10.1007/s11930-017-0111-8

592) James SE, et al. The Report of the 2015 U.S. Transgender Survey. Washington, DC: National Center for Transgender Equality. 2016.https://www.transequality.org/sites/default/files/docs/USTS-Full-Report-FINAL.PDF

한편 11개의 관련 연구들을 종합 분석한 한 연구[593]는 우울, 불안, 자살 시도 등에서 트랜스젠더와 젠더퀴어 간의 차이가 있어 어느 한 쪽이 더 좋기도 하고 더 나쁘기도 하는 등 다양하였다. 그러나 cis-gender와 비교해서는 젠더퀴어에서 분명히 더 나빴다.

Budge 등[594]은 젠더퀴어 사람들에서 사회적 지지가 있으면 우울증과 불안이 감소하였다. 긍정적 대응(coping) (도움을 찾는 것 등)을 하고 있는 경우 불안이 덜하였으나, 회피적 대응을 하는 경우 불안과 우울증이 심하였다. 강한 사회적 지지를 받는 사람들은 긍정적 대응을 하는 경향이 있었다.

정신 건강 장애의 원인- 한 대규모 인구 연구에서 젠더퀴어는 일반 트랜스젠더 사람들에 비해 비슷하거나 더 심한 차별과 폭력에 고통받고 있다고 한다.[595] 즉, 신체적 공격, 성폭력, 경찰의 추행, 실직, 차별에 의한 공포에 대한 건강 케어 받지 못함 등이 많았다. 차별은 집주인, 젠더퀴어 사람들은 교육 수준에서 대학 교육은 일반인들보다 1.74배 더 받으나, 차별과 해고는 두 배 많이 받으며, 4배 이상 가난하였다 (연봉 만불 이하).

593) Cristiano S et al. Health of Non-binary and Genderqueer People: A Systematic Review. Front Psychol 25 June 2019. https://www.frontiersin.org/articles/10.3389/fpsyg.2019.01453/full#B35

594) Budge SL, Rossman HK, Howard KA. Coping and psychological distress among genderqueer individuals: the moderating effect of social support. Journal of LGBT Issues in Counseling. 2014;8(1):95-117.

595) Harrison J, Grant J, Herman JL. A gender not listed here: genderqueers, gender rebels, and otherwise in the national transgender discrimination survey. LGBTQ Public Policy Jjournal at the harvard kennedy school 2012;2:13-24. https://escholarship.org/uc/item/2zj46213

젠더퀴어에 대한 치료

젠더퀴어 사람들의 건강에 대한 관심이 높아지고 있고 어떻게 치료해 줄 것인가에 대한 연구도 증가하고 있다.[596] 그러나 실제 이에 대한 연구는 매우 드물다. 연구가 있어도 전체 binary 트랜스젠더 연구에 포함되어 있다.

많은 젠더퀴어들은 성전환을 위한 호르몬 시술을 원한다고 한다.[597] 그러나 실제 도움을 받는 경우는 일반 트랜스젠더보다 낮다.[598] 전반적으로 non-binary 젊은이들(13%)은 binary 젊은이들(52%)보다 호르몬 치료에 접근하는 데 더 많은 장벽을 느낀다고 한다.[599]

관련 학회나 다수 연구자들은 젠더퀴어 사람들에게도 확인 치료를 하라고 주장한다.[600] 그러나 트랜스젠더에 대한 젠더 확인 치료는 젠더퀴어에 대해서는 꼭 맞지 않다고 한다.[601] 따라서 다소 다른 접근을 요한다고 말한다. 그러나 실제로 어떻게 하라는 구체적인 방법이나 가이드라인에 대해서는 아직 콘센서스가 확립되지 않고 있는 듯하다. 젠더퀴어 사람들은 자신들의 상태에 대해 상담을 받고자 하는 의도

---

596) Vincent B., Lorimer S. (2018). Transgender Health: A Practitioner's Guide to Binary and Non-Binary Trans Patient Care. London: Jessica Kingsley. [Google Scholar] [Ref list]

597) Beckwith N, et al. Factors associated with gender-affirming surgery and age of hormone therapy initiation among transgender adults. Transgend Health 2017;2:156-164.

598) James SE, et al. The Report of the 2015 U.S. Transgender Survey. Washington, DC: National Center for Transgender Equality. 2016.
https://www.transequality.org/sites/default/files/docs/USTS-Full-Report-FINAL.PDF

599) Clark BA, et al. Non-binary youth: access to genderaffirming primary health care. Int J Transgend 2018;19:158-169. 10.1080/15532739.2017.1394954

600) Matsuno M. (2019). Nonbinary-affirming psychological interventions. Cogn. Behav. Pract. [Epub ahead of print]. 10.1016/j.cbpra.2018.09.003Clark BA, et al. Non-binary youth: access to genderaffirming primary health care. Int J Transgend. 2018;19:158-169. 10.1080/15532739.2017.1394954

601) Kristen L Eckstrand 1, Henry Ng 2, Jennifer Potter 3. Affirmative and Responsible Health Care for People with Nonconforming Gender Identities and Expressions. AMA J Ethics 2016;18(11):1107-1118.

는 많으나 실제 도움을 받는 경우는 트랜스젠더 사람들보다 낮다고
도 하고,[602] 차이가 없다고도 한다.[603]

치료받는 비율이 낮은 이유로는 아마도 트랜스젠더 사람들에 비해
젠더퀴어 사람들이 의학적 치료를 덜 필요로 하기 때문인 것 같다.[604]
또는 젠더퀴어 사람들은 의사들과 정신 건강 전문가들이 자신들에
대해 편견을 갖거나 낯설어할 것이라고 짐작하기 때문일 수도 있
다.[605] 또는 자신들의 젠더를 잘못 파악하고 있어 치료가 잘못될 것
같다는 선입견도 있을 수 있다.[606]

IV. 맺는말

① 동성애는 동성 간 사랑이라기보다 동성 간 성행위를 말한다. 또
한 젠더와 트랜스젠더는 생물학적 근거가 없으며 인위적인 개념이다.
그나마 LGBT의 개념이 현재 매우 복잡하게 진화하고 있으며, 한 개
인의 성적 지향이나 성 정체성 유동적이다. 따라서 법적으로 정의하

602) James SE, et al. The Report of the 2015 U.S. Transgender Survey. Washington, DC: National
      Center for Transgender Equality. 2016.
      https://www.transequality.org/sites/default/files/docs/USTS-Full-Report-FINAL.PDF

603) Scandurra C, et al. Minority stress, resilience, and mental health: a study of Italian transgender
      people. J Soc Issues 2017;73:563-585.

604) Puckett JA et al. Barriers to gender-affirming care for transgender and gender nonconforming
      individuals. Sex. Res. Soc. Policy 2018;15:48-59. 10.1007/s13178-017-0295-8

605) Lykens J E, LeBlanc AJ, Bockting WO. Healthcare experiences among young adults who identify
      as genderqueer or nonbinary. LGBT Health 2018;5:191-196. 10.1089/lgbt.2017.0215

606) Baldwin A, et al. Transgender and genderqueer individuals' experiences with health care provid-
      ers: what's working, what's not, and where do we go from here? J. Health Care Poor Underserved
      2018;29:1300-1318. 10.1353/hpu.2018.0097

기 곤란하다.

② LGBT 사람들은 원래 소수이지만 최근 변화된 사회 풍조에 따라 그 수가 증가하고 있다. 이에 따른 사회적 문제도 증가하고 있다. 차별금지법은 이러한 사태 변화를 촉진할 것이다.

③ LGBT의 원인이 유전-선천적이라는 증거가 없다. 동성애나 트랜스젠더를 일으키는 단일한 유전자는 없다. 단지 동성애가 몇 개의 유전적 특성들과 관련된다는 증거들이 있지만 이는 동성애에 특정한 것이 아니라 모든 인간 행동에 모두 유전적 요소가 있다는 것과 같은 의미에 지나지 않는다.

④ LGBT가 내면의 정신 역동적 문제 또는 정신성 발달(인격 발달) 과정에서의 문제, 특히 과거 소아기 역경 경험(ACEs) 때문이라는 주장이 설득력이 있다. 이로서 LGBT를 전환 치료 하는 길이 있는 것이다. 그러나 사회적 매체들은 여전히 동성애가 타고나며 정상이며, 치유되지 않는다는 주장을 반복 옮기고 있다. 그러면서도 동성애는 인간의 "선택"의 문제가 아니라고 한다. 왜곡된 정보들이 정치적으로도 오남용되고 있다.

⑤ LGBT의 라이프스타일은 그 자체로 문제가 많다. 우선 무엇보다도 결과적으로 불임이다. LGBT 특유의 성행위 방식에 따른 합병증적인 신체적 질병, 즉 성병-매독, 에이즈 등이 많다. 또한 LGBT에 동반되는 우울증, 불안 상태, 자살, 약물 남용 같은 정신 건강 문제도 많다. 질병이 아니더라도 LGBT는 난폭성, 충동성, 문란성, 등등 수많은 행동 문제들을 보이고 있다.

LGBT의 정신 건강 문제가 "차별" 때문이라고 주장이 많으나, 차별이 없어진 지 오랜 시간이 지난 서구 국가에서 동성애자들의 정신 건강 문제들에 별 변화가 없다. 또한 LGBT는 일종의 "노이로제"로서 다른 노이로제(우울증, 불안, 자살 등)와 공통적인 "내면"의 과정을 공유하고 있다. 따라서 흔히 LGBT+ 사람에게 각종 노이로제들이 병발하는 것은 충분히 가능하다.

⑥ 동성애가 정신 장애 목록에서 빠진 것(declassification)은 과학적 근거에 의해서가 아니라 인권이라는 사회적 이슈와 동성애자들의 폭력 시위의 압력 때문이었다. 그래도 현재의 모든 의학적 증거들은 LGBT이 불임이라는 사실과 관련 행위들이 자신과 타인과 사회에 해가 되기 때문에 "병적"임을 확인시킨다. 트랜스젠더는 정신 장애가 아니라고 하면서 여전히 질병 분류에 포함하고 있다. 그것은 성전환 수술을 해 주기 위함이다. (수술을 해 주어야 한다면 이는 병이 아닌가?)

⑦ 따라서 어떤 행동이 정상인가 병적인가 하는 것은 그 "열매", 즉 그 행동이 자신과 타인과 사회에 유익을 끼치는가 또는 해를 끼치는가 하는 것에 달려 있다.

동성애는 이성애와 생식을 위한 자연의 프로그램을 도착적으로 오용, 남용하는 것이다. 자연의 오남용은 거의 반드시 질병을 일으킨다. 질병은 생명을 훼손한다. 동성애가 바로 그러하다. 그래서 인류 사회는 경험과 관찰을 통해 얻은 지식을 근거로 역사적으로 동성애를 반대해 온 것이다. 이는 근친 결혼이 기형을 낳는다는 사실 때문에 금기시하게 된 것과 같은 이치다. 불륜이나 이혼, 낙태 등도 생명 현상을 훼손하는 행동이다.

⑧ 시간 경과에 따라 성 지남과 젠더 정체성은 자연적으로 변화하는 수가 있다. 이는 LGBT가 고정적이 아니며 따라서 유전적이 아니라는 의미. 또한 이는 전환 치료의 가능성을 지지하는 것이다.

⑨ LGBT+는 정신 치료(정신 분석, 상담)로서, 또는 의지로서, 또는 신앙의 힘으로 바꿀 수 있다. 실제로 그런 증거들이 있다.

이상 LGBT에 대한 의학적 사실들에 근거하여 저자는 다음과 같이 주장한다.

① 인간의 성은 남, 여 이원적(binary)이라는 과학적 사실에 의거하여 사회 정책을 세워야 한다. 우리는 혼란을 피하기 위해 젠더 대신 성이라는 용어를 사용하여야 한다.

② 일부일처제의 가족 체계를 유지해야 한다.

③ 한국 교회는 합심하여 젠더 이데올로기를 막아내고 차별금지법과 동성혼을 저지하기 위해 노력해야 한다.

④ 당장 소아 청소년에게 올바른 성교육을 시작하여야 한다. 우리는 올바른 성교육이란 성경에 입각한 성교육이라 믿는다.

⑤ 제안

끝으로 LGBT+ 문제를 해결하고 기독교 성 윤리를 promote 하기 위한 연구소를 설립할 것을 제안한다. 한국 교회가 연합하여, 연구비를 조성하고, 학제 간 연구와 도서관, 기독교적 성교육과 LGBT 치유를 연구하고 교육하는 종합적 연구 기관을 설립할 필요가 있다. 교회는 앞으로 "쾌락적 섹스"를 새로운 개념의 "사랑"이라고 주장하는 철학, 심리학 등과 치열하게 논쟁하여 이겨 내야 한다.

감리회 신학과 목회 현장의 정체성에 관한 한 신학자의 사색

왕대일 목사

하늘빛 교회 담임, 감신대 은퇴 교수, 미 클레어몬트 Ph.D.,
한국구약학회 회장, 한국기독교학회 회장 역임

1. "네 이름이 무엇이냐"(창 32:27), 감리교회라는 브랜드

감리교회의 신학과 목회 현장의 정체성을 묻고 답하는 강연을 해 달라는 부탁을 받았을 때 맨 먼저 떠오른 성경 말씀은 "네 이름이 무엇이냐"는 질문이었다. 이 질문은 우리 귀에 친숙하다. 야곱이 얍복 나루터에 홀로 남아 있을 때 "어떤 사람이 날이 새도록 야곱과 씨름하다가"(창 32:24) 야곱에게 던졌던 질문, "네 이름이 무엇이냐"는 소리는, 오늘의 감리 교회 목회자들의 귀에도 들리는 하늘의 소리일 수 있다. 비록 "씨름"의 차원은 다르지만, 오늘 우리 목회자들이 마주 대하고 있는 상황도 온 힘을 다해 '씨름' 하지 않으면 안 될 또 하나의 얍복 나루터이기 때문이다. 우리는 지금 무엇과 '씨름' 하고 있는가? 우리가 바로 듣고 아로새겨야 할 '이름'은 무엇인가?

이름을 묻는다는 것은, 정체성(identity)을 확인한다는 뜻이다. 정체성 다지기는 개인의 차원에 머물지 않는다. 정체성을 확인하는 과제가 개인을 넘어 공동체나 단체, 기업 등으로 이월될 때 정체성은, 오늘날 시장 경제 사회에서는, "로고(logo)"나 "브랜드(brand)"로 표현된다. 가령, 정체성이 나의 나 됨을 개인의 내면에서 확인하는 지표라면, 브랜드는 나의 나 됨을 이웃(사회) 속에서 확인하는 좌표가 된다. "이름"은 사회 경제적으로는 "브랜드"와 상통한다. 상품에 찍힌 브랜드(상표)는 브랜드로 포장된 상품의 가치를 선도한다. 기업이 생산하는 제품의 브랜드는 기업의 이미지일 뿐만 아니라 상품 못지않은, 어쩌면 상품보다 더 큰, 소중한 자산이다. 이런 맥락에서, 창세기 32장에서 얍복 나루의 밤이 브니엘의 아침으로 바뀌는 장면은, 야곱이라는 브랜드가 이스라엘이라는 브랜드로 바뀌는 장면이 된다. 야곱은 브니엘(하나님의 얼굴)의 아침이 여는 세상을 야곱이 아닌 이스라엘이라는 브랜드로 맞이해야 했다.

우리는 "기독교대한감리회"(감리교회) 목회자들이다. 우리 공동체의 이름은 감리교회다. 오늘날 한국 사회에서, 한국 교회에서, 감리교회라는 이름의 위상은 어느 정도일까? 시장 경제 용어로 말해 감리교회라는 이름의 "브랜드 파워"는 어느 정도일까? 한국 사회 전반적인 지평에서 한국 교회의 대략 70%는 "대한예수교장로회"라는 로고의 장로교회다. 내가 현재 목회하고 있는 지역(강서구)에는, 강서구청 자료에 따르면, 모두 469개 교회가 있는데 그 가운데 감리교회는 54개로 전체 대비 12%가 안 된다. 전 세계적으로 보았을 때 장로교회가 위력을 발휘하는 현장은 한국 사회뿐이지만, 문제는 그 한국 사회의 시민들이 찾아가는 교회가 장로교회로 쏠려 있다는 현실이다. 왜 한국 사회에서는, 한국인에게는, 장로교회가 대내외적 위상에서 절대적인 영향력을 행사하고 있는 것일까? 1885년에 시작된 한국 교회의 첫걸음은 감리교회의 아펜젤러와 장로교회의 언더우드가 함께 내딛지 않았던가? 한국 교회 부흥 운동의 초석은 로버트 하디가 닦지 않았던가? 왜 오늘날 감리교회는 교계 안팎의 지도력·영향력이나 교인 흡수력에서,

브랜드 파워에서, 장로교회에 미치지 못하는 것일까?

얼마 전에 한국 장로교회의 한 교단이 대대적으로 내건 광고가 있었다. 총회 창립 45주년 기념 대회 광고였다. 그 광고를 들여다보다가 상당히 도전적인 문구에 잠시 생각이 머문 적이 있다. "대한예수교장로회 ○○총회 창립 45주년"과 "○○○ 총장 성역 45주년"을 나란히, 동시에, 광고하고 있었다. 순간, 나 자신에게 이렇게 물어보았다. '45년 전에 탄생한 늦둥이 교단이 이렇게 커졌다는 말인가? 한 사람의 헌신으로 탄생한 교단이, 45년 역사에 지나지 않은 교단이, 어떻게 해서 교회 수나 교인 수에서 우리 감리교회를 훨씬 더 앞지를 수 있었을까?'

이 질문은 이렇게도 이어졌다. 한국 교회 연합 운동에서 지금 감리교회가 차지하고 있는 위상은 어느 정도일까? 이러저러한 연합 조직 안에서 우리 감리교회가 행사하고 있는 영향력은 어느 수준일까? 그 연합 조직 안에서 우리 감리교회가 누리고 있는 위상은 어떤 모습인가? NCCK 탈퇴 여부가 지금 우리 감리교회의 뜨거운 이슈지만, 그동안 감리교회가, 감리교회라는 이름으로, NCCK의 정체성을 바로잡고자 얼마만큼 노력하였는가?

내가 사역하는 감리교회는 웨슬리 복음주의와 에큐메니칼(ecumenical)이라는 두 날개로 비상하는 교단이다. 웨슬리 복음주의와 에큐메니칼은 감리교회의 정체성이다. 웨슬리 복음주의와 교회 일치 운동(에큐메니칼)은 한국 감리교회를 세워 온 두 기둥이다. 문제는, 지금 한국 감리교회가 웨슬리 복음주의에서나 에큐메니칼에서도 기대에 못미치고, 제 역할을 제대로 수행하지 못한다는 데 있다. 복음주의를 외치기는 하지만, 웨슬리 복음주의가 칼뱅의 교리나 웨스트민스터 신조 등에 기반한 복음주의나 오순절 복음주의와 무엇이, 얼마나, 어떻게 다른지를 익히지 못하고 있다. 에큐메니칼 운동에 동참하기는 했지만, 에큐메니칼 현장에서 곧게 세워야만 할 케리그마를 잊어버리고 말았다.

내가 아는 바로는, 에큐메니칼은 케리그마(kerygma)의 차원이기보다는 디아코니아(diakonia)의 차원에서 이루어진 교회 일치 운동이다. 케리그마는 함께 하는 자들을 나누어 놓지만, 디아코니아는 서로 다른 자들을 함께하는 동력이다. 성서 해석의 용어로 풀이한다면, 디아코니아는 콘텍스트(context)에, 케리그마는 텍스트(text)에 민감하다. 문제는 디아코니아의 분위기를 케리그마의 정서로 칠하려고 하는 데 있다. 텍스트의 소리를 외면한 채 디아코니아의 소리만을 크게 들으려고 하는 데 있다.

지금 한국 감리교회가 처해 있는 환경은 야곱이 홀로 마주해야 했던 얍복 나루의 씨름판과 다를 바가 없다. 우리 감리교회는 이 씨름판에서 "너의 이름이 무엇이냐?"고 묻는 하나님의 소리를 다시 들어야만 한다. 그 어떤 노력보다도 정체성을 다시 세워야 한다. 감리교회라는 이름을 다시 갈고 닦고 빛내도록 노력해야 한다. 한국 감리교회는 한국 교회의 모판이다. 민족의 역사와 함께 한국 감리교회는 그 영욕을 함께해 왔다. 오늘날 감리교회 위상이 140년 역사의 교단이라는 이름에는 미치지 못하지만, 이제부터라도 감리교회의 정체성을 다지는 일에 다시 나서야 한다. 이 일은 교단이 하는 것이 아니다. 교회가 해야 한다. 어느 한 교회가 하는 것이 아니다. 크든 작든 모든 교회가 함께해야만 한다. 교회가 있기 전에 교인이 먼저 있었다. 이제부터라도 진정한 감리교회 교인을, 진정한 감리교회 목회자를 세우고, 양육하고, 키워야 한다. 그럴 때 앞으로 100년 후 한국 교회의 지형도에서 한국 감리교회의 위상은 제 몫을 다할 것이다.

2. "너는 네 손에 있는 네 하나님의 율법을 따라"(스 7:14) - 감리교회의 신학

페르시아가 온 세계를 통치하던 시절 예루살렘의 유다 땅으로 귀환한 유다 사람들은 자기들의 정체성과 "살아가기의 바탕(ethos)"을 모세의 율법에서 찾았다. 그 시절을 헤쳐 가야 했던 "학자 겸 제사장 에스라"(스 7:11)는 그의 손에 있는 하나님의 율법에 따라서 신앙 공동체를 세우는 규범을 정하였고, 그런 에스라에게 예루살렘 수문 앞 광장에 모였던 이스라엘은 "모세의 율법책을"(느 8:1-3) 가져다가 읽어 달라고 주문하였다. 그 책에서 들리는 말씀으로 무엇을 믿고, 어떻게 살아야 하는지를 정하고자 했다. 말씀이 규범이 되고, 말씀이 경전이 되고, 말씀이 신학이 되면서 페르시아 시절 유다 사람들은 신앙 공동체의 생존을 향한 초석을 세웠다.

감리교회의 손에는 감리교회 신학이 있다. 감리교 신학의 토대는 아우틀러(A. Outler)가 정리했듯이 성서·이성·체험·전통이라는 "사중주(Quadrilateral)"에 기반을 둔 실천 신학(실천을 위한 신학)이다. 성서·이성·체험·전통이 어우러진 "해석학적 사중주"가 감리교 신학의 요체다. 이 토대 위에서 감리교회 신학은 "보편적인 구원"(하나님은 온 세상을 사랑하신다)과 "하나님의 선행(先行) 은총"에서 시작하여 회개 → 중생(重生)

→ 성화(聖化) → 그리스도인의 완전(사랑의 완성)으로 나아가는 구원 체험을 신학의 얼개로 삼는다. 이 얼개 안에서 하나님은 세상 안에 계시면서 개인뿐만 아니라 온 세상을 변화시키는 주님이라고 고백한다. 거기에서 그리스도의 몸인 교회는 하나님의 사랑의 피조물로서 세상속에 하나님의 통치를 구현하는 섬김의 공동체로 자리매김을 한다. 감리교회 신학은, 발터 클라이버(W. Klaiber)와 만프레드 마르쿠바르트 (M. Marquardt)의 책 제목대로, "삶으로 실천된 은혜(Gelebte Gnade)"로 요약된다. 우리가 무엇을 믿는가는 우리가 어떻게 살아가는가에서 드러나는 신학과 믿음의 실천이 감리교회 신학의 본질이다.

문제는 감리교회 신학이 감리교회 신학 교육에서 제대로 실행되고 있지 않다는 데 있다. 감리교회 신학은 신학 수업의 여러 교과목 중 하나일 뿐 결코 감리교회 신학 수업의 밑바탕이 아니다. 신학이 아닌 신학 교육에 문제가 있다는 소리다. 이런 문제는 감리교회 문제만은 아니다. 전체 개신 교회 신학 교육의 문제다. 신학 교육의 바탕이 지적 (intellectual) 오리엔테이션에 치중되어 있기 때문이다.

그런데도 감리교회 신학 교육에 문제가 있다고 말하는 것은, 감리교회 신학 교육의 틀 안에는 지적 오리엔테이션으로 허물어진 공간을 메꿀 영성적 오리엔테이션이 없다는 데 있다. 물론, 현재 감리교회 신학 교육의 현장에는 이런저런 영성 훈련 과정들이 있다. 내가 말하는 영성이란 영성 훈련이나 영성 프로그램의 과정이 아니다. 신학 교육자의 내면이, 신학 수업의 바탕에, 신학 수업을 하는 학생의 기초가 영성으로 다져져 있어야 한다는 소리다. 존 웨슬리가 바랐던 신학의 실천이 오늘날 감리교회 신학교육에서는 "학문"이라는 교본 속에 갇혀 있고 말았다. 실행과 수행이 없는, 정해진 학점만을 이수하면 목회자가 될 수 있는 현행 방식으로는, 교회를 위한 신학 수업을 온전히 감당하지 못한다.

신학이 학문으로 그쳐서는 안 된다. 현실은 그 반대다. 가령, 성경을 배우고 깨우치고 익혀야 하는 자리에 성서학이 들어서 있다. 예를 들어 성서학의 텍스트는 '말씀으로서의 성경(Scriptural Bible)'이 아니라 '학문으로서의 성서(academic Bible)'다. 감리교회 신앙(교리)을 배우고 깨우치고 익히는 자리에는 조직 신학이 있다. 교회의 역사를 배우고 익혀야 하는 자리를 역사학이 떠맡았다. 선교와 전도를 배우고 깨우치고 익혀야 하는 자리에 선교학·전도학이 들어서 있다. "학(學)"을 하지 말자는 이야기가 아니다. "학(學)"의 내용이 교회를 향한, 교회를 위한, 교회에 의한 배움과 익힘의 텍스트가 되도록 하자는 소리다. 감리교회 목회 현장이 감리교회 신학이라는 텍스트의 콘텍스트여야 한다는 소리다.

이제는 '교회의 신학인가, 신학의 교회인가'라는 갈림길에서 교회의 신학으로 그 방향을 과감하게 틀어야 한다. 한국 교회가 모진 겨울에 들어서 있는 지금, 신학 교육은, 감리교회 신학 교육은, 리모델링을 이루어야 한다. 신학 교육의 하드웨어가, 신학 교육의 소프트웨어가 달라져야 한다.

3. "너는 네 떡을 물 위에 던져라"(전 11:1), 교회의 존재 이유

구약의 지혜를 반(反)지혜의 차원에서 구축하고자 했던 전도자의 글에는 우리가 주목해야 할 문구가 하나 있다. "너는 네 떡을 물 위에 던져라, 여러 날 후에 도로 찾으리라"(전 11:1) 이 문구에 관한 해석은 여럿이다. 한 가지 분명한 것은, 던지면 도로 찾게 되는 날이 있으리라는 깨달음이다. 이 강연에서는 "네 떡을 물 위로 던지라"라는 소리에 주목해 본다. 교회는 세상에다 무엇을 "던져야" 할까, 무엇을 보여주어야 할까?

오래전에 레너드 스윗(Leonard Sweet)이 교회를 "4M" 형태로 구분한 적이 있다. 선교하는 교회(mission churches), 목회적 교회(ministry churches), 현상 유지 교회(maintenance churches), 박물관 교회(museum·monument churches). 우리 교회는 지금 어느 단계에 속하고 있는가? 레너드 스윗이 이 말을 했을 때 그가 진단했던 서구 교회는 현상 유지 교회에서 박물관 교회로 옮겨 가고 있었다. 내가 기억하기로는, 그때 레너드 스윗은 한국 교회는 아직 선교적 교회에서 목회적 교회 사이에 있다고 말했던 것으로 기억한다. 그러나 과연, 여전히, 그러한가? 코로나 시대에 한국 교회의 실상은 어떠했는가? 포스트 코로나의 충격에서 아직 헤어나지 못하고 있는 오늘날에 레너드 스윗의 "4M"으로 우리 교회를 진단한다면 어디에 속할까? 오늘날 대부분의 교회가 현상 유지에 매달려 있는 교회가 되고 말았다고 이야기한다면 지나친 소리일까? 아직은 한국 교회가 박물관 교회는 아니라는 사실에서 위안을 받는다고 말해야 할까? 세상을 위해서 존재하던 교회가 자신만을 돌보기 시작하면서부터 교회는 정체되기 시작한다.

지난 3년간 겪어야 했던 코로나 전염병 시대는 교회의 존재 방식을, 목회의 존재 양식을, 근본에서부터 다시 점검하게 하였다. 한국 교회가 교회 성장학 시대를 거치면서 목회의 패러다임으로 굳혔던 "성전" 지향적 교회·목회관을 다시 한번 성찰하는 기회가 되기도 했다. 이 기회에 나는 신앙 공동체의 뿌리를 성막·회막 중심의 공동체로 제시하였던 모세의 토라를 다시 한 번 이 시대를 위한 하나님의 처방으로 소개하려고 한다.

　　구약에서 교회의 뿌리는 성막·회막으로 거슬러 올라간다. 성막·회막은 우리 가운데 오셔서, 우리 속에 "거(居)" 하시는 하나님을 위한 성소다(출 25:8, 22). "거하신다"는 말은, 문자적으로는, "장막이 되신다"는 뜻이다(비교, 요 1:14). 성막·회막은 건물이 아니다. 기능상 성막·회막은 움직이는 성소다. 성막·회막이 자리 잡는 곳은 이스라엘 회중 사이다. 사람 속에 오시고, 사람 가운데 계시고, 사람과 함께하시며, 사람들과 동행하시는 거룩한 공간이 바로 성막·회막이다. 이 성막·회막이 모세의 토라가 그렸던 교회의 뿌리다.

　　성막·회막이 교회의 뿌리가 된다는 것은 교회의 본질이 건물이 아니라 하나님을 믿고 따르는 성도(신앙 공동체)라는 것을 시사한다. 건물이 아닌 사람이 교회의 바탕이 된다는 것이다. 건물보다 소중한 것은 사람이라는 뜻이다. 만약 누군가가 교회를 향하여 부패했다고 말한다면, 그것은 교회 건물이 낡았다는 뜻이 아니다. 교회가 부패했다는 소리는 교회의 본질인 교인(그리스도인, 하나님의 백성)이 교인답지 못하다는 소리다. 교회의 박물관 시대를 고스란히 보여 주고 있는 서구 교회사에서 교회가 가장 부패했던 때가 언제인가? 바로 웅장한 예배당을 여기저기에 세우던 때가 아니었던가?

이 말을 오해하지 말자. 예배당이 필요하지 않다는 이야기가 아니다. 교회 건물이 필요하지 않다는 이야기가 아니다. 성전이 필요하지 않다는 이야기가 아니다. 도로변 한 모퉁이에 잘 세워진 교회는 그 자체만으로도 선교의 상징이 된다. 아무리 온라인(on-line)을 잘 활용한다고 해도 교회의 목회에서는 예배와 교육과 교제와 모임을 위한 공간이 있어야만 한다. 이 시대의 대세가 아무리 "접속"이라고 해도 서로 얼굴을 마주 대하는 "접촉"의 감격과 감동을 대체하지 못한다. 그러기에 교회의 이름으로 세워지고 지켜지는 공간은 있어야 한다. 문제는 어떤 공간이어야 할까, 어느 정도의 공간이어야 할까에 있다.

기억할 것은, 공간의 위상이 공간의 본분을 위협하는 순간부터 교회는 교회의 구실을 감당하지 못한다는 점이다. 교회의 본질이 사람으로부터 건물로 바뀌어서는 안 된다. 우리 사회가 우리 교회에 던지는 질타가 여기에 있다. 건물은 좋은데 사람(그리스도인)은 엉망이라고 하지 않는가! 목회의 대상이 사람에게서 건물로 전환되면서부터 교회에는 그림자가 드리워지고 말았다.

4. "그러나 요나가 여호와의 얼굴을 피하려고 일어나 다시스로 도망하려 하여 욥바로 내려갔더니"(욘 1:3)

목회자의 정체성- 니느웨와 다시스 사이에서

구약의 요나서는 여러 갈래로 읽히는 소중한 말씀이다. 구약의 요나 이야기는 예언자 이야기로 그치지 않고 하나님의 사람의 신앙과 삶을 바로 잡아 주는 바로미터가 된다. 요나 이야기는 그 첫 대목에서부터 도전적이다. 니느웨로 가라는 하나님이 주신 말씀(욘 1:1-2)에 맞서 "그러나" 요나가 다시스로 도망하고자 욥바로 내려가는 장면으로 시작하기 때문이다. 게다가 요나가 다시스로 도망가려고 욥바로 내려갔을 때 "마침 다시스로 가는 배"(욘 1:3)까지 쉽사리 만나지 않았던가!

교회의 문제는 목회자의 문제다. 오늘날 한국 교회의 위기는 교회의 위기이기보다는 목회자의 위기다. 한국 교회가 지금 모진 겨울바람을 맞고 있지만, 거센 쓰나미에 휩쓸려 나갈 위기 앞에 서 있지만, 엄밀하게 말해 한국 교회의 위기는 교회의 위기이기 전에 먼저 목회자의 위기다. 설교의 위기이기 전에 먼저 설교자의 위기다. 오늘날 목회자들이 이른바 "성공주의 목회 신화"에서 벗어나지 못하는 한, 이 땅의 교회가 직면한 위기는 신앙 공동체의 위기이기 전에 먼저 목회자의 위기다. 유진 피터슨(Eugene H. Peterson)의 글을 떠올리는 이유가 여기에 있다.

오늘날 우리 목회자들은 어쩌면 니느웨로 가지 않고 다시스로 향하는 요나가 되어 버렸는지 모른다(유진 피터슨, 『성공주의 목회 신화를 포기하라』, *Under the Unpredictable Plant*, 23-52). 목회자가 누구인가? 왜 목회자로 부름을 받았는가? 하나님 앞에 서기 위해서다. 하나님 앞에 서서 하나님의 종으로 쓰임 받기 위해서다. 구약의 요나서가 던지는 도전이 여기에 있다. 구약의 요나 이야기를 오늘날 목회자를 향한 은유로 읽을 때 오늘 우리 목회자는 어쩌면 하나님의 낯을 피하려고 일어나 다시스로 가는 요나가 되고 말았다고 말할 수 있다.

다시스로 떠나는 요나의 여행은 오늘날 우리 목회자들의 이야기이기도 하다. 요나는 우리가 어떤 종류의 목회자인지를 깨닫게 하는 자화상이다. 오늘날 우리는 목회자가 되겠다고 하면서도 하나님의 뜻을 이루기 위해 니느웨로 가는 것은 꺼린다. 하나님의 부르심에 응답하면서도 다시스로 가려는 배에 오르기 위해 애쓴다. 다시스에 가면 하나님과 상관없이 직업적인 성공을 거둘 수 있기 때문이다.

교회사는 어느 시대든, 어느 곳이든, 욥바에서 다시스로 가는 표를 구하려고 길게 늘어선 사람들이 있었다는 사실을 증언한다. 니느웨는 소란스러운 곳이다. 성공하리라는 희망도 그리 많지 않은 상태에서 힘겹게 일해야만 하는 곳이 니느웨다. 교회는 어쩌면 이런 니느웨 같은 곳이다. 어차피 죄인들이 모여 있는 곳이기 때문이다.

다시스로 가는 행렬! 그것은 성공과 번영을 꿈꾸는 한 종교인의 도발적인 모험을 시사한다. 화려하고 웅장하며 열광적인 사역을 꿈꾸는 목회자의 소망을 드러낸다. 굳이 다시스로 가는 배에 오르지는 않았더라도, "교회 사업"에서 "성공" 하고자 물불을 가리지 않는 목회자들의 야망을 비춰 주고 있다.

세속의 기준에서 볼 때 목회는 결코 황홀하고 매력적인 직업은 아니다. 그렇기에 니느웨가 아닌 다시스로 가는 요나의 행진은 목회라는 하나님의 일에서 인간적 성공을 추구하려는 목회자의 야망을 비판하는 쓴소리가 된다. 이 쓴소리를 다른 사람이 아닌 나의 귀에 들리는 소리로 수렴해야 한다. 다른 사람이 아니라 어쩌면 내가 하나님의 뜻보다는 직업적인 성공을 거두고자 다시스로 가는 표를 사려는 행렬 속에 끼어 있는 장본인일 수 있기 때문이다. 요즈음 JMS를 비롯한 이단 종파의 사람들을 비난하는 이야기로 매스컴이 뜨겁다. 그러나 기억하자. 도날드 메서(Donald E. Messer)에 따르면, 현대적 이단은 목회를 소명(calling)이 아닌 직업(career)으로 여기는 자다(『새 시대 새 목회-현대의 목회상 탐구』, 97). 누구나 다 이단이 될 수 있다는 지적이 아닌가.

5. "백성이 아론에게 이르러 말하되 일어나라 우리를 위하여 우리를 인도할 신을 만들라"(출 32:1)

목회 현장의 고민- 민의(民意)와 신의(神意) 사이의 아론이 되어

목회 현장의 과제는 목회자의 문제이기도 하지만, 회중의 문제이기도 하다. 신앙 공동체의 구성원은 목회자만이 아니다. 회중이 있어서 신앙 공동체가 형성된다. 회중에도 여러 갈래가 있다. 회중으로 동참하는 자가 있고, 회중이 되어 비난하는 자가 있으며, 회중의 리더로 회중 앞에 나서는 자가 있다. 회중의 문제도 여러 갈래다. 공동체 안에서 생긴 갈등일 수도 있고 공동체 밖에서 제기된 문제일 수도 있다.

목회자가 서 있는 자리는 하나님과 회중 사이이다. 문제는 목회자가 하나님의 뜻에 따르기보다는 회중의 뜻에 휘둘리는 경우 일어난다. 그 전형적인 예가 출애굽기 32장이다. 출애굽기 32장 사건의 주인공은 아론이다. 아론의 몸이 있는 현장은 시내산 아래이지만, 아론의 마음이 있는 자리는 시내산 위의 모세와 시내산 아래의 이스라엘 사이다. 그 사이에 있던 아론이 시내산 아래 장막 이스라엘의 회중에 휘둘리면서 사건이 터졌다.

사건이 터진 시공간은 모세가 성막·회막의 청사진을 주시는 하나님과 만나고 있던 순간이다(출 25-31장). 신앙 공동체를 위한 하나님의 성소를 세우려는 하나님의 뜻이 길게, 세밀하게, 상세하게 소개되고 있던 시간이 이 사건의 배경이다. 모세가 시내산 꼭대기에서 "사십 일

사십 야를"(출 24:18) 보내고 있던 것을 기억해야 한다. 모세가 산에서 내려옴이 더딘 것을 알게 되자 그동안 모세를 기다리던 이스라엘 회중에게서 무슨 일이 벌어졌는가? 아론에게 와서 "일어나라 우리를 위하여 우리를 인도할 신을 만들라"(출 32:1)라고 요청하는 사태가 벌어졌다.

이스라엘 회중이 아론을 찾아와서 요구한 소리를 다시 한번 새겨보자. "우리를 인도할 신을 만들어 주십시오"가 아닌가? 아니, 출애굽의 하나님이 여태껏 구원과 해방과 자유의 은총을 이스라엘 회중에게 베풀어 주셨는데, 왜 갑자기 이스라엘 회중이 무리를 지어 아론에게 달려와서 우리를 인도할 신을 우리를 위하여 만들어 달라고 외치게 되었을까? 이 요청이 우리 가슴을 짓누르는 것은 이 말이 쏟아져 나온 시점 때문이다.

출애굽기 32:1의 맥락은 여호와 하나님께서 이스라엘에게 "나(하나님)를 위한 성소(성막·회막)를 만들라"(출 25:8)고 모세를 통해 말씀하고 계실 때다. 하나님이 이스라엘 가운데 "거하실" 성막을 위한 청사진을 모세에게 가르쳐 주고 계실 때, 시내산 밑에 장막을 치고 머무르고 있던 이스라엘은 엉뚱하게도 아론을 찾아가서 "우리를 인도할 신을 만들어" 달라고 졸랐다는 것이다. 하나님은 이스라엘에게 "하나님을 위한 이스라엘"이 되라고 말씀하고 계시는데, 이스라엘은 아론에게 "우리를 위한 신"을 만들어 놓으라고 윽박지르고 있다! 하나님을 위한 이스라엘과 이스라엘을 위한 신(하나님)의 대결이 바야흐로 펼쳐지는 순간이다.

출애굽기 32장이 전하는 출애굽 공동체의 위기는 하나님의 뜻과 사람의 뜻 사이에서 갈팡질팡하는 오늘날 목회자의 고뇌를 반영한다. 이 이야기에서 목회자를 고뇌에 빠뜨린 주체는 회중이다. 회중의 지도자다. 출애굽기 32장 이야기에서 아론은 회중의 요구에 맞서지 못했다. 오히려 회중의 요청을 빌미로 자기의 솜씨를 마음껏 드러내고자 했다. "아론이 그들의 손에서 금 고리를 받아 부어서 조각칼로 새겨 송아지 형상을 만들었다"(출 32:4)라고 하지 않는가. 물어보자. 아론은 자기에게만 있던 "조각칼"을 누구를 위해서 휘둘렀는가? 아론에게 있던 "조각칼"은 무엇을 가리키는가? 누가 아론에게 "조각칼"을 주었는가?

출애굽기가 전하는 하나님의 구속사에서 아론은 늘 이인자로 머물러 있다. 아론은 항상 모세 뒤에 있는 자로만 소개된다. 세상은 항상 일인자를 기억한다. 이인자의 위상이나 역할에 대해서는 그리 크게 기억하지 않는다. 그래서였을까? 아론은 모처럼 자기를 일인자로 대우하는 회중의 요청에 휩쓸려 사람을 위한 신상을 빚어내는 일에 자기 솜씨를 발휘했다. 이 일로 아론은 오랫동안 자기 실수를 곱씹으며 지내는 시간을 맞이하게 된다. 출애굽기 35-41장이 전하는 성막·회막의 봉헌 기사에서, 성막·회막 공동체가 그 위용을 이스라엘 종교사에 드러내게 된 출애굽기 35-41장의 현장에서, 아론은 슬그머니 자취를 감추고 만다. 아론은 하나님이 아론의 실수를 씻어 주신 뒤 아론을 다시 제사장으로 세워 주실 때까지(레 8장) 오랜 기간 침묵하고 있어야만 했다.

오늘 우리도 하나님의 소리보다는 회중의 소리에 민감하게 반응할 때가 있다. 하나님의 뜻이 공동체의 여론에 가리어지고 말 때가 있다. 여론의 흐름 앞에서, 다수결의 압박 앞에서, 기다려야 하고, 되새겨야 하고, 인내해야 하는 헌신을 잃어버릴 때가 있다. 아론의 실패를 반면교사로 삼아야 한다. 하나님이 나중에 다시 아론을 제사장 자리에 세우셨던 하나님의 뜻을 바로 새겨야 한다. 실수는 목회자를 소명 앞에 세워 주는 거울이다. 하나님이 그때, 그곳에서, 아론에게 기대하셨던 것은 다시 소명을 회복하는 목회자였다. 우리도 다시 소명을 회복해야 한다. 하나님과 회중 사이에서 성경적 소명을 되찾아야 한다. 복음적 사명을 다시 확인해야 한다. 목회자가 되는 법을, 목회자로 사는 법을 다시 배워야 한다. 지금 우리가 서 있는 자리는 회중의 요구가 아닌 하나님의 뜻을 목회의 소명으로 끌어안아야 하는 지점이다.

6. "사울이 갈멜에 이르러 자기를 위하여 기념비를 세우고"(삼상 15:12), 목회론 다시 쓰기

구약의 역사서는 두 종류의 인물을 소개한다. 다 같이 하나님의 사람으로 쓰임을 받았지만, 그 됨됨이에서 판이한 길로 걸어가는 결과를 낳았던 사람이다. 하나는 사울의 '야드바셈'(손과 이름, 삼상 15:12)이고, 다른 하나는 사무엘의 "에벤에셀"(삼상 7:12)이다. 사울은 세 번에 걸친 검증을 통과하여 이스라엘의 왕위에 오른 인물이다(삼상 9:1-10:16; 10:17-24; 11:1-15).

사울이 아말렉을 쳐서 큰 승전을 거두었을 때 있었던 일이다. 아말렉과의 싸움에서 대승을 거둔 사울이 갈멜에 이르러 "자기를 위하여

기념비를 세우고"(삼상 15:12) 길갈로 내려간 적이 있었다. 여기에서 "기념비"는 히브리어로는 "손"(야드)이다. 사울이 자기 손을 높이 세운 모양의 기념비를 전승의 결과로 세상에 알렸다는 것이다. 구약의 신명기 역사서의 평가에 따르면, 사울이 아말렉과의 싸움에서 큰 승리를 거둔 것은 사울의 손이 빚어낸 결과가 아니다. 그런데도 사울은 자기 손(야드)과 자기 이름(셈)을 세웠다. 사울이 세운 "자기 손"은 오늘날 목회자들의 목회가 무엇을 드러내야 하는지를 곰곰이 되새기게 한다.

사울이 세웠다는 '자기 손'에 관한 부정적 평가는, 어쩌면, 자기 이름을 내는 목회, 자기 성취를 드러내는 목회, 자기 공적을 과시하는 목회를 향한 구약 역사서의 질책일 수 있다. 자기 공적이나 업적이 아니라면, 우리가 드러내야 하는, 아니, 우리의 목회론에 담겨야 하는 감격이나 고백은 무엇이어야 할까? 사울의 '야드바셈'과 대척점에 있는 현장이 사무엘의 에벤에셀이다.

사무엘도 전쟁에서 이긴 적이 있다. 사무엘이 이스라엘을 다스리면서 이스라엘의 원수 블레셋과 맞서 싸울 때 있었던 일이다. 하나님이 사무엘에게 승리를 얻게 하셨다. 하늘에서 커다란 우레가 블레셋 사람들 머리 위에 떨어지면서(삼상 7:10) 사무엘은 전무후무한 승리를 만끽하였다. 그때 사무엘이 세운 기념비가 "에벤에셀"이다. "사무엘이 돌을 취하여 미스바와 센 사이에 세워 이르되 여호와께서 여기까지 우리를 도우셨다 하고 그 이름을 에벤에셀이라"(삼상 7:12)고 하지 않았는가!

사무엘의 목회는 에벤에셀의 목회였다. 하나님의 도우심을 간증하는 사역이었고, 하나님의 일하심을 증언하는 고백이었고, 하나님의 함께하심을 찬양하는 헌신이었다. 사울의 야드바 과 사무엘의 에벤에셀은 우리의 목회론에 담겨야 할 내용이 무엇이어야 하는지를 일깨워 준다. 늘 하는 이야기이지만, 목회를 직업(career)이 아닌 소명(calling)으로 여겨야 한다. 목회가 단순히 생계 수단, 하나의 직업이 되어 버려서는 안 된다. 이 시대에 적용 가능한 목회론을 개발해야 한다. 대한예수교장로회 통합 측이 요즈음 활발하게 전개하고 있는 "마을목회"도 그런 예 중 하나다. 그 교단의 "총회한국교회연구원" 이름으로 출간된 마을목회 관련 책만 해도 20권이 넘는다.

마을목회는 목양의 지평선을 교회 안에서 마을로, 지역 사회로 넓히자는 목회자들의 경험이 반영된 결과물이다. "마을을 품고 세상을 살리는 생명 공동체의 구심점이 되자"는 소리다(노영상·김도일 편집, 『마을을 품고 세상을 살리는 프런티어 목회』, 서울: 쿰란출판사, 2021). 농촌 목회를 말하는 것이 아니다. 마을이 사라져 버린 도시에서도 얼마든지 적용 가능한 목회 사례를 소개하고 있다. 그런 사례를 바탕으로 목회 이론을 창출하고 그 이론을 통해 다시 목회 실천을 반성해 보고 있다. 그런 마을 목회의 실제 사례로, 예컨대, "마을의 청소년을 품는 교회", "사회적 경제를 기반으로 하는 마을 공동체형 목회", "마을목회와 카페 미니스트리" 같은 주민 친화적 목회를 디자인하고 실천하고 있다.

교회는 지역사회와 동떨어져 있는 섬이 아니다. 목회자의 위상이 한 교회의 지도자를 넘어 한 마을의 지도자가 되어야 한다. 이제는 교회 건물을 지을 때도 공공건축과 공동디자인을 고려해서 새로운 용도로 개발해야 한다. 소명을 다하는 목회를 이루기 위해서는 세상에서 일반적으로 받아들여지는 규범을 넘어서야 한다. 프런티어 정신이 요청된다. 우리 사회의 체제가 자본주의이지만, 우리 삶과 교회의 토양이 자본주의 사회지만, 목회는 자본주의적으로 해서는 안 된다. 교회가 이 사회를 향한 대안공동체가 되기 위해서는 목회론 자체가 이 사회의 질병을 치유하고 생명을 회복하게 하는 대안이 되어야 한다.

7. "내가 사랑하는 자에게 포도원이 있음이여 심히 기름진 산에로다"(사 5:1), 교회론 다시 쓰기- 나무가 모인다고 저절로 숲이 되지는 않는다

성경에는 나무에 관한 이야기가 참 많다. 나무에 관한 이야기는 많지만, 정작 숲에 관한 이야기는 드물다. 그런데도 구·신약 성경에 거론되는 나무 이야기 저변에는 숲이 있다. 포도나무만 해도 포도나무 한 그루가 아니라 포도나무들이 모여 이룬 포도원을 가리킨다. 이사야가 부른 유명한 "포도원 노래"도 그 한 예에 속한다. 이 노래는 하나님이 "심히 기름진 산에다가 땅을 파서 돌을 제하고 극상품 포도나무를 심었다"(사 5:1-2)는 말로 시작한다. 망대도 세우고, 포도주 저장고도 갖추면서 좋은 포도 맺기를 바랐다는 것이다.

구·신약 성경에서 나무는 대부분 이스라엘이나, 유다, 하나님의 백성, 그리스도인을 가리킨다. 구·신약 성경이 거론하는 나무는 교회를 향한 은유일 수 있다. 나무가 개 교회를 가리킨다면 숲은 교단이다. 교회론을 다시 써야 한다. '나무가 모인다고 저절로 숲이 되지는 않는다'라는 사실을 깨달아야 한다.

나무가 모인다고 숲이 되질 않는다
가까운 거리에서 정답게 얘기하며
서로가 살갑게 굴어야 울창한 숲이 된다
뒤엉킨 수풀보다 정갈한 향기 뿜는
제대로 된 나무들이 옹기종기 모여들 때
저절로 가락이 되고 흥이 되고 춤이 된다

— 김월준, "나무가 모인다고 숲이 되질 않는다,"
「시조시학」 58호 [2016 봄], 252.

대부분 교회는 작은 교회다. 한국이건, 미국이건, 어디이건, 교회는 대부분 100명 미만의 작은 교회들로 이루어져 있다. 큰 교회, 대형 교회, mega-church가 분명히 여기저기에 있지만, 작은 교회 수가 그보다 훨씬 더 많다. 중요한 것은, 작은 교회라고 해서 "미완의 교회"나 "실패한 교회"가 결코 아니라는 사실이다. 비록 규모는 작지만, 그 자체로 "완전한 교회"이며 하나님이 부여하신 사명을 지닌 교회다. 교회는 이런 나무들이 모여 더불어 숲을 이루어야 한다. 나무가 모인다고 저절로 숲이 되지 않는다. 서로 공생을, 상생을 이루어야 한다. 숲에는 큰 나무만 있지 않다. 큰 나무와 작은 나무들이 서로 공생하면서 숲의 생태계를 이룬다. 지금은 콘텐츠가 아니라 플랫폼이 중요해진 시대다. 이런 교회론을 실천해야 한다.

지금까지 우리는 작은 교회에 속한 많은 목회자와 성도들에게 "커야만 한다", "성장해야만 한다"는 강박 관념에 시달리게 했다. 모든 교회가 다 커지는 것은 아니다. 이런 점에서 오래전 미국 나사렛 교회에 소속한 나사렛 종교사회학자협회가 교단의 의뢰를 받아 수행한 작은 교회에 관한 연구 결과물(*Jon Johnston and Bill M. Sullivan, The Smaller Church in a Super Church Era*, 고수철 옮김. 『대형 교회 시대의 작은 교회』서울: 수직과 수평, 2000, 17-194)을 소개하면서 이 강연을 마치고자 한다.

참고로, 이 책 속에 수록된 잭 내쉬(Jack W. Nash)의 "작은 교회 생기 있게 유지하기"를 여러분에게 소개한다(위 책, 129-143쪽). 이 책이 나올 당시 잭 내쉬는 미국 캘리포니아 남부 샌 페르난도 지역에서 작은 교회를 섬기던 목회자다. L.A.라는 대도시를 끼고 있는 미국 캘리포니아 남부 샌 페르난도 계곡에는 세 개의 큰 교회가 있다. 당시 주일 예배 출석 인원수가 11,000명에 이르는 교회, 주일 학교 평균 출석이 각각 7,000명과 5,000명이 되는 교회가 거기에 있었다. 미국의 남 가주 지역은 고소득층 주민들로 구성되어 있다. 좋은 차, 좋은 보트를 가지고 있으며, 캠핑용 차를 끌고 풍요롭게 사는 자들이 대부분이다. 이 계곡에 사는 자들은 거창한 프로그램을 갖추고 그들처럼 풍요로운 사람들로 채워진 교회를 찾아 익명의 관람객으로 신앙생활을 하는 것이 보통이다. 이런 큰 교회들 사이에서 100명 미만의 작은 교회를 목회하는 내쉬 목사는 우리에게 다음 네 가지를 이야기하고 있었다.

첫째, 자신이 있는 곳을 사랑하라. 사람들은 여러 가지 이유로 교회에 나오지만 한 가지 이유로 교회에 남는다. 그것은 그들이 하나님과 그리고 자기들을 사랑하는 사람들과 개인적인 관계를 발견하는 것이다. 목회자와 교인들이 서로를 사랑하고 자신의 사역을 사랑한다면, 교회의 사기는 결단코 떨어지지 않는다. 자기가 있는 곳을 사랑하는 것이야말로 영적으로 충족되고 도전 의식이 있는 교회를 세우는 첫걸음이다.

둘째, 하나님의 손에 맡기라. 포도원의 주인은 우리가 아니라 주님이시다. 포도원의 주인이 고용원들에게 품삯을 줄 때, 그들이 언제부터 고용되었든지 간에, 똑같이 지불했다는 사실을 기억하자. 목회자는 자기 사역을 하나님께 맡겨야 한다. 사역의 결과에 상관없이 목회자는 하나님의 사람이다. 목회자건 평신도건 작은 교회의 구성원이된다는 것에 결코 기가 죽을 필요는 없다. 크기가 성공의 유일한 기준은 아니다. 작다고 해서 자존심 등이 상하는 일을 극복하는 가장 좋은 방법은 교회의 규모의 문제를 하나님의 손에 맡기는 것이다. 교회는 우리 것이 아니다. 그분의 것이다. 목회는 우리의 잔치가 아니다. 그분의 잔치다. 모든 문제를 하나님께 맡기라. (시 37:5)

셋째, 꿈을 키우라. 교회가 아무리 작더라도, 교회는 꿈을 지닐 수 있어야 하고 지녀야 한다. 그런 꿈은 목사의 마음에서 시작되어 평신도들과 공유될 수 있다. 교회의 사기는 교회 지도자들이 하나님께서 그들에게 주신 꿈을 키우는 방식에 따라 향상되기도 하고 내려가기도 한다. 왜 예수님은 계속해서 하나님의 나라와 천국에 관해서 말씀하셨을까? 그것은 예수님이 목표, 즉, 꿈을 갖고 계셨기 때문이다. 목회자가 담임하던 교회를 떠날 시기가 언제인가? 그때는 그가 꿈꾸기를 포기한 때다. 교회에 관한 비전을 갖기를 포기할 때가 바로 떠날 때다.

넷째, 장점을 바탕으로 이끌라. 작은 교회는 슈퍼마켓이 되지 말고 전문점이 되어야 한다. 만약 교회 크기에 상관없이 자기 교회에 만족하고 그곳에서 목회하는 것을 즐기려면 교회가 잘할 수 있는 것을 찾아야 한다. 흔히 사람들은 여러 가지 다양한 프로그램에 이끌린다. 그러나 작은 교회만이 제공할 수 있는 장점을 파악하라. 그런 뒤 그 장점들을 적극적으로 연마하라. 다윗은 분명 골리앗보다 훨씬 작은 투구와 작은 돌을 갖고 있었다. 그러나 다윗은 그 작은 돌을 목표에 맞히는 물매질을 훌륭하게 연습하고 있었다. 우리가 잘할 수 있는 한 가지 사역을 꼽아 보자. 그것을 발견하고 개발할 때 교회는 크나 작으나 하나님이 주신 잠재력을 진하게 경험하는, 그런 감격에 참여하는, 공동체로 존재하게 될 것이다.